Bruce Schoenfeld

ALTHEA GIBSON

Gegen alle Widerstände.
Die Geschichte einer vergessenen Heldin

Aus dem amerikanischen Englisch
von Elisabeth Schmalen

HarperCollins

Die Originalausgabe erschien 2004 unter dem Titel
The Match bei Amistad, einem Imprint von HarperCollins Publishers, New York.

1. Auflage 2021
© 2004 by Bruce Schoenfeld
Deutsche Erstausgabe
© 2021 für die deutschsprachige Ausgabe
by HarperCollins in der
Verlagsgruppe HarperCollins Deutschland GmbH, Hamburg
Published by arrangement with
Amistad, an imprint of HarperCollins Publishers,LLC
Einbandabbildung von Gordon Parks / The LIFE Picture Collection / Getty Images
Gesetzt aus der Albertina
von GGP Media GmbH, Pößneck
Druck und Bindung von CPI books GmbH, Leck
Printed in Germany
ISBN 978-3-7499-0259-0
www.harpercollins.de

Für Julie Selene und Theodore Samuel

Wir beten, wir mögen gewöhnlich sein. Doch der wachsame Himmel trägt Sorge dafür, dass dem nicht so ist, wenn irgendetwas Gutes in uns ist. Dante war keine angenehme Gesellschaft, und er wurde nie zum Essen eingeladen.

RALPH WALDO EMERSON

INHALT

Prolog

ANGELA

In der Küche ihrer Eigentumswohnung im vierten Stock einer von vielen einander gleichenden Wohnanlagen, die auf einer besseren Sumpflandschaft in diesem gesichtslosen Teil von Südflorida aufragen, schwitzt Angela Buxton die Zwiebeln für das Sabbatmahl an. Das Fleisch für die geschmorte Rinderbrust steht zum Marinieren im Eisschrank, die Hühnersuppe köchelt vor sich hin, und auf dem Schneidebrett warten die Möhren. Angela ist nicht der Typ Mensch, der freitags ein hastig zusammengestelltes Abendessen serviert, ein paar Happen hier und da, begleitet von Entschuldigungen.

Wir befinden uns in der zweiten Hälfte des letzten Jahrzehnts des zwanzigsten Jahrhunderts, und Angela ist einundsechzig Jahre alt. Angetrieben von Ehrgeiz und einer gesunden Portion Ungeduld ist sie in ihrem Leben immer ihrem eigenen Takt gefolgt. Sie verfügt über einen Koffer voller Zeitungsausschnitte und einen Funken Berühmtheit; Menschen eines bestimmten Alters kennen ihren Namen, vor allem in London, wo sie den Großteil ihres Lebens verbracht hat, bis erst der Mann, der zu ihrem Lebenspartner geworden war, dann ihr Sohn und schließlich ihre Katze starben. Diese Häufung von traurigen Ereignissen brachte sie dazu, ihr altes Haus zu verkaufen und sich ein Teilzeitrefugium an der Küste Floridas zuzulegen. Die

Erinnerungen blieben, aber Angela ist keine Frau, die in Trauer versinkt. Sie begann, Golf zu spielen, und ging dabei mit dem für sie typischen Eifer ans Werk. Dank Ehrgeiz und Ungeduld wurde sie umgehend eine durchaus passable Spielerin.

Die Wohnanlage, in der Angela lebt, bildet ein in sich geschlossenes Städtchen, das sich wie ein Finger aus gedrungenen grün-grauen Gebäuden und den kurz geschnittenen Rasenflächen der Golfplätze nördlich von Hollywood (nicht zu verwechseln mit der Filmstadt in Kalifornien) tief nach Pompano Beach hinein erstreckt. Hier trifft man hauptsächlich auf Rentner und Menschen, die es im Winter in sonnige Gefilde zieht, darunter viele verwitwete oder geschiedene Frauen. An diesem Nachmittag im März werden in unzähligen der nahezu identischen Wohneinheiten auf allen Etagen Sabbatmahlzeiten zubereitet. In den Fluren riecht es wie in der Küche jeder jüdischen Großmutter.

Gerade als Angelas Zwiebeln die kritische Phase erreichen, in der schon eine kurze Unaufmerksamkeit dafür sorgen kann, dass sich die Küche mit dem bitteren Gestank nach Verbranntem füllt, klingelt das Telefon. Das allein ist schon besorgniserregend, denn in der Wohnanlage haftet Anrufen häufig ein Beigeschmack des Todes an. Die Annehmlichkeiten des klimaanlagengekühlten Seniorenlebens in subtropischen Gefilden können ohne jede Vorwarnung von Nachrichten über den Herzinfarkt eines Verwandten, die Tumormetastasen einer Freundin oder das verfrühte Dahinscheiden eines Nachbarn überschattet werden. Dass ein Anruf solche Neuigkeiten bringt, wird mit den Jahren wahrscheinlicher, und die Anzahl der tatsächlichen und möglichen Zipperlein nimmt zu, bis manche der älteren Bewohner Angst davor haben, überhaupt ans Telefon zu gehen. Das Leben hält nur noch schlimme Nachrichten für sie bereit.

Angela bekommt die Geschichten oft in allen Einzelheiten zu hören. Hinter ihrem entschiedenen Auftreten und ihrer Abneigung gegen nichtssagendes Geschwätz verbirgt sich viel Mitgefühl – vielleicht sogar zu viel. Sie ist extrem beliebt in der Wohnanlage, zum Teil, weil sie weiß, wie man sich durchsetzt. Sie beharrt auf ihrem Willen, bis ihr Gegenüber aufgibt. So bringt sie die Anlagenverwaltung dazu, eine kaputte Glühbirne auszutauschen, und das Club-Restaurant, die Matzeknödelsuppe auch ohne Salz zu servieren, wenn die Bewohner es so wollen. Sie ist eine Art Heldin hier, fast schon ein Idol. Die Bewohner ihrer Etage haben sie gebeten, sie bei den Eigentümerversammlungen zu vertreten, aber dafür fehlt ihr einfach die Zeit. Sie gibt immer noch Tennisunterricht und schreibt Artikel für Tenniszeitschriften und die eine oder andere britische Tageszeitung. Außerdem kümmert sie sich um die Unterbringung und den Transport der ausländischen Nachwuchsspieler, die am örtlichen Orange-Bowl-Turnier teilnehmen. Die Arbeit hält sie auf Trab, in mehr als einer Hinsicht, bis sie jedes Jahr im April ihre Sachen packt und sich auf den Weg nach Hause macht. Sie ist britische Staatsbürgerin und peinlich genau darauf bedacht, niemals auch nur eine Stunde länger, als es ihr Visum erlaubt, auf der amerikanischen Seite des Atlantiks zu verbringen – sie kalkuliert die Daten sorgfältig auf einem gelben Schreibblock, um sicherzugehen, dass sie den Zeitraum nicht überzieht.

Aus all diesen Gründen – den brutzelnden Zwiebeln, unterbewussten Befürchtungen in Bezug auf den Gesundheitszustand der Nachbarn und einem angeborenen Widerwillen gegen inhaltsleere Gespräche – zögert Angela, als das Telefon an diesem Freitagnachmittag klingelt. Doch nur wenige von uns können dem beharrlichen Geräusch widerstehen, das uns daran erinnert, dass in dieser ungewissen Welt jemand nach uns verlangt, selbst wenn es nur ein Verkäufer ist. Also legt Angela den Löffel sorgsam auf einem Trockentuch ab, wirft einen prüfenden Blick auf die Zwiebeln, wischt sich die Hände ab und eilt widerstrebend – wenn diese Kombination möglich ist – ins Wohnzimmer.

Das Summen in der Leitung verrät ihr sofort, dass es sich um ein Ferngespräch handelt. Und ebenso verrät ihr schon das erste Wort, dass es sich bei der Anruferin um eine Person handelt, von der sie seit vierzig Jahren mehr oder weniger regelmäßig hört. Die beiden begrüßen einander – eine Pflichtübung, bevor sie zum Wesentlichen übergehen. Angela ist klar, dass Althea Gibson nicht angerufen hat, um mit ihr zu plaudern.

»Es geht mir ziemlich schlecht«, gibt Althea zu. »Ich bin am Ende. Ich rufe an, um mich zu verabschieden.«

»Halt, stopp mal kurz. Was ist denn los?«

»Bei mir stapeln sich die Rechnungen. Ich weiß nicht mehr, was ich tun soll. Es kommt kein Geld herein. Ich kann meine Medikamente nicht bezahlen. Es geht mir hundeelend. Ich kann einfach nicht mehr.« Dann presst Althea die Worte *Ich bringe mich um* hervor.

Im Lauf der Jahre hat Angela gelernt, in Krisenmomenten zu Hochform aufzulaufen. Als nun das Leben einer Freundin auf dem Spiel steht, ist sie sich ganz sicher, dass sie einen Weg finden kann, Althea Erleichterung zu verschaffen. Ihre Gedanken sind so klar wie der Märznachmittag. Kein einziger tanzt aus der Reihe.

»Lass uns darüber reden«, sagt sie. »Gib mir nur eine Minute, um die Zwiebeln vom Herd zu nehmen.«

Es gab eine Zeit, in der Althea Gibson die berühmteste Tennisspielerin Amerikas war. In den Sommermonaten 1957 und 1958, als Henry Aaron und die Milwaukee Braves zweimal in Folge die National League im Baseball gewannen, der Rock 'n' Roll langsam, aber sicher anfing, den Schnulzensängern den Rang abzulaufen, und Eisenhower dafür sorgte, dass die USA den Russen immer einen Schritt voraus waren, war Gibsons Gesicht ständig in den Nachrichten präsent. Die groß gewachsene Schwarze mit den spinnengleichen Armen und Beinen und einem unergründlichen Lächeln hatte es ungefähr zur gleichen Zeit aus Harlem herausgeschafft, zu der Jackie Robinson bei den Dodgers berühmt wurde. Sie hatte sich über die Strukturen eines Sports hinweggesetzt, der keinerlei Interesse daran hatte, sie zu fördern, und überall dort, wo sie die üblichen Techniken nicht meistern konnte, ihre eigenen entwickelt. Sie rackerte sich ab, mit dem Tennis wenigstens genug Geld zu verdienen, damit es zum Leben reichte, und als der Erfolg ausblieb, erwog sie, den Sport aufzugeben und sich dem Women's Auxiliary Corps der U.S. Army anzuschließen. Doch sie hielt durch, mobilisierte Reserven an Selbstvertrauen, von denen sie nichts geahnt hatte, und paradierte schließlich in einem offenen Wagen die Wall Street entlang, während Konfetti die Luft wie Schneeflocken erfüllte. Sie triumphierte zweimal in Wimbledon und zweimal in Forest Hills, wo bis 1978 die US National Championships ausgetragen wurden, und gab das Turnierspiel dann auf, um möglichst viel Geld zu machen. Sie nahm eine Schallplatte auf, gastierte als Sängerin in der *Ed Sullivan Show* und tourte mit den Harlem Globetrotters. Sie spielte Golf und trat als erste Schwarze der Ladies Professional Golf Association (LPGA) bei. Eine Zeit lang war alles, was sie tat, eine Nachricht wert. Die Welt kannte ihren Namen.

Doch 1995 war sie alt und längst vergessen. Eingeigelt hauste sie in ihrem heruntergekommenen Appartement in East Orange, New Jersey, wo sich die Rechnungen stapelten und der Gasmann drohte, den Hahn zuzudrehen. Sie spürte die Jahre in den Knochen, hatte einen Schlaganfall hinter sich, ihr

Blutdruck war gefährlich hoch, und ihr Gedächtnis fing an, ihr hinterhältige Streiche zu spielen. Ihr fehlte das Geld, um ihre Medikamente zu bezahlen, und sie hatte das Gefühl, es könne nur noch bergab gehen. Für ein solches Leben, alt und kaputt wie ein schrottreifes Auto, das aufgebockt in einem schäbigen Hinterhof herumsteht, war sie zu stolz. Worin lag der Sinn des Ruhms, wenn am Ende doch nur Krankheit, Armut und Verzweiflung warteten? Zu Angela sagte sie: »Das ist der schnellste und einfachste Ausweg. Ich will niemandem zur Last fallen. Ich wollte mich nur verabschieden.«

Angela zählte zu Altheas ältesten Freundinnen, war eine der Wenigen, die mit ihr durch dick und dünn gegangen waren. Sie besuchten einander jedes Jahr zu den US Open, und Althea war 1984 sogar nach London gekommen, zur Hundertjahrfeier des Damenturniers in Wimbledon. Doch jetzt waren solche Reisen undenkbar. Althea wollte kaum noch aufstehen. Es würde keine weiteren Wimbledons mehr geben, keine dieser fröhlichen, wichtigen kleinen Vergnügungen. Warum also noch weitermachen?

Angela wechselte in den forsch-pragmatischen Modus. Sie ließ sich von Althea vorrechnen, wie viel Geld sie bräuchte, um sich über Wasser zu halten. Sie solle alle Ausgaben addieren, auch die angesammelten Rechnungen, und eine Summe nennen. Die Antwort lautete 1500 Dollar pro Monat – ein lächerlicher Betrag. Für 1500 Dollar das Leben der Freundin retten? Das ließ sich machen.

Doch Altheas Notlage änderte nichts daran, dass sie eine stolze – und störrische – Frau war. Ohne zumindest dagegen protestiert zu haben, wollte sie die Unterstützung nicht annehmen. Aber davon wollte wiederum Angela nichts hören. Sie und Althea waren Doppelpartnerinnen gewesen, und auf dem Platz galt: Man lässt seine Partnerin nicht im Stich. Wie oft hatten sie einander bei umkämpften Punkten gedeckt, waren von der Vorteilseite auf die Einstandseite und wieder zurück gewechselt, während sich der Ballwechsel in die Länge zog? Sie wussten genau, wo sie stehen mussten, um den Ball im Spiel zu halten, bis Althea den richtigen Winkel erwischte, um ihre ausladende Vorhand anzubringen oder den Ball von kurz vor der Aufschlaglinie ins gegnerische Feld zu schmettern, wobei ihre Arme und Beine in alle Richtungen flogen und ihre Augen hervortraten wie die von Popeyes Olivia. Dann drehten sich beide gleichzeitig um, als hätten sie es geprobt, und liefen zurück auf ihre Positionen, in dem Wissen, dass ihre unwahrscheinliche Partnerschaft funktionierte. In diesen Augenblicken glaubten sie, dass ihnen der Sieg vorherbestimmt war.

Angela stammte aus einer wohlhabenden und liebevollen Familie, obwohl sich ihre Eltern hatten scheiden lassen, als sie noch ein Kind war. Sie wusste, dass sie immer auf die Unterstützung ihres Vaters, eines Unternehmers aus der Unterhaltungsbranche, zählen konnte. Althea hatte nie eine solche emotionale Geborgenheit erlebt, und ein finanzielles Sicherheitsnetz gab es bei ihr nicht. Sie käme nie auf einen grünen Zweig, meinte Angela, wenn sie sah, wie Althea sich durchs Leben improvisierte. Jetzt brauchte Althea, für die es immer schon schwierig gewesen war, die richtige Lebensweise für sich zu finden, Hilfe. Ihre Leistungen – und damit auch die *gemeinsamen* Leistungen der beiden – waren in der Erinnerung verblasst. Jackie Robinson war eine amerikanische Baseball-Legende, Billie Jean King der Inbegriff des Damentennis, doch der Name Althea Gibson war niemandem mehr geläufig. Nur noch in Geschichtsbüchern stieß man auf ihn, wo ihn wahrscheinlich auch die Schüler an ihrer alten Grundschule in Harlem gerade lasen – während Althea selbst weiterhin Tag für Tag in ihrer Wohnung verbrachte, zu arm, um zum Zahnarzt zu gehen, zu krank, um Auto zu fahren.

Angela machte sich ans Werk. Die Lipton Championships standen an, das wohl wichtigste amerikanische Tennisturnier gleich nach den US Open, das jedes Jahr im März im nahegelegenen Key Biscayne stattfand. Also setzte sich Angela ins Auto, nahm die Interstate 95 und fuhr zu einem Galadinner, wo sie den Autor und Kommentator Bud Collins traf, der an einem der Tische saß und sein neues Buch bewarb. Der wie üblich in Rosa und Grün gekleidete Collins war in der Menge leicht auszumachen, und Angela litt nicht an Schüchternheit, was sie Althea zu verdanken hatte. Sie ging geradewegs auf Collins zu und stellte sich vor.

Collins musste man nicht erklären, wer Althea Gibson war – er war der Autor der *Tennis Encyclopedia*. Dort findet man zu Althea auf S. 403 diesen Eintrag: »Keine Spielerin hat auf dem Weg zum Titel mehr Hindernisse überwunden als Althea Gibson, die erste Schwarze, die in Wimbledon und Forest Hills gewann.« Er wusste auch, wer Angela war, sobald sie ihren Namen genannt hatte. In seinem Kopf war sie für immer mit Althea verbunden. Altheas aktuelle Situation war ihm nicht bewusst, doch er hatte sich schon gewundert, warum sie nicht mehr ans Telefon ging. Er bot an, alle, die er kannte, um Hilfe zu bitten, und er kannte wirklich jeden. So kam es, dass erfolgreiche Tennisspieler aus verschiedenen Epochen Tausende Dollar spendeten. Martina Navratilova steuerte ebenso etwas bei wie Dick Savitt, der 1951 in Wimbledon gewonnen hatte. Angela war überglücklich, doch Althea erhielt zunächst einmal keinen Cent. Warum, bleibt ein Rätsel, wie so viele Dinge in Altheas Leben. Vielleicht wurden die Schecks nie abgeschickt, vielleicht gelangte das Geld in falsche Hände – niemand fand es je heraus. Bei Althea kam es jedenfalls nicht an, nicht bei diesem ersten Versuch. Die Zeit verging. Angela stellte weiterhin Schecks aus.

Ein Jahr nach Altheas Anruf bei Angela nahm sich ein freier Journalist und Autor namens Paul Fein der Sache an: »Ich rufe jeden Tennisliebhaber, jeden Menschen, der zu Wohlwollen und Mitgefühl fähig ist, dazu auf, Althea Gibson zu helfen, bevor es zu spät ist«, schrieb er in einem Brief an den Herausgeber von *TennisWeek*, der am 8. Juni 1996 veröffentlicht wurde. »Sie ist mittellos, ausgemergelt (keine fünfundfünfzig Kilo bei einer Größe von 1,80 Meter) und völlig entmutigt. So hält sie vielleicht nicht mehr lange durch.« Er bat darum, Spenden an ein Postfach zu schicken, dass Angela in East Orange für Althea eingerichtet hatte.

Es war das zweite Mal, dass ein Aufruf in Briefform Altheas Leben verändern sollte. 1950 hatte die ehemalige Wimbledon-Siegerin Alice Marble einen Leitartikel für das Magazin *American Lawn Tennis* verfasst, in dem sie fragte, warum eine talentierte Schwarze wie Althea Gibson ihre Fähigkeiten nicht gegen die besten Amateure bei den US Championships unter Beweis stellen durfte. Das war drei Jahre nach Jackie Robinson und vier Jahre vor Rosa Parks. Damals meldeten sich Schwarze für Turniere an, die dann auf mysteriöse Weise abgesagt wurden. Oder sie bekamen zu hören, sie erfüllten die Kriterien nicht, ohne weitere Erklärung, was das genau hieß. Es war ein Hütchenspiel mit den Vorsitzenden der Country Clubs in ganz Amerika in der Rolle der Betrüger. Sie taten, was immer nötig war, um sicherzustellen, dass kein Schwarzer Mensch auch nur einen Fuß auf ihre Plätze setzte.

Marbles Artikel stellte das Sportestablishment bloß. Der Tennisverband USLTA (seit 1975: USTA), der es zum Geschäftsprinzip erhoben hatte, Kontroversen zu vermeiden, sah sich zum Einlenken gezwungen. In jenem September trat die dreiundzwanzigjährige Althea gegen die amtierende Wimbledon-Siegerin an, in einem Match, das allen, die es sahen, ihr Leben lang in Erinnerung bleiben wird. Danach konnte niemand mehr ernsthaft in Erwägung ziehen, Althea Gibson eine Turnierteilnahme zu verweigern. Doch das war nicht das Ende des beschwerlichen Weges, sondern dessen Beginn. Es sollte noch sieben Jahre dauern, bis Althea einen Titel in Wimbledon oder Forest Hills gewann.

Paul Feins Brief rund fünfundvierzig Jahre später sprach das kollektive Schuldbewusstsein der wohlhabenden *Weißen*, der Country-Club-Republikaner und der »Limousinenliberalen« unter den Demokraten an, die die Tenniswelt bevölkern. Sie schickten fünfzig Dollar, hundert Dollar – mit wie viel auch immer sie sich ein gutes Gewissen erkauften. Als die ersten Schecks in East Orange eintrafen, rief Althea bei Angela an. Nach außen hin wirkte sie gekränkt – wie konnte es jemand wagen, sich in ihre Angelegenheiten einzumischen –, aber Angela wusste, dass sie dankbar war. Angela wiederum tat so, als wisse sie von nichts, doch Althea durchschaute sie, was Angela auch wusste. So lief es eben zwischen ihnen.

Das plötzliche Interesse an Althea führte zu der Idee, einen Film über sie zu drehen. Das Ergebnis war eine Chronik ihres Lebens und ihrer Epoche, die bei den US Open 1999 Premiere hatte. Zu der Zeit gewann Venus Williams ihre ersten Turniere. Also entstaubte man Altheas Ruhm und präsentierte sie als direkte Vorläuferin von Williams. Sie fing wieder an, das eine oder andere Interview zu geben, kaufte sich ein Auto und ging zum Zahnarzt. Freitags setzte sie sich in ihren Wagen, fuhr zum Postamt und holte ab, was dort für sie im Fach lag. Sie hatte wieder Hoffnung geschöpft. Ihre Doppelpartnerin hatte sie gerettet.

Gehen wir fünfzig Jahre in der Zeit zurück. Ein warmer Nachmittag im Nachkriegslondon. Die fünfzehnjährige Angela Buxton kommt aus ihrer Schule in der Fitzjohn's Avenue oberhalb des Regent's Park und steigt in einen Bus der Linie 74. Ihr Ziel ist der Queen's Club, eine Tennisanlage etwas weiter westlich, wo sie, eine Jüdin aus der Mittelschicht, Mitglied ist. Im Gegensatz zu den anderen Tennisclubs im London jener Zeit ist es im Queen's egal, wer man ist oder wie gut man Tennis spielt. Der Krieg hat der Wirtschaft schwer zugesetzt, und wenn man das Geld hat, wird man in den Club als Mitglied aufgenommen.

Angela hat in der Zeitung gelesen, dass Althea Gibson bei den London Grass Court Championships antritt, einem Turnier, das als eine Art Aufwärmtraining für Wimbledon gilt. Althea interessiert sie. Nun sitzt sie im Bus, einen Rucksack auf dem Schoß, was ihr einige neugierige Blicke und sogar das eine oder andere Kichern einbringt – in jener Zeit haben sonst nur Landstreicher Rucksäcke. Sie ist allein unterwegs, was ebenfalls ungewöhnlich ist, aber das ist ihr egal. Schon jetzt hört sie vor allem auf ihre innere Stimme.

Angela hat lange Arme und Beine und einen kraftvollen Schlag, auch wenn es ihr ein wenig an Athletik fehlt. Seit sie während des Krieges als Kind mit ihrer Mutter und ihrem Bruder in Südafrika gelebt hat, sind Schwarze Menschen für sie nicht ungewöhnlich. Schon damals hatte sie nicht verstanden, warum es alle für einen Skandal hielten, dass sie mit einem Schwarzen Mädchen spielte. Darauf hat sie auch jetzt noch keine Antwort.

Als Jüdin war sie auf der Klosterschule in Johannesburg eine Außenseiterin gewesen. Auch in England werden sowohl Schwarze als auch Juden als klare Abweichung von der *weißen*, angelsächsischen Norm wahrgenommen. Und jetzt ist da diese Schwarze Frau, die im Tennis gegen die *Weißen* in Wimbledon antreten will. Das will sie sehen.

Als sie durch das Tor des Queen's Club tritt, findet sie sich in einer Menschenmenge wieder – oder in dem, was bei einem Tennisturnier 1951 als eine solche gilt. An einigen Stellen stehen die Zuschauer in Hemdsärmeln drei Reihen tief und recken die Hälse, um eine freie Sicht auf den Platz zu bekommen. Ihr Interesse gilt Althea, die für sie vor allem eine Kuriosität ist und die gerade ihr Erstrundenspiel bestreitet. Angela sieht gar nichts. Erst als sie sich nach vorn durchgedrängt hat, kann sie einen Blick auf Althea erhaschen. Zunächst glaubt sie, sie habe sich vertan – das ist doch ein junger Mann, der dort mit einem Ball in der Hand an der Grundlinie steht. Althea trägt eine ärmellose Weste über einem Polohemd. Beim Aufschlag hebt sie die Arme weit über den Kopf. Ihr Gesichtsausdruck ist stoisch, es ist unmöglich zu erkennen, ob sie gewinnt oder verliert, ob sie sich freut oder ärgert. Sie schlägt den Ball, wie Angela es noch bei keiner Frau erlebt hat. Ihr Arm scheint aus den Schäfchenwolken hinabzuschnellen, und die Aufschläge fliegen mit viel Tempo geradeaus über das Netz, nicht in dem dezenten Bogen, mit dem sich in der Wochenschau selbst die Turniersiegerinnen zufriedenzugeben scheinen.

Es ist das erste Mal seit ihrem Aufenthalt in Südafrika, dass Angela einen Schwarzen Menschen aus nächster Nähe sieht. Und sie ist fasziniert von Althea Gibson. Denn Althea ist *anders*. In Gestalt und Wesen unterscheidet sie sich von allen anderen Tennisspielerinnen, denen Angela bisher begegnet war. Außerdem ist sie ein Star. Angela hat Artikel über sie gelesen, und jetzt ist sie hier: Schweißtropfen sammeln sich auf ihrer Oberlippe, als sie mit katzengleichen Bewegungen ans Netz eilt, um das Match zu gewinnen. Der Gedanke, sich mit dem Tennisspiel einen Namen zu machen, ist Angela bisher noch nie gekommen, doch jetzt ist er mit einem Mal da. Als Althea den Platz verlässt, beobachtet Angela sie ganz genau, als wolle sie sich die Details der Szene für den Fall einprägen, dass später irgendjemand auf die Idee kommen sollte, sie davon überzeugen zu wollen, dass das Ereignis gar nicht stattgefunden habe.

Im letzten Augenblick, Althea ist schon fast vorbeigeeilt, bittet Angela sie um ein Autogramm. Althea dreht sich zu ihr um, aus heiterem Himmel tauchen Stift und Papier auf, Althea unterschreibt. Es kommt zu keinem Blickkontakt zwischen den beiden Frauen, aber Angela bleibt dieser Moment für immer in Erinnerung. Althea hingegen hat ihn schon vergessen, als sie sich weiter durch die Menge drängt.

Fünf Jahre später taten sich diese beiden Außenseiterinnen zusammen, um das Damendoppel in Wimbledon zu gewinnen, dieses spießigsten und überheblichsten, aber zugleich traditionsreichsten und renommiertesten aller Tennisturniere.

Dann trennten sich ihre Wege wieder. Eine Verletzung setzte Angelas Karriere kurz nach Wimbledon ein Ende, woraufhin sie ihren Ehrgeiz ganz auf das Entwerfen von Mode, den Journalismus und ihr Leben als Ehefrau und Mutter richtete. Althea hingegen stieg zum Champion auf, zur besten Tennisspielerin der Welt. Sie war eine Berühmtheit, auch außerhalb der Tenniswelt, ging mit den Harlem Globetrotters auf Tour und absolvierte ein Showmatch vor deren Auftritten, nahm eine Schallplatte auf, wurde Profigolferin. Und sie verlor ihr ganzes Geld, während Angela ihres geschickt verwaltete.

Je mehr Zeit verstrich, desto weniger schienen die beiden gemeinsam zu haben. Sie hatten unterschiedliche familiäre und soziale Hintergründe und lebten grundverschiedene Leben. Trotzdem quartierte sich Althea jedes Mal, wenn sie nach London reiste, bei Angela ein. Sie genoss es, fernab der Heimat ein Zuhause zu haben, einen Ort, wo sie ihre Klamotten herumliegen lassen konnte, ohne dass ihr jemand einen Vorwurf machte, und wo sie in der Badewanne singen konnte, wenn sie wollte. Jahre später, als Angela angefangen hatte, als Tennistrainerin zu arbeiten, und wieder zu Turnieren reiste, rief sie jedes Jahr vor den US Open in East Orange an, frischte den Kontakt auf und kündigte ihren bevorstehenden Besuch an. Dann trafen sich die beiden einen Nachmittag lang, schauten sich zusammen die Partien an und schwelgten in Erinnerungen.

So sehen die Eckpunkte einer über fünfzig Jahre andauernden Freundschaft zwischen zwei Frauen aus, die beide auf ihre Art einzigartig sind. Was mit einer Bitte um ein Autogramm begann, wurde auf den Kopf gestellt, als Angela – vielleicht im wahrsten Sinne des Wortes – Althea das Leben rettete. Die Zeit ist der große Gleichmacher, doch in früheren Jahren war der jeweilige Status der beiden Frauen nicht immer so, wie es den Anschein hatte. Althea war von Anfang an bekannter. Doch beim Wimbledon-Turnier 1956, bei dem die beiden zusammen den Sieg im Doppel und damit den krönenden Erfolg in Angelas Leben erreichten, war es Angela, nicht Althea, die am gleichen Tag auch im Einzelfinale stand.

Althea sollte insgesamt fünf Grand-Slam-Erfolge im Einzel feiern, Angela keinen. Dennoch waren es Angela und ihre Familie, die Althea unterstützten, finanziell und indem sie sie über Wochen bei sich zu Hause wohnen ließen. Wenn wir Angela heute noch kennen, liegt das an ihrer Verbindung zu Althea. Doch wenn uns Altheas Name geläufig ist, ist das in großen Teilen Angela zu verdanken, die vier Jahrzehnte später die Trommel für ihre Freundin schlug und uns an sie und ihre Leistungen erinnerte.

Althea zählt zu den unergründlichsten Sportheldinnen der jüngeren Geschichte. Es war schwierig, an sie heranzukommen, und noch schwieriger, sie zu verstehen. Was sie erreicht hat, ist in die Annalen des Tennissports eingegangen und unumstritten, doch diejenigen, die sie spielen sahen, kamen hinsichtlich ihres Talents zu ganz unterschiedlichen Einschätzungen. Sie war einschüchternd, athletisch, eine Vorläuferin eines neuen

Typs Sportlerin, verharrte jedoch lange im Schatten, bis die begabtesten Spielerinnen der vorherigen Generation ihre Karrieren beendet hatten. Mit Mitte zwanzig, in einem Alter, in dem die meisten Spielerinnen den Gipfel des Erfolgs erreichen, bewarb sie sich beim US-Militär und hätte das Tennisspiel fast für immer aufgegeben.

Obwohl sie als erste Tennisspielerin gilt, die in den USA, wo das Leben von der Rassentrennung bestimmt war, die *color line* in ihrer Sportart aufgebrochen hat, reagierte sie eher ungehalten, wenn diese Leistung allzu sehr betont wurde, und weigerte sich, sich über ihre Hautfarbe definieren zu lassen. Sugar Ray Robinson bezahlte ihren Highschool-Ring, Joe Louis finanzierte ihr eine Reise nach England, die Stadt New York veranstaltete ihr zu Ehren zwei Konfettiparaden, sie wurde in zahllose Halls of Fame aufgenommen, und trotzdem fühlte sich Althea bis zu ihrem Tod 2003 nicht angemessen als Tennisspielerin gewürdigt. Auch privat konnte das Äußere trügerisch sein. Wenn sie im Fred-Perry-Polohemd auf dem Platz stand, wurde sie oft für einen Mann gehalten, doch wenn sie beim Wimbledon-Ball geschminkt und im Abendkleid Balladen sang, war sie der Inbegriff der Weiblichkeit. Obwohl Althea zu ihrer Zeit eine der berühmtesten Sportlerinnen der Welt war, hatte sie nur wenige enge Freunde; als ihr Leben auf der Kippe stand, wandte sie sich an ihre ehemalige Doppelpartnerin, die sie in den Jahrzehnten zuvor nur wenige Male gesehen hatte. Außerdem war über die Frau, die als amerikanische Heldin besungen wurde, kein einziges ernsthaftes Buch erschienen außer das, welches sie selbst geschrieben hatte.

Diejenigen, die sie am besten kannten, kannten sie tatsächlich oft kaum. »Es war immer schon ein Fehler von mir, dass ich so wenige Menschen an mich heranlasse, und nur wenige dieser Menschen konnten wissen, wie ich wirklich war und wie ich dazu wurde«, schrieb sie in ihrer 1957 erschienenen

Autobiografie *I Always Wanted to Be Somebody*. Angela war eine Ausnahme. Althea und Angela reisten zusammen, spielten zusammen, wohnten zusammen. Althea nannte Violet Buxton, Angelas Mutter, »Mom« und betrachtete die Wohnung am Rossmore Court in London als ihr zweites Zuhause. Als Althea im heißen Sommer 1957, nach fast einem Jahrzehnt voller Enttäuschungen, das Dameneinzel in Wimbledon gewann, erwähnte sie Angela in ihrer Rede. »Wie könnte ich meine gute Freundin und ehemalige Doppelpartnerin Angela Buxton vergessen, für deren Freundschaft ich immer dankbar sein werde?«, sagte sie. Dann schob sie auf ihre typische Art hinterher: »Auch wenn sie immer vergisst, die kalte Milch hereinzuholen, sodass ich nach dem Aufstehen ständig warme Milch trinken muss. Also, Angela: Beim nächsten Mal schaffen wir es, dass die Milch richtig kalt ist, ja?«

Dass Althea Afroamerikanerin war und Angela Jüdin, ist kein Zufall. »Die Geschichte der Schwarzen und Juden war eine Geschichte der USA in der Mitte des Jahrhunderts«, schrieb Samuel G. Freedman von der Columbia University 2003 in der *New York Times*, »eine Geschichte der Allianzen, die im Zusammenhang mit dem Scottsboro-Boys-Fall, den Anti-Lynch-Gesetzen, der Gründung der Kommissionen für faire Beschäftigung und natürlich der Bürgerrechtsbewegung entstanden.« Er dachte dabei nicht an zwei Tennisspielerinnen, die sich diese mittelmäßig beliebte Sportart erschlossen und sie damit auch öffneten, doch es hätte gepasst. Die Außenseiterinnenposition verlieh Angela und Althea die nötige Entschlossenheit, um Erfolg zu haben, und sorgte letztendlich auch dafür, dass sie als Partnerinnen im Doppel zusammenfanden. Und obwohl sie nur eine Handvoll Turniere 1956 gemeinsam bestritten, vom Pariser Hallenturnier im Februar bis zu Wimbledon Anfang Juli, prägte die Freundschaft zwischen ihnen von da an das Leben beider.

Bei manchen Objekten ist es ergiebiger, sie indirekt zu betrachten, als den Blick voll auf sie zu richten. So ist es mit der Sonne, deren Licht vom Mond reflektiert wird, und so ist es auch mit Althea Gibson. Ihre Beziehung zu Angela beleuchtet ihr Innenleben auf eine ganz neue Weise, abseits des grellen Scheinwerferlichts, das die späteren Mythenerzähler auf sie richteten.

1

ALTHEA

Althea Gibson kam in South Carolina zur Welt, doch als sie drei Jahre alt war, schickte man sie nach Harlem zu ihrer Tante Sally, die illegal gebrannten Whiskey verkaufte. So erzählt es Althea in *I Always Wanted to Be Somebody*, und es gibt keinen Grund, daran zu zweifeln. Altheas Gedächtnis ließ gegen Ende ihres Lebens nach, und es hieß, sie könne sich nicht mehr an die Details eines einzigen Tennisspiels erinnern, das sie bestritten hatte: »Ich weiß nicht mehr alles, was ich getan habe, oder wann oder wie ich es getan habe«, sagte sie in einem lichten Augenblick kurz vor ihrem Tod. Doch auch so gibt es genügend belegbare Fakten.

Althea wurde am 25. August 1927 in der Kleinstadt Silver geboren, als Tochter von Daniel und Annie Gibson und mit einem Gewicht von gut dreieinhalb Kilogramm. Einen Großteil ihrer Jugend verbrachte sie mit einem jüngeren Bruder und drei Schwestern in Harlem und zwei Jahre – vermutlich 1934 und 1935 – bei ihrer Tante Daisy in Philadelphia. Das war auf dem Höhepunkt der »Great Depression« nicht weiter ungewöhnlich: Familien schickten ihre Kinder zu Verwandten, die noch Arbeit und genug zu essen hatten.

In Harlem wohnte Althea etwa ab 1936 in der 135 West 143rd Street, zwischen der Lenox Avenue und der Seventh Avenue, in einem der Gebäude, die heute den Namen »Frederick-E.-Samuel-Apartments« tragen. Die Backsteine leuchten heute rot, waren damals aber braun. Über die gesamte Fassade verlaufen Feuertreppen, wie zu der Zeit, als Althea dort lebte.

Sie und ihre Freundin Alma Irving verbrachten Stunden auf dem öffentlichen Basketballplatz und warfen Körbe, oder sie schauten sich im Apollo-Theater Filme an. Die Schule war für sie weitaus weniger wichtig. Althea schwänzte tagelang den Unterricht. Und dann fuhr sie lieber die ganze Nacht lang mit der U-Bahn quer durch die Stadt, als nach Hause zu gehen und sich die Prügel abzuholen, die sie dort erwarteten. Ihre Mutter lief morgens um zwei auf der Suche nach ihr durch die Straßen und rief ihren Namen. Ihr Vater schaffte es nicht, sie zu bändigen, nicht mal wenn er seine Fäuste einsetzte. Einmal verbrachte Althea eine Nacht im Gebäude eines Kinderschutzbunds in der 105th Street, wo sie die Striemen auf dem Rücken vorzeigte, die ihr Vater ihr vor lauter Frust mit seinem Gürtel zugefügt hatte. Es sei nicht seine Schuld, meinte sie; sie könne einfach nicht zu Hause bleiben. Der Grund dafür waren nicht Drogen oder Sex oder irgendetwas Schlimmeres als etwas gemopstes Obst vom Bronx Terminal Market, sondern allein ihre innere Rastlosigkeit.

Vor dem Krieg war Harlem noch kein Slum. Dazu kam es erst später, als sich zunächst die äußeren Stadtbezirke von New York und dann auch Vororte wie Mount Vernon in Westchester County für Schwarze öffneten. Die Stadtflucht der *Weißen* ist gut dokumentiert, doch genauso zogen viele Schwarze weg, sobald sich die Käfigtüren öffneten. Warum sollten sie im überfüllten Harlem bleiben mit seinen kaputten Straßen und den verrosteten Feuertreppen, auf denen die Kinder die schwülen Sommernächte vertrödelten? Viele der Wohlhabendsten, Erfolgreichsten und Kreativsten verließen Manhattan zugunsten von grüneren Gefilden. Count Basie etwa zog nach St. Albans in Queens, ebenso wie Cab Calloway.

Harlem war also in den 1930er- und den frühen 1940er-Jahren kein Slum, aber doch ein Ghetto. Eine Art Insel, eine Welt für sich. Wie in den historischen jüdischen Ghettos in Mitteleuropa lebten dort Menschen aus allen Gesellschafts- und Einkommensschichten. Die Bewohner des Straßengitters, das sich etwa zwischen der 110th und der 155th Street von Fluss zu Fluss erstreckte und aus verschiedenen Vierteln bestand, stellten einen eigenen Querschnitt der amerikanischen Gesellschaft dar. Es gab Millionäre in Sugar Hill und Bettler in der Gosse. Es gab Priester und Anstreicher, Kleinunternehmer und Falschspieler. Es gab Schwarze aus der Karibik und Schwarze aus dem Süden der USA – zwei völlig unterschiedliche Charaktertypen, die einander oft mit Misstrauen begegneten.

Auf einem berühmten Foto des Boxers Joe Louis aus dem Jahr 1935, das ihn zeigt, wie er im dreiknöpfigen Kamelhaarmantel durch Harlem spaziert und dabei überaus majestätisch wirkt, sieht man links im Bild – in Lederjacke und einer Pluderhose, die in hohen Stiefeln steckt – den jungen Desmond Margetson, der es in die erste Reihe der Menschenmenge geschafft hatte, als Louis vorbeilief und der Fotograf den Auslöser drückte, und nun grinst wie ein Verrückter. Margetson würde später an der New York University (NYU) Tennis spielen und 1954 zusammen mit Althea ein Doppelturnier in der Seventh Regiment Armory bestreiten. Es ist kein Zufall, dass in dieser Geschichte immer wieder die gleichen Namen auftauchen. Die Welt war damals kleiner, und herausragende Menschen fanden einen Weg, sich durchzusetzen – oder zumindest einen Blick auf Joe Louis zu erhaschen, wenn es das war, was sie anstrebten. Margetson machte im Jahr 1957 wieder von sich reden, als ihm als Ingenieur die Idee für eine aufblasbare Zeltkonstruktion kam, die sich über einem Außenplatz aufspannen ließ und es Tennisfans egal welcher Hautfarbe ermöglichte, auch bei ungemütlichem Wetter zu spielen.

Natürlich hatte Harlem seine berühmten Nachtclubs, und die *Weißen* kamen wegen Veranstaltungen im Apollo in den Stadtteil. Es gab gute Viertel und schlechte Viertel, Restaurants, Bekleidungsgeschäfte, Kunstgalerien und Läden wie Spreen's, wo die Schwarzen Kinder ihr Taschengeld für Milchshakes ausgaben, genauso wie es die *weißen* Kinder in der Lower East Side und in Brooklyn Heights taten.

In jener Zeit war es in Amerika üblich, dass die staatlichen Institutionen das urbane Leben aktiv mitgestalteten. Zentralisierte Lösungen waren noch nicht verpönt. Die Police Athletic League (PAL) war berechtigt, ganze Straßenzüge für den Verkehr zu sperren. Jeden Sommer riegelte man mehrere Blocks in Harlem ab und erklärte sie zu öffentlichen Spielflächen – »Play Streets«. Im nördlichen Teil von Manhattan gab es kaum öffentliche Sportanlagen und noch weniger Parks, also dienten die Straßen als Spielfelder für Himmel und Hölle, Paddle-Tennis oder Stickball, eine angepasste Art von Baseball mit Besenstielen als Schlägern und Gummi- oder Tennis- statt Lederbällen. Außerdem drehte man regelmäßig Hydranten auf, damit sich die Kinder abkühlen konnten. Die Polizei, der wohlwollende Friedensstifter, stellte die gesamte Ausrüstung; die Kinder konnten einfach kommen. Es war wie ein Ferienlager, bis auf die Tatsache, dass abends zu hören war, wie eine Mutter nach der anderen ihre Kinder durch das Wohnungsfenster zum Essen hereinrief.

Zu den Straßen, die die PAL regelmäßig absperrte, gehörte ein Teil der 143rd Street. Als Althea eines Tages dort vorbeikam, spielte sie eine Partie Paddle-Tennis – eine Variante des Spiels, die mit kurzen Holzschlägern und einem Gummiball ausgeführt wird. Althea war groß und schlaksig und hatte lange Arme. Wenn wir glauben, was man sich erzählt, gewann sie schnell ein Spiel nach dem anderen. Sie stand auf dem Platz, bis es dunkel wurde, forderte jeden heraus, der vorbeikam, ohne je zu verlieren. Bald war sie die beste Spielerin des Blocks, und als die PAL die Kinder von der 143rd Street gegen Teams von anderen Play Streets antreten ließ, gewann sie auch fast alle dieser Partien.

Dieses Talent, den Paddle-Ball richtig zu treffen, sollte Althea schließlich zu einem Tennisstar machen. Doch anfangs war ihr jede Sportart recht. Ihr Vater brachte ihr das Boxen bei und lehrte sie, Schlägen ebenso auszuweichen wie sie auszuteilen, was ihr nicht nur bei der Selbstverteidigung half, sondern auch eine gute Vorbereitung auf die Profi-Karriere war. (Das war vor dem zeitweiligen Verbot des Frauenboxens.) Sie spielte im Mount Morris Park an der 121th Street Softball mit den Jungs. Sie spielte Basketball auf Schulhöfen und später, als sie etwas älter war, in einem festen Team, den Mysterious Five, das gegen Mannschaften aus Krankenschwestern, Lehrerinnen und anderen Gruppen antrat.

Die Mädchen von den Mysterious Five kannten einander seit Jahren. Mit Gloria Nightingale war Althea schon seit der Grundschule befreundet, und Nightingale hatte sie bereits früh Bea Jenkins vorgestellt. Agnes Polite war eine Freundin einer Freundin, die sich der Truppe irgendwann anschloss, und Adeline Matthews hatte die gleiche Junior Highschool besucht wie Althea, die PS 136 – nur dass sie tatsächlich am Unterricht teilgenommen hatte. Althea ging fast nie zur Schule. Ihre Einstellung war schlicht und einfach: Niemand konnte sie zu irgendetwas zwingen, das sie nicht wollte.

Matthews gegenüber gab Althea in frühen Jugendjahren mehrmals zu, dass das Leben zu Hause nicht leicht war. Ihr

Vater war streng und schlug sie, wenn sie sich nicht benahm. Die Geschwister waren immer im Weg. Die Wohnung war klein, und Althea zog es verzweifelt auf die Straße hinaus, wo sich das Leben abspielte. Irgendwann gaben ihre Eltern im Grunde einfach auf. Ihnen fehlte die Energie, sich weiter mit Althea auseinanderzusetzen. Als sie 1941 den Abschluss an der Junior High erlangte, war sie vierzehn Jahre alt, und obwohl sie nicht wusste, wie sie ihn geschafft hatte, war sie froh, über das System triumphiert zu haben. Als Nächstes folgte der halbherzige Versuch, eine Berufsschule zu besuchen, den sie jedoch schon bald wieder aufgab. Im Grunde wartete Althea nur darauf, endlich alt genug zu sein, dass die Gesellschaft sie ihr eigenes Leben führen ließ. Sie wusste nicht, was die Zukunft für sie bereithielt, war sich aber sicher, dass es etwas Interessanteres sein würde, als sich stundenlang von Lehrerinnen erzählen zu lassen, wie man ein Kleid säumte. Althea hatte nichts gegen das Lernen, nur gegen das Stillsitzen.

Mit der Zeit waren es vor allem die Mysterious Five, die ihrem Leben eine Struktur gaben. Althea mag in vielerlei Hinsicht unzuverlässig gewesen sein, etwa wenn sie das Geld, das ihre Mutter ihr für Lebensmitteleinkäufe mitgab, lieber in Limonade und einen Hotdog investierte, aber sie verpasste kein einziges Basketballspiel. Der Trainer – und gleichzeitig auch Sponsor – der Mannschaft war Marsden Burrell. Er beschaffte die Kleidung für das Team, unter anderem auffällige, rot-weiße Shorts, und machte die Termine aus, manchmal vier oder fünf Spiele pro Woche, gegen Mannschaften aus der ganzen Stadt – meist Schwarze, aber auch einige *Weiße*. Irgendwie schaffte er es immer, das ganze Team zu informieren; er sagte einem Mädchen Bescheid, das die Nachricht dann weitergab, und so kamen alle zusammen. Nach jedem Spiel, egal, ob sie gewonnen oder verloren hatten, gingen sie zu Spreen's auf einen Milchshake und ein Schinkensandwich, das auch ihr Abendessen war. Danach gingen Althea und Nightingale meist bowlen, während die anderen Mädchen heimfuhren. Sie besuchten einander nur selten zu Hause; in den engen Wohnungen war kaum Platz für die Familien, geschweige denn für Gäste.

Wenn es um Basketball ging, waren die Mädchen sehr selbstbewusst. Sie glaubten, jede Frauenmannschaft der Stadt schlagen zu können und wahrscheinlich auch die meisten Männerteams. Zu den Spielen kamen ihre Freunde und schauten zu – der Eintritt war kostenlos. Ab und zu waren die Ergebnisse in der Zeitung *New York Amsterdam News* abgedruckt, die in Harlem und von den anderen Schwarzen New Yorkern gelesen wurde. Weder Althea noch ihren Mannschaftskolleginnen fiel auf, dass sämtliche Profisportler, die ihnen bekannt waren, *weiß* waren, ebenso wie die meisten Collegesportler. Sie lebten – wie es bei Teenagern so häufig der Fall ist – ganz in ihrer eigenen Welt.

Nightingale war die Anführerin, die lauteste im Team, die jedem sofort auffiel, weil sie so forsch und selbstbewusst auftrat. Sie war etwas kleiner als die anderen, etwas kräftiger und vielleicht die Hübscheste in der Mannschaft, je nach Geschmack. Sie trieb den Ball über das Feld, erteilte Anweisungen und lachte am lautesten, wenn sie etwas lustig fand. Rückblickend ist sie wohl diejenige, von der man am ehesten erwartet hätte, dass sie sich einen Namen machen würde, allein schon wegen ihrer Persönlichkeit. Oder vielleicht Jenkins, die sehr jungenhaft auftrat, die athletischste im Team war und die meisten Punkte erzielte. Auf jeden Fall nicht Althea. Sie war so dünn, dass sie zeitweise fast abgemagert wirkte, mit großen, hervortretenden Augen, und auch wenn sie ein Talent für gute Würfe hatte und wusste, wie sie die gegnerische Verteidigung durch eine angetäuschte Bewegung ins Leere laufen lassen konnte, war sie doch nur eine

Schulhofspielerin, die irgendjemand an einem Winterabend in eine gestreifte kurze Hose gesteckt und in die Hallen der Stadt verpflanzt hatte. Kein Anzeichen deutete darauf hin, dass einmal mehr aus ihr werden würde.

Nach einer Weile fiel Matthews auf, dass Althea versuchte, Nightingale nachzuahmen. Nightingale war in Altheas Augen ein Star, und wie ein solcher wollte Althea sich auch verhalten. Sie redete ein bisschen lauter als zuvor und gab scharfe Befehle. Es war fast komisch, weil es nicht so richtig zu ihr passte. Bei anderen Gelegenheiten war sie ruhig und schüchtern, fast schon schwermütig. Man musste sie überreden, zu einer Party mitzukommen, und manchmal blieb sie für sich, wenn sich das Team bei Spreen's traf. Sie zelebrierte ihre Unabhängigkeit, erinnerte sich Billie Davis, der sie in jenen Tagen kennenlernte und noch Jahrzehnte später ihr Freund und Tennispartner war. Ein Teil von ihr sonderte sich immer ab, selbst inmitten von ihresgleichen.

Mit achtzehn zog Althea vorübergehend bei den Nightingales ein und zahlte eine symbolische Miete an die Großmutter. Mittlerweile hatte sie bereits eine Reihe verschiedener Jobs hinter sich, unter anderem als Fahrstuhlführerin im Dixie Hotel und als Kellnerin. Sie spielte bis spätabends Basketball und ging dann mit Nightingale bis vier Uhr morgens bowlen. Nun gab es niemanden mehr, der ihr Vorhaltungen machte, wenn sie spät oder sogar gar nicht nach Hause kam. Es war, wie sie sich später erinnerte, eine der glücklichsten Zeiten ihres Lebens.

Dass Schwarze in den USA Tennis spielten, war zu der Zeit schon lange nichts Neues mehr. Sie spielten in eigenen Vereinen und auf städtischen Plätzen. Sie spielten an Universitäten, zwischen denen auch Wettkämpfe um eigene Meisterschaften ausgetragen wurden, und bei inoffiziellen Turnieren in kleinen

Städten. Doch wie so viele Aspekte des damaligen Lebens in den USA fanden auch die Tennisaktivitäten der *Weißen* und der Schwarzen in Paralleluniversen statt. Nur selten betraten sie gemeinsam einen Platz und fast niemals mit offizieller Genehmigung.

1916 gründete Talley R. Holmes – Abschlussjahrgang 1910 am Dartmouth College – einen Verband der Schwarzen Tennisspieler. In einem Anflug von Idealismus nannte er ihn schlicht »American Tennis Association« (ATA) und nicht »Negro Tennis Association« oder »Colored Tennis Association«. Er hoffte, dass unter diesem Namen irgendwann auch aufgeschlossene *Weiße* spielen würden, sodass man eine echte nationale Meisterschaft austragen könnte. Es wäre leichter, *Weiße* dazu zu bewegen, an einem Schwarzen Tennisturnier teilzunehmen, meinte er, als die bestehenden *weißen* Machtstrukturen aufzubrechen. Doch das geschah nie. Obwohl die ATA bis ins einundzwanzigste Jahrhundert hinein bestand, versank sie irgendwann in der Bedeutungslosigkeit, nicht zuletzt auch deshalb, weil Althea sie überflüssig gemacht hatte.

Ab 1917 hielt die ATA nationale Meisterschaften ab. Die erste davon wurde in Baltimore ausgetragen, und im Herreneinzel gewann Holmes, der als Army-Nachrichtenoffizier diente, aber im Inland stationiert war. Nach dem Ersten Weltkrieg kehrte Holmes nach Washington zurück und unterrichtete Deutsch, Französisch, Latein und Mathematik an der Highschool. Außerdem gehörte ihm das Washingtoner Whitelaw Hotel, das größte Hotel, das zu der Zeit Schwarzen offenstand. Seine Zeit, sein Talent und seine Motivation reichten aus, um 1918, 1921 und 1924 weitere Einzeltitel zu erlangen – neben acht Titeln im Doppel.

Darüber hinaus richtete die ATA 1917 in Baltimore auch Damenmeisterschaften aus. Diesen Wettbewerb gewann Lucy

Diggs Slowe, die an der Howard University studiert hatte und dort 1922 die erste Dekanin für Frauen wurde. Die Gewinnerinnen waren herausragende Persönlichkeiten, die Großes geleistet hatten. Der Triumph im ATA-Dameneinzel 1917 machte Slowe zur ersten Afroamerikanerin, die je in einer Sportart einen nationalen Titel geholt hatte.

All das hatte nicht die geringste Auswirkung auf Althea Gibson, die an heißen Sommertagen auf dem Asphalt der 143rd Street Paddle-Tennis spielte. Sie hatte noch nie von Talley Holmes, Lucy Slowe oder sonst irgendeinem Schwarzen Tennisspieler gehört. Auch Bill Tilden, Fred Perry, Suzanne Lenglen oder Helen Wills, die dominierenden *weißen* Spieler und Spielerinnen der Zwanziger- und Dreißigerjahre, waren ihr wohl kein Begriff. Man konnte sich damals ja nicht einfach die Sportberichterstattung im Fernsehen anschauen und seinen Idolen auf dem Platz oder Feld nacheifern. Für Althea war Tennis eine Nachmittagsbeschäftigung, zwischen Stickball und Basketball. Was genau sie spielte, war ihr fast egal. Sobald man ihr die Regeln erklärt hatte, gab sie ihr Bestes, um zu gewinnen – sei es im Kartenspiel, im Billard, im Football oder sonst irgendeiner Sportart. Und meistens schaffte sie es auch.

Ihr Aufstieg vom Teenager, der auf der Straße Stickball und Paddle-Tennis spielte, zum Wimbledon-Champion gelang Althea mit der Hilfe von verschiedenen Förderern. Das begann schon in Harlem, wo sie als potenzielles Talent erkannt und auf dem Weg nach oben unterstützt wurde. Als Schwarzer Mensch in der Welt der *Weißen* zurechtzukommen, war schon unter idealen Umständen nicht einfach. Daher gaben sich diejenigen, die es geschafft hatten, häufig alle Mühe, anderen bei ihrem Aufstieg zu helfen. Sie steuerten Zeit, Wissen und sogar finanzielle Mittel bei, auch wenn sie selbst oft nicht viel hatten. Ihr Engagement hatte zum Teil mit Selbstlosigkeit zu tun, aber auch mit einer Art Projektion. Sie lebten in einer Zeit der Grenzen und Beschränkungen und wollten, dass der nächsten Generation der Afroamerikaner bessere Möglichkeiten offenstanden als ihnen. Buddy Walker zum Beispiel, Teilzeit-Bandleader und städtischer Play-Street-Koordinator, wusste, dass er selbst es niemals zum Star bringen würde. Doch die junge Althea Gibson, die er durch die Straßen stolzieren sah und die jedes Mädchen und jeden Jungen aus der Gegend im Paddle-Tennis schlug – aus ihr könnte etwas werden.

Walker arbeitete tagsüber für die Police Athletic League und abends als Musiker. Später wurde er zu einer lokalen Berühmtheit, weil seine Band bei vielen prominenten Hochzeiten in Harlem auftrat, doch zu der Zeit musste er sein Einkommen mit der Aufsicht über die Play Streets aufbessern. Er beobachtete Althea beim Paddle-Tennis und bewunderte sowohl ihre Koordination als auch ihren Ehrgeiz. Dabei drängte sich ihm die Frage auf, wie sie sich wohl im echten Tennis schlagen würde. Also kaufte er in einem Gebrauchtwarenladen für fünf Dollar zwei alte Rackets und ließ Althea auf einem Handballfeld im Morris Park den Ball gegen eine Wand schlagen. Ihm gefiel, wie sie mit voller Kraft auf den Ball eindrosch, auch wenn ihre Technik furchtbar war. Wie sollte es auch anders sein? Althea hatte noch nie ein richtiges Tennismatch gesehen, nur die Wochenendspieler, die sich auf den Harlem River Courts in der 150th Street abmühten.

Diese Plätze waren sieben Blocks entfernt, und Walker überredete Althea, den ganzen Weg dorthin zu Fuß zu laufen, um dort ein richtiges Spiel zu bestreiten. Das war alles andere als einfach. Althea ließ sich von niemandem sagen, was sie zu tun hatte, erst recht nicht von einer Autoritätsfigur. Deshalb ließ sie sich Zeit, doch irgendwann tauchte sie bei den Plätzen auf. Buddy positionierte sie auf der einen Seite des Netzes und sich selbst auf der anderen. Schon bald hielt sie den Ball über lange Ballwechsel hinweg im Spiel und konnte sogar einige Punkte machen.

Das war eine beeindruckende Leistung für jemanden, der noch nie Tennis gespielt hatte, und weckte das Interesse eines der Männer, die den beiden zusahen: Juan Serrall (oder vielleicht Serrell). Serrall war Lehrer und ein Freund von Walker. Walker hatte Althea von der 143rd Street wegholen können, aber Serrall war in der Lage, ihr einen Weg über das Viertel hinaus zu eröffnen. Er kannte einige Mitglieder des Cosmopolitan Club, an der Ecke der Convent Avenue und der 149th Street in Sugar Hill, wo der einarmige Profi Fred Johnson sich seinen Lebensunterhalt mit Tennisstunden verdiente. Serrall brachte Althea zu Johnson und verschwand aus der Geschichte, nachdem er seinen kleinen, aber entscheidenden Beitrag geleistet hatte.

Jahre später sollte in der Fernsehserie *Auf der Flucht* ein anderer einarmiger Fred Johnson hinter dem Mord an Helen Kimble, der Frau des zu Unrecht als Mörder gejagten Kinderarztes aus Stafford, Indiana, stecken. Der Name unseres Fred Johnson jedoch schmückt heute den Tennisplatz an der 150th Street, während der Cosmopolitan Club längst Geschichte ist. Johnson hatte als Jugendlicher einen Arm bei einem Fabrikunfall verloren, doch das hielt ihn nicht davon ab, Tennisstunden zu geben. Seine Spielweise war faszinierend zu beobachten. Er hielt Schläger und Ball in der einen Hand, die er hatte, warf den Ball Richtung Himmel und schlug ihn dann, wenn er wieder auf dem Weg hinab war, in Richtung seines Gegenübers. Da ihm eine zweite Hand fehlte, um den Schläger zu stabilisieren, wenn er ihn für die Rückhand um eine Vierteldrehung drehte, nutzte er den Kontinentalgriff, der immer gleich blieb, egal, mit welcher Seite des Rackets man gegen den Ball schlug. Den kannte er und den lehrte er, und deshalb lernte ihn auch Althea.

Der Cosmopolitan Club bestand aus fünf Sandplätzen und einem Clubhaus. Hin und wieder kam ein berühmter *weißer* Spieler für ein Showmatch zu Besuch. Doch die meiste Zeit über war der Cosmopolitan das Zentrum des Schwarzen Tennis in New York, der stadtweit einzige Treffpunkt für Schwarze Tennisspieler, die etwas draufhatten. Die Club-Betreiber stammten größtenteils aus der Karibik, von Inseln wie Barbados, Trinidad oder St. Kitts, und die Atmosphäre war leicht kolonial geprägt. Das erklärt vielleicht auch die Vorliebe der Mitglieder für Kricket und Tennis. Im Clubhaus und auf den Plätzen traf man die gesellschaftliche Elite von Harlem an, doch auch Nichtmitglieder konnten die Plätze stundenweise mieten, wenn sie gerade sonst nicht genutzt wurden. Der Club hatte ein Nachwuchsprogramm, und gelegentlich wurden Spenden gesammelt, um vielversprechende Juniormitglieder zu ATA-Turnieren im ganzen Land zu schicken.

An dem Tag, an dem Althea zum ersten Mal in den Club kam, war auch Des Margetson dort. Er erinnerte sich später, dass er damals eine herausragende Athletin sah, die keine Ahnung hatte, was sie zu tun hatte. Ihre Schlagtechnik ließ zu wünschen übrig, aber ihr Timing war so gut, dass das kaum eine Rolle spielte. Altheas Fähigkeit, wie eine Kurzstreckenläuferin zu sprinten und den Ball mit voller Wucht über das Netz zu dreschen, hochzuspringen und Lobs aus der Luft zu fischen oder zurückzulaufen und sie hinten im Feld noch zu erwischen, beeindruckte jeden, der ihr zusah. Der Club beschloss umgehend, sie zu fördern. Er übernahm den Mitgliedsbeitrag für sie und stattete sie mit Schlägern aus. Jetzt war Althea plötzlich nicht mehr benachteiligt, sondern privilegiert, zumindest im Vergleich zu den anderen jungen Spielern, die von außen zuguckten. Im Gegenzug half Althea im Club aus: Sie sammelte Bälle ein, wusch Handtücher und solche Dinge. Das machte ihr nichts aus. Sie hatte kaum je von Forest Hills gehört, geschweige denn von Wimbledon. In ihrer Welt war der Cosmopolitan Club das ganz große Ding.

Zwei Jahre später, 1944, bestritt Alice Marble ein Showmatch im Club. Sie und Bob Ryland, ein zukünftiger ATA-Sieger, traten gegen Reginald Weir und die Engländerin Mary Hardwick an, eine hervorragende Spielerin, die es vor dem Krieg bis ins Viertelfinale von Wimbledon geschafft hatte. Es war ein gemischtes Doppel im wahrsten Sinne des Wortes, da auf jeder Seite des Platzes ein Schwarzer und eine *Weiße* standen. Jahre später schrieb Alice Marble den Brief, der Althea den Zugang zu den US Championships ermöglichte, doch damals war sie einfach die beste Spielerin der Welt. Sie war blond und adrett, der Inbegriff der Weiblichkeit, aber sie spielte wie ein Mann. Und sie feierte wie ein Mann – sie rauchte und trank, wie sie Lust hatte. Bei einem Cocktail an der Bar im Cosmopolitan Club – das allein war ein kleiner Sieg über die Rassentrennung – fragte sie Ryland nach dem Gibson-Mädchen, über das sie mehrere Clubmitglieder hatte reden hören. Aus diesem Gespräch erwuchs der Plan, Althea oder eine andere Schwarze Spielerin in Forest Hills antreten zu lassen. Doch bis das geschafft war, sollten noch sechs Jahre vergehen.

Althea selbst hatte noch nie eine Frau so gut Tennis spielen sehen. »Ich erinnere mich noch, wie ich dachte: ›Wie gerne würde ich so spielen können!‹«, schrieb sie in ihrer Autobiografie. Die gleiche Reaktion zeigte sieben Jahre später die fünfzehnjährige Angela Buxton, als sie Althea im Queen's Club sah.

Mitte der Vierzigerjahre lag es sicherlich nicht an ungenügenden sportlichen Fähigkeiten der Afroamerikaner, dass sie nicht an den großen Turnieren teilnahmen, und auch nicht daran, dass sie zu wenig Kontakt zum Tennis gehabt hätten. Die Anzahl der öffentlichen Plätze war groß, vielleicht größer als heute. Doch es gab kaum qualifizierte Trainer. »Wir hatten keine wirklich guten Lehrer, und es gab nirgendwo erstklassigen Tennisunterricht – ohne Fred Johnson zu nahe treten zu wollen«, erinnert sich Margetson.

Es war in Ordnung, dass Johnson den Kontinentalgriff verwendete; der Engländer Fred Perry hatte in den 1930er-Jahren damit in Wimbledon gewonnen. Aber Johnson verstand sich nicht auf die Techniken, die nötig waren, um Kraft in die Vorhand zu bringen. Bei ihm hatten die Bälle keine Power, keinen Spin. Kein Wunder, denn Johnson hatte selbst nie Unterricht genossen. Er ging zu Turnieren, beobachtete einige der besseren Spieler und prägte sich ihre Bewegungen ein, nahm dabei aber nicht das wahr, was er hätte wahrnehmen müssen. Was er Althea beibrachte, reichte für den Anfang aus, aber später musste sie fast jede Technik, die Fred Johnson ihr vermittelt hatte, umlernen.

Dennoch machte sie schnell Fortschritte. Johnson lehrte sie die grundlegenden Schlagtechniken, aber auch, aus ihren Fehlern zu lernen. Jedes Mal, wenn sie ein Match verlor, versuchte sie herauszufinden, woran es gelegen hatte, statt dem Gegner Prügel anzudrohen, wie sie es am liebsten getan hätte. Damals kam man mit purer Athletik relativ weit im Tennis, ebenso wie heute wieder, und Althea war in der Lage, Bällen hinterherzujagen und sie kraftvoll zurückzuschlagen. Ihr Tempo und ihre Reichweite machten sie rasch zu einer der besten Spielerinnen im Club. Im Sommer 1942, als sie fast fünfzehn war und seit etwa einem Jahr Tennis spielte, nahm sie am Juniorenwettbewerb der New York State Open Championship teil.

Die Veranstaltung wurde von der ATA gesponsert und fand im Cosmopolitan Club statt. Die meisten der Spieler und

Spielerinnen waren Schwarz, aber nicht alle: Im Juniorenturnier trat auch ein *weißes* Mädchen namens Nina Irwin an. Irwins Mutter, eine russische Einwanderin, hatte Jahre zuvor in der Armory in der 143rd Street Tennisstunden bei Johnson genommen, und jetzt kam Nina jede Woche aus Inwood in der Nähe vom Fort Tryon Park an der Nordspitze Manhattans in den Cosmopolitan Club. Dort empfing man sie mit offenen Armen, und das nicht nur, weil die Irwins immer pünktlich ihre Beiträge bezahlten. Die Mitglieder betrachteten ihren Club gern als wahrhaft kosmopolitisch.

Irwin war ein nettes Mädchen mit einem strahlenden Lächeln, das sich aber nichts mehr wünschte, als Althea, die herausragende Spielerin ihrer Altersgruppe, zu schlagen. Zufällig schafften es beide ins Finale des Turniers. Althea gewann mit Leichtigkeit; es war ihr erster bedeutender Erfolg, den sie umso mehr genoss, weil viele der Clubmitglieder, die von der Tribüne aus zugeschaut hatten, Irwin favorisiert hatten, wie Althea bemerkte, und das, obwohl Althea Schwarz war und Irwin *weiß*. Althea würde ihre gesamte Tenniskarriere über glauben, dass ein Großteil des jeweils anwesenden Publikums gegen sie war – was oft auch stimmte. Manchmal lag das an ihrer Hautfarbe, aber häufig an dem an Arroganz grenzenden Selbstvertrauen, das in ihrem Spiel und ihrer Körpersprache zum Ausdruck kam. Es bewirkte, dass ein neutraler Zuschauer sie besiegt sehen wollte.

Schon als Jugendliche war Altheas Siegeswille ausgeprägter als der aller anderen, die sie kannte. Das äußerte sich in ihrem Verhalten auf dem Platz, vor allem, wenn sie verloren hatte. Mehr als einmal ermahnte Johnson sie, weniger theatralisch und stattdessen etwas damenhafter aufzutreten. Zu Amateurzeiten wurde Tennis noch nicht so ernst genommen wie später, als es um Millionen Dollar ging. Es war ein Hobby, kein Beruf.

Die besten Spieler waren angehende Ärzte, Anwälte oder Ähnliches, und sie spielten zum Zeitvertreib zwischen Arbeit und Studium. Das galt für Schwarze noch mehr als für *Weiße*, die zumindest von Wimbledon träumen durften. Die Schwarzen hingegen wussten, dass sie nicht viel erreichen konnten, und richteten ihren Ehrgeiz daher auf andere Dinge. Weir, der für das City College von New York antrat, gewann zwischen 1931 und 1942 fünf ATA-Titel, während er gleichzeitig Zahnmedizin studierte. Margetson, der spätere Ingenieur, führte als Kapitän die Tennismannschaft der New York University an. Er hätte sein Studium niemals gegen die Chance eingetauscht, der beste Tennisspieler der Welt zu werden. »Tennis ist, im Gegensatz zu echten Berufen, kein Studienfach«, sagte er. Es war ein fesselndes Spiel, aber mehr eben auch nicht.

Immerhin war es ein Spiel, das zur Überwindung der Rassentrennung beitrug. Jedes Match, an dem Schwarze und *Weiße* teilnahmen, war ein kleiner Sieg für Gleichheit und Aufgeschlossenheit. Margetson trat bereits als Schüler der DeWitt Clinton High School gegen *Weiße* an, und auch später an der NYU. Sonny Jackson spielte beim Eastern-Scholastics-Turnier gegen *Weiße* und gewann einige dieser Matches. Man kann sich leicht vorstellen, wie die Söhne der privilegierten New Yorker bei diesen Veranstaltungen zum ersten Mal mit gleichaltrigen Schwarzen in Kontakt kamen und feststellten, dass sie mit diesen aufstrebenden Ärzten und Anwälten mehr gemeinsam hatten, als sie erwartet hätten.

Dennoch fanden die meisten Turniere der United States Lawn Tennis Association, darunter auch die US Championships in Forest Hills – der Vorläufer der heutigen US Open – in privaten Clubs statt, zu denen Schwarze grundsätzlich keinen Zutritt hatten. Das hatte verheerende Auswirkungen auf den Schwarzen Tennissport. Ora Mae Washington, geboren 1898, gewann acht ATA-Titel und verlor zwischen 1924 und 1936 kein einziges Match bei einem ATA-Turnier, wenn sie sich nicht gerade ihren Lebensunterhalt mit ihrem durch die Lande tourenden Schwarzen Basketballteam, den Philadelphia Tribunes, verdiente. Sie war ein Phänomen, über ein Jahrzehnt hinweg vielleicht die talentierteste Tennisspielerin der Welt, und wenn es nach der Anzahl der gewonnenen Turniere ging, zweifellos eine der erfolgreichsten. Trotzdem konnte sie ihre Fähigkeiten niemals unter Wettbewerbsbedingungen gegen die besten Spielerinnen jener Zeit beweisen – denn die waren *weiß* und sie war Schwarz.

Auf der anderen Seite des Planeten war es um das demokratische Gebot der grundlegenden Gleichberechtigung aller Menschen noch schlechter bestellt. In der erst seit Kurzem unabhängigen Südafrikanischen Union waren die offiziellen Amtssprachen weiterhin Englisch und Afrikaans (eine Variante des Niederländischen), obwohl die Muttersprache der überwältigenden Mehrheit der Bevölkerung weder das eine noch das andere war. Schwarze, »Coloureds« und Inder wurden unter der Bezeichnung »Nichtweiße« zusammengefasst und von den Wahlen ausgeschlossen. Man verwehrte ihnen grundlegende Freiheiten, etwa das Recht, nach Belieben zwischen Städten zu reisen, zur Schule zu gehen oder aber auf der Suche nach einem besseren Leben auszuwandern. Obwohl sie den früheren Kolonialherren zahlenmäßig weit überlegen waren, war ihnen nur ein kleiner Anteil des Grunds und Bodens vorbehalten.

Gleichzeitig erlaubte man die Einwanderung nur Menschen, die sich leicht in die *weiße* Minderheitenbevölkerung integrieren würden. Diese Beschreibung schloss Juden jeglicher Hautfarbe aus. Ihnen war es rechtlich untersagt, sich dauerhaft im

Land niederzulassen, wie man Familie Buxton unmissverständlich klarmachte, als sie 1940, während in Europa schon Krieg herrschte, mit einem Schiff aus Liverpool in Kapstadt eintraf.

Violet Buxton mit Angela und Gordon

2

»SCHICKEN SIE
SIE ZU TURNIEREN«

Mitte 1940, als U-Boote auf den atlantischen Handelsrouten kreuzten und die Gefahr einer Invasion durch Nazi-Deutschland einige englische Familien aufs Land und andere sogar ins Exil trieb, war Südafrika eine Welt für sich, eine Art Idyll. In einer schmalen Straße in Kapstadt, die von der St. John's Road abging, spielte ein kleines Mädchen mit hellbrauner Haut in der warmen Nachmittagssonne hinter einem verputzten Steinhaus. Das Haus stand am Ende einer steilen Straße, die den hinteren Hang des Tafelberges hinaufführte, und bot eine wunderschöne Aussicht. Vom Garten aus sah man den Atlantischen Ozean, und hinter dem Haus ragte der majestätische, wolkenumhangene Berg auf.

Die Mutter des Kindes arbeitete als Dienstmädchen in einem der größeren Anwesen am Ocean View Drive, und vielleicht wohnte die Familie sogar dort, in einer der Bedienstetenwohnungen eines reichen *weißen* Mannes. Eines Tages war die Kleine wie von Zauberhand hinter dem Haus aufgetaucht, das Violet Buxton monatsweise für sich und ihre Kinder mietete. Von da an wartete sie dort jeden Nachmittag darauf, dass die fast gleichaltrige Angela von der Schule nach Hause kam. Das Mädchen hatte lange, glatte schwarze Haare, und ihre familiären

Wurzeln waren auf dem indischen Subkontinent. Angela trug Zöpfe und Schleifen im hellbraunen Haar. Die Kinder sprangen vor der Küchentür der Buxtons Seil und spielten Himmel und Hölle, bis die Sonne unterging, wie es Sechsjährige eben tun.

Doch nach wenigen Tagen kam eine Nachbarin vorbei, um Violet einen Rat zu geben. In Südafrika verkehrten *weiße* Kinder nicht mit nicht-*weißen*, erklärte sie. In England möge das anders gehandhabt werden, aber nicht in diesem Teil der Welt. »Fördern Sie diese Freundschaft nicht auch noch«, sagte die Frau. »Verbieten Sie den beiden Mädchen sofort, miteinander zu spielen.«

Violet Buxton war keine eins sechzig groß, aber mit einigem Temperament gesegnet. Sie konnte stur sein und hatte eine Abneigung gegen Vorschriften. Wenn man ihr sagte, sie solle etwas nicht tun, war so gut wie sicher, dass sie es doch tat. Aber als alleinerziehende Mutter, deren Mann weit entfernt auf einem anderen Kontinent lebte, war sie nicht auf eine Auseinandersetzung aus. Das Leben in Südafrika war schwierig genug, ohne dass sie sich Feinde machte. Sie war mit ihrem Sohn und ihrer Tochter auf dem Schiff aus England hergekommen, als zeitweilige Exilanten, die an einem sicheren Ort das Ende des Krieges abwarten wollten. Unterwegs hatten sie panische Angst davor gehabt, dass ihr Schiff von deutschen U-Booten versenkt werden könnte, und als sie am Kap angekommen waren, hatte dort kalter Winter geherrscht und sie hatten sich direkt eine Lungenentzündung eingefangen. Als Juden waren sie in Südafrika nur vorübergehend willkommen. Sie waren ungebetene Gäste, die das Land verlassen müssten, sobald die Auseinandersetzungen zu Hause vorbei waren – oder vorher, wenn die Regierung beschloss, sie auszuweisen. Die Situation der Buxtons war also eher prekär.

Verständlich also, dass Violet den Frieden wahren wollte und Angela anwies, sich nicht mehr mit dem Mädchen zu treffen. Sie ist nicht wie wir, erklärte sie, und das stört manche Leute hier. Wir sind zu Gast hier und müssen uns an die Regeln halten. Als gehorsame Tochter nickte Angela, aber sie war tief betrübt. Sie hatte noch nie darüber nachgedacht, dass Freundschaft etwas mit der Hautfarbe zu tun haben könnte.

Harry Buxton hatte seine Familie nach Südafrika geschickt, um sie vor den Bomben in Sicherheit zu bringen, die die deutsche Luftwaffe kurz darauf vom Himmel fallen ließ – und vielleicht auch, um seine zerrüttete Ehe zu retten. Obwohl er Violet liebte und seine Kinder Angela und Gordon vergötterte, war er kein guter Ehemann. Er konnte einfach nicht stillsitzen. Sein Zuhause war ein Koffer in einem Hotelzimmer, meist im besten Hotel der Stadt. Später, als er es zu viel Geld gebracht hatte, war er Dauermieter einer Suite im Grosvenor Park in London gewesen, einer weiteren im Hotel de Paris in Monte Carlo und noch einer hinter der vergoldeten Fassade des Midland Hotel in Manchester, direkt am St. Peter's Square.

Die Ehe mit Violet hatte kurz vor dem Ende gestanden. Jetzt lagen zwischen Mann und Frau mehrere Tausend Kilometer, und die beiden kamen deutlich besser miteinander aus, wenn sie einander Briefe schrieben, als wenn sie sich von Angesicht zu Angesicht sahen. Harry, eine aufstrebende Größe der Unterhaltungsbranche, blieb in England, wo er überall und nirgends anzutreffen war, seinem wachsenden Kino-Imperium weitere Lichtspielhäuser hinzufügte und regelmäßig Geld an Violet schickte, die selbst mehrmals umzog: Erst verließen sie und die Kinder Kapstadt für ein Leben auf dem Land in Little Karoo, um dann nach Johannesburg überzusiedeln, wo das Klima Gordons Asthma nicht weiter verschlimmerte. Die siebenjährige

Angela hatte mittlerweile verstanden, dass manche Menschen als anders galten. Ihre Schule in Johannesburg war an ein Kloster angegliedert, und sie zählte zu den wenigen jüdischen Schülerinnen. Zu den Gebetszeiten standen sie draußen auf dem Flur und unterhielten sich leise.

Die Buxtons wohnten in einer Frühstückspension und teilten sich das Bad am Ende des Ganges mit den anderen Gästen. Violet verwendete viel Zeit darauf, sich vor dem Spiegel zu frisieren; vielleicht putzte sie sich auch ein bisschen heraus. Das war kaum anstößig, und sie brauchte einfach etwas Zerstreuung. Normalerweise ließ sie die Tür offen, damit sich die Hitze nicht so staute. Einmal jedoch kam zufällig der falsche Mann vorbei. Er sah sie missbilligend an, als wäre sie ein läufiges Tier. »Ihr verdammten Juden, ihr seid alle gleich«, sagte er. Dieses Mal zögerte Violet nicht. Sie schlug den Mann hart mit dem Kamm ins Gesicht und wies die Kinder an, ihre Sachen zu packen. Noch am gleichen Abend waren sie ausgezogen.

Violet war jung und attraktiv und hatte nicht vor, das Ende des Krieges allein abzuwarten. Vielleicht bestand eine stillschweigende Vereinbarung zwischen ihr und Harry, dass sie andere Männer treffen konnte – vielleicht aber auch nicht. Es spielte keine Rolle, Harry war weit weg und ihre Ehe in der Schwebe. Sie fing an, mit einem Mann namens Bennie Tessel auszugehen. Er war nicht attraktiv, aber äußerst großzügig zu der Exilfamilie, die sich in der Stadt, in der sie gelandet war und die ganz anders war als ihre Heimat, ziemlich fremd fühlte. Und er war Jude, was den Buxtons sehr entgegenkam. Sie begingen die gleichen Feiertage und aßen das gleiche Essen. Das vermittelte ein Gefühl von Heimat.

Tessel hatte einen Landsitz außerhalb von Johannesburg, wo er viele Wochenendnachmittage mit den dreien verbrachte. Seine Schwarzen Arbeiter behandelte er buchstäblich wie Tiere.

Er richtete sie ab, als wären sie Hundewelpen. Wenn er »In die Ecke!« rief, erwartete er, dass sie auf Händen und Knien davonkrochen. Und sie gehorchten. Wie seltsam, dachten die Buxtons. Oft ging Tessel zu einem zusammengekauerten Arbeiter hin und tat so, als würde er ihn treten wie einen ungehorsamen Hund. Bleib in der Ecke, sagte er mit ernstem Blick. Da gehörst du hin. Und dann brach er in schallendes Gelächter aus, und der gegen die Wand Gedrängte lachte mit. Es war ja nur Bennie, der seine Spielchen spielte. Er meinte es nicht böse. Schließlich gab er ihnen ja Arbeit, die zu der Zeit nicht leicht zu finden war, weil die Handelswege blockiert waren und die Wirtschaft schwächelte, und sie bekamen reichlich zu essen. Doch Angela, die das Geschehen von der anderen Seite des Zimmers aus beobachtete, wurde übel. Sie brachte dieses Verhalten nicht mit der Liebenswürdigkeit zusammen, die Bennie ihr gegenüber an den Tag legte.

Violet nahm sie beiseite und sprach mit ihr wie mit einer Erwachsenen. »Wir sind damit nicht einverstanden«, sagte sie, »aber wir halten lieber die Füße still.« Sie ging davon aus, dass der Krieg bald vorbei sein würde. Sie weigerte sich, dem Beispiel der *weißen* Südafrikaner zu folgen, wollte aber auch keinen Ärger. Die Buxtons waren Juden, und das Leben war schwer genug. Halte den Blick gesenkt, fall nicht auf, misch dich nicht ein – das waren die Maßgaben, die vor allem zu Kriegszeiten für Juden galten.

Am 19. Juli 1891 hatte Charles deVille Wells elf Stunden am Roulettetisch eines Kasinos in Monte Carlo gesessen und dabei 100 000 Franc in mehr als das Doppelte verwandelt. Er konnte den Gewinn halten und erwischte schließlich noch eine weitere Glückssträhne, die ihm eine Million Franc einbrachte. Das sorgte dafür, dass dem Kasino die Chips ausgingen und es vorübergehend schließen musste. Später in jenem Jahr schrieb der Komponist Fred Gilbert ein Lied über Wells, das überall in England in den damals angesagten Music Halls zu hören war:

As I walk along the Bois Bolog' with an independent air
You can hear the girls declare
He must be a millionaire
You can hear them sigh and wish to die
You can see them wink the other eye
At the man who broke the bank in Monte Carlo

(Geh ich ganz unbeschwert durch den Bois Bolog' [Bois de Boulougne] spazier'n
Kann man die jungen Mädchen hör'n:
Das muss ein Millionär sein, ich schwör
Mich trifft der Schlag, jede seufzend denkt
Und man sieht, wie jede ihm ein Zwinkern schenkt
Dem Mann, der die Bank von Monte Carlo hat gesprengt)

Der bekannte Schauspieler Charles Coborn, der in Wirklichkeit Colin McCallum hieß, sang das Lied zum ersten Mal bei einem Auftritt im Trocadero in London. Kurze Zeit darauf erfreute es sich auf den Britischen Inseln und später auch in den USA großer Beliebtheit. Es eignete sich perfekt für das Klavier im Salon; die versammelten Freunde und Familienangehörigen konnten direkt einstimmen. Jeder kannte den Text, aber die Geschichte dahinter war in Vergessenheit geraten.

Mehrere Jahrzehnte nach Wells spielte Harry Buxton ein Kasino in Nizza leer, nur wenige Kilometer von Monte Carlo entfernt. Das genaue Datum ist nicht bekannt, aber es muss etwa 1928 gewesen sein, zwei Jahre bevor er um Violet Greenbergs Hand anhielt. Er gewann so viel Geld beim Roulette, dass das

Kasino die Tische mit schwarzem Samt abdecken und die Türen schließen musste, bis man zusätzliche Chips beschafft hatte. Das Lied verfolgte Buxton für den Rest seines Lebens. Die Menschen im Raum Manchester, wo er es zu einiger Berühmtheit brachte, glaubten schließlich, dass es von ihm handelte, obwohl es schon mehr als eine Generation früher beliebt gewesen war. Es passte einfach so gut zu seinem übermütig glamourösen Lebensstil: »Ich ging nach Monte Carlo hin /mit nichts als der Miete im Sinn /nun schaut, was für ein feiner Herr ich bin.« Man konnte sich gut vorstellen, wie Harry Buxton genau das dachte.

Harry war jetzt kein Vertreter aus einer jüdisch-orthodoxen Unterschichtsfamilie in Leeds mehr, der auf dem Marktplatz stand und alles verscherbelte, was ihm in die Finger kam. Er war klug und ehrgeizig, und die Glückssträhne in Nizza hatte ihm ein kleines Vermögen eingebracht, aus dem er das Beste zu machen versuchte. Nach einem kurzen Zwischenspiel an der Börse und im Schmuckgeschäft fand er seine Nische in der Unterhaltungsindustrie. Er kaufte Kinos in Manchester und in ganz Nordengland auf, darunter in der Innenstadt von Manchester das Gaiety und das berühmte Royale, das 1845 genau gegenüber gebaut worden war. Manchmal kam er aus seiner Suite im Midland herüber, um vom Rande des Geschehens aus zuzuschauen, wie die Menschen erst in das eine Haus und dann in das andere strömten, während er im Kopf den Gewinn kalkulierte.

Als *Vom Winde verweht* 1940 in England laufen sollte, sah Harry seine Chance gekommen. Die rührselige Liebesgeschichte, die im weit entfernten Süden der USA spielte, bot die perfekte Gedankenflucht aus der Kriegsrealität. Doch das dreistündige Melodram, dessen Produktion ein Vermögen gekostet hatte, kam mit horrenden Gebühren daher. Sie waren so hoch, dass die Agentur, die die Kinobetreiber vertrat, sich rundheraus weigerte, den Film zu buchen. Man wollte ein Zeichen setzen. Harry zuckte mit den Schultern und bestellte den Film für das Gaiety – eine außergewöhnliche Entscheidung, und das nicht nur, weil er damit den Zorn des Kinoverbandes auf sich zog. Dass ein derart großer Film (zehn Oscars, unter anderem für den besten Film) in der Provinz lief, bevor er in London zu sehen war, würde selbst heute noch für Aufsehen sorgen. Zu der Zeit war es ein Skandal. Der Verbandsvertreter rief Harry an und drohte, bezahlte Protestler nach Manchester zu schicken. Sie würden mit Pappschildern vor dem Kino herumlaufen, auf denen man ihn als »unpatriotisch« bezeichnete. »Wie viele Leute haben Sie vor zu schicken?«, fragte Harry. Als er hörte, man habe an ein halbes Dutzend gedacht, bat er, die Zahl auf zwölf aufzustocken. Er hatte begriffen, dass die Aufmerksamkeit, die eine solche Aktion auf sich zöge, großes Interesse auslösen würde, und so war es auch. Die Protestler mit ihren Plakaten kamen, und mit ihnen die Massen. Harry ließ den Film ein ganzes Jahr lang laufen, bis fast jeder Bewohner Manchesters ihn zweimal gesehen hatte.

Manchmal wirkte Harry wie ein fleischgewordenes jüdisches Klischee. Er war immer der lauteste Mensch im Raum. Er protzte gern und hatte ein Händchen für Geld. Von der Zurückhaltung, die sich viele Engländer zugutehielten, war bei ihm nichts zu spüren. Wenn er einen Bekannten auf der anderen Straßenseite erspähte, lief er rüber, um ihn zu begrüßen. »Was macht die Verdauung?«, rief er dabei so laut wie ein Nebelhorn. Nach dem Krieg legte er sich einen weißen Rolls-Royce samt Fahrer zu. Der Wagen hatte einst der niederländischen Königin Wilhelmina gehört, auf der Tür prangte noch ihr Wappen. Als Angela in Wimbledon spielte, ließ Harry sich zum exklusiven Eingang an der Church Road fahren. Er winkte den Torwächtern selbstbewusst von der Rückbank aus zu und wurde durchgelassen, obwohl er das genaue Gegenteil dessen verkörperte, was der Club von seinen Mitgliedern erwartete. Solche harmlosen Tricksereien entsprachen einfach seinem Naturell, aber er nahm es auch dann mit der Wahrheit nicht so genau, wenn er dem Finanzamt sein Jahreseinkommen melden musste. Als Angela anfing, etwas Geld zu verdienen, schauten die Finanzbeamten ganz genau hin, einfach weil sie Harry Buxtons Tochter war. Sie verheimlichte doch bestimmt etwas, meinten sie, denn schließlich fällt der Apfel ja nicht weit vom Stamm.

Harry passte von Anfang an nicht zu Violet. Das war allen, die die beiden kannten, klar. Er war eine Naturgewalt, aber Violet ließ sich nicht mitreißen, und so gerieten sie bei fast jedem Thema aneinander. Keiner wollte sich dem anderen unterordnen. Doch Violet war für die Zeit fast schon eine alte Jungfer gewesen, als er ihr den Antrag machte – vierundzwanzig Jahre alt –, und ihr Vater hatte sie gedrängt, Ja zu sagen. Da stand dieser wohlhabende Mann und wollte seine Tochter heiraten, und sie zögerte? Was glaubte sie denn, wie viele Chancen sie noch bekäme?

Violet hatte in Afrika einige Liebschaften, Bennie Tessel und andere. Doch als sie und die Kinder im Mai 1946 nach England zurückkehrten, zogen sie zusammen mit Harry in ein Haus, das er in Sussex gemietet hatte. Bei ihrer Abfahrt Richtung Kapstadt war er ein Mann gewesen, der vor allem große Ambitionen hatte, doch in der Zwischenzeit war er zu einiger Berühmtheit aufgestiegen. Wenige Tage vor dem Eintreffen seiner Familie hatte er in der Nähe von Brighton den Vergnügungspier von Bognor Regis gekauft. Genau genommen erwarb er das Recht, einen neuen Pier zu bauen, da der alte nicht mehr existierte. Wie alle Piers entlang der englischen Küste war er von der Armee zerstört worden, um einer deutschen Invasion vorzubeugen. So wollte man den gegnerischen Truppentransportern und U-Booten die Landung erschweren, sollten sie zur Invasion in den Küstengebieten ansetzen. Als der Krieg vorbei war, verkaufte der Staat das Recht zur Neuerrichtung der Piers für wenig Geld an private Unternehmer. Das war die schnellste und effizienteste Methode, um sie wieder aufzubauen. Im April 1946 erstand Harry die Rechte für Bognor Regis, baute einen neuen Pier und darauf ein ganz in Weiß gehaltenes Musiktheater und buchte direkt einige der angesagtesten Künstler Englands.

Die Aussöhnung mit Violet hatte nur wenige Wochen Bestand. Violet gefiel es nicht, dass Harry so häufig weg war, aber sie fand es noch unerträglicher, wenn er zu Hause war. Sie drohte damit, ihn beim Finanzamt anzuschwärzen, wenn er nicht in die Scheidung einwilligte. Letztendlich schien dieser Schritt niemanden wirklich unglücklich zu machen, außer den sechzehnjährigen Gordon, der gerade alt genug war, um zu erkennen, dass seine Welt zusammenbrach. In jenem Juli, nur zwei Monate nach ihrer Rückkehr nach Großbritannien, zogen Violet und die Kinder ins idyllische Nordwales, wohin Violets eigentlich in Liverpool beheimatete Eltern während des Krieges geflohen waren. Harry blieb zurück, um sich um sein Unterhaltungsimperium zu kümmern.

In Johannesburg hatte Angela angefangen, Tennis zu spielen. Sie war groß gewachsen – sie maß fast schon die eins vierundsiebzig, die sie als Erwachsene erreichen sollte – und im Vergleich zu den braven südafrikanischen Mädchen ziemlich angriffslustig. 1945, mit elf Jahren, erhielt sie Tennisunterricht vom Nationaltrainer George Demasius, der gleichzeitig der Südafrikakorrespondent der Zeitschrift *American Lawn Tennis* war. Da während des Krieges keine internationalen Turniere stattfanden, hatte er wenig zu tun. In der kleinen Klosterschule unterrichtete er jedes Mädchen, das Interesse an Tennis zeigte, mit der Folge, dass Angela, als sie im darauffolgenden Jahr nach England zurückkehrte, eine viel bessere Spielerin war als ihre Altersgenossinnen, die bisher kaum ein Match bestritten hatten.

Während des Kriegs, der mehr als das halbe Leben dieser Zwölfjährigen geherrscht hatte, war das Tennisspielen in England fast vollständig zum Erliegen gekommen. Tennishallen waren bombardiert oder umfunktioniert worden, Außenplätze verfallen. Das Turnier im All England Croquet and Lawn Tennis Club in Wimbledon hatte seit 1939 nicht mehr stattgefunden. Die Produktion von Tennisschlägern, Bällen und Netzen war in Kriegszeiten für unnötig erklärt und deshalb eingestellt worden. 1946 waren kaum noch benutzbare Utensilien vorhanden.

Violets Eltern bewohnten in Nordwales eine Doppelhaushälfte mit vier Schlafzimmern. Direkt gegenüber befand sich ein öffentlicher Tennisplatz, den aber niemand je benutzte. Stattdessen schlug Angela den Ball stundenlang allein gegen die Kieselsteinwand des Hauses, mit einer Rosenhecke als Netzersatz. Manchmal flog der Ball in die Rosen, und dann kam ihr Großvater heraus und schimpfte mit ihr. Seiner Ansicht nach sollte eine junge Frau Bücher lesen, statt ihre Kleidung vollzuschwitzen. Im Herbst schickte Violet ihre Tochter nach Gloddeath Hall, ein Internat nahe der englischen Grenze, eine Stunde von Liverpool entfernt. Dort erhielt sie zusammen mit einem anderen Mädchen jede Woche dreißig Minuten Tennisunterricht. Tennisbälle waren Mangelware, und viele Trainer hatten sich eine andere Arbeit gesucht oder waren verletzt oder gar nicht aus dem Krieg zurückgekommen. Mehr als eine halbe Stunde pro Woche war nicht drin.

Angela war eine Wochenschülerin, die jeden Sonntag nach Hause fuhr, um einen Tag bei ihrer Mutter und ihrem Bruder zu verbringen, und abends wieder zum Tennistraining zurückkehrte. Dafür kam ein Trainer namens Bob Mulligan aus

Liverpool angereist und schlug abwechselnd ein paar Bälle mit den beiden Mädchen. Er sprach kaum und verbesserte fast nichts. Nach einer halben Stunde war das Training vorbei, und Angela musste bis zum nächsten Sonntag warten, um wieder spielen zu können. Doch sie zeigte Talent. Irgendwann erklärte Mulligan Violet, dass ihre Tochter eine Begabung für das Tennisspiel habe und dass sie deswegen etwas unternehmen solle. Das verblüffte sie.

»Was denn zum Beispiel?«, fragte sie.

»Schicken Sie sie zu Turnieren.«

»Wie Wimbledon?« Das war nicht respektlos gemeint – Wimbledon war einfach das einzige Tennisturnier, das Violet kannte.

»Nein, nicht Wimbledon. Juniorenturniere. Nicht hier, sondern da, wo ich herkomme.«

Rund um Liverpool, an der Westküste Englands, fanden im Sommer stets eine Reihe von Turnieren statt. Man war gerade dabei, diese Tradition nach dem Krieg wieder aufleben zu lassen. Wie es der Zufall wollte, lebte eine Schwester von Violet in Southport, von wo es eine direkte Bahnverbindungslinie nach Liverpool gab, und Mulligan wohnte nicht weit von dort entfernt. Mulligan bot an, sich jeden Tag mit Angela im Zug zu treffen und mit ihr zu den verschiedenen Turnieren zu fahren.

Im folgenden Sommer, 1947, verbrachte Angela drei Wochen in Southport, eine zum Trainieren und zwei für Turniere. Da sie seit einem Monat kein Tennis mehr gespielt hatte, war sie ziemlich aus der Übung. Mulligan hatte so sehr von ihr geschwärmt, dass alle auf sie gespannt waren. Nun warf Angela den Ball zum Aufschlag hoch, verfehlte ihn und fühlte sich wie ein Trottel. Aber sie fing sich wieder. Sie trat bei Wettkämpfen für Unter-Achtzehnjährige gegen gesetzte Spielerinnen an, bekam aber einen Vorsprung eingeräumt. In einem Match begann sie jedes Spiel mit einem Stand von 40:0, was bedeutete, dass sie nur einen Punkt machen musste, um das Spiel zu gewinnen, die Gegnerin aber mindestens fünf. Mit dem Vorsprung war sie unbesiegbar. Aber bald schlug sie einige der Kontrahentinnen auch ohne. Angela gewann beide Turniere, an denen sie teilnahm.

In der mittleren Woche kam Violet zu Besuch und buchte den beiden ein Zimmer in einem teuren Hotel. Zu dem Zeitpunkt war Angela zu der Überzeugung gelangt, dass sie ziemlich gut im Tennis war. Damit wollte sie vor ihrer Mutter prahlen, die sie noch nie hatte spielen sehen. Also trat sie auf dem Platz extrem hochnäsig auf und ließ sich kaum dazu herab, die Bälle vom Boden aufzuheben – denn so verhielt sich ein Star ihrer Meinung nach. Violet schämte sich in Grund und Boden. »Wenn du dich noch einmal so aufführst, komme ich auf den Platz und hole dich herunter«, sagte sie.

Wie Althea hatte auch Angela keine Vorbilder und wusste nichts über die Geschichte des Sports. Wegen des Krieges hatte England seit sieben Jahren keine Tennis-Nationalmannschaft mehr. Eine ganze Spielergeneration war gekommen und gegangen. Aus dem gleichen Grund hatten die Trainer und Tennisfunktionäre des Landes kaum eine Vorstellung davon, welche jungen Spieler Potenzial besaßen. Das sollten Nationaltrainer Dan Maskell und der legendäre Wimbledon-Sieger Fred Perry nun erkunden. Die beiden fuhren mit dem Zug durch ganz England, Schottland, Wales und Nordirland und suchten nach herausragenden Spielern und Spielerinnen. Vielleicht aufgrund ihrer Erfolge im Sommer erhielt auch Angela eine Einladung zu einem solchen Auswahltraining. Es fand in Colwyn Bay statt, einem Touristenort in Wales. Wie die anderen Kandidaten schlug Angela ein paar Bälle mit Maskell, während Perry am Mikrofonplatz saß und das Geschehen beobachtete. Anschließend hörte sie monatelang nichts. Dann erhielt sie die Nachricht, sie sei eine von mehreren Dutzend Spielerinnen, die dazu eingeladen seien, ihre Fähigkeiten bei einer großen Auswahlveranstaltung in Wimbledon unter Beweis zu stellen.

Angela fuhr mit dem Bus nach London, mit vor Ehrgeiz laut klopfendem Herzen. Sie war noch nie in Wimbledon gewesen und hatte erst recht noch nie dort gespielt. (Das Probetraining fand auf den Plätzen neben dem All England Club statt, aber das zählte Angelas Ansicht nach trotzdem als Wimbledon.) Sie besichtigte die Anlage und spielte einige Male vor dem Auswahlkomitee, doch es war schnell klar, dass sie nicht das Talent hatte, das einige andere auszeichnete. Hier waren schließlich die Besten der Besten versammelt. Man schüttelte ihr herzlich die Hand, bedankte sich aufrichtig und schickte Angela dann zurück in »ihre kleine Ecke der Welt«, wie sie selbst es nannte, wo sie versuchte, nicht mehr an Tennis zu denken. Stattdessen konzentrierte sie sich nun auf die Schule und schaffte es, ganz ordentliche Noten zu erreichen.

Doch das bereitete ihr keine Freude. Sie hatte einfach keinerlei Interesse an schulischen Leistungen. Nichts zu machen, sagte sie sich selbst. Talent hin oder her, sie wollte Tennis spielen.

Harry Buxton war immer unterwegs, von einer Stadt in die andere. Gelegentlich schaute er bei seiner Familie vorbei, und dann machten sie gemeinsam einen Ausflug im Auto. Eines Tages fuhren er und Violet alleine los, um sich über Angelas Zukunft zu unterhalten. Harry schlug vor, sie zum Schulabschluss in die Schweiz zu schicken, wo sie den letzten gesellschaftlichen Schliff erhalten würde und eine Ausbildung, wie sie nur wenige Juden ihrer Generation genießen konnten. Das war in Violets Augen keine schlechte Idee – merkwürdig, wie gut die beiden miteinander auskamen, seit sie getrennt lebten –, aber sie gab zu bedenken, dass Angela nichts anderes wollte, als ohne Unterlass Tennis zu spielen. Zu ihrer Überraschung hatte Harry nichts dagegen. »Ich habe gehört, dass man beim Tennis nette Leute kennenlernt«, sagte er. Dabei dachte er an Hollywood und die Schauspieler, von denen er gelesen hatte, dass sie den Sport ausübten, etwa Charlie Chaplin oder Katharine Hepburn. Er hatte schon wieder große Träume.

Von Tennis aber hatte er keine Ahnung. Er verstand nicht einmal die Zählweise und machte sich auch nie die Mühe, sie zu lernen. Als er 1956 in Wimbledon saß und seiner Tochter dabei zusah, wie sie das Einzel- und das Doppelfinale bestritt, lehnte er sich zu ihrem damaligen Freund hinüber und fragte, wie das Match lief. Er konnte die Anzeigetafel genauso gut sehen wie alle anderen auch, doch ihm erschloss sich einfach nicht, ob Angela am Gewinnen oder am Verlieren war.

Doch eines wusste er sicher: Wenn eine Tochter von Harry Buxton Tennis spielen wollte, sollte sie die Gelegenheit dazu bekommen. So wurde entschieden, dass Gordon bei Harry leben würde, während Violet und Angela nach London zogen, wo die Chancen auf guten Tennisunterricht deutlich besser standen als im Rest des Landes. Angela sollte dort ein Jahr lang zur Schule gehen, und sei es nur, um kochen zu lernen, und so viel Tennis spielen, wie es nur ging. Harry würde alle Kosten übernehmen. Violet reizte die Vorstellung eines solchen Neuanfangs, und sobald Angela davon hörte, war sie begeistert. Als sie abends im Bett lag, dachte sie, dass sie einfach wunderbare Eltern hatte, obwohl sie geschieden waren. Ihre Mutter umsorgte sie wie ein Baby, und ihr Vater zahlte alles.

Violets und Angelas neue Adresse in London lautete 97 Rossmore Count, NW1, in der Nähe der U-Bahn-Station Baker Street, und sie konnten nicht ahnen, dass Angela hier das aufregendste Jahrzehnt ihres Lebens verbringen würde. In jenem Sommer des Jahres 1950 war sie fünfzehn Jahre alt, im August würde sie sechzehn. Auf die Schule hatte sie überhaupt keine Lust mehr, aber davon wollte Violet nichts hören – das war Teil der Vereinbarung. Violet machte eine kleine Privatschule in Hampstead ausfindig, betrieben von der Mutter einer landesweit bekannten Eiskunstläuferin.

Gladys Lyne Jepson-Turner, bekannt unter dem Namen Belita, war lange eine der Hauptattraktionen der Eiskunstlauftruppe Ice Capades gewesen und dann ins Filmgeschäft gewechselt. Sie spielte 1956 in *Einladung zum Tanz* und 1957 in *Seidenstrümpfe* mit. Ihr Erfolg verlieh der Schule ihrer Mutter ein gewisses Prestige. Mrs. Jepson-Turners Einrichtung, das Queens House, schien direkt aus einem Roman von Charles Dickens zu stammen. Es war ein düsteres, unheilvoll wirkendes Gebäude mit einem Schornstein, der oft die Sonne verdeckte. Hinter dem Haus befand sich ein verfallener Tennisplatz, der nicht mehr zu benutzen war, aber Mrs. Jepson-Turner versprach, etwas in der Umgebung zu organisieren. Es gehörte zum Konzept der Schule, dass Sportlerinnen und Künstlerinnen Zeit zur Weiterentwicklung ihrer Fähigkeiten bekamen. Eiskunstläuferinnen durften eislaufen, Malerinnen malen, Tänzerinnen tanzen und Angela Tennis spielen.

Mrs. Jepson-Turner trug eine Federboa und war von einer Wolke aus aufdringlichem Parfüm umgeben. Sie trat wie eine Künstlerin auf, die sich nicht mit den Einzelheiten des praktischen Lebens abgab. Doch sie hielt Wort und traf eine Vereinbarung mit einem professionellen Tennislehrer im Cumberland Club, der wenige Straßenzüge entfernt lag. Dreimal wöchentlich fuhr sie Angela dorthin, und jedes Mal, wenn sie oben auf dem Hügel das Fenster hinunterkurbelte, um anzuzeigen, dass sie nach links abbiegen wollte, wirbelte ein Schwall Straußenfedern hinaus. Sie wartete im Auto, bis die Tennisstunde vorbei war, und fuhr Angela dann zurück zur Schule.

Von außen sah der Cumberland Club aus wie eine Mietskaserne. Obwohl er an den Hampstead Cricket Club und dessen sattgrüne Rasenflächen anschloss, gab es hier nur abblätternde Farbe und ein winzig kleines verblichenes Schild. Doch innen war der Club ziemlich edel. Er war zu der Zeit der beste Tennisclub in Nordlondon und ist es möglicherweise bis heute, auch wenn das Gebäude in der Zwischenzeit kaum einen neuen Anstrich erhalten hat. Bill Blake, der Tennistrainer des Cumberland Club, war ein Charmeur in weißen Flanellhosen. Er hieß die junge Spielerin, die offensichtlich Talent hatte, willkommen und legte ihr nach ein paar Trainingseinheiten einen Mitgliedschaftsantrag für den Club vor. Den füllte Angela aus: Name, Adresse, Name der Eltern, Religion und so weiter. Wochen vergingen, ohne dass sie eine Rückmeldung bekam. Andere hätten die Sache auf sich beruhen lassen, aber Angela neigte von Natur aus dazu, nachzubohren.

Jedes Mal wenn sie zum Unterricht in den Club kam, also mehrmals pro Woche, fragte sie, wie es um ihren Antrag stand. Werde ich aufgenommen? Hat sich das Komitee schon getroffen? Entspreche ich den Vorgaben? Irgendwann hielt Bill Blake es nicht mehr aus. »Hör mal, das wird nichts«, sagte er zu ihr.

»Warum nicht? Bin ich nicht gut genug?«

»Doch, absolut, aber du bist Jüdin«, zischte er. »Wir nehmen hier keine Juden auf.«

Als Mrs. Jepson-Turner nach dem Training im Auto davon hörte, regte sie sich mehr darüber auf als Angela. Sie konnte nicht glauben, dass es in London nach dem Krieg noch solche Vorurteile gab, vor allem angesichts dessen, was die europäischen Juden erst wenige Jahre zuvor erlitten hatten. Am liebsten hätte sie dem Club einen Brief geschrieben, für Wirbel gesorgt. Aber Angela beruhigte sie und sagte ihr, sie solle sich keine Umstände machen. »Ich habe noch andere Clubs im Auge«, meinte sie leichthin.

In den folgenden Jahren gewann Angela mehrmals die London-Meisterschaften, die im Cumberland Club ausgetragen wurden. Dabei verpasste sie es nie, den Club daran zu erinnern, dass sie Jüdin war. Jahre später war ihr Sohn Joseph Silk als Schiedsrichter an einem Turnier beteiligt, das zufällig zur Zeit des Passahfestes im Club stattfand. Als man ihm die Coupons für das Mittag- und Abendessen geben wollte, lehnte er ab. »Ich bin Jude«, sagte er, wohl wissend, wie die Worte innerhalb dieser Wände aufgenommen würden. »Ich habe mir Matze mitgebracht.«

Im Jahr darauf, im Juni 1951, kurz vor dem Ende des Frühlingshalbjahrs im Queens House, las Angela in der Zeitung, dass Althea Gibson im Queen's Club spielen würde. Sie schnappte sich ihren Rucksack und einen Strohhut und fuhr hin, um sie zu sehen. Althea hatte es in den neun Jahren seit ihrem ersten Turnier, als sie Nina Irwin 1942 im Cosmopolitan Club geschlagen hatte, zu einem gewissen Ruhm gebracht. Doch sie galt immer noch vor allem als Nachwuchstalent. Sie hatte nichts von Bedeutung gewonnen und war noch gar nicht in Wimbledon angetreten. Ihre Bekanntheit lag in dem begründet, wofür sie stand, nicht in ihren bisherigen Leistungen.

Altheas Reise vom Cosmopolitan Club zum Queen's Club hatte mit dem Match gegen Irwin im Sommer 1942 begonnen. Begeistert über Altheas Erfolg hatten die wohlhabenderen Mitglieder des Clubs zusammengelegt und sie im August mit dem Bus zu den nationalen Meisterschaften der ATA geschickt. Das Turnier fand in jenem Jahr eine Fahrtstunde außerhalb von Philadelphia statt, auf dem Platz der Lincoln University. Althea dort antreten zu lassen war ein Schuss ins Blaue, da niemand wusste, wie gut sie wirklich war. Schließlich erhielt sie erst seit einem Jahr Tennisstunden vom einarmigen Fred Johnson.

In Lincoln schaffte es Althea ins Juniorinnenfinale, wo sie gegen eine vielversprechende Spielerin namens Nana Davis verlor. Im darauffolgenden Sommer fand das Turnier wegen der kriegsbedingten Reisebeschränkungen nicht statt, doch als es 1944 wiederaufgenommen wurde, war Althea zur besten Juniorspielerin der ATA aufgestiegen. Ihr Techniktraining beschränkte sich weiterhin auf Johnsons unzulängliche Hinweise, sie positionierte ihre Füße ständig falsch, wenn sie den Ball schlug, spielte immer noch ohne echte Strategie und jagte den Bällen unverändert hektisch hinterher. Aber sie erreichte so viele Bälle, schlug so hart auf und machte am Netz eine so einschüchternde Figur, dass all das keine Rolle spielte. Sie war eine herausragende Sportlerin und bestritt jedes Match mit der Unbekümmertheit eines Mädchens, das auf der 143rd Street Paddle-Tennis spielt. Althea gewann die ATA-Juniormeisterschaften erst 1944 und dann erneut 1945.

Im darauffolgenden Jahr lernte sie drei weitere wohlhabende Förderer kennen, die ihr weitere Türen öffneten. Althea schaffte es ihr Leben lang, das Interesse auf sich zu ziehen. Sie strahlte etwas Unwiderstehliches aus. Da sie keine großen Erwartungen hegte, trat sie auf, als hätte sie wenig zu verlieren, vor niemandem Angst und schämte sich für nichts, obwohl sie niemals verbarg, wie wenig sie eigentlich wusste. Alles, was sie tat, war von einer glühenden Aufrichtigkeit geprägt, einem Mangel an Künstlichkeit – ein scharfer Kontrast zur wohlerzogenen Zurückhaltung vieler aus dem Süden stammender, frommer Schwarzer Frauen ihrer Generation, selbst wenn diese in den Norden übergesiedelt waren. Einige der Menschen, die Altheas Lebensweg kreuzten, waren irgendwann gekränkt, weil eine derartige Aufrichtigkeit für Unfrieden sorgen konnte. Andere hingegen fanden sie enorm verlockend.

3

MIT FREUNDLICHER UNTERSTÜTZUNG

In jenen Tagen trat Althea ziemlich großspurig auf. Als sie den Boxer Sugar Ray Robinson im Winter 1945/46 zum ersten Mal traf, erklärte sie ihm gleich, dass sie die amtierende ATA-Titelverteidigerin der Juniorinnen unter achtzehn sei, er hingegen bloß ein *Anwärter* auf den Weltmeistertitel im Weltergewicht. Robinson war seit 1940 Profiboxer und 1942 vom renommierten *Ring*-Magazin zum Boxer des Jahres gekürt worden, doch seinen ersten Titel sollte er erst im Dezember des folgenden Jahres durch einen Sieg über Tommy Bell holen.

Dennoch waren Robinson und seine Frau Edna jedem Einwohner von Harlem bekannt. Robinson war 1921 als Walker Smith Jr. in Ailey, Georgia, zur Welt gekommen und noch als Baby mit seiner Familie nach Detroit gezogen, bevor er nach der Scheidung seiner Eltern zusammen mit seiner Mutter und seiner Schwester nach Midtown Manhattan übergesiedelt war. Irgendwann landete die zersplitterte Familie in Harlem, wo Smith unter der Anleitung von George Gainford vom Salem-Crescent Athletic Club zu boxen begann und sich von nun an Ray Robinson nannte.

Zu der Zeit war Boxen eine der wenigen Sportarten, in denen Schwarze gleichberechtigt gegen *Weiße* antraten. So war es, seit

Jack Johnson am 4. Juli 1910 Jim Jeffries den Titel des Schwergewichtsweltmeisters abgenommen hatte, im ersten »Kampf des Jahrhunderts« in einem Jahrhundert, das letztendlich wohl rund ein Dutzend solcher Kämpfe sah. Im Gegensatz zu den besten Schwarzen Baseball-, Basketball- und Tennisspielern waren Schwarze Boxer wie Joe Louis echte Weltstars.

Im Vergleich dazu war das, was Althea bisher erreicht hatte, von geringer Bedeutung, und das nicht nur, weil sie noch als Juniorin antrat. Tennis war in Harlem einfach kein Thema. Dort zog sie mehr Interesse auf sich, wenn sie Paddle-Tennis, Basketball oder sogar Football spielte. Für Tennis brauchte man Schläger, neue Bälle und eine Nutzungserlaubnis für die städtischen Anlagen, die bis zu zwei Dollar pro Saison kosten konnte – eine nicht unbeträchtliche Summe. Für die Menschen, die 1945 in Harlem lebten, war Tennis ein abstraktes Konzept, kein realer Zeitvertreib. Abgesehen von den Mitgliedern des Cosmopolitan Club und einigen Stammgästen der wenigen über die Stadt verstreuten öffentlichen Plätze lag es für die meisten Schwarzen nicht im Bereich des Möglichen, Tennis zu spielen. »Beim Tennis« gab es eine vorgeschriebene Kleidung«, erinnert sich Diakon Lawrence Howard von der Abyssinian Baptist Church, »und sogar diese Kleidung war weiß.«

Aber ein Anwärter auf den Weltmeistertitel im Weltergewicht, der in der Nachbarschaft lebte – das war etwas, worauf man stolz sein konnte. Es dauerte nicht lange, bis Robinson ein Restaurant in der Seventh Avenue betrieb, zwischen der 124th und der 125th Street. Man konnte hineingehen und einen Blick auf ihn werfen, wie er dort hinter der Bar stand oder Gäste begrüßte. Wer lange genug blieb, sah vielleicht sogar noch Bill (Bojangles) Robinson, den berühmten Tänzer, oder Nat King Cole, der ein Stück weiter die Avenue hinauf in der Abyssinian Baptist Church von Reverend Adam Clayton Powell getraut worden war. Dass sich im Restaurant so viele berühmte Namen tummelten, war typisch für die Zeit. Es gab schließlich nur eine begrenzte Anzahl von Lokalitäten für wohlhabende Schwarze.

Althea traf Robinson eines Abends, als sie mit Gloria Nightingale auf der Bowlingbahn war. Sie bat ihn nicht um ein Autogramm, wie es andere vielleicht getan hätten, und auch nicht darum, für ein Foto zu posieren. Stattdessen forderte sie ihn zu einer Partie Bowling heraus. Wie das Spiel – oder die Spiele – ausging, ist nicht bekannt, doch ab diesem Abend waren die beiden Sportler Freunde. Kurze Zeit später verbrachte Althea so viel Zeit mit den Robinsons, wie sie nur konnte; oft saßen sie gemeinsam auf dem Boden von deren Wohnung in Harlem und unterhielten sich bis spät in die Nacht. »Sie war unglücklich«, erzählte Edna Mae Robinson dem Magazin *Time* 1957. »Sie war hager und hatte das Gefühl, weniger hübsch zu sein als alle anderen Mädchen, die sie kannte. Sie war unsicher und zog sich in sich selbst zurück. Manchmal gab sie die wildesten Dinge von sich. Ich versuchte, ihr das Gefühl zu geben, etwas erreichen zu können.«

Zudem profitierte Althea von der Großzügigkeit der Robinsons. Ray Robinson förderte ihr wachsendes Interesse an Jazz, indem er ihr ein Saxofon kaufte, ließ sie in seinem Restaurant essen und oft auch in seiner Wohnung übernachten. 1950 schickte er sie nach Detroit, damit sie dort Tennisunterricht bei Jean Hoxie nehmen konnte. Hoxie war *weiß* und eine strenge Trainerin, die gemeinsam mit ihrem geduldigeren Mann Jerry auch die zukünftige Profitennisspielerin Jane (Peaches) Bartkowicz und fünfzehn weitere Siegerinnen des Michigan-Highschool-Turniers unter ihren Fittichen hatte. In Detroit lebte Althea in einer luxuriösen Stadtwohnung, dank eines weiteren Unterstützers – Joe Louis.

Im Sommer 1946 trat die amtierende ATA-Juniorenmeisterin zum ersten Mal als Erwachsene bei den Verbandsmeisterschaften in Wilberforce, Ohio, an. Althea war noch keine neunzehn, zog aber trotzdem ohne Mühe ins Finale ein, wo sie auf Roumania Peters traf.

Peters und ihre Schwester Margaret – in der Schwarzen Tenniswelt unter den Spitznamen »Pete« und »Repete« bekannt – waren das ATA-Pendant zu den Williams-Schwestern in den Zweitausenderjahren. Wenn man in einem Turnier nicht von der einen geschlagen wurde, dann wahrscheinlich von der anderen. Sie hatten das Tennisspiel in den frühen 1930er-Jahren gelernt, auf den Tennisplätzen an der Ecke 26th und O Street im Washingtoner Stadtteil Georgetown, die Schwarzen offenstanden. Später traten beide für ihre Universität, das Tuskegee Institute in Alabama, an. Während des Zweiten Weltkriegs war der Unterhaltungskünstler und Tennisfan Gene Kelly in Washington stationiert und fand sich mindestens einmal auf dem Tennisplatz Ecke 26th und O Street ein, um gegen die Peters-Schwestern zu spielen.

Bei den ersten ATA-Meisterschaften, an denen sie teilnahm, im Jahr 1936, erreichte Roumania das Finale. (1938 zog Margaret nach und verlor im Endspiel gegen Flora Lomax.) 1946 in Wilberforce galt Roumania Peters als beste Spielerin der ATA, doch Althea hielt gut mit. Peters gewann den ersten Satz des auf zwei Gewinnsätze ausgelegten Matches mit nur einem einzigen Break, und der zweite Satz drohte sich schon bis in den Abend hineinzuziehen, bis Althea ihn endlich für sich entschied. Nun, da sie ernsthaft die Chance hatte, gleich beim ersten Versuch den ATA-Titel zu holen, gerieten Altheas Schläge aus dem Lot, und die Bälle gingen weit daneben. Peters gewann den dritten Satz und das Turnier. Es war das letzte Spiel bei einer ATA-Championship, das Althea je verlor.

Als das Match zu Ende war, hatten zwei Schwarze Ärzte, die von der Tribüne aus zugeschaut hatten, einen Plan für Altheas Zukunft geschmiedet. Einer der beiden war Dr. R. Walter Johnson, ein Allgemeinmediziner und Chirurg aus Lynchburg, Virginia, dessen Spitzname »Wirbelwind« lautete und der sein Leben dem Schwarzen Tennissport verschrieben hatte. In seiner Jugend war Johnson ein großes Sporttalent gewesen. Er war zu Beginn der Zwanzigerjahre im Football für die Lincoln University angetreten und hatte dabei eine so beeindruckende Leistung gezeigt, dass der Gouverneur des Bundesstaates 1922 an die West Virginia State University kam, um Johnson für Lincoln spielen zu sehen.

Nach dem College arbeitete Johnson mehrere Jahre lang als Football- und Baseballtrainer in drei verschiedenen Bundesstaaten, bevor er begann Medizin zu studieren. Tennis spielte er zum ersten Mal während eines Praktikums an der Prairie View A&M University in Texas Anfang der Dreißigerjahre, wenn auch mit geringem Erfolg – der bekannte Sportler war so schlecht, dass er Probleme hatte, jemanden zu finden, der ein paar Bälle mit ihm schlagen wollte. Irgendwann konnte er eine Frau namens Agnes Lawson dazu bewegen, ihm die grundlegenden Schlagtechniken beizubringen. Später kam Lawson nach Lynchburg, um mit ihm zu trainieren, und gewann 1939 und 1940 das Dameneinzel der ATA-Meisterschaften. Johnson war gut darin, Talente zu entdecken und zu fördern. Er war mit dafür verantwortlich, dass Katherine Jones im ATA-Damenfinale 1945 überraschend gegen Roumania Peters gewann.

Johnson war kein Technikspezialist, aber ein begnadeter, überaus umgänglicher Lehrer und ein selbstloser Wohltäter. Über das Jahr legte er etwas Geld beiseite, um in den warmen Monaten so viele Spielerinnen wie möglich in seinen alten grünen Buick zu packen und mit ihnen zu von der ATA veranstalteten Turnieren zu fahren. Manchmal verbrachte er eine Woche in Ohio, die nächste in Pennsylvania und die darauffolgende in Kentucky – ein endloser Sommer voller Aufschläge, Netzangriffe und Matchbälle. Er war zu der Zeit alleinstehend, und seine Kinder waren aus dem Haus, sodass er für nichts und niemanden verantwortlich war außer für seine Patienten und den Tennissport. Sein kahler Schädel und seine Stahlrandbrille waren ein vertrauter Anblick bei Schwarzen Tennisturnieren im Osten der Vereinigten Staaten.

Dr. Hubert Eaton, ein erfolgreicher Chirurg aus Wilmington, North Carolina, saß beim Finale zwischen Gibson und Peters neben Johnson auf der Tribüne. Bei den ATA-Meisterschaften 1943 hatte er zusammen mit George Stewart das Doppel gewonnen und sollte diesen Triumph 1949, 1951 und 1956 wiederholen. Wie so viele erfolgreiche Schwarze Tennisspieler seiner Zeit war er äußerst gebildet. Nach einer ausschließlich unter Schwarzen verbrachten Kindheit und einem Bachelor-Studium an der Schwarzen vorbehaltenen Johnson C. Smith University in Charlotte, North Carolina, hatte er sich 1937 an der University of Michigan in Ann Arbor eingeschrieben, um einen Master in Zoologie zu machen. Zu Anfang konnte er, der einzige Schwarze im Studiengang, die verschiedenen *weißen* Gesichter, die er dort sah, nicht auseinanderhalten.

Während seiner Jahre in Ann Arbor, in denen er zusätzlich ein Medizinstudium absolvierte, fuhr er mehr als zwei Dutzend Mal mit dem Bus in seine Heimat North Carolina. Jedes Mal hielt der Fahrer kurz vor Bluefields, Virginia, an, drehte sich zu den Fahrgästen um und verkündete: »Wir überqueren jetzt die Grenze zum Bundesstaat Virginia. Von hier an müssen per Gesetz alle Schwarzen im hinteren Teil des Busses sitzen.« Eaton war ein echter Südstaatler, Sohn eines Arztes, ein ruhiger Mann, der gern angelte und las und alles andere als ein Revoluzzer war, aber diese Zementierung der Ungleichheit durch das Gesetz ließ ihn den Entschluss fassen, sich für deren Abschaffung einzusetzen.

Er baute sich eine gutgehende Praxis in Wilmington auf und verdiente eine Menge Geld. Der Tennisplatz, den er auf seinem Grundstück anlegen ließ, wurde schnell zu einem der wenigen Orte im Staat, an dem Schwarze und *Weiße* zusammen spielten. Einmal trat dort sogar die englische Legende Fred Perry an, ebenso wie einige der besten *weißen* Spieler North Carolinas. In seiner im Eigenverlag erschienenen Autobiografie *Every Man Should Try* beschrieb Eaton die Tennisphilosophie, die ihm sein Mentor Dr. Charles W. Furlong aus Smithfield, North Carolina, vermittelt hatte: »Ich spiele kontrolliert, weil ich gelernt habe, ein kontrolliertes Leben zu führen. Dr. Furlong lehrte mich, den Ball gezielt zu platzieren, beständig zu spielen und darauf zu warten, dass der Gegner einen Fehler macht.«

Die Spielweise, die Althea Gibson bei der Niederlage gegen Roumania Peters in Wilberforce zeigte, war das genaue Gegenteil dessen. Unbeständigkeit war ihr Markenzeichen. Für kurze Zeit spielte sie genial, dann wieder stumpf und wie benommen. Ihr fehlte das Vermögen, auf solide Schläge zurückzugreifen, wenn das Timing einmal nicht stimmte, und sie schlug jeden Ball so hart sie konnte, außer wenn sie ans Netz kam. Meistens lag die Anzahl der unerzwungenen, das heißt vermeidbaren Fehler bei ihr deutlich höher als bei ihrer Gegnerin, aber dafür gelangen ihr auch mehr Gewinnschläge.

Johnson und Eaton hatten sich bereits vor dem Match gegen Peters ausführlich über Althea schlaugemacht. Ihrer Meinung nach war sie das größte afroamerikanische Talent der nächsten Jahre, vielleicht aller Zeiten, egal ob man bei den Damen oder den Herren schaute. Das zeigte die einfache Tatsache, wie erfolgreich sie trotz ihrer mangelnden Tenniskenntnisse war.

Also schmiedeten die beiden Ärzte in jener Woche, in der sie Althea bei einem Match nach dem anderen beobachteten, einen Plan. Althea könnte im Sommer in Johnsons Buick von Bundesstaat zu Bundesstaat fahren und sich ganz auf das Tennisspiel konzentrieren. Das Schuljahr über würde sie bei den Eatons in Wilmington wohnen, den Highschool-Abschluss nachholen und durch ein strukturiertes Leben Arbeitsmoral und Disziplin lernen.

Eaton und Johnson betrachteten Althea Gibson als vielversprechendes Projekt, aber nicht nur das. Im Jahr zuvor war der Zweite Weltkrieg zu Ende gegangen, und die heimgekehrten Schwarzen Soldaten, die Seite an Seite mit ihren *weißen* Kameraden gekämpft hatten (theoretisch zumindest, wenn es auch im tatsächlichen Fronteinsatz eher selten so war), hatten zum ersten Mal erlebt, wie sich Gleichbehandlung anfühlte. Hinter den Kulissen fanden bereits Beratungen zwischen ATA-Funktionären und der USLTA statt, in denen es darum ging, irgendwann auch Schwarze zu den großen *weißen* Turnieren zuzulassen. Das war im Jahr 1946, als Jackie Robinson noch bei den Montreal Royals spielte, eine Liga unterhalb der Major Leagues. Im folgenden Frühjahr wechselte er zu den Brooklyn Dodgers. Ein vergleichbares Talent schrieben Eaton und Johnson dieser mageren Tennisspielerin aus Harlem zu. Anders als Robinson würde es bei ihr noch mehr als ein Jahr dauern, bis sie in der Lage wäre, auf nationalem Niveau gegen *weiße* Gegnerinnen anzutreten – doch die *Weißen* waren auch noch mehr als ein Jahr davon entfernt, es zuzulassen.

Nach dem Match gegen Peters sprach Johnson Althea an und präsentierte ihr den Förderplan. Sie saß allein auf der Tribüne, »im dunkelsten Augenblick des Lebens«, wie sie später schreiben sollte, als ein Mann auf sie zukam und fragte, ob sie Lust hätte, in Forest Hills zu spielen.

»Natürlich«, sagte sie. »Aber Sie wissen doch, dass das nicht geht.«

»Heute geht es noch nicht«, meinte Johnson, »aber wenn du bereit bist, hart zu arbeiten, glaube ich, dass du der Schlüssel sein kannst, der die Tür öffnet.«

Johnson bat Althea, einen Augenblick zu warten, und ließ sie allein. Wenige Minuten später kehrte er mit Eaton zurück. Gemeinsam schilderten sie Althea ihre Vision der Zukunft. Als sie fertig waren, fragte Johnson sie, ob sie interessiert sei. »Wer wäre das nicht?«, gab Althea zurück. Sie hatte nichts zu verlieren, ihr aus spätabendlichen Bowling-Partien und Freizeitbasketball bestehendes Leben war zum Stillstand gekommen. Wie Eaton berichtete, reiste sie zunächst nach New York zurück und holte eine schriftliche Erlaubnis ihrer Mutter ein. Bobby Johnson, »Wirbelwind« Johnsons Sohn, hingegen ist sich sicher, dass Althea an jenem Abend mit ihnen zusammen nach Lynchburg fuhr und von da aus nach New York zurückkehrte.

Wie dem auch sei – im September traf Althea mit einem Vormittagszug in Wilmington ein, mit zwei Pappkoffern und dem Saxofon, das Ray Robinson ihr gekauft hatte. Sie war nervös und hungrig, aber bereit für ein neues Leben.

In Wilmington sollte Althea vom Teenager zur Frau heranreifen. Das war kein einfacher Prozess. Anfangs ließen die Eatons sie in der Küche essen statt im Esszimmer, wegen ihrer fürchterlichen Tischmanieren. Und als sie, die in den Augen der ATA und des Gesetzes bereits erwachsen war, auf die Williston High School kam, reichten ihre bisherigen Kenntnisse nicht einmal für die neunte Klasse. Sie hatte schon seit Jahren keine Schule mehr besucht.

Außerhalb des Hauses der Eatons fand Althea das North Carolina der späten Vierzigerjahre vor – es herrschte eine strikte Rassentrennung. Schwarze Familien wie die Eatons, die in jeder Hinsicht erfolgreich waren, lebten trotzdem vollständig von den *Weißen* getrennt. Die Gesetze waren darauf ausgelegt, jeglichen Kontakt zwischen Schwarzen und *Weißen*, der nicht von *Weißen* ausging, zu unterbinden. Schwarze waren in den Häusern der *Weißen* willkommen, aber nur in untergeordneten Stellungen, etwa als Köche oder Dienstmädchen, und durften als solche nur dann etwas sagen, wenn sie angesprochen wurden. Die Eatons beschäftigten einen Butler und einen Chauffeur – natürlich Schwarz – und hatten einen Tennisplatz im Garten, durften sich bei Woolworth aber nicht an den Tresen setzen und einen Hotdog verspeisen.

Als New Yorkerin war Althea es gewohnt, überallhin gehen zu können, wann immer sie es wollte. Dort konnte sie mit der U-Bahn nach Midtown fahren, ohne auch nur einen neugierigen Blick zu ernten. Sie durfte aus allen Wasserspendern trinken, in jedem Restaurant essen und jede Toilette benutzen. Auch wenn sie den Großteil ihrer Zeit mit anderen Schwarzen verbrachte, hätte sie nichts davon abgehalten, etwas daran zu ändern.

Obwohl sie sich immer gegen Vorschriften gewehrt hatte, war sie klug genug, um zu erkennen, dass sie gegen die Rassentrennung wenig ausrichten konnte. Also setzte sie sich in den hinteren Teil des Busses, aß ihre Hotdogs auf der Straße und sah Filme vom oberen Rang aus. Aber glücklich war sie darüber nicht.

In Harlem konnte sie in einen Billardsaloon gehen, eine Partie spielen und sich keine weiteren Gedanken darüber machen. Sie konnte ein Bier oder einen Gin Tonic trinken und eine Zigarette rauchen, ohne jemanden vor den Kopf zu stoßen. Sie war ganz allein für sich verantwortlich. Bei den Eatons hingegen musste sie sich dem Frauenbild der Südstaaten anpassen. Sie hatte keinen Zutritt zu Billardsaloons, musste Kleider und Lippenstift tragen, und wenn sie im Sportunterricht herausragende Leistungen zeigte, flüsterten ihre Klassenkameraden abfällig, dass sie einen Ball werfe wie ein Mann. Sie spielte Saxofon in der Schulkapelle und in einer ortsansässigen Jazz-Combo und trat im Basketball für das Highschoolteam an, wobei sie den schulinternen Punktrekord pro Saison brach – zumindest soweit man weiß; es gibt nur wenig Aufzeichnungen aus dem Frauensport jener Zeit. Während Altheas drei Jahren in Wilmington verlor die Mannschaft kein einziges Spiel.

Auch was die Regeln und Vorschriften des Schulalltags anging, brauchte Althea etwas Eingewöhnungszeit. Dr. Eatons Ziel war es, Althea durch die Highschool zu bringen, damit sie über ein Sportstipendium einen Platz an einer Schwarzen Universität bekam. Dafür musste sie jeden Tag zum Unterricht erscheinen, was sie seit einem Jahrzehnt nicht mehr getan hatte. Doch sie hielt durch. Als sie mit einundzwanzig das Abschlusszeugnis erhielt, war sie die Zehntbeste in ihrer Klasse.

Sobald im Juni die Ferien begannen, packte Althea ihre Pappkoffer, schnappte sich ihr Saxofon und reiste nach Lynchburg. Sie verbrachte die Sommer 1947, 1948 und 1949 damit, zusammen mit Dr. Johnson und seinen anderen Schützlingen von einem ATA-Turnier zum nächsten zu fahren. Zu der Zeit waren die meisten der Spielerinnen Studentinnen, auch wenn Johnson sich später darauf spezialisierte, talentierte Jugendliche zu trainieren – eine Art Schwarzer Nick Bollettieri, aber Jahrzehnte früher und zudem auf eigene Kosten und ohne Bezahlung. Wann immer es seine Praxis zuließ, kam auch Eaton zu den Turnieren, von denen Althea die meisten gewann.

Eines Abends besuchte sie eine Tanzveranstaltung für Schwarze in der Nähe von Camp Story, Virginia, ein Stück flussaufwärts von Newport News. Dort tanzte sie mit dem gerade achtzehnjährigen Soldaten Kirk Ellerson, der auf dem Aberdeen Proving Ground stationiert war. Ellerson verguckte sich in Althea und erzählte ihr von einem neuen Erholungs-Camp für Soldaten, die demnächst aus Europa zurückkehren würden. »Diese Woche kommt ein Inspektionskomitee des Kongresses vorbei«, erzählte er. »Sie brauchen Freiwillige, um diese Leute zu beeindrucken.«

Man könne dort Softball und Basketball spielen, reiten, schwimmen und einen Strandlauf machen, sagte Ellerson, und Althea musste gestehen, dass es verlockend klang. Also trafen sie sich an einem Morgen später in der Woche und hielten eine Art Olympische Spiele im Miniformat ab. Dabei zeigte sich: Egal, was Ellerson versuchte, Althea war in allem besser. Er schwamm seit seiner Kindheit, musste aber zu seinem Erstaunen feststellen, dass sie schneller schwamm. Von den Mysterious Five hatte er noch nie gehört und wunderte sich entsprechend, warum sie so gut Basketball spielte. »Ich hatte noch nie eine Frau mit derartigen Fähigkeiten getroffen«, erinnerte er sich. »Wir schwammen, wir spielten Softball, wir gingen reiten. Sie war in allem so gut wie ein Kerl.«

Ellerson war fasziniert von dieser Frau aus der Stadt, die er überaus attraktiv und reizvoll fand. Wer war sie? Wohin würde ihr Talent sie führen? Er notierte sich ihren Namen und ihre Adresse in einem kleinen Büchlein, in dem er sich die Kontaktdaten von Frauen aufschrieb, die ihn interessierten, versuchte aber nie, sie erneut zu kontaktieren. Jahre später, als er in Europa tätig war, schlug er eine Zeitung auf und schaute direkt in das Gesicht der Wimbledon-Siegerin Althea. Er kramte das Büchlein hervor und fand ihren Namen darin, und schon kehrten die Erinnerungen an den idyllischen Tag mit ihr zurück. Ellerson war mittlerweile verheiratet, und seine Frau konnte an seinem Gesichtsausdruck ablesen, was in ihm vorging. »Sie war ziemlich sauer auf mich«, erinnert er sich. »So stark war der Eindruck, den Althea auf mich gemacht hat.«

Auf dem Tennisplatz im Garten versuchte Dr. Eaton, Althea Disziplin beizubringen. Zu der Zeit schwankte ihr Tennisspiel je nach Stimmung zwischen überragend und katastrophal. Wenn sie in einem Satz 4:1 hinten lag, gab sie sich kaum noch Mühe, aufzuholen. Solange sie nicht gewann, machte ihr das Spiel keinen Spaß. Dann konnte sie stundenlang schmollen.

»An den Tagen, an denen sie gewann, hörte sie gar nicht auf zu grinsen; an den Tagen, an denen sie verlor, wurde ihr Gesicht ganz ausdruckslos, und sie wirkte deprimiert«, schrieb Eaton später. So war es auch, wenn Althea Karten, Basketball oder etwas anderes spielte. Sie wollte den Sieg mehr als ihr Gegenüber und gewann deshalb meistens auch. »Ich wüsste nicht, dass ich sie je in irgendetwas geschlagen hätte«, erinnerte sich Bobby Johnson. »Wir haben jahrelang Tennis gegeneinander gespielt, und ich habe nie auch nur einen Satz gewonnen.« Später wurde Eaton klar, dass Altheas Fixierung auf den Sieg das Merkmal einer großen Sportlerin war. Sie behielt sie ihr Leben lang.

1947 schaffte sie es, sich auf der Rundreise mit Dr. Johnson für die Niederlage von 1942 zu revanchieren und im Finale der ATA-Championship gegen Nana Davis zu gewinnen. Das war der erste von neun aufeinanderfolgenden ATA-Titeln – eine Serie, die erst abriss, als Althea das Turnier 1957 als amtierende Wimbledon- und Forest-Hills-Titelverteidigerin ausließ.

Im Juni 1949 erreichte Althea den Highschool-Abschluss an der Williston High, und der stolze Ray Robinson bezahlte ihr den Absolventenring. Im Herbst begann die nun Zweiundzwanzigjährige ein Studium an der Florida Agricultural and Mechanical University in Tallahassee mit einem Sportstipendium, das die Studiengebühren und die Kosten für das Wohnheimzimmer und die Lehrbücher abdeckte. In Tallahassee herrschte eine ebenso strikte Rassentrennung wie im Rest des Landes. Im Stadtzentrum gab es keine öffentlichen Toiletten für Schwarze, und sie durften in den Geschäften auch keine Schuhe oder Hüte anprobieren. Die demokratische Politikerin Carrie Meek, die später für Florida im US-Kongress saß, wuchs in Tallahassee auf und erinnerte sich noch viele Jahre später daran, wie ihre Mutter sie anwies, auf die Straße auszuweichen, sobald ihr ein *weißer* Mensch entgegenkam. »Sie mögen es nicht, uns auf dem Gehweg zu begegnen«, warnte sie.

Auch Meek besuchte die Florida A&M, weil es Nicht-*Weißen* gesetzlich verboten war, an einer anderen staatlichen Universität zu studieren. »Wir hatten ein starkes Frauen-Sportteam, aber als Althea kam, nahm sie es mit allen gleichzeitig auf«, sagte Meek. »Sie war in allen Sportarten so gut, so herausragend, dass sie der Inbegriff dessen war, was man als Superstar bezeichnen würde.« Was es an der Florida A&M nicht gab, war eine Damentennismannschaft, daher trainierte Althea mit den Männern, auch wenn sie nicht in Wettbewerben gegen andere Universitäten für sie antreten durfte. Auf einem Jahrbuchfoto aus der Zeit ist sie in der Mitte des Tennisteams zu sehen, genauso groß wie der größte Mann. Sie ist dünn, aber muskulös, und ihr Haar ist viel kürzer geschnitten, als es damals Mode war. Wenn man nicht genau hinsieht, könnte man sie für einen Mann halten. Und dennoch war sich Althea ihrer Weiblichkeit sehr bewusst, wie Meek sich erinnerte. Herausragende sportliche Leistungen galten damals in Tallahassee, wie eigentlich überall, als männlich, doch Althea gab sich Mühe, sich immer damenhaft zu verhalten – mehr noch: wie eine Lady. Das hatte sie bei den Eatons gelernt. Eine Zeit lang ging sie mit William Burrough aus, einem Studenten aus Miami. Zu den Treffen zog sie sich schick an und legte sogar Parfüm auf.

Zur gleichen Zeit hatte Althea ständig Ärger mit der Basketballtrainerin Julia Lewis, nicht wegen Zwischenfällen auf dem Feld, sondern wegen Altheas Verfehlungen abseits davon.

Wenn das Team der Florida A&M zu Auswärtsspielen gegen andere, Schwarzen vorbehaltene Universitäten in den Südstaaten reiste, galten sehr strenge Regeln. Die Mannschaftsmitglieder waren junge Frauen auf der Grenze zwischen Jugend und Erwachsenenalter, und sie mussten so beaufsichtigt werden, wie es ihre Eltern erwarteten. Althea war drei Jahre älter und damit im ersten Studienjahr schon so alt wie die meisten Studentinnen, wenn sie ihren Abschluss machten. Außerdem hatte sie seit ihrer Kindheit viel Zeit auf den Straßen von New York verbracht. Sie hatte nicht vor, brav in einem Hotelzimmer in Birmingham oder Atlanta zu sitzen, während draußen das Leben tobte.

»Sie rauchte und kam später wieder als erlaubt, und einige der Mädchen verrieten es der Trainerin«, erzählt Edwina Martin, eine Mannschaftskameradin. »Für Coach Lewis was das echt eine Aufgabe, weil Althea sich nichts sagen ließ. In dieser Hinsicht war sie eine extrem starke Persönlichkeit.« Jede andere Spielerin wäre bei derartigen Übertretungen auf der Bank gelandet, nicht aber Althea. Sie wusste, dass sie gut genug war, um gegen die Regeln zu verstoßen, ohne dafür bestraft zu werden. Die gleiche Aggressivität zeigte sie auch auf dem Feld. »Sie spielte hart, deshalb war sie auch so gut«, sagt Martin. »Die meisten Mädchen waren eher zurückhaltend.« Althea war so ehrgeizig, dass ihre Freundinnen nur noch gegen sie Tennis spielten, als sie einwilligte, sie ab und zu gewinnen zu lassen. Dabei ging es ihnen weniger um ihre eigene Laune als darum, den Wettkampf zu entschärfen, zu dem Althea jedes einzelne Spiel machte. Die anderen wollten ihr beibringen, dass man sich auf dem Platz gegenüberstehen und den Ball freundschaftlich zuspielen konnte, ohne darauf zu achten, wer gewann – oder auch nur die Punkte zu zählen. Althea erklärte sich einverstanden, sah aber keinen Sinn darin.

Sie war beliebt, aber auf ihre Art und Weise. »Sie suchte nie die Gesellschaft anderer«, erzählte Robert Mungen, ein Kommilitone, der später zweiunddreißig Jahre lang das Tennisteam der Florida A&M trainierte. »Sie hatte mehr Freunde als Freundinnen, weil die Frauen nicht so richtig verstanden, wie sie tickte. Sie war in erster Linie an Sport interessiert und ihrer Zeit voraus. Solche Sportlerinnen gab es sonst damals einfach noch nicht.«

Abseits des Studiums konzentrierte sich Althea weiterhin ganz auf das Tennisspielen. Anfang 1949, als sie noch zur Highschool ging, war sie als erste Schwarze bei zwei USLTA-Turnieren in New York angetreten. Theoretisch konnte jeder Veranstalter selbst darüber entscheiden, wen er zuließ, solange er die Qualifikationsvoraussetzungen und die Regeln des Ortes, an dem das Turnier stattfand, beachtete. Am 11. März 1948 hatte Reginald Weir mit seiner Teilnahme am US-Indoors-Turnier offiziell die Rassentrennung der USLTA durchbrochen. Die progressiveren Kräfte im Sport hielten es für höchste Zeit. Die Zeitschrift *American Lawn Tennis*, die in den folgenden Jahren auch Althea unterstützen würde, begann den Artikel über das Ereignis mit einer sarkastischen Beschreibung der Auswirkungen: »Nun hat der erste Farbige an einer amerikanischen Tennismeisterschaft teilgenommen«, schrieb Harold Rosenthal, »und bisher gibt es keine Berichte darüber, dass die Welt daraufhin zusammengebrochen wäre.«

1949 wurde Althea die zweite Schwarze und die erste Schwarze Frau, die an einem USLTA-Turnier teilnahm. Sie schaffte es bis ins Viertelfinale der Eastern Indoor Championships, die in der Armory in der 143rd Street abgehalten wurden, verlor dort aber glatt in zwei Sätzen gegen Betty Rosenquest. Althea blieb bis zum Ende der folgenden Woche in New York, weil dort gleich im Anschluss auch die US Indoor Championships stattfanden. Wir wissen nicht, ob sie während dieser Zeit bei ihrer Familie wohnte oder ob diese sich auch nur die Mühe machte, zu Altheas Spielen zu kommen. Althea hatte nicht mit ihren Eltern gebrochen, stand mit ihnen aber auch nicht in regelmäßigem Kontakt. Bekannt ist nur, dass sie den Großteil ihrer freien Zeit in New York mit den Robinsons zusammen verbrachte, in deren Wohnung oder im Restaurant in der Seventh Avenue. Sie war zwar noch keine Heldin, hatte es als beste Schwarze Tennisspielerin des Landes aber doch durchaus schon zu etwas gebracht.

Die US Indoors wurden in der imposanten »Seventh Regiment Armory« ausgetragen, die einen ganzen Block der Park Avenue zwischen der 67th und der 68th Street einnahm. Damals, vor der Einführung künstlicher Bodenbeläge, spielte man Hallentennis auf glänzendem Parkett, ähnlich wie Basketball. Das machte Ballwechsel auf Höhe der Grundlinie quasi unmöglich; man schlug auf und eilte ans Netz, um einen Fehler zu erzwingen. Das kam Altheas Serve-and-Volley-Neigung entgegen und war auch ein Vorteil für diejenigen, die das Tennisspielen auf den schnellen Hartplätzen in Südkalifornien gelernt hatten. Gleichzeitig sorgte die unzulängliche Beleuchtung in der Armory für ein schillerndes bläuliches Licht, in dem der Ball schwer auszumachen war. Althea gewann ihre ersten beiden Matches – gegen Ann Drye gab sie insgesamt nur ein Spiel ab, gegen Sylvia Knowles siegte sie in drei Sätzen. Das reichte für den Einzug ins Viertelfinale, wo sie auf Nancy Chaffee aus Ventura traf, eine der talentiertesten Spielerinnen Kaliforniens.

Chaffee heiratete später den großen Baseballspieler Ralph Kiner und in zweiter Ehe den Sportreporter Jack Whittaker. Sie wurde mit verschiedenen Filmstars verglichen (obwohl sie keinem davon sonderlich ähnlich sah) und führte ein Leben, das für damalige Tennisspielerinnen unüblich war. (»Tennis hatte es nicht leicht bei Nancy Chaffee – sie ging lieber feiern!« lautete die Überschrift eines Artikels über die partylustige Spielerin in der Zeitschrift *This Week*.) Aber sie erinnerte sich später noch daran, wie sie Ray und Edna Robinson neben Jackie Robinson und seiner Frau Rachel auf der Tribüne in der Armory sitzen sah – die einzigen Schwarzen Gesichter, die zu entdecken waren – und es als einschüchternd empfand, dass ihre Gegnerin derartige Prominente auf ihrer Seite hatte. Chaffee beruhigte sich mit dem Gedanken, dass Althea zweifellos noch nervöser war als sie selbst. Wenn sie Chaffee schlug, würde sie im Halbfinale gegen Gertrude Moran stehen, »Gorgeous Gussy«, die im vergangenen Sommer für einige Aufregung in Wimbledon gesorgt hatte, weil ihr Tennisdress so kurz gewesen war, dass die Zuschauer ihre spitzenbesetzte Unterwäsche darunter sehen konnten. Ein Halbfinale Gibson gegen Moran wäre ein Ereignis.

Doch dazu kam es nicht. Chaffees kraftvolle Grundschläge neutralisierten Altheas Verrenkungen am Netz. Auch wenn Althea die beeindruckenderen Gewinnschläge des Tages zeigte, vor allem Volley- und Rückhandbälle, gewann die beständigere Chaffee doch relativ problemlos mit 6:2 und 6:3. In einem der anderen Viertelfinals schlug Helen Germaine in drei Sätzen Nina Irwin, deren Spiel nicht mehr mit dem zu Cosmopolitan-Club-Zeiten zu vergleichen war. Und im Doppelwettbewerb siegten Rosenquest und Irwin über Althea und Germaine. Es war eine kleine Welt aus begabten Spielerinnen. Althea war vielleicht nicht die beste von ihnen, aber sie konnte mithalten. »Sie haut drauf wie ein Kerl«, stellte die ehemalige US-Championship-Siegerin Sarah Palfrey Cooke, die sich später mit Althea anfreunden sollte, mit einiger Ergriffenheit fest, »und erreicht mit ihren katzenhaften Sprüngen einfach jede Ecke des Courts.«

Chaffee, die das Turnier 1950, 1951 und 1952 gewann, erinnerte sich später daran, dass Althea zu der Zeit so selbstbewusst auftrat, dass es schon an Großspurigkeit grenzte. »Ich glaube, sie wollte sich selbst davon überzeugen, dass sie eine große Spielerin war«, meinte sie kurz vor ihrem Tod 2002.

Zu den Großen gehörte Althea 1949 noch nicht, aber sie war auf dem Weg dorthin. Ihr Aufschlag war mittlerweile einer der besten im Damentennis, und sie war sehr gewandt am Netz, auch wenn sie bei Grundschlägen immer noch wild mit den Armen fuchtelte, als wolle sie eine Hummel verjagen. Es war Altheas Tendenz, ans Netz vorzurücken, der Beobachtern den Eindruck vermittelte, sie spiele wie ein Mann, nicht das beträchtliche Tempo, mit dem sie auf die Bälle eindrosch. Sie war damals nicht die einzige Frau mit harten Schlägen, aber niemand verband so viel Kraft mit einer derartigen Beweglichkeit. »Sie war unheimlich flink«, sagte Chaffee. »Sie erinnerte mich an Alice Marble.«

Jack Kramer, der herausragende Amateur- und Profitennisspieler und Tourpromoter, kam ungefähr zur selben Zeit zum gleichen Schluss. Er sagte: »Ich kenne niemanden, der bessere Chancen hätte, ein Star im Stil von Alice Marble zu werden.«

Jeder Vergleich mit Alice Marble kam einem enormen Lob gleich. 1949 hatte sich Marble schon längst aus dem aktiven Tennis zurückgezogen, nach allein achtzehn Einzel- und Doppeltiteln, die sie in Wimbledon und bei den US Championships geholt hatte. Außerdem hätten die Ereignisse ihrer bisherigen sechsunddreißig Lebensjahre für drei Leben gereicht. Nach einer ungestümen Kindheit in San Francisco hatte es Marble mit dreizehn Jahren irgendwie geschafft, zum Maskottchen der San Francisco Seals zu werden, einer Baseballmannschaft aus der Pacific Coast League. Sie ließ sich von Joe DiMaggio zeigen, wie man Würfe aus der Luft angelte, und warf sich mit Lefty O'Doul Bälle zu, bevor sie sich dem Tennisspiel zuwandte, das ihr nur als Ersatz für ihren wahren Traum diente – professionelle Baseballspielerin zu werden. 1929, mit fünfzehn Jahren, wurde sie, wie sie erzählte, von einem Fremden brutal vergewaltigt. Später freundete sie sich mit Clark Gable und Carole Lombard an und bekam von dem Zeitungsmogul William Randolph Hearst einen grünen Chevrolet geschenkt. Sie überstand Blutarmut und eine Rippenfellentzündung – und die Nachricht, dass sie Tuberkulose hätte, was sich aber als Fehldiagnose herausstellte – und gewann in den Jahren 1936, 1938, 1939 und 1940 das Einzel bei den US Championships. Kurz versuchte sie sich als Sängerin und trat einmal im Waldorf-Astoria auf. Nach einer Fehlgeburt infolge eines Autounfalls erfuhr sie, dass ihr Mann, Captain Joseph Crowley, bei einem Flugzeugabschuss über Deutschland ums Leben gekommen war. Daraufhin unternahm sie einen Selbstmordversuch mittels einer Überdosis Tabletten, der aber durch Freunde verhindert wurde, die sie bewusstlos, aber noch atmend auffanden.

Ab da beginnen sich Fakt und Fiktion zu vermischen. In ihrer 1991 erschienenen Autobiografie *Courting Danger* behauptet Marble, sie hätte auf Druck des US-Außenministeriums eine schon vor dem Krieg bestehende Liebelei mit einem Schweizer Bankier wiederaufleben lassen. Bei einer Reihe von Tennisaufenthalten in der Schweiz habe sie dann heimlich den Inhalt eines Aktenordners voller Nazi-Geldanlagen fotografiert und sei beim Versuch zu fliehen in den Rücken geschossen worden. Diese erstaunlichen Enthüllungen lassen sich nicht belegen. »Es war ihr furchtbar wichtig, als Spionin für ihr Land anerkannt zu werden, und ich vermute, dass sie selbst daran glaubte«, sagt Robert Kelleher, ein Richter, der seit den Fünfzigerjahren in Kalifornien lebte, USTA-Vorsitzender und Kapitän des amerikanischen Davis-Cup-Teams war und Marble gut kannte. »Aber nach Beweisen sucht man wohl vergeblich.« Laut einem

Sprecher des Außenministeriums existieren keine Unterlagen darüber, dass eine Alice Marble während des Krieges für die Vereinigten Staaten tätig gewesen sei.

Marble war ihr Leben lang eine starke und unabhängige Frau gewesen. Als sie im Anschluss an ihre Spionagetätigkeit – oder was auch immer sie in der Schweiz getrieben hatte – wieder in die USA zurückkehrte, war ihr immer schon ausgeprägtes Gerechtigkeitsempfinden noch größer geworden. Es erschien ihr absurd, dass einer talentierten Spielerin nur aufgrund ihrer Hautfarbe die Teilnahme an den nationalen Meisterschaften der USLTA verwehrt bleiben sollte. Als jemand, der auch andere Sportarten kennengelernt hatte, erkannte Marble, dass das Amateurtennis eine Art Insel darstellte, abgelöst von der wirklichen Welt – zu seinem Nachteil. »Sie hatte ein starkes Gespür für Gerechtigkeit und viel Mitgefühl für Underdogs«, sagte Billie Jean King, die Ende der Fünfzigerjahre, als sie noch Billie Jean Moffitt hieß, von Marble trainiert wurde. »Man wägt ab, ob man bei bestimmten Kämpfen etwas bewirken kann, und Alice wusste, dass es ihr in diesem Fall gelingen konnte.«

Der Brief in *American Lawn Tennis*, in dem sie sich für Althea einsetzte, hatte große Auswirkungen auf die Geschichte des Sportes. In geringerem Maße hatte er auch Auswirkungen auf den Verlauf der amerikanischen Geschichte. Wer weiß schon, welche mutige Tat letztendlich zur Aufgabe der Rassentrennung führte, hin zu einer freien und gleichen Gesellschaft? Vielleicht hätten Schwarze Spieler und Spielerinnen ohnehin irgendwann an den US Championships teilgenommen, wie sie es auch in die National Basketball Association, den berühmten Golfclub von Augusta und den US-Senat schafften. Doch ohne Alice Marble wäre es sicherlich noch nicht 1950 passiert.

Shirley Fry, Doris Hart und Pauline Betz

4

DER DURCHBRUCH

Im Sommer 1950 war Alice Marble ein gefeierter ehemaliger Tennisstar, Althea Gibson hingegen eine krasse Außenseiterin. Doch wenn man genau hinsah, erkannte man, dass die beiden manches gemeinsam hatten, das tiefer reichte als die Frage nach der Hautfarbe. Keine von ihnen entsprach dem damaligen Klischee einer Tennisspielerin: ein nettes Mädchen, in deren Leben der Sport eine ähnliche Rolle spielte wie der Foxtrott – die eines gesellschaftlich anerkannten Zeitvertreibs.

Wie Althea war auch Marble in ihrer Kindheit und frühen Jugend ein ziemlicher Wildfang gewesen, der in sportlichen Wettkämpfen oft gegen Jungs antrat und gewann. Als Sportlerin sagte man ihr häufig, ihre Körpersprache sei maskulin; beide Frauen bekamen im Verlauf ihrer Karrieren unzählige Male zu hören, sie spielten Tennis wie ein Mann. Trotzdem trugen sie Abendkleider, wenn der Anlass es verlangte, und machten darin eine glamouröse Figur. Auf einem undatierten Bild von Marble neben Carole Lombard auf dem Tennisplatz unterscheiden sich Sportlerin und Filmstar nur darin, dass Lombard deutlich mehr Eyeliner und Lippenstift aufgetragen hat.

Sowohl Marble als auch Althea hoben sich gern von der Menge ab, waren aber beide Publikumslieblinge, die es genossen, auf der großen Bühne zu stehen. Marble versuchte sich

1941, wie erwähnt, kurz als Sängerin, und Althea brachte sechzehn Jahre später eine Langspielplatte heraus und trat in der *Ed Sullivan Show* auf, auch wenn beide ihr Gesangtalent leicht überschätzten. (Althea war eine passable Sängerin, Marble den meisten Berichten zufolge eher nicht.) Beide waren direkt und unterhaltsam, ohne sich Gedanken über etwaige Folgen zu machen. Beide sollten ihr Leben lang davon überzeugt sein, dass sie als Tennisspielerinnen nicht die gebührende Anerkennung erhalten hatten. Marble war die erste Spielerin, die nach dem Aufschlag regelmäßig ans Netz vorrückte.

Zwei Jahrzehnte später sollte diese Serve-and-Volley-Strategie Althea an die Weltspitze des Tennis katapultieren.

Anfang 1950 hatte Marble Althea noch nie persönlich getroffen, trotz des Showmatches im Cosmopolitan Club. Vielleicht waren ihr aber trotzdem einige der Gemeinsamkeiten und Verbindungen bewusst. Vor allem war sie der festen Überzeugung, dass sich der Tennissport in die falsche Richtung bewegte. Eine Sportart, die von der und für die Country-Club-Szene betrieben wurde, hatte beim großen Publikum wenig Chancen. Die Tennisgemeinschaft musste die Rassentrennung überwinden, durchlüften, sich für alle öffnen.

Marble wusste nichts von den Verhandlungen, die Bertram Baker, der Geschäftsführer der ATA, und Arthur Francis, sein Stellvertreter, nach dem Zweiten Weltkrieg im Stillen mit einigen USLTA-Mitgliedern aufgenommen hatten, um die US Championships für Schwarze zu öffnen. Ihr größter Unterstützer auf Seiten der USLTA war Harold Lebair. Lebair, ein hochgewachsener, dünner Mann mit einem schmalen Schnurrbart und einer randlosen Brille, der für gewöhnlich ein Hemd mit abgerundeten Kragenecken unter der Anzugjacke und gelegentlich einen Strohhut trug, als wäre er einer Daguerreotypie des neunzehnten Jahrhunderts entsprungen, dabei aber äußerst moderne Ansichten hatte. Er galt als intelligent, gewissenhaft, genau und fair. Der langjährige Anzeigenverkäufer bei der *New York Times* hatte sein Studium an der University of Pennsylvania mit sehr guten Noten abgeschlossen und diente der USLTA als Vorsitzender der Schiedsrichter und später als Schatzmeister.

Als Liberaler und Jude war Lebair die Ausnahme in einer Organisation, die fast ebenso veränderungsunwillig und durch und durch angelsächsisch-protestantisch geprägt war wie die Clubs, in denen die meisten Rasentennisturniere stattfanden. Er hatte es geschafft, ohne großes Getöse die ersten Frauen auf die Schiedsrichtertürme in Forest Hills zu bringen. 1950 war er davon überzeugt, dass die Zulassung von Schwarzen zu den US Championships, die dort jedes Jahr ab Ende August ausgetragen wurden, sowohl notwendig als auch unvermeidlich sei.

Vielleicht lag es an den Gesprächen mit Lebair und anderen oder an den Veränderungen, die in anderen Sportarten zu beobachten waren, oder den ersten Anzeichen der Bürgerrechtsbewegung – jedenfalls hatte man in der ATA den Eindruck, dass es tatsächlich bald möglich sein könnte, einen Schwarzen Spieler oder eine Schwarze Spielerin nach Forest Hills zu schicken. Gleichzeitig zeichnete sich ab, dass Althea bereit war für stärkere Gegner. Im August 1949 hatte sie Nana Davis, die zweit- oder drittbeste afroamerikanische Tennisspielerin jener Zeit, mit 6:0 und 6:0 im Cosmopolitan Club geschlagen. Dann kehrte sie nach Wilberforce zurück, um ihren ATA-Titel zu verteidigen, und gab im gesamten Turnier keinen einzigen Satz ab. Im Finale fertigte sie Mary Fine aus Kansas City mit 6:3 und 6:2 ab. Solche Spiele hielten ihre Entwicklung auf. »Gegen zweitklassige Gegnerinnen, die den Ball für sie auflegen, ist sie pures Dynamit«, soll der erfahrene Sportjournalist Hamilton P. Chambers gesagt haben, der sie bei den US Indoors in New York gesehen hatte. »Doch wenn ihr Gegenüber hart schlägt und sie in die Defensive drängt, ist sie verloren.«

In Wilberforce hatte Dr. Eaton Althea erneut gefragt, ob sie Interesse daran habe, in Forest Hills zu spielen, wenn sich die Gelegenheit dazu ergäbe. Es war keine rhetorische Frage. Ging man von den Erfahrungen von Jackie Robinson im Baseball aus, musste der oder die erste Schwarze bei den US Championships damit rechnen, unter ständiger Beobachtung zu stehen, vielleicht ausgelacht und behindert zu werden, möglicherweise sogar Morddrohungen zu erhalten. Die Tennisszene war bei Weitem nicht so ländlich und südstaatendominiert, wie es im Profi-Baseball der Fall war, und der Bildungsstand war allgemein höher, dafür war sie deutlich exklusiver und elitärer. Wer versuchte, in diese Gemeinschaft vorzudringen, musste stark genug sein, sich trotz massenhafter Ablenkungen auf sein Spiel konzentrieren zu können, denn ein schwacher Auftritt würde das gesamte Anliegen erheblich schädigen. »Ich bin bereit«, gab Althea entschlossen zurück.

Aber die USLTA war noch nicht bereit, und sie hatte eine willkommene Ausrede. Kein Spieler, egal ob Schwarz oder *weiß*, wurde nach Forest Hills eingeladen, solange er seine Fähigkeiten nicht bei mehreren der vorausgehenden Rasenplatzturniere unter Beweis gestellt hatte. Und da diese Turniere in Privatclubs stattfanden, meinte die USLTA, sie könne – ja, dürfe – nicht darüber bestimmen, welche Spieler und Spielerinnen dort zugelassen wurden. Fast alle diese Clubs verwehrten Schwarzen offiziell den Zutritt, was Althea keine andere Möglichkeit ließ als den Rechtsweg – eine Option, die die ATA ausgeschlossen hatte. Darüber hinaus kamen die Spielerinnen während der Turniere für gewöhnlich bei Clubmitgliedern unter, den Stützen und Honoratioren der lokalen Wirtschaft und Gesellschaft. Nicht wenige Geschäftsleute brüsteten sich gern vor ihresgleichen damit, dass jemand wie Sarah Palfrey Cooke die Woche über bei ihrer Familie einquartiert war. In den allermeisten dieser Haushalte wäre Althea nicht willkommen gewesen.

Trotzdem nahm sie weiterhin als einzige Nicht-*Weiße* an denjenigen USLTA-Turnieren teil, die sie akzeptierten. Ende Februar 1950 trat sie erneut bei den Eastern Indoors an und schlug Millicent Lang im Finale mit 6:3 und 6:1. Beim darauffolgenden US-Indoors-Turnier schaffte sie es durch einen Dreisatzsieg über Midge Buck ins Finale. Dort wartete Nancy Chaffee, die einen Großteil der letzten Saison wegen Rückenproblemen verpasst hatte. Althea war seit der Niederlage gegen Chaffee im Jahr zuvor deutlich besser geworden, und viele erwarteten ein denkwürdiges Duell. Stattdessen zeigte Althea eine erbärmliche Leistung und gewann nur zwei Spiele in zwei Sätzen.

Howard Cohn von *American Lawn Tennis* war trotzdem beeindruckt. Er lobte ihren Aufschlag und ihre kraftvolle Vorhand, »wenn sie sie unter Kontrolle hat«. »Miss Gibson benötigt offensichtlich mehr Wettkampferfahrung«, schrieb er, aber wie sollte sie die bekommen? Aus April wurde Mai, aus Mai Juni, und schon waren es keine drei Monate mehr bis zum Turnier in Forest Hills. Althea wartete auf ein Zeichen. Sie gab ihr Studium in Tallahassee nach dem ersten Jahr auf und zog nach Wilmington zurück, wohl wissend, dass sie Gefahr lief, wieder mit Dr. Johnson im Buick umherfahren und die gleichen Schwarzen Turniere abklappern zu müssen, die sie in den vergangenen Sommern dominiert hatte. Forest Hills wirkte näher denn je – zum ersten Mal war die Teilnahme dort theoretisch möglich, praktisch aber immer noch unerreichbar.

So war die Stimmung, als Alice Marble auf Seite vierzehn der im Juli 1950 erscheinenden Ausgabe von *American Lawn Tennis* einen Brief veröffentlichte, der den Großteil der eng bedruckten Seite einnahm. Dort stand unter anderem:

Auf jeden Menschen, der es immer noch für wichtig hält, ob Gussy
[Moran] spitzenbesetzte Unterwäsche trug, kommen drei, die wissen
wollen, ob Althea Gibson dieses Jahr bei den National Champion-
ships antreten darf. Da ich keinen Einblick in die Überlegungen des
USLTA-Komitees habe, kann ich das nicht beantworten, aber … als
ich ein langjähriges Komiteemitglied danach fragte, war zwischen
den Zeilen ein Nein zu vernehmen. Wenn nichts Übernatürliches
passiert, wird Miss Gibson nicht an den National Championships
teilnehmen dürfen. …

Ich glaube, es ist an der Zeit, sich ein paar Fakten vor Augen zu
führen. Wenn Tennis ein Sport für Ladies und Gentlemen ist, sollten
wir uns auch endlich etwas mehr wie solche verhalten und nicht wie
scheinheilige Heuchler. Wenn noch ein Rest an Sportsgeist vorhan-
den ist, ist es überfällig, sich auf diesen zu besinnen. Wenn Althea
Gibson für die heutigen Tennisspielerinnen eine Herausforderung
verkörpert, ist es nur gerecht, dass sie sich dieser Herausforderung auf
dem Platz stellt … Sollte ihr die Chance auf Sieg oder Niederlage
verwehrt bleiben, wäre das eine Schande für die Sportart, der ich fast
mein ganzes Leben gewidmet habe, und ich wäre zutiefst beschämt.
Wir können die Ausflüchte hinnehmen und ignorieren, dass niemand
aufrichtig genug ist, um für Althea Gibsons wahrscheinlichen
Ausschluss von den National Championships die Verantwortung
zu übernehmen. Wir können einfach »nicht darüber nachdenken«.
Oder aber wir stellen uns dem Thema. Ich gehöre zufälligerweise zu
den Menschen, die im Sommer sehr schnell braun werden – aber ich
bezweifle, dass deshalb je irgendjemand mein Recht infrage gestellt
hat, an den Championships teilzunehmen. Margaret duPont neigt
zu Sommersprossen – aber wer würde deshalb erwägen, sie von
Turnieren auszuschließen? Das Komitee hätte es als ziemlich albern
empfunden, zu sagen: »Alice Marble darf nicht spielen, weil sie so
braungebrannt ist«, oder »Wir können Margaret duPont nicht akzep-
tieren, sie hat Sommersprossen auf der Nase.« Genauso lächerlich ist

es, Althea Gibson aus einem solchen Grund abzuweisen. …
Die Teilnahme farbiger Sportler an nationalen Turnieren ist im
Tennis genauso unausweichlich wie im Baseball, im Football und
im Boxen; man kann so viel Talent nicht ausschließen. … Ich kenne
Miss Gibson nicht persönlich, doch für mich ist sie ein Mensch wie
ich und sollte die gleichen Rechte eingeräumt bekommen.

Das hatte Wirkung. Es dauerte nur wenige Tage, bis der Brief in
der *New York Herald Tribune*, der *New York Post*, den Zeitschriften
Life und *Time* und weiteren einflussreichen Magazinen zum
Thema wurde. Doch der starrsinnige Maplewood Country Club
weigerte sich trotz dieser geschliffenen Worte, Althea zu den
unter dem Banner der USLTA veranstalteten New Jersey State
Championships zuzulassen, die auf dem Clubgelände stattfanden. Althea war tief enttäuscht. Es schien, als seien sie und die
besten Spielerinnen Amerikas auf parallel verlaufenden Pfaden
unterwegs, die sich niemals kreuzten. Am 8. Juli 1950 beispielsweise siegte Althea bei den New York State Championships im
Cosmopolitan Club wie im Schlaf mit 6:0 und 6:0 über ihre
gute Freundin Rhoda Smith, während Margaret Osborne, die in
die einflussreiche Unternehmerfamilie du Pont (auch DuPont
oder duPont, Letzteres die von Margaret gewählte Namensform,
ihr Mann blieb bei du Pont) eingeheiratet hatte, ein USLTA-Turnier im rein *weißen* Essex Country Club in Manchester, Massachusetts gewann. In der darauffolgenden Woche schlug Althea
die *weiße* Isabel Troccole mit 6:2, 6:2 bei einem offenen Turnier
in New York. Aber sie erhielt keinen Zugang zu den Veranstaltungen, die der USLTA als Nachweis ihrer Eignung gereicht hätten, und war auch kein Mitglied eines der USLTA angegliederten-
ten Clubs, weil keiner von ihnen sie aufgenommen hätte. Diese
faktische Rassentrennung war ein alter Hut, und sie war frustrierend.

Dann kam der Durchbruch. Der Lastwagenverkäufer Jack Rosenquest hatte eine talentierte Tochter namens Betty, die als Betty Rosenquest Pratt 1954 zur Nummer fünf der USLTA aufsteigen sollte. (Althea hatte im Viertelfinale der Eastern Indoors 1949 gegen Betty Rosenquest verloren.) Einer von Bettys Trainingspartnern war Dick Savitt, ein jüdischer Junge. Die beiden fuhren mit dem Fahrrad zu den örtlichen Tennisplätzen und spielten sich dort stundenlang Bälle zu. Der mehrere Jahre jüngere Savitt lief auf der Grundlinie hin und her, um alles zu erwischen, was Rosenquest in seine Richtung schlug. Dann verbrachte er ein Jahr in Texas bei einem Onkel und kehrte mit einem explosiven Aufschlag zurück. »Danach war ich einfach keine geeignete Trainingspartnerin mehr für ihn«, erinnerte sich Rosenquest später. 1951 gewann Savitt das Herreneinzel in Wimbledon.

Die Rosenquests lebten zufällig gegenüber vom Orange Lawn Tennis Club in South Orange, New Jersey, wohin die Eastern Grass Court Championships, die zuvor in Rye, New York, stattgefunden hatten, umgezogen waren. Mit dem Marble-Brief als Gesprächsöffner erreichte Rosenquest, dass die Funktionäre des Orange Club Althea eine Einladung zu diesem Rasenturnier schickten. Das sei gut für das Image des Clubs, erklärte Rosenquest, und für das Image des Tennissports in den Vereinigten Staaten. Diese Einladung war der erste Riss im Panzer, ein riesiger Fortschritt. Aber Althea zeigte bei diesem Turnier in South Orange, ihrem allerersten auf Rasen, keine gute Leistung. Sie schied in der zweiten Runde aus, und somit hing ihr Schicksal weiter in der Schwebe.

Kurz darauf erhielt sie eine Einladung zu den National Clay Court Championships im River Forest Club bei Chicago. Dort schlug sie sich besser und zog durch einen Sieg über die Mexikanerin Mela Ramírez ins Viertelfinale ein. Hier verlor sie 6:2,

6:3 gegen Doris Hart, eine erstklassige Spielerin, die im folgenden Jahr zur Nummer eins der Welt aufsteigen sollte.

Obwohl dieses Turnier auf Sand ausgetragen wurde, gab das Ergebnis »Anlass zur Annahme« – wie es die USLTA formulierte –, dass Althea auch auf dem kleeblattgrünen Rasen in Forest Hills konkurrenzfähig wäre. Am 5. August 1950 vermeldete die *New York Amsterdam News*: »Eine gereifte Althea Gibson steht parat, um später in diesem Monat am National Tennis Tournament [*sic*] in Forest Hills, Long Island, teilzunehmen, sollte sie eine Einladung erhalten.« Der Artikel verwies auf die jüngsten inoffiziellen Berichte, laut denen »es vorgesehen war, Althea zuzulassen«.

Zehn Tage später nahm das sechsunddreißigköpfige USLTA-Championships-Komitee – unter dem Vorsitz von Alrick H. Man Jr. aus Kew Gardens in Queens – Altheas Bewerbung für die National Championships in Forest Hills entgegen, die am 28. August beginnen sollten. Marbles Brief war mittlerweile berühmt. Man kann sich leicht vorstellen, auf welche Weise sich Lebair und die anderen progressiven Mitglieder bei dem Komiteetreffen, das hinter verschlossenen Türen stattfand, gegen reaktionäre Vertreter wie Bill Clothier Jr., einen Kaufhausmagnaten aus Philadelphia, durchsetzten. (»Der konservativste Mensch, den ich je getroffen habe«, wie Alastair B. Martin, der dem Komitee damals angehörte, über Clothier sagte.) Der Wandel sei unausweichlich, argumentierten sie. Für die Organisation sei es das Beste, diesen Wandel aktiv mitzugestalten, damit die beteiligten Clubs und Einrichtungen nicht darunter litten.

Nach dem Treffen gab man eine knappe Meldung heraus, dass Althea aufgrund ihrer Leistungen zum Turnier zugelassen sei. Das führte schließlich zu einer Änderung der Auswahlprozedur für die US Championships. Von nun an sollten der Sieger und die Siegerin der ATA-Meisterschaften automatisch an den

Championships teilnehmen können, ungeachtet ihrer tatsächlichen spielerischen Fähigkeiten. Erfolge bei den jährlichen Rasenplatzturnieren waren keine Teilnahmevoraussetzung mehr. Im Grunde qualifizierten sich die Schwarzen so über eine eigene Schiene, sodass eine Öffnung der Rasenplatzturniere in exklusiven Clubs nicht nötig wäre.

Diese Entscheidung wendete unwissentlich das Konzept »getrennt, aber gleich« an, das von Beginn an als rechtliche Grundlage für die Rassentrennung gedient hatte. 1896 hatte der US Supreme Court, der Oberste Gerichtshof der Vereinigten Staaten, in seinem Urteil zum Fall *Plessy v. Ferguson* bestätigt, dass ein Eisenbahnunternehmen aus Louisiana das Recht hatte, Schwarzen und *Weißen* getrennte Waggons zuzuweisen, solange diese sich in Ausstattung und Komfort nicht unterschieden. In der Praxis hieß »getrennt« aber natürlich nur selten »gleich«, und das gesamte Konzept war ein Affront für alle Schwarzen, denen die Bill of Rights schließlich die Handlungsfreiheit garantiert hatte. In diesem konkreten Zusammenhang war die Strategie für die kurzfristigen Ziele der ATA allerdings fast genauso zweckdienlich wie eine echte Überwindung der Rassentrennung. Althea durfte in Forest Hills spielen, und es war ziemlich egal, ob sie über die Hauptstraße oder eine Nebenstraße dorthin kam.

Tatsache ist, dass 1950 außer Althea keine andere Schwarze Frau gut genug gewesen wäre, um im Feld der zweiundfünfzig Spielerinnen mitzuhalten – und auch bei den Männern gab es nur ein oder zwei, die dann auch noch einen richtig guten Tag erwischen mussten. Mehr Schwarzen die Chance zu geben, sich durch regelmäßige Matches gegen die besten *Weißen* weiterzuentwickeln, wäre die nächste Herausforderung, aber vielleicht würde die Begeisterung darüber, eine ATA-Siegerin in Forest Hills spielen zu sehen, eine ganz eigene Dynamik auslösen.

Der ATA-Geschäftsführer Bertram Baker verkündete die auf-

regende Neuigkeit am 26. August bei den jährlichen Meisterschaften des Verbandes, die erneut in Wilberforce stattfanden.
Wenige Stunden nachdem Althea Nana Davis mit 6:2 und 6:0
besiegt hatte, was ihr den vierten ATA-Titel in Folge bescherte,
und gemeinsam mit Dr. Johnson den dritten Doppeltitel nacheinander gewonnen hatte, sagte Baker: »Viele von uns haben
seit Jahren unermüdlich daran gearbeitet, eines Tages zu erleben, dass unsere Spieler zu den National Championships der
USLTA zugelassen werden. Dieser Tag ist nun gekommen.«

Althea, die den geschichtsträchtigen West Side Tennis Club in
Forest Hills noch nie gesehen hatte, war klar, dass sie dort eine
gute Leistung zeigen musste. Also bat sie Sarah Palfrey Cooke,
sie noch vor Beginn des Turniers durch die Anlage zu führen.
Es würde ihr helfen, wenn sie wüsste, wo die Umkleideräume
waren, wie weit sie zu den äußeren Plätzen zu laufen hatte und
wie es sich mit all den anderen logistischen Details verhielt, die
Spieler in jener Zeit, in der kaum jemand einen mitreisenden
Trainer und niemand Manager oder Agenten hatte, selbst he-
rausfinden mussten. Noch besser wäre eine Stunde Spielzeit,
damit sie ein Gefühl für den Platz bekäme. Cooke hatte die US
Championships während des Krieges zweimal gewonnen und
ihre Amateurkarriere dann beendet. Sie entstammte der Bos-
toner Oberschicht und war ein Schützling der amerikanischen
Tennis-Altmeisterin Hazel Hotchkiss Wightman gewesen, aber
progressiv eingestellt. »Sie wusste ganz ruhig zu überzeugen
und hatte als ehemalige Siegerin durchaus Einfluss«, sagte Gladys Heldman, die spätere Gründerin der Damenturnierserie.
Cooke war kein Mitglied im West Side Tennis Club, aber sie
überredete die Verantwortlichen, dass sie die ehemalige Turniersiegerin Althea durch die Anlage führen durfte. Die beiden
fanden sogar die Zeit, kurz ein bisschen zu trainieren, was Bal-
sam für Altheas Nerven war.

Gut eine Woche später prangte ein Foto von Althea auf der ersten Seite des Sportteils der *New York Times* – das erste von vielen. Sie hatte Barbara Knapp am 28. August 1950 im ersten Match zwischen einer Schwarzen und einer *Weißen*, das es je bei den US Championships gab, mit 6:2 und 6:2 besiegt. Aus irgendeinem Grund – wir wollen hier keine Hintergedanken unterstellen – hatte das Match gegen Knapp auf Platz 14 stattgefunden, der die wenigsten Zuschauer fasste und am äußersten Rand des Geländes lag. Im Durchgang drängten sich so viele Menschen, dass die Spielerinnen ohne Hilfe gar nicht zum Platz gekommen wären. Am Ende erhielten nur wenige Hundert Fans – die meisten von ihnen Schwarz – die Chance, Althea spielen zu sehen. Sie standen vier Reihen tief und applaudierten höflich, wenn Althea einen Punkt erzielte, aber nur, wenn dieser nicht auf einen Fehler oder Doppelfehler von Knapp zurückging. Schon bald lag Althea 5:1 vorn und holte sich den Satz kurze Zeit später mit dem Aufschlagspiel zum 6:2. Den zweiten Satz dominierte sie ab dem Stand von 2:2 und verlor kein weiteres Spiel mehr.

Das Ganze war ohne besondere Vorkommnisse über die Bühne gegangen, und Althea hatte eine gute Leistung gezeigt. Aber ihre nächste Gegnerin war Louise Brough, die amtierende Wimbledon-Siegerin, und das Match würde auf dem Grandstand Court stattfinden, dem zweitgrößten Platz der Anlage. Das war die Bühne, auf die Althea und große Teile der wachsenden Anti-Rassentrennung-Bewegung gewartet hatten. Plötzlich zählte Damentennis – zumindest vorübergehend – zu den Lieblingssportarten der Schwarzen Amerikaner.

Es ist verlockend, ein Zusammentreffen von Umständen mit einer prophetischen oder offenbarenden Bedeutung aufzuladen, aber oft ist ein Zufall einfach nur ein Zufall. Man stelle sich zwei Tennisspielerinnen vor, die beide bei der Geburt den ungewöhnlichen Namen Althea erhalten. Eine ist routiniert, die andere unerfahren. Eine ist die amtierende Wimbledon-Siegerin, die andere spielt – und erlebt – erst ihr zweites Match in der besten Tennisanlage der USA.

Obwohl beide den gleichen Namen trugen, ein kraftvolles Serve-and-Volley-Tennis spielten und am Netz graziös wirkten, hätten diese zwei Frauen nicht unterschiedlicher sein können. Althea Louise Brough (der Nachname wird so ausgesprochen, dass er sich auf »tough« reimt) hatte ihren ersten Vornamen schon längst zugunsten des wohlklingenderen Namens Louise aufgegeben. Sie war eine groß gewachsene, ruhige Frau mit blondem Haar, deren bisherige Geschichte von erstaunlichen Erfolgen geprägt war. Sie hatte 1948, 1949 und 1950 das Einzel in Wimbledon und 1947 das Einzel in Forest Hills gewonnen. (Letztendlich sollte sie im Verlauf ihrer Karriere allein in Wimbledon dreizehn Einzel- und Doppeltitel holen.)

Brough, 1923 in Oklahoma zur Welt gekommen, war mit vier Jahren mit ihrer Familie nach Beverly Hills gezogen, wo ihr Vater eine Führungsposition in der Lebensmittelbranche innegehabt hatte. Das Tennisspielen hatte sie beim gleichen Trainer wie der große, zwei Jahre ältere Jack Kramer gelernt, was sich in ihren Volley-Fähigkeiten bemerkbar machte. Wie Kramer verließ auch sie sich auf ihren Aufschlag, um die Gegnerinnen in die Defensive zu drängen. Dann rückte sie sofort ans Netz vor, wo sie den Return abfing und den Punkt schnell für sich entschied. 1940 und 1941 hatte sie die amerikanischen U-18-Meisterschaften gewonnen, wie es Althea zwei Jahre später bei den Schwarzen Tennisspielerinnen gelang. Im August 1950 hatte Brough, wie gerade erwähnt, bereits dreimal im Einzel in Wimbledon triumphiert und einmal in Forest Hills, und die Liste ihrer bedeutenden Doppeltitel ist zu lang, um sie hier aufzuführen. Sie war in Topform. Außerdem stand sie, zusammen mit ihrer Doppelpartnerin (und besten Freundin) Margaret Osborne duPont, im Mittelpunkt der Tennisszene jener Zeit.

Mitte des zwanzigsten Jahrhunderts bildeten die besten Spielerinnen eine Art große Familie. Sie hatten einen ähnlichen Hintergrund und einen ähnlichen Antrieb. 1950 wurde niemand durch Tennis reich, und nur wenige Spieler wurden berühmt. DuPont reiste jahrelang von Turnier zu Turnier, erst als normale Spielerin und später als Kapitänin des US-Teams beim Wightman Cup, hat jedoch laut eigener Aussage keinerlei Jubelstürme durch Fans erlebt. Es gab im Amateursport keine Goldmedaillen, die man hätte erringen können, keine Sponsorenverträge und auch sonst kein Geld, wenn man nicht zu den wenigen Glücklichen gehörte, die irgendwann in den Profistatus wechselten und Showmatches bestritten. Margaret Osborne hatte den sagenhaft reichen Will du Pont geheiratet, der ein enger Freund war, aber – allem Anschein nach – kaum ihr Geliebter, und mehrere Zeitgenossen fragten sich laut, ob sie das nicht zumindest zum Teil getan hatte, um ihre Karriere zu finanzieren.

Was diese Generation von Spielerinnen genoss, war die Lebensweise. Sie reisten gemeinsam als Freundinnen durch die Welt, kamen bei Turnieren bei lokalen Familien unter, wurden auf Cocktailpartys gefeiert und waren in allen Städten, in denen sie auftauchten, die Lieblinge der lokalen Klatschspalten. Während sie auf Reisen waren und eine Sportart betrieben, die ihnen Spaß machte, besichtigten sie die Sehenswürdigkeiten wie den Eiffelturm in Paris und das Kolosseum in Rom. Wenn sie nicht gerade in Europa oder in der Karibik spielten, fanden die meisten Turniere in schicken Country Clubs in den besten Gegenden Amerikas statt. Die wichtigsten Wettbewerbe wurden auf Rasen ausgetragen, der in einer vorgeschriebenen Weise wachsen musste, und nur die nobelsten Clubs verfügten über die Mittel, solche Plätze entsprechend zu pflegen. Die Auswahl der Spielerinnen für ein Turnier fand oft in einem Hinterzimmer des Clubs statt, fernab der neugierigen Blicke von Außenstehenden, und oft war die gesellschaftliche Stellung dabei genauso wichtig wie alles andere. Die langjährige Schiedsrichterin Flo Blanchard erinnert sich daran, wie ein Verantwortlicher für ein Turnier an der Ostküste einmal sagte: »›Dieses Mädchen sollten wir reinnehmen. Es hat so eine nette Mutter.‹ So lief es damals. Wer jemanden kannte, war dabei.«

Sehr wichtig war den Frauen schickliches Verhalten. Als Margaret duPont einmal versehentlich einen Umschlag mit Eintrittskarten für Gussy Moran erhielt, deren Zurschaustellung ihrer spitzenbesetzten Unterwäsche 1949 das Publikum in Wimbledon schockiert hatte, verhielt sie sich, als sei ihr der Geruch eines Stinktiers in die Nase gestiegen. »Ich bezweifle, dass Louise oder ich mit Miss Moran zusammentreffen werden«, sagte sie und gab den Umschlag mit spitzen Fingern zurück. Sie wollte nichts mit Moran – oder sonst irgendjemandem, der die Konventionen des Sports so öffentlich missachtete – zu tun haben.

Die meisten Spielerinnen waren zwischen zwanzig und dreißig Jahre alt, auch wenn manche diese Lebensweise bis in ihre Dreißiger hinein fortführten, aber sie verhielten sich wie Studentinnen. Die Turnierserie glich einer wandernden Pyjamaparty, mit Tennismatches am Tag und Galapartys am Abend. Die Frauen spielten Poker, Bridge und Rommé miteinander und duellierten sich am nächsten Tag auf dem Platz. Nach dem Spiel kamen sie am Netz zusammen und tauschten Nettigkeiten aus: »Du warst heute einfach besser«, sagte die Verliererin dann, während die Siegerin bescheiden abwiegelte. Da die Amerikaner während des Krieges weiter Tennis gespielt hatten, die Engländer und Europäer aber nicht, gewann diese Gruppe aus vielleicht einem halben Dutzend überragenden amerikanischen Spielerinnen ab 1946 mindestens ein Jahrzehnt lang fast alle wichtigen Turniere. Die USLTA organisierte die Veranstaltungen, aber dieser innere Zirkel dominierte sie, so wie eine Clique beliebter Mädchen das Leben an einer Highschool dominiert. »Tennis war für sie Teil ihres Lebens«, meinte Robert Kelleher, der ehemalige USLTA-Vorsitzende und Davis-Cup-Kapitän, »und das Leben, das sie führten, war *weiß* und entsprach dem der Oberschicht.« Sie hegten keine offenen Vorurteile, diese Frauen, oder sie verbargen sie gut, aber sie hatten ein ausgeprägtes Gespür dafür, wer dazugehörte und wer nicht. »Louise und ich standen gegen den Rest der Welt«, sagte duPont einmal. Dann nannte sie bezeichnenderweise noch ein weiteres berühmtes Doppelteam jener Zeit: »Shirley Fry und Doris Hart waren unsere großen Feindinnen – aber auch enge Freundinnen.«

Althea sah das Leben mit ganz anderen Augen. Sie legte immer noch den ungebrochenen Ehrgeiz der Paddle-Tennis spielenden Schülerin an den Tag, und ihr fehlten die Umgangsformen, die diesen Siegeswillen gesellschaftlich verträglich machten. Dr. Eaton hatte versucht, ihr ein entsprechendes Verhalten beizubringen, hatte in dieser Hinsicht aber versagt. Althea ging nach einem Match ans Netz und hätte ihre Gegnerin am liebsten angespuckt. »Nächstes Mal kriege ich dich«, sagte sie, wenn sie verloren hatte, oder sie schwieg einfach. Das war nicht immer zu ihrem Vorteil. »Man hatte schon Glück, wenn sie einem nach dem Match die Hand gab, und so etwas kann auch ein Ansporn sein«, sagte Betty Rosenquest Pratt. Der zweifachen US-Championship-Siegerin Doris Hart beispielsweise war Altheas Verhalten so zuwider, dass ihr mit aller Macht daran gelegen war, nie auch nur einen Satz gegen Althea zu verlieren. Darauf war sie bis an ihr Lebensende stolz.

Altheas Siegeswille war so groß, dass sie nicht wusste, was sie tun sollte, wenn sie verlor. 1955, kurz bevor Hart ihre Karriere beendete, trat Althea nach einem Match bei einem Turnier in England beim gemeinsamen Teetrinken an sie heran. »Was mache ich falsch?«, fragte sie flehentlich. »Wie kommt es, dass ich einfach nicht gegen dich gewinnen kann?« Hart schaute sie an, verwundert über die Ungehörigkeit dieser Frage. »Das ist doch jetzt ein Scherz, oder?«, meinte sie. »Althea, du glaubst doch nicht wirklich, dass ich dir helfe?«

Andererseits war Hart immer gern bereit, Shirley Fry zu helfen, die sie als eine Art kleine Schwester betrachtete. Als Doppelpartnerinnen reisten und trainierten die beiden zusammen. Und sie diskutierten selbst dann, wenn sie gegeneinander spielten, über die richtige Taktik. 1951, als sie das Einzelfinale in Wimbledon bestritten, verbrachten sie vor dem Match zwei Tage lang ausschließlich in der Gesellschaft der jeweils anderen. »Es stimmt, ich habe Shirley bei vielen Matches geholfen«, räumte Hart später ein. »Aber ich habe sie nicht als Bedrohung wahrgenommen.« Das trifft wahrscheinlich zu – Hart gewann das Wimbledon-Finale 1951 mit 6:1 und 6:0 und brauchte kaum eine halbe Stunde dafür.

Althea wirkte auf die Tennisszene wie jemand, der sich heimlich auf den Country-Club-Ball geschlichen hatte – weil sie Schwarz war, aber auch aufgrund ihrer Einstellung. Sie hielt ihren Kopf erhoben und war völlig überzeugt von ihren Fähigkeiten, betrachtete sich als Champion, obwohl sie bisher nur ATA-Turniere gewonnen hatte. »Ihre Art und ihr Auftreten waren deutlich selbstherrlicher als das der anderen jungen Damen«, meinte Robert Kelleher. »Althea hatte zu der Zeit eine übertriebene Vorstellung ihrer eigenen Bedeutung.« Das würde ihr später helfen, die schwierigen Jahre zwischen 1951 und 1955 zu überstehen, aber viele Freunde verschaffte es ihr nicht.

Nicht dass sie darauf aus gewesen wäre. Althea war eine Vorläuferin von Tennisgrößen wie Steffi Graf, Monica Seles und den Williams-Schwestern, die anderen Spielerinnen in der Umkleidekabine vor allem in jungen Jahren kaum mehr als ein Nicken zukommen ließen und wenig Interesse daran zeigten, eine freundschaftliche Beziehung zu jemandem aufzubauen, gegen den sie noch auf dem Platz antreten mussten. »Althea zog die Vorhänge um sich herum zu und schloss alle anderen aus«, erinnert sich Shirley Bloomer, eine englische Tennisspielerin jener Zeit. »Es war fast, als ließe sie die Rollläden herunter.« Zu Profizeiten galt diese maximale Fokussierung als angemessen, auch wenn sie von anderen Spielern nicht unbedingt geschätzt wurde. Wenn eine Million Dollar auf dem Spiel standen, tat man, was nötig war, um sich seinen Anteil daran zu erkämpfen. Doch 1950 sah es ganz anders aus. Damals ging es nicht um große Summen. Wenn selbst der innere Zirkel kaum genug verdiente, um weiterhin spielen zu können, und es niemand auf die Titelseite von Magazinen schaffte, konnten die Damen die gemeinsame Zeit auch einfach genießen.

Das stellte Althea infrage. In dieser Hinsicht war sie die erste moderne Sportlerin, die Tennis wirklich als Wettkampf verstand. Ihr Handeln und ihre Einstellung waren ihrer Zeit um Jahrzehnte voraus, im Guten wie im Schlechten.

Althea wusste, dass die überwältigende Mehrheit der Zuschauer in Forest Hills *weiß* sein würde. Sie wähnte sich in einer feindseligen Umgebung. Dementsprechend brachte sie jeden Tag ein eigenes Gefolge mit – zwei oder drei ihrer New Yorker Freundinnen (darunter Rhoda Smith, in deren Wohnung in der 154th Street sie damals übernachtete), die darauf bestanden, sich mit ihr in den kleinen Umkleideraum zu quetschen, wo es so eng war, dass dort offiziell nur Spielerinnen und Clubmitglieder erlaubt waren.

Man kann sich gut vorstellen, wie das aussah: Die Frauen saßen dicht gedrängt auf einer Holzbank im schmalen Zwischenraum zwischen den Schließfachreihen und versperrten so unabsichtlich den anderen, die mit Schlägern und Spannrahmen in der Hand zu ihren eigenen Schließfächern gelangen wollten, den Weg, was Altheas Begleiterinnen viele eisige Blicke einbrachte und alle Stereotype bestätigte, die die *weißen* Spielerinnen in Bezug auf die Frage, wer hierhergehörte und wer nicht, hegen mochten.

Diese Begleiterinnen waren vielleicht die einzigen Anwesenden, die glaubten, dass Althea eine Chance gegen Brough hätte, aber das Interesse am Match war trotzdem so enorm, dass der zweitausend Zuschauer fassende Grandstand Court komplett voll war. Hunderte weiterer Fans versuchten, von außerhalb des Zauns einen Blick auf das Geschehen zu erhaschen. Das Match hatte mehr als nur Neuigkeitswert. Es hatte sich bereits herumgesprochen, dass Althea auch über ihre Hautfarbe hinaus jemand war, den es sich zu sehen lohnte. Sie hatte einen starken Aufschlag, eine harte Rückhand, einen Überkopfball, der wirkte, als käme er direkt aus den Wolken herabgeschossen, und einen guten Instinkt am Netz, typisch für den Tischtennisfan, der sie einst gewesen war. Wahrscheinlich fehlte ihr die Beständigkeit, um gegen eine Spielerin von Broughs Kaliber gewinnen zu können, aber sie würde sich sicherlich nicht kampflos geschlagen geben.

5

VON FOREST HILLS
NACH WIMBLEDON

Keiner der Anwesenden, die sich am Nachmittag des 29. August
1950 auf dem Grandstand Court in Forest Hills eingefunden
hatten, wird Altheas Match gegen Louise Brough je vergessen
haben. Auch eine Schar von Reportern und Kameraleuten war
angereist. Um kurz vor halb vier bahnte sich Althea zusammen
mit Alice Marble – die sie wohl in der Zwischenzeit getroffen
hatte – einen Weg durch die Zuschauer, die keinen Sitzplatz
mehr bekommen hatten. Ein kurzes Einspielen, dann begann
das Match.

Brough hatte den zweiten Satz des Erstrundenmatches gegen
die eher unbekannte Laura Lou Jahn am Vortag erst beim Stand
von 11:9 gewinnen können. Doch dieses Zeichen der Schwäche
war schnell vergessen, als ihr nun im ersten Satz gegen Althea
schon früh ein Break gelang und sie zum 6:1 durchmarschierte.
Altheas Probleme waren taktischer Natur. Brough schickte sie
über den Platz wie ein cleverer Billardspieler, der sich die ganzen und halben Kugeln zurechtlegt, und zwang sie so immer
wieder in das Feld zwischen der Grundlinie und der Aufschlaglinie, eine Art Niemandsland. Immer wieder setzte Althea dazu
an, ans Netz vorzurücken, überlegte es sich dann aber auf
halbem Weg anders und musste einen schwachen, defensiven

Volleyschlag von zu weit hinten versuchen, woraus Brough mit ihrer starken Vorhand kontinuierlich Kapital schlagen konnte. Althea hatte sich für eine so herausragende Gegnerin wie Brough einfach zu viel vorgenommen. Mit aller Macht versuchte sie, Gewinnschläge zu setzen, die einfach nicht möglich waren.

Der Tag hatte wolkenlos begonnen, doch schon am Ende des ersten Satzes peitschte ein kräftiger Wind über den Platz. Außerhalb des Tennisclubs rumpelte die Hochbahn vorbei, was sich drinnen wie Donnergrollen anhörte – vielleicht donnerte es aber auch tatsächlich. Jedenfalls zog sich der Himmel unheilvoll zu. Jahre später erinnerte sich Brough vor allem daran, dass sie es nur noch sicher und mit einem Sieg in der Tasche ins Clubhaus schaffen wollte. Aber irgendwie hatte der erste Satz Althea Selbstbewusstsein verschafft, und sie ging wie verwandelt in den zweiten. Das erste Spiel – Aufschlag Brough – zog sich lange hin, mit mehreren Wechseln zwischen Einstand und Vorteil Brough, bis es dieser letztlich gelang, den Aufschlag durchzubringen.

Altheas Aufschlag, der plötzlich hart und platziert kam, schnitt durch die Böen. Ab dem Stand von 3:3 dominierte sie das Spiel. Ein Doppelfehler von Brough schenkte ihr ein Break, und im nächsten Spiel brachte sie ihren eigenen Aufschlag durch. Unversehens lag Brough 5:3 hinten, und wenn sie sich nicht steigerte, so ging ihr mit einem Mal durch den Kopf, könnte sie das Match tatsächlich verlieren. Doch diese Erkenntnis schien sie nur weiter zu verunsichern. Der Satz endete mit zwei Doppelfehlern und einem verschlagenen einfachen Rückhand-Volley von Brough. Sie spielte wie die Newcomerin, Althea wie der Tennisstar.

An jenem Tag waren sechstausend Fans nach Forest Hills gekommen, doch der Grandstand Court fasste nur zweitausend

Zuschauer. Nach dem eindeutigen ersten Satz waren viele von ihnen zu anderen Matches abgewandert, bis sich im Lauf des zweiten Satzes die Nachricht von Altheas Aufholjagd bis zu den Außenplätzen verbreitete und sich der Grandstand Court erneut prall füllte. In nur wenigen Minuten strömten Tausende weitere Zuschauer zum benachbarten Stadium Court, bloß um dem dort stattfindenden Match den Rücken zuzudrehen und von dort aus Altheas Partie zu verfolgen.

Zwischen den Sätzen war gemeldet worden, dass ein heftiger Regenguss für eine Spielunterbrechung im Yankee Stadium gesorgt hatte. Das Baseballstadion lag nicht allzu weit entfernt, in der Bronx. Laut den Wettervorhersagen zog das Unwetter nach Osten und würde etwa eine halbe Stunde später in Forest Hills niedergehen. Dementsprechend saß Althea und Brough im dritten Satz die Zeit im Nacken. Brough nahm Althea gleich zu Beginn zwei Aufschlagspiele ab und ging mit 3:0 in Führung, was Althea dazu verleitete, riskante Bälle zu spielen. Diese Strategie hatte ihr im ersten Satz nur Verluste beschert, aber jetzt passte ihr Timing, und die Gewinnschläge saßen. Im vierten Spiel nutzte sie ihren Lob, um Brough vom Netz wegzulocken, und rückte dann vor, um mit einem Volley zu punkten. So gelang ihr ein Break, das Brough aber sofort wieder ausglich – 4:1.

Zu dem Zeitpunkt ertönte aus dem Publikum ein Schmähruf, der auf Althea abzielte. Es war nichts Rassistisches, nichts Ungehöriges, aber es reichte, um Althea weiter anzustacheln. Ihre Gesichtszüge verhärteten sich. Sie reagierte mit einem erneuten Break im sechsten Spiel und brachte dann ihren eigenen Aufschlag durch – nun stand es 3:4. Die Reaktion auf einen ihrer Schläge, einen scharfen Überkopfball, der ihr einen Punkt einbrachte, zeigte ihr, dass ein großer Teil der Zuschauer – im Wissen, dass sie womöglich ein historisches Ereignis erlebten – nicht gegen sie waren, sondern *für* sie.

Im achten Spiel brachte Brough mit viel Mühe ihren Aufschlag durch und ging 5:3 in Führung. Sie keuchte, als sie Altheas Lobs quer über den Platz hinterherjagte, aber ihr fehlte nur noch ein Spiel zum Sieg. Althea hielt ihren Aufschlag zum 4:5 und gewann die ersten drei Punkte des zehnten Spiels. Doch dann kämpfte sich Brough bis zum Einstand zurück, indem sie das Spiel über ihren Aufschlag steuerte und Althea keine Gelegenheit gab, ihre starke Rückhand einzusetzen. Nur noch zwei Punkte trennten sie von einem Sieg. Aber Althea retournierte einen fast schon sicheren Vorhand-Winner mit einer harten Vorhand ihrerseits und verwandelte dann einen Aufschlag von Brough in einen überwältigenden Gewinnschlag. 5:5.

Als Althea das elfte Spiel für sich entschied, lag sie zum ersten Mal in diesem Match vorn, aber auch Brough brachte ihren Aufschlag durch und schloss dadurch zum 6:6 auf. In der Zwischenzeit war es immer dunkler geworden. Ein Blitz zuckte über den Himmel, doch das Match ging weiter. Althea übernahm erneut die Führung, mit 7:6, und nun fielen die ersten dicken Regentropfen. Die Zuschauer wurden über die knisternden Lautsprecher gebeten, auf ihren Plätzen zu bleiben, doch noch während der Durchsage öffnete der Himmel seine Schleusen, und es goss wie aus Kübeln. Gleichzeitig traf ein Blitz einen der gewaltigen steinernen Adler, die auf den Ecken des Stadions saßen. Er stürzte in die Tiefe, und der Aufprall hallte durch die ganze Anlage. In den folgenden Jahren wurde viel über die Symbolik dieses Geschehens diskutiert, doch als es sich ereignete, waren alle voll und ganz damit beschäftigt, sich in Sicherheit zu bringen. Kurz darauf wurde der Spielbetrieb für den Tag eingestellt.

Als Althea in Rhoda Smiths Wohnung in der 154th Street in Harlem zurückkehrte, war sie nur ein Spiel von einem Sieg über die amtierende Wimbledon-Siegerin entfernt. Sie war völlig aufgekratzt und ein reines Nervenbündel. Wenn der Regen doch nur ein paar Minuten länger auf sich hätte warten lassen! Dann hätte sie die Sensation schaffen können, meinte sie, aber eine Nacht Pause würde sich sicherlich auf die Dynamik des Spiels auswirken. Smith versuchte, ihr den Druck zu nehmen. »Selbst wenn du morgen verlierst, ändert das rein gar nichts, meine Liebe«, versicherte sie ihr, aber Althea wusste, dass das nicht stimmte. Wenn ihr der Sieg über Brough gelang, könnte sie möglicherweise gleich beim ersten Versuch das ganze Turnier gewinnen.

Brough erinnerte sich später, dass auch sie eine unruhige Nacht verbrachte. Sie war in ihre Unterkunft zurückgekehrt, hatte sich erfrischt, mit Margaret duPont zusammen zu Abend gegessen – »Wir hatten damals keine Trainer, deshalb habe ich mit ihr gesprochen«, erzählte sie – und sich dann bis zum Morgen unruhig im Bett hin und her gewälzt.

Das Unwetter war vorüber. Fünfzehn Fotografen und fünf Kameraleute waren vor Ort, um das Ende des Matches möglichst gewinnbringend für die Nachwelt festzuhalten. Der angesetzte Startzeitpunkt um 13:45 Uhr kam und ging, doch von Althea war nichts zu sehen. Brough stand mit ihrem Schläger in der Hand neben dem Schiedsrichter Harold Ammerman und wirkte, als sei sie bei einem Rendezvous versetzt worden.

Nach fast zehn Jahren im Tennisgeschäft hatte sie einige Ticks entwickelt; sie neigte dazu, den Ball beim Aufschlag mehrmals hochzuwerfen und wieder aufzufangen. »Ich wurde mit den Jahren immer nervöser«, erinnerte sie sich später. Nun trat sie an die Grundlinie und machte ein paar Aufschläge, um ihre Nerven zu beruhigen. Ammerman forderte sie auf, das zu unterlassen; laut den Regeln war es verboten, dass sich eine Spielerin durch eine längere Aufwärmzeit einen Vorteil verschaffte. Brough wandte ein, angesichts der Tatsache, dass sie anwesend sei und Althea nicht, solle es ihr doch erlaubt sein, zu tun und zu lassen, was ihr beliebte. In diesem Augenblick kam ein Oberschiedsrichter auf den Platz und stimmte Brough zu, sodass sie noch ein paar Minuten lang aufschlagen durfte. Dann trabte sie an der Seitenlinie auf und ab. Wenn es ein Psychospielchen war, das Althea da trieb, ging die Rechnung auf. Doch jede Minute, die verstrich, vergrößerte die Gefahr ihrer Disqualifikation.

Endlich traf Althea ein, begleitet von einer Horde Fotografen, wie ein Filmstar auf dem Weg zur Oscarverleihung. Sie hatte sich zusammen mit Sarah Palfrey Cooke eingespielt und danach Schwierigkeiten gehabt, durch die Scharen von Medienvertretern hindurch zum Platz zu gelangen. Neunzehn Minuten später nahm man das Spiel dort wieder auf, wo es am Tag zuvor unterbrochen worden war. Es dauerte nur noch elf Minuten.

Brough hatte so viel nervöse Energie in sich, dass ihr erster Volleyschlag fast auf der Tribüne landete, die erneut bis auf den letzten Platz gefüllt war. »Es lag einfach nicht in meiner Natur, ruhig zu bleiben«, erinnerte sie sich später. Doch sie besann sich, rückte nach den Aufschlägen ans Netz vor und gewann das vierzehnte Spiel, was ihr den Ausgleich zum 7:7 brachte. Nun leistete sich Althea einen Doppelfehler, schlug ihrerseits einen Volley in Richtung Tribüne und lag schnell 15:40 hinten, konnte sich aber zum Einstand zurückkämpfen. Dann folgten noch ganze zwölf Punkte, durch die mal die eine, mal die andere den Vorteil errang. Beim letzten Punkt unterlief Althea erneut ein Doppelfehler, der Brough die 8:7-Führung bescherte.

Mehr hatte Brough nicht gebraucht. Althea spielte jetzt überhastet und machte Fehler. Brough konzentrierte sich darauf, den Ball im Spiel zu halten, in der Annahme, das würde schon reichen. Beim Stand von 15:15 spielte sie eine harte Vorhand, die Althea ins Netz retournierte. Nun lag sie 30:15 hinten, und als sie beim nächsten Ballwechsel einen Schritt zurück machte, um einen Lob über dem Kopf zu erwischen, schlug sie auch diesen Ball ins Netz. Einen Matchball konnte sie abwehren, aber dann holte Brough beim Stand von 40:30 den besten Aufschlag des kurzen Tages heraus, und Altheas Rückgabe landete im Aus.

Das Match endete 6:1, 3:6, 9:7. Althea stand kurz reglos da, den Kopf ungläubig auf die Seite gelegt, und ging dann langsam Richtung Netz. Ein Zeitungsreporter erwischte sie auf dem Weg in die Kabine und legte ihr eine Hand auf die Schulter. »Sieh es so«, sagte er leise. »Dein Bild wird morgen in aller Welt zu sehen sein.« Doch in diesem Augenblick war das ein geringer Trost.

Dr. Hubert Eaton und Dr. R. Walter Johnson waren natürlich enttäuscht, dass Althea verloren hatte, aber gleichzeitig begeistert über das, was sich in Forest Hills abgespielt hatte. Im Verlauf von nur zwei Matches, von denen eines in die Tennisgeschichte eingehen würde, hatte Althea es geschafft, Mauern einzureißen, und das auf höchstem Niveau. Es war der krönende Abschluss eines Projekts, das vier Jahre zuvor auf den harten Sitzschalen in Wilberforce seinen Ausgang genommen hatte. Damals hatte Althea ihr Match gegen Roumania Peters verloren, und so war es ihr auch heute ergangen. Doch was sie in den Jahren dazwischen erreicht hatte, war ein kleiner Triumph über die Rassentrennung – und in dieser Hinsicht war jeder Schritt ein Erfolg.

Nicht dass Althea es je darauf angelegt hätte. Von Anbeginn ihrer Karriere bis zu ihrem Lebensabend beharrte sie darauf, dass sie nur für sich selbst spiele, nicht als Vertreterin aller Schwarzen. Auch in dieser Hinsicht war sie eine Vorläuferin der modernen Sportler, die jegliche Vorbildrolle von sich weisen. »Ich versuchte, den Schwarzen gegenüber eine Verantwortung zu empfinden, aber das war eine Last auf meinen Schultern«, sagte sie in einer Titelgeschichte der Zeitschrift *Time*, die nach ihrem ersten Einzeltitel in Wimbledon 1957 erschien. »Wenn ich dieses oder jenes tat, gefiel es ihnen? Vielleicht hat das zu meinen sportlichen Schwierigkeiten beigetragen. Jetzt spiele ich Tennis, um mir zu gefallen, nicht ihnen.« In einem Interview Jahre später ergänzte sie: »Ich habe niemanden verändert. Ich war eine gute Tennisspielerin. Eine gute Sportlerin zu sein hat nichts mit der Hautfarbe zu tun.«

Aber natürlich hatte ihre Hautfarbe eine Auswirkung – sie lud alles, was Althea tat und sagte, mit Bedeutung auf. Das erkannte jeder, der mit ein bisschen Distanz auf sie blickte. In der *American Lawn Tennis*-Ausgabe von November 1950 nutzte Marble ihre Kolumne für einen offenen Brief an Althea. »Du hast aus eigener Kraft heraus Geschichte geschrieben, und diese Ehre lastet wie eine schwere Bürde auf deinen dreiundzwanzig Jahre alten Schultern«, schrieb sie. »Und du hast herausragend gutes Tennis gespielt, wenn man in Betracht zieht, dass du vor Forest Hills erst dreimal auf Rasen gestanden hattest.«

Gleichzeitig kritisierte Marble sie für einige Begleitumstände ihres Auftritts in Forest Hills. Sie erwähnte die »erstaunliche Anzahl an ›Managern‹ und ›Beratern‹, die du plötzlich hast«, womit die Entourage aus Trittbrettfahrern aus Harlem und anderswo gemeint war, die Althea (die zweifellos gedacht hatte, sie könne bei ihrem einsamen Kampf jede verfügbare Unterstützung gebrauchen) allem Anschein nach dankbar willkommen geheißen hatte. Marble legte Althea dringend nahe, auf niemanden zu hören, der nun zu wissen meinte, was das Beste für sie wäre, wenn er sie nicht schon früher beraten hätte. »Diese Menschen haben es nicht riskiert, dich auf deinem Weg zu begleiten«, schrieb sie, »aber jetzt, da du landesweit bekannt bist, wollen sie an deiner Seite stehen, in der Hoffnung, dass ein bisschen von deinem Glanz auch auf sie abstrahlt.«

Althea antwortete mit einem eigenen Brief, der einem Manifest der Unabhängigkeit gleichkam. Nie wieder, schwor sie, würde sie zulassen, dass Außenstehende sie im Verlauf eines Tennisturniers beeinflussten. »Glauben Sie mir, Miss Marble, ich habe keinen Manager«, schrieb sie. »Einige Menschen meinen, nur weil sie mir vor acht Jahren ein paar Tennisbälle geschenkt haben, hätten sie das Recht, über meine Zukunft zu bestimmen.« Sie stellte sich selbst als ein armes Mädchen dar, aus einer Familie, die nicht in der Lage war, sie zu fördern oder ihr zu helfen, und betonte, dass sie die Unterstützung anderer benötigt habe, um so weit zu kommen. Jetzt bat sie darum, zu weiteren USLTA-Turnieren eingeladen zu werden. »Es macht mir nichts aus, zu verlieren«, schrieb sie. »Je häufiger ich verliere, desto mehr lerne ich.« Gedanklich war sie schon bei ihrem nächsten Ziel, dem berühmtesten Tennisturnier der Welt.

Nicht lange nach der Niederlage gegen Brough traf sich Althea mit ATA-Geschäftsführer Bertram Baker und Hollis Dann, einem Unternehmer und USLTA-Mitglied, der für die Organisation von Tennisreisen zuständig war, um zu besprechen, ob und wie sie im nächsten Sommer in Wimbledon spielen könnte. Dort war bisher noch kein Schwarzer – egal welchen Geschlechts oder welcher Staatsangehörigkeit – angetreten. Man kam überein, dass die USLTA Altheas Teilnahme unterstützen, aber nicht für die Reise aufkommen würde. Angesichts der Bedeutung, die ein Auftritt in Wimbledon hatte, ging Althea davon aus, dass die Finanzierung kein großes Problem sein dürfte, und das stimmte auch. Als sie in jenem Herbst in Detroit bei Jean Hoxie trainierte, beeindruckte sie die dortige Schwarze Gemeinde so sehr, dass diese genug Geld sammelte, um die Kosten des Aufenthalts in England zu decken, und Joe Louis, der in Detroit aufgewachsen war, bezahlte ihr den Flug über den Atlantik.

Vor Wimbledon ging es im Februar 1951 zunächst zu einem Turnier im Fairfield Country Club im jamaikanischen Montego Bay. Das Feld umfasste auch einige der besseren USLTA-Spielerinnen, aber die Hauptattraktion auf der hauptsächlich von Nachkommen afrikanischer Sklaven bevölkerten Insel war Althea. Jedes ihrer Matches war der Lokalzeitung eine Schlagzeile samt Fotos auf der Titelseite wert. Eigens für sie gab es eine Cocktailparty, und sie war der Ehrengast eines Balls im Casa Blanca Hotel. Im Finale gegen Betty Rosenquest konnte Althea nach einem 5:7 im ersten Satz die nächsten beiden Sätze mit 6:4 und 6:4 für sich entscheiden. Rosenquests Spiel war beständiger, aber Altheas harten Schlägen hatte sie nichts entgegenzusetzen.

Anschließend kehrte Althea nach New York zurück und nahm an den US Indoors teil. Dort wehrte sie mehrere Matchbälle gegen die zweiundvierzigjährige Midge Buck ab, bevor sie in der dritten Runde im dritten Jahr in Folge auf die Kalifornierin Nancy Chaffee stieß. Die Begegnung war auch dieses Mal eine Enttäuschung. Althea wirkte lustlos und abgeschlagen. Sie rückte nur selten ans Netz vor und parierte Chaffees Vorhand lieber mit versuchten Gewinnschlägen in unmöglichen Winkeln, die in den meisten Fällen weit ins Aus gingen. Chaffee siegte mit 6:1 und 6:3 und gewann später auch das Turnier.

Einen Monat später saß Althea erneut im Flugzeug. Sie war zum Good Neighborhood Tournament in Miami Beach eingeladen worden; es war ihr erster Ausflug zu einem Südstaatenturnier, bei dem Schwarze und *weiße* Spieler antraten. Wenn man davon absieht, dass Althea nicht im gleichen Hotel übernachten durfte wie die anderen Spielerinnen, ging das Turnier ohne Probleme über die Bühne. Auf dem Platz zeigte sie vielleicht ihr bestes Tennis seit dem Match gegen Brough. Als an Nummer vier gesetzte Spielerin zog sie ohne Probleme ins Finale ein, wo sie erneut gegen Rosenquest gewann, dieses Mal mit 6:4 und 6:2. Auch wenn es sich bei den Anwesenden nicht um die besten Spielerinnen der Welt handelte, waren es doch durchaus achtbare Gegnerinnen, und Althea gewann zuverlässig ihre Matches gegen sie.

Im Juni 1951 traf sie zum ersten Mal in London ein, wo sie eine Woche später das Erstrundenmatch beim Aufwärmturnier für Wimbledon im Queen's Club hinter sich brachte. Beim Verlassen des Platzes gab sie der jungen Angela Buxton pflichtbewusst ein Autogramm, war in Gedanken aber ganz woanders.

Über den Winter und den Frühling hinweg war Althea klar geworden, welche Bedeutung Wimbledon für die *weiße* Sportwelt hatte. Selbst die Amerikaner hielten das Tennisturnier für das wichtigste des Jahres, weit vor den Meisterschaften im eigenen Land. Althea verstand jetzt, dass man jedes andere Turnier verlieren konnte – wenn man in Wimbledon gewann, galt die Saison als erfolgreich. »Wimbledon war der krönende Höhepunkt«, meint Billie Jean King. »Es war mit nichts zu vergleichen.«

Wimbledon ist womöglich auch heute noch das bedeutendste Tennisturnier der Welt, doch vor der Öffnung der Grand-Slam-Veranstaltungen für Profis im Jahr 1968 stellte sich diese Frage erst gar nicht. Zu Amateurzeiten, als es noch keine übergroßen Schecks gab, die den Gewinnern auf dem Centre Court von schwitzenden Sponsoren in Anzug und Krawatte überreicht wurden, stand und fiel das Ansehen eines Turniers mit seiner Geschichte und seiner Atmosphäre. Heute reichen ein paar locker sitzende Millionen und ein Fernsehvertrag, um ein Turnier begehrenswert erscheinen zu lassen, aber 1951 waren es die historische Bedeutung und die äußerliche Anziehungskraft, die einige Veranstaltungsorte und Turniere von den übrigen abhoben – und unter diesen wiederum ragte Wimbledon heraus.

Das erste Turnier im All England Lawn Tennis and Croquet Club hatte im Jahr 1877 stattgefunden, und seitdem war die Veranstaltung immer berühmter geworden. 1951 galt Wimbledon als eines der wenigen Sportereignisse, die die ganze Welt verfolgte. Wimbledon war in Südamerika, im kommunistischen Osteuropa und sogar in Japan und China bekannt. Die Trophäen, die die Einzelsieger überreicht bekamen (eine Schale bei den Damen, ein Pokal bei den Herren), waren so begehrt wie der Schwergewichtsgürtel im Boxen. Alle Titelgewinner erhielten eine lebenslange Mitgliedschaft im All England Club.

Wimbledon war Teil des englischen Kulturerbes. Die in den Wochenschauen gezeigte Vornehmheit der Veranstaltung – die makellos gekleideten Zuschauer in Jackett und Krawatte, die Mitglieder der Königsfamilie, die höflich in ihrer Loge applaudierten – trug dazu bei, dass die ganze Welt die englische Eleganz bewunderte. Ohne Wimbledon war England einfach nicht England. Als das Turnier während des Ersten und Zweiten Weltkrieges ausgesetzt wurde, schadete das der kollektiven Psyche des Landes ebenso sehr, wie es den Amerikanern zugesetzt hätte, wenn sie mehrere Jahre lang auf die Baseballsaison hätten verzichten müssen. In den Vierzigerjahren fiel Wimbledon sechsmal aus, und die Auswirkungen des Krieges auf die Spielstätte waren nicht nur symbolischer Natur. Am 11. Oktober 1940 zerstörte eine deutsche Bombe einen Teil des Centre Court. Als das Turnier 1946 wieder aufgenommen wurde, war der Schaden noch nicht behoben. Außerdem gab es immer noch Rationierungen, die Lebensmittel waren knapp; daher brachten sich in diesem Jahr viele Amerikaner ihre Steaks selbst mit.

Auch bei den Spielern hatte sich viel verändert. Bobby Riggs, Don Budge und der Deutsche Gottfried von Cramm (der in den Dreißigern drei aufeinanderfolgende Einzelfinals bestritten hatte, ohne je zu gewinnen) hatten Amerikanern wie Jack Kramer und einer neuen Generation von Australiern den Weg frei gemacht. Alice Marble, Helen Jacobs und Helen Wills Moody, die besten Spielerinnen des vergangenen Jahrzehnts, hatten ihre Karriere beendet. Stattdessen siegte Pauline Betz 1946 im ersten Damenfinale nach dem Krieg über Louise Brough. 1947 gewann Margaret Osborne, damals noch nicht duPont, gegen Doris Hart.

Diese Frauen sollten den Rest des Jahrzehnts über jedes Finale bestreiten. Betz war gezwungen, ihre Karriere nach dem Wimbledon-Sieg zu beenden, weil sie in Erwägung gezogen hatte, sich als Profi zu versuchen (man beachte, dass sie diese Überlegung nicht in die Tat umgesetzt hatte, sondern nur öffentlich darüber nachgedacht hatte – so streng legte die USLTA die Vorschriften zum Amateurstatus damals aus). Brough errang ihren ersten Wimbledon-Titel 1948 durch einen Sieg über Hart und gewann im gleichen Turnier auch noch das Damen- und das gemischte Doppel. Im folgenden Jahr bezwang sie im Einzelfinale ihre Freundin Osborne, die in der Zwischenzeit Will du Pont geheiratet und seinen Namen an ihren eigenen angehängt hatte.

In jener Epoche waren während des zweiwöchigen Turniers immer und immer wieder die gleichen Namen zu hören. Von den besten Spielern und Spielerinnen wurde erwartet, in allen drei Wettbewerben anzutreten: im Einzel, im Doppel und im gemischten Doppel. Wenn die unbedeutenderen Spieler aus dem Turnier ausgeschieden waren, bestritten die Großen erst ein Einzel, dann ein Doppel und vor Anbruch der Dunkelheit auch noch ein gemischtes Doppel auf drei verschiedenen Plätzen der Anlage. Das hieß, dass man seinen Lieblingsspielern stundenlang fast ununterbrochen zuschauen konnte, wenn man mit dem Spielplan in der Hand von Platz zu Platz zog.

Wer in allen drei Wettbewerben erfolgreich war, lud sich für den letzten Samstag des zweiwöchigen Turniers ein ziemlich hartes Programm auf. 1949 verbrachte Louise Brough am Finaltag mehr als fünf Stunden auf dem Centre Court, und das zu einer Zeit, in der es verboten war, sich zwischen den einzelnen Spielen hinzusetzen. Erst gewann sie das Dameneinzel mit 10:8, 1:6 und 10:8 gegen duPont. Nach einer kurzen Ruhepause und einem Kleidungswechsel kehrten sie und duPont gemeinsam auf den Centre Court zurück, für das Doppelfinale gegen Gussy Moran und Pat Todd, das sie in zwei umkämpften Sätzen mit 8:6 und 7:5 gewannen. Somit hatte Brough an jenem Tag bereits neunundsechzig Spiele in den Knochen, als sie in einem dritten Dress gemeinsam mit dem Australier John Bromwich auf den Platz zurückwankte, um gegen die Südafrikaner Eric Sturgess und Sheila Summers ein – wie sich herausstellte – episches Finale im gemischten Doppel zu absolvieren. Brough und Bromwich schlugen sich wacker, mussten sich am Ende des dritten Satzes aber mit 9:7, 9:11 und 7:5 geschlagen geben. Somit kam Brough auf insgesamt 117 Spiele im Verlauf eines einzigen Nachmittags, im Einzel und im Doppel.

Sie spielte so lange, dass der traditionelle Eröffnungstanz beim Siegerball erst um halb zwölf stattfinden konnte. Ted Schroeder, der nur in jenem Jahr in Wimbledon antrat und das Herreneinzel gewonnen hatte, erinnerte sich später, wie er am Ehrentisch saß und mit dem britischen Premierminister Clement Attlee ein Glas Champagner nach dem anderen trank, während alle darauf warteten, dass Brough erschien. Als es endlich so weit war, war er so beschwipst, dass er über seine eigenen Füße stolperte – der perfekte Partner für Broughs müde Beine. Am folgenden Tag, erinnerte sich Brough später, hätte sie kaum laufen können.

1950, nur wenige Monate vor ihrem Match gegen Althea in

Forest Hills, bezwang Brough im Einzelfinale duPont und war damit die erste Frau seit Helen Wills Moody zwei Jahrzehnte zuvor, die dreimal in Folge in Wimbledon gewann. Dann trat sie gemeinsam mit duPont gegen Fry und Hart an und errang auch den Doppeltitel. Im gemischten Doppel hatte sie sich dieses Mal selbst mit Sturgess zusammengetan und holte sich mit ihm zusammen in zwei glatten Sätzen das Triple.

Als dreifache Titelverteidigerin wurde Louise Brough in Wimbledon 1951 an eins gesetzt. Sie zog ohne Probleme ins Halbfinale ein, mit nur einem Satzverlust in vier Matches. Dort unterlag sie unerwarteterweise Shirley Fry, einer ehemaligen Badmintonspielerin aus Ohio, die im Vormonat mit den französischen Meisterschaften ihr erstes großes Turnier gewonnen hatte und das beste Tennis ihres Lebens spielte.

Das war das Jahr, in dem Hart und Fry in Wimbledon unzertrennlich waren. Sie trugen sogar das Einzelfinale der Damen gegeneinander aus, das Hart locker für sich entschied. Im Damendoppel gaben sich Hart und Fry alle Mühe, Brough und duPont müde zu spielen, bis sie sich nach einem vierundzwanzig Spiele dauernden zweiten Satz endlich den Titel gesichert hatten. Als Hart sich mit Frank Sedgman zusammen in einem glatten Zweisatztriumph den Sieg im gemischten Doppel holte, hatte auch sie ihr Finaltags-Triple erreicht.

Diese Damen waren hervorragende, unvergessliche Spielerinnen, »unvergleichlich«, wie Ted Schroeder es ausdrückte, aber zu der Zeit war es schwierig, ihre Leistungen einzuordnen. Der Tennissport versuchte, ähnlich wie die Welt insgesamt, zurück zu so etwas wie Normalität und Kontinuität zu finden, die durch den Krieg abhandengekommen waren. Brough, duPont und Hart spielten in der Gegenwart, ihre Triumphe waren Bleistiftzeichnungen der Geschichte. Wenn wir heute auf diese Zeit zurückblicken, erkennen wir die wunderbar unterhaltsame

Kunstfertigkeit, die ihr Spiel prägte, und können die Bedeutung dieser Frauen würdigen.

Und dennoch nimmt man sie – die so wohlerzogen, so umgänglich und in vielerlei Hinsicht so ähnlich waren – eher als Gruppe denn als Individuen wahr. Ihre Eigenschaften verschwimmen, ihre Namen werden verwechselt, ihre zahlreichen Titel drängen sich dicht an dicht, bis sich die charakteristischen Eigenschaften der einzelnen Personen auflösen und verschwinden. Mit Ausnahme von Maureen Connolly, deren kurze und erstaunliche Karriere wir noch in den Blick nehmen werden, dominierte diese Clique aus talentierten Frauen die Tennisszene mehr als ein Jahrzehnt lang, ohne eine einzige prägende Figur hervorzubringen. Sie bilden eine vergessene Generation der Tennisgeschichte, eingerahmt von Alice Marble und dem Zweiten Weltkrieg auf der einen Seite und dem Aufstieg der wahrhaft großen Althea auf der anderen. Kaum ein Fan kennt mehr als ihre Namen.

Als Doris Hart am zweiten Samstag des Turniers 1951 ihre drei Titel gewann, war Althea schon lange ausgeschieden. Sie hatte als erste Schwarze den Rasen von Wimbledon betreten und galt als eine der vielversprechenderen unter den ungesetzten Spielerinnen, aber es kam zu keinem mitreißenden Duell wie dem gegen Brough. Wie in Forest Hills gewann Althea ihr Erstrundenmatch, dieses Mal in drei Sätzen gegen die Britin Pat Ward. Ihre nächste Gegnerin war die Kalifornierin Beverly Baker, die sich langsam einen Namen als Spitzenspielerin machte.

Beverly Baker war eine Persönlichkeit, die es wert ist, dass man sich an sie erinnert. Als Jugendliche war sie in den Vierzigerjahren weniger für ihr Tennisspiel als für ihr aufregendes Liebesleben bekannt gewesen. Sie war nicht sonderlich reif für ihr Alter, »in jeder Hinsicht ein kleines Mädchen«, meinte

Robert Kelleher, der die Familie gut kannte, und ihr Vater, der für die Freizeitanlagen der Stadt Santa Monica verantwortlich war, wachte mit Argusaugen über sie. Trotzdem zog Baker die Aufmerksamkeit des lebhaften Richard (Pancho) Gonzalez auf sich, der sie zu Partys und den unterhaltsamen Abenden in der Stadt mitnahm, die sich unweigerlich ergaben, wenn die Sportveranstaltungen für Frauen und für Männer auf einen Tag fielen. »Er war ihr sehr zugetan, auch wenn nicht einmal mir klar war, was da eigentlich zwischen ihnen lief«, meinte Ralph Gonzalez, Panchos Bruder. Jahre später gab Pancho zu, dass er Beverly für die Liebe seines überdrehten und ziemlich komplizierten Lebens hielt.

Im April 1949 erschienen innerhalb einer Woche gleich zwei Porträts von Baker in den Zeitschriften *Sport* und *Sports Illustrated*, Letzteres aus der Feder des früheren Tennisstars Helen Jacobs. (Diese *Sports Illustrated* war ein kurzlebiger Vorläufer des gleichnamigen Time/Life-Produkts, das einige Jahre später herauskommen sollte.) Bakers Name tauchte regelmäßig in den Klatschspalten auf, was ihr hervorragendes Grundlinienspiel in den Hintergrund rücken ließ. Im September heiratete Baker – noch keine zwanzig Jahre alt – den Kinderstar Scott (Scotty) Beckett, der in der Filmserie *Die kleinen Strolche* Spanky McFarlanes besten Freund gespielt hatte. Beckett hatte später große Probleme mit Drogen und dem Leben an sich und beging 1968 im Royal Palms Hotel in Los Angeles Selbstmord, doch er neigte schon während der Ehe mit Baker zu Hysterie. Das Paar verbrachte die Hochzeitsreise in Mexiko, wo Beckett einem Passanten einen Schlag ins Gesicht androhte, weil dieser seiner Frau angeblich lüsterne Blicke zugeworfen habe. Er verlangte, dass sie das Tennisspielen aufgab, ihre Eltern nicht mehr besuchte und keinerlei Kontakt zu »männlichen Wesen zwischen sechs und sechzig Jahren« hätte. Die Ehe hielt insgesamt nur sechs Monate; kurz vor ihrem Ende war Beverly aus einem von Beckett gesteuerten, fahrenden Wagen gesprungen. Anstelle von Unterhaltszahlungen erhielt sie einmalig 5700 Dollar.

Ab da hieß sie wieder Beverly Baker und ging mit ständig neuen Männern aus. Sie verlobte sich, löste die Verlobung wieder und erklomm währenddessen die Bestenliste im amerikanischen Tennis. An jenem Junitag 1951, an dem sie gegen Althea antrat, war sie mit einem amerikanischen Tennisspieler namens Hal Burrows liiert und wehrte gleichzeitig die Avancen eines anderen, des Südafrikaners Jean Norgarb, ab. Im weiteren Verlauf des Jahres heiratete sie schließlich einen dritten Verehrer, John Fleitz, zu der Zeit Student an der University of Southern California. Irgendwie schaffte sie es, sich von den ständigen Beziehungsdramen nicht in ihrem Spiel beeinflussen zu lassen, und so war sie mittlerweile zur viertbesten Spielerin des Landes aufgestiegen, hinter duPont, Hart und Brough.

Was Baker abseits der Klatschgeschichten über ihr Liebesleben so besonders machte, war ihre spezielle Technik. Ihr Vater hatte ihr auf den Asphaltplätzen Südkaliforniens beigebracht, Vorhandschläge sowohl mit links als auch mit rechts auszuführen. Baker streckte sich weit nach rechts, um den Ball mit der rechten Hand zu erwischen, und nahm den Schläger dann in die linke, um auch auf der anderen Seite eine Vorhand zu schlagen. Früher war sie klein gewesen und hatte kaum über das Netz geragt, und diese Technik hatte ihr eine gut einen halben Meter größere Reichweite verschafft. Doch sie machte sich auch als Erwachsene nicht die Mühe, die Rückhand zu lernen. Der gesunde Menschenverstand legte nahe, den Ball direkt auf Baker zu schlagen, aber sie war flink und schaffte es meist, einen Schritt in die eine oder andere Richtung zu machen und ihren kraftvollen Return anzubringen. So bewegte sie sich entlang der Grundlinie von einem Ende des Platzes zum anderen und drosch von beiden Seiten auf den Ball ein. »Ans Netz ging ich nur für den Handschlag nach dem Match«, erinnerte sie sich später.

Wenn sie es mit einer talentierten Netzspielerin wie Althea zu tun hatte, musste Baker mit Passierschlägen punkten, sonst würde sie verlieren, das wusste sie. Althea würde nach dem Aufschlag ans Netz vorrücken, was Baker genau eine Chance gab, den Ball über sie hinweg zu spielen. Und das gelang ihr auch – zu oft aus Altheas Sicht. Baker gewann den ersten Satz mit 6:1, und ab da klebte Althea an der Grundlinie. Sie versuchte, Baker mit Stoppbällen ans Netz zu locken, aber Baker schluckte den Köder nicht, sondern blieb bei ihrem Spiel und beendete Altheas ersten Ausflug nach Wimbledon in weniger als einer Stunde mit einem glatten Sieg in zwei Sätzen.

Jahre später würde Althea nach einem verlorenen Spiel in Havanna – bei dem es noch dazu um nichts ging – ans Netz kommen und einer entsetzten Baker (mittlerweile Mrs. Fleitz) unwirsch erklären, dass sie ihr weit überlegen sei und sie beim nächsten Duell sicherlich besiegen werde. Doch an diesem Tag eilte Althea, nachdem sie auf wenig beeindruckende Weise bei ihrem ersten Wimbledon-Turnier ausgeschieden war, einfach wortlos und voller Selbstverachtung vom Platz. Sie würde fünf Jahre lang kein weiteres Einzel in Wimbledon bestreiten.

In Wahrheit hatte Altheas Niederlage mehr mit ihrem eigenen Spiel zu tun als mit dem von Baker. Obwohl sie im Match gegen Brough vorübergehend eine beeindruckende Leistung gezeigt hatte, war sie noch nicht bereit, regelmäßig gegen die besten Spielerinnen der Welt anzutreten. Ihr fehlte die Beständigkeit, und die Anzahl ihrer Fehler war immer höher als die ihrer Gewinnschläge. »Sie war sehr selbstbewusst, machte auf dem Platz aber viele Fehler«, sagte Beverly Fleitz später über sie. »Egal, wie gut sie spielte, man konnte immer gegen sie zurückkommen.«

Ähnlich fiel die Einschätzung des bekannten Trainers Mercer Beasley in einem Artikel über Altheas Spielweise in der Zeitschrift *Ebony* aus: »Sie weist bei einigen Schlagarten Defizite auf«, schrieb er. »Bei langen Bällen ist sie zu bemüht. Sie braucht Geduld, um auf die richtige Gelegenheit zu warten, aber jetzt gerade ist sie zu sehr auf Angriff ausgerichtet.«

Andere sahen weitaus größere Schwächen in Altheas Spiel. Ein späterer Wimbledon-Sieger erinnerte sich später daran, wie entsetzt er war, als er Althea bei jenem Turnier von der Tribüne aus zusah. »Sie war eine miserable Spielerin«, sagte er. »Richtig schlecht. Ihre Grundschläge waren fürchterlich. Ihr Aufschlag war ziemlich hart für eine Frau, die Volleys lagen ihr, und sie konnte sich gut bewegen, sie konnte rennen, aber das war nur Kraft, sonst nichts.«

Brough hatte damals nicht das Gefühl, dass Althea eine Gefahr für die Topspielerinnen darstellte, obwohl sie in Forest Hills am Rande einer Niederlage gegen sie gestanden hatte. »Ich glaube nicht einmal, dass sie in dem Jahr, in dem ich gegen sie gespielt habe, richtig gut war«, sagte sie später. »Ich fand immer, dass ihr Spiel sehr anfällig war. Sie hatte einen guten Aufschlag und konnte schmettern, aber ich ging davon aus, dass sie Fehler machen würde, wenn ich nur lang genug wartete. Es war ein ungewöhnlicher Tag, mit den vorbeirumpelnden Zügen, dem peitschenden Wind und dem Lärm, der vom Stadium Court zu uns herüberschallte. Trotzdem muss sie eine bessere Spielerin gewesen sein, als ich ihr zugestanden habe, weil sie einfach weiterspielte und irgendwann auch anfing zu gewinnen.«

Anderen erschloss sich Altheas Potenzial sofort. John Barrett, ein damaliger britischer Tennisspieler, der später als Fernsehkommentator arbeitete und *das* Nachschlagewerk zu Wimbledon schrieb, erkannte schon beim ersten Blick, dass aus diesem halb fertigen Talent eine Turniersiegerin hervorgehen könnte.

Er sah die zweite Hälfte ihres Wimbledon-Matches gegen Baker 1951 und hielt die Gestalt, die so kraftvoll aufschlug und dann ans Netz vorrückte, genau wie Angela zunächst für einen Mann. Erst als Barrett näher an den Platz herantrat, erkannte er seinen Irrtum. Er sah, wie Althea den Ball zu oft ins Netz spielte und ihre potenziellen Gewinnschläge eher in Richtung Schiedsrichterturm als Richtung Gegenseite flogen, aber sie zeigte am Netz eine Aggressivität, wie sie ihm noch nie bei einer Spielerin begegnet war.

»Ich war hin und weg«, erzählte er später. »Sie war schon damals sehr athletisch, zu Zeiten, als es nur wenige athletische Spielerinnen gab. Sie hatte ihre eigene Technik, ihre eigenen Schläge, eine ganz bestimmte Art und Weise, den Ball zu spielen, aber wahre Könner finden eine Möglichkeit, das für sich zu nutzen. Ich hatte den Eindruck, dass auch ihr das mit der Zeit gelingen würde.«

Angela mit Groucho Marx und einem Rodeo-Cowboy

6
ANGELA IN HOLLYWOOD

Das Turnier in Wimbledon 1951 war das erste, das Angela mit Interesse verfolgte. Nachdem sie Althea im Queen's Club erlebt hatte, war ihr klar geworden, dass sie nicht einfach nur Tennis spielen, sondern Tennisspielerin sein wollte. Nun verfolgte sie die BBC-Übertragung des Wimbledon-Turniers im Radio und setzte sich zum ersten Mal eingehend mit den besten Spielerinnen der Welt auseinander.

1951 waren die ersten sieben der acht gesetzten Damen Amerikanerinnen. Auch wenn die ersten Vertreterinnen der kommenden Generation von Britinnen in jenem Jahr schon antraten, gewannen doch weder die neunzehnjährige Angela Mortimer, die sich als die talentierteste von ihnen erweisen sollte, noch die zweiundzwanzig Jahre alte Pat Ward auch nur ein Match. Diese beiden Spielerinnen – und auch Pat Hird, Anne Shilcock und Shirley Bloomer, die kurz darauf die Bühne betraten – unterschieden sich ebenso sehr von Angela wie ihre amerikanischen Gegenstücke von Althea. Sie waren nette Mädchen aus sogenannten guten Familien, und wie so viele Briten hegten auch sie eine Vorliebe für Zurückhaltung und eine Abneigung gegen unorthodoxes Verhalten jeder Art. Ihrer Meinung nach gab es Dinge, die man einfach nicht tat – sogar eine ganze Menge davon.

Angela Mortimer sah in Angela Buxton eine Spielerin, die ungefähr im gleichen Alter war, aber einen völlig anderen Ansatz verfolgte und ein ganz anderes Temperament hatte: »Wir hatten nicht viel gemeinsam«, sagte Mortimer viele Jahre später. »Sie blieb für sich und wollte es auch so. Ich kenne niemanden, der ihr nahegestanden hätte. Vielleicht glaubte sie, dass es leichter wäre, wenn die Leute sie nicht mochten.« Mortimer erinnerte sich daran, dass Angela mehr Geld zur Verfügung hatte als die anderen jungen Mädchen, die zu den Turnieren reisten. Außerdem gab sie sich keine Mühe, ihren Ehrgeiz zu verbergen, wie Mortimer angewidert beobachtete. Gegen Ehrgeiz an sich war nichts einzuwenden – Mortimer selbst war »unheimlich stur und gab niemals auf, sie machte einfach immer weiter, bis ihre Gegnerinnen zermürbt waren«, sagte John Barrett, der sie Jahre später, nachdem sie 1961 endlich das Einzel in Wimbledon gewonnen hatte, heiraten sollte. Doch wer gut erzogen war, zeigte diesen Ehrgeiz nicht, zumindest nicht so, dass es anderen Unbehagen bereitete. Es war eine ausgeklügelte Farce, die dazu beitrug, die Illusion von Tennis als Sport der Wohlerzogenen und Kultivierten aufrechtzuerhalten. »Tennis ist ein schönes Hobby für dich«, bekam Mortimer von ihrer Mutter zu hören, als sie zu den ersten Turnieren fuhr. »Ich weiß noch genau, wie gern ich in deinem Alter auf Tennispartys gegangen bin.«

Angela Buxton passte nicht in diese Welt. »Ich glaube, dass Angela die Leute mit ihrer Aggressivität und ihrer Härte sich selbst gegenüber irritiert«, meinte Barrett. Dass sich Juden aggressiv verhielten, war ein gängiges Vorurteil, mit dem ihnen im Nachkriegsengland häufig begegnet wurde. Obwohl nur wenige materielle Güter verfügbar waren, hatten die »echten Engländer« – also die anglikanischen Engländer – gelernt, sich zu verhalten, als sei alles wie immer, auch wenn sich die Anstehschlangen für Grundlebensmittel wie Fleisch und Mehl manchmal um den ganzen Häuserblock erstreckten. »Die Juden« dagegen neigten in den Augen vieler dazu, sich vorschnell ihren Anteil und mehr zu sichern, ohne Rücksicht auf die Allgemeinheit. Angela war bereit, zu ungewöhnlichen Maßnahmen zu greifen, um an ihr Ziel zu gelangen, und sie war Jüdin. Es war leicht, diese beiden Dinge in einen Zusammenhang zu bringen, wenn man das wollte.

Zufälligerweise gewann 1951 zum ersten Mal ein jüdischer Spieler das Herreneinzel in Wimbledon: Dick Savitt, Betty Rosenquests alter Trainingspartner aus New Jersey. Der Student der Cornell University war an Nummer sechs gesetzt gewesen und bezwang im Finale Ken McGregor aus dem australischen Adelaide. Nach seinem Sieg wurde der erst Vierundzwanzigjährige als amerikanisches Wunderkind gefeiert.

Angela erinnerte sich später daran, wie sie das Match im Radio verfolgt hatte, wohl wissend, dass Savitt Jude war. Merkwürdigerweise stellte sie nie eine Verbindung zu sich selbst her. Sie verstand, wie ungewöhnlich es war, dass ein jüdischer Spieler in Wimbledon gewonnen hatte, beschäftigte sich aber nicht weiter mit dem Thema. Sie weigerte sich, sich über ihren Glauben zu definieren, selbst im Stillen. So wie Althea es nicht als ihre Verantwortung sah, für alle Schwarzen zu spielen, wollte auch Angela für sich selbst gewinnen, nicht um einen wie auch immer gearteten Beweis bezüglich ihrer Religion zu erbringen. Sie sei keine jüdische Tennisspielerin, meinte sie, sondern schlicht eine Tennisspielerin.

Ganz ähnlich sah es auch Savitt. Er spielte seine Religionszugehörigkeit herunter, aus Angst, sich den ohnehin schon schwierigen Weg ins Finale weiter zu erschweren. »Ich spielte Tennis«, stellte er später schlicht fest. »Angela und ich wären damals vermutlich nicht in die Clubs aufgenommen worden, aber wir spielten.« Er weiß allerdings noch, dass sein Erfolg in den jüdischen Vierteln im Norden Londons für Aufsehen sorgte: »Dort hatte niemand Ahnung von Tennis, aber nach meinem Sieg fingen die Leute an, selbst zum Schläger zu greifen.«

Doch auch wenn Savitts Durchmarsch in Wimbledon zeitweilig für einen Tennisboom in der jüdischen Gemeinde Londons sorgte, brachte dieser keine großen Spieler hervor. So wie es nach Altheas Triumphen in Wimbledon und bei den US Championships über vierzig Jahre dauerte, bis mit Serena Williams wieder eine Schwarze eines der beiden Turniere gewann, warten die tennisinteressierten Juden bis heute auf den nächsten Savitt.

Wer sich vor Augen führte, wo Angela Buxton und Althea Gibson, die Autogrammjägerin und die Autogrammschreiberin, im Sommer 1951 jeweils standen, hätte sich niemals vorstellen können, dass Angela im folgenden Juni in Wimbledon antreten würde, Althea hingegen nicht. Doch im Jahr 1952 entwickelten sich ihre sportlichen Karrieren in ganz unterschiedliche Richtungen.

Die Niederlage gegen Beverly Baker markierte für Althea den Auftakt zur dunkelsten Phase ihrer Tennislaufbahn. Diese sollte länger als vier Jahre dauern, bis Ende 1955. Die Leistungssteigerung, die sich so schnell eingestellt hatte, als Althea mit dem Tennisspielen begonnen hatte, ließ nach und hörte schließlich ganz auf. Ihre Schläge wurden schlechter, und ihr Serve-and-Volley-Spiel war plötzlich eindimensional. So etwas passiert im Tennis, einer Sportart, in der Verbesserungen nicht kontinuierlich, sondern sprunghaft und abrupt eintreten. Ted Schroeder, der Wimbledon-Sieger von 1949, erinnerte sich später daran, wie er zwischenzeitlich »jahrelang« kein einziges Match gewann, bevor er ganz unerwartet wieder zu seinem Spiel fand und plötzlich besser war als je zuvor. So schlimm war es bei

Althea nie, sie zählte weiterhin jedes Jahr zu den besten Spielerinnen der USA und gewann pflichtbewusst jeden Sommer die
ATA-Meisterschaften. Doch ihre Position gegenüber den Topspielerinnen konnte sie nicht bedeutend verbessern.

Ihre Persönlichkeit blieb unverändert. Sie wusste, dass sie
stagnierte, dass sie sich unbedingt steigern musste, wenn sie die
großen Turniere gewinnen wollte, schaffte es aber trotzdem irgendwie, jedes Match mit dem absoluten Selbstvertrauen anzugehen, das sie seit den Zeiten auf der 143rd Street auszeichnete.
»Sie hielt sich immer für die Allergrößte auf dem Platz«, erzählte
der frühere ATA-Sieger Bob Ryland, der zu jener Zeit ein inoffi-
zielles, aber hart geführtes Match gegen Althea mit 6:3 und 6:4
gewann. »Sie sagte zu dir: ›Ich bin die Größte.‹ Wie Muhammad
Ali später. Sie sagte es jedes Mal.«

Selbst gegenüber den anderen Spielerinnen bei den Turnieren trat Althea weiterhin auf wie der Star, der sie noch gar nicht
war. In gewisser Weise war das ihre Rettung. Viele Gegnerinnen
schüchterte sie allein durch ihr Selbstbewusstsein ein. Bei erfahreneren Spielerinnen funktionierte das nicht, aber es reichte,
um bei Turnieren zumindest ein paar Runden zu überstehen.

Angela verfügte nicht über solches Selbstvertrauen, aber sie
war genauso fest entschlossen wie Althea. Im Juni 1951 war ihre
Schulzeit bei Mrs. Jepson-Turner beendet, und sie begann ein
einjähriges Hauswirtschaftsstudium am Regent Street Poly-
technic (der heutigen University of Westminster). Währenddessen nahm sie immer wieder an Nachwuchsturnieren in London
und ganz England teil und konnte sogar ein paar von ihnen
gewinnen. Im Juni 1952 versuchte sie, sich für das Hauptfeld in
Wimbledon zu qualifizieren. Um sich einen der zehn offenen
Plätze im Feld der sechsundneunzig Spielerinnen zu sichern,
musste sie ein Vorturnier bestreiten. Dort gewann sie die ersten beiden Matches und verlor das dritte, womit sie aus dem

Rennen war. Doch als aufgrund von Verletzungen zwei Plätze im Feld frei wurden, war Angelas Name einer der beiden, die bei der Auslosung aus dem Hut gezogen wurden – sie war das, was man im Tennis als »Lucky Loser« bezeichnet. Wie es das Schicksal wollte, traf sie in der ersten Runde auf die einzige Spielerin unter den fünfundneunzig, gegen die sie schon einmal gewonnen hatte, eine Landsfrau namens Valerie Lewis. Angela gewann den ersten Satz, verlor aber die folgenden beiden und schied damit aus. Kurz, ihr erster Auftritt in Wimbledon hinterließ keinen bleibenden Eindruck.

Ungefähr zur selben Zeit keimte tief im Inneren von Harry Buxtons Kopf eine Idee. Er hatte Angela nach London geschickt, damit sie das Tennisspielen lernte, und war begeistert gewesen, sie keine zwei Jahre später in Wimbledon spielen zu sehen. Jetzt hörte er von Angela, dass die besten Spielerinnen alle aus Kalifornien kamen. Alice Marble war Kalifornierin, und auch Louise Brough hatte dort das Tennisspielen gelernt, ebenso wie Margaret Osborne duPont, Nancy Chaffee und Beverly Baker. Die jüngste Erscheinung war Maureen Connolly, die kurz nach Wimbledon den Sprung auf die große Bühne schaffte und mit nur sechzehn Jahren die US Championships und im folgenden Jahr Wimbledon gewann, wo sie gegen Fry und gegen Brough keinen einzigen Satz verlor. Sie stellte die ganze Tenniswelt auf den Kopf, obwohl sie einen Monat und einen Tag jünger war als Angela.

Es war in jener Zeit durchaus üblich, dass wohlhabende Familien ihre Töchter ins Ausland schickten, um ihnen Zugang zu kulturellen Erfahrungen zu verschaffen, die es in England nicht gab. Harry war reich und wurde immer reicher, und er wollte, dass die Welt das wusste. In seinen Augen war es eine gute Idee, Angela nach Kalifornien reisen zu lassen. Dort könnte sie Filmstars kennenlernen – wenn sie sagte, dass sie Harry Buxtons Tochter war, würde ihr das in Hollywood jede Tür öffnen! – und die gleichen Trainingsmöglichkeiten nutzen, die diese amerikanischen Mädchen zu Stars werden ließen.

Außerdem würde ein längerer Aufenthalt dort sie aus den Strukturen der britischen Tennisszene lösen und ihr einen Vorteil gegenüber den heimischen Rivalinnen verschaffen, so wie die Zeit in Südafrika damals. In seiner gewohnt theatralischen Art wandte sich Harry an Violet, als wäre er eine Bühnenfigur: »Fahr mit ihr sechs Monate nach Kalifornien«, rief er. »Geld spielt keine Rolle.«

Die folgenden Wochen verbrachte Angela mit hektischen Vorbereitungen. In einer Zeit ohne Faxmaschinen, geschweige denn Internet, suchte sie in öffentlichen Bibliotheken Telefonnummern heraus, stellte Anfragen, schrieb Briefe. So gelang es ihr, sich von England aus für Turniere in Bakersfield und Riverside anzumelden. Sie fand eine Wohnung in Hancock Park direkt neben dem Los Angeles Tennis Club – wo jedes Jahr die Pacific Southwest Championships stattfanden und viele der besten Spieler jener Zeit ein und ausgingen –, weil sie davon ausging, dort trainieren zu können. Außerdem kontaktierte sie eine Freundin ihrer Mutter, die in New York lebte und die beiden abholen konnte, wenn ihr Schiff einlief. Angela organisierte unglaublich viel innerhalb weniger Monate – alles, um diese einmalige Chance zu nutzen. Und so ging sie im November 1952 voller Hoffnung zusammen mit Violet an Bord der *Queen Mary* mit dem Ziel Amerika.

Der im Hacienda-Stil gehaltene Los Angeles Tennis Club (LATC) befindet sich auf einer Anhöhe südlich der Melrose Avenue an der Ecke der Clinton Street und des Cahuenga Boulevards in Hollywood. Seit 1920 ist er eines der Zentren der südkalifornischen Tennisszene, obwohl seine Errichtung ursprünglich gar nicht geplant war.

Als die Ölquellen in Hancock Park zu Anfang des Jahrhunderts versiegten und zu Asphaltseen wurden, musste das Land einem anderen Zweck zugeführt werden. Also trennte man knapp zehn Hektar ab und errichtete den Wilshire-Country-Club-Komplex, einen von Wohnhäusern umstandenen Golfplatz. Gut zwei Hektar wurden zu Tennisplätzen umgewandelt. Im Verlauf der Jahre wuchsen die ursprünglich zwei Plätze, die an den Gehweg angrenzten, schließlich auf sechzehn an – alles Hartplätze, wie es in Kalifornien üblich war.

Ab 1927 ließ der LATC jeden September eine Tribüne errichten, die mehr als dreitausend Zuschauer fasste, und hielt die Pacific Southwest Championships ab. Das Turnier war nach Forest Hills das zweitwichtigste in Nordamerika – und in den Augen einiger schwerer zu gewinnen als Wimbledon. Zu einer Zeit, in der Überseereisen teuer und rar waren, blieben die hochmotivierten, aber überforderten britischen Spieler, die das Feld in Wimbledon füllten, den Pacific Southwest Championships fern und wurden durch talentierte Kalifornier ersetzt, die in einem Kalenderjahr mehr Zeit auf Außenplätzen verbrachten als so manche Engländer in ihrem ganzen Leben. Die Einheimischen betrachteten das Turnier als das dritt- oder viertwichtigste der Welt, je nachdem, wie sie die französischen Meisterschaften einordneten. Pat Yeomans, eine ehemalige Juniorenspielerin aus den USA und langjähriges LATC-Mitglied, witzelte mit Blick auf die Australian Championships: »Für Australien interessierten wir uns nie sonderlich.«

Unter der Quasiherrschaft des dominanten, gebieterischen Perry T. Jones, später Kapitän des Davis-Cup-Teams, der die Southern California Tennis Association von seinem Büro auf dem Clubgelände aus leitete, entwickelte sich der LATC zu einem Treffpunkt der besten Spieler und Spielerinnen der USA. Neun von Jones' Schützlingen, darunter Ellsworth Vines, Bobby Riggs, Jack Kramer, Pancho Gonzalez und Ted Schroeder, schafften es in die Tennis Hall of Fame. Im LATC war es nicht weiter ungewöhnlich, Kramer und Schroeder auf dem einen Platz, Vines oder gar den unvergleichlichen Bill Tilden auf einem weiteren und vielleicht noch einen herausragenden Gastspieler von der Ostküste oder aus dem Ausland – jemanden wie Tony Trabert oder Lew Hoad – auf einem dritten Court spielen zu sehen. Kramers Eltern arrangierten den Stundenplan ihres Sohnes an der Montebello High School sogar so, dass der Unterricht nur morgens stattfand und er die Nachmittage im Club verbringen konnte – der Teenager genoss es, mit und gegen Leute wie Tilden, Vines, Frank X. Shields und Riggs spielen zu können. »Der LA Tennis Club war *der* Ort, wenn man in diesem Land Tennis spielen wollte«, schrieb Kramer in seiner Autobiografie. »Wer gegen echte Konkurrenz antreten wollte, musste dort spielen.« Alice Marble war dort ebenso häufig anzutreffen wie Connolly und Brough. In der zweiten Hälfte der Sechzigerjahre spielte dort Pancho Gonzalez den Platzhirsch, und zwar buchstäblich: Er trat ganze Nachmittage lang, bei entsprechendem Wetteinsatz, gegen jeden an, der vorbeikam.

Die zahlenden Mitglieder des LATC entstammten der Oberschicht von Los Angeles, und bei den meisten von ihnen saß das Geld locker. Häufig fanden aufwändige gesellschaftliche Veranstaltungen im Club statt, wo an der holzverkleideten Bar ein stolzer Umsatz gemacht wurde, aber es fanden auch hochklassige Tennisspiele statt. Wer als Topspieler von irgendwo in der Welt nach Los Angeles kam, fand im LATC stets einen passenden Gegner. »Die Mitglieder freuten sich immer über gute Spieler«, sagte Allen Fox, der in den Fünfzigerjahren, als er zu den besten Junioren gezählt hatte, oft im Club zu Gast war und in einer magischen Woche beim Pacific Southwest 1966 die Titelverteidiger aller vier großen Turniere schlug. »Es war wie ein kostenloser Ausstellungsbesuch. Man gab ihnen nach dem Match ein oder zwei Bier aus und unterhielt sich mit ihnen. Die Spieler kamen gern dorthin. Die Plätze waren super, die Anlage wunderschön. Sie hatten nichts daran auszusetzen.«

Jones hatte dünnes Haar, das er in der Mitte scheitelte und zurückgelte, und trug eine schwarze Hornbrille. Er hatte eine gewisse Ähnlichkeit mit J. Edgar Hoover, dem damaligen FBI-Chef, und seine Ansichten darüber, was Macht war und wie man sie einsetzte, schienen vergleichbar zu sein. Auch wenn er offiziell gar nicht der Präsident des Clubs war, beherrschte er ihn doch mit eiserner Hand. Er legte fest, dass jeder, der auf der Anlage spielte, angemessen gekleidet sein musste, und das bedeutete nicht nur weiße, sondern makellos weiße Kleidung, ohne unzulässige Accessoires wie Stirnbänder oder Handtücher. Darüber hinaus war er für die Mitgliederlisten zuständig und holte in dieser Funktion viele der besten Juniorenspieler der Umgebung als beitragsfreie Fördermitglieder in den Club. Außerdem dominierte er den Vorstand. Ob er selbst für die diskriminierenden Vorgaben des Clubs verantwortlich war oder sie nur billigte, ist unklar, jedenfalls weigerte sich der Club unter Jones rigoros, jüdische Mitglieder aufzunehmen. Das passte zu den gesellschaftlichen Traditionen in Los Angeles, deren Überwindung sich als deutlich schwieriger erwies als in den Metropolen an der Ostküste. Noch in den Achtzigerjahren blieben der Jonathan Club und der California Club, wo viele Geschäfte der Stadt ausgehandelt wurden, Juden versperrt. In den Fünfzigerjahren galt es als selbstverständlich, dass man sich als Jude die Mühe sparen konnte, sich für eine Mitgliedschaft im LATC zu bewerben. »Der Vorstand war entschieden gegen jüdische Mitglieder«, sagte Yeomans, die ein Buch über die Geschichte des LATC geschrieben hat. »Sie fürchteten sich vor den Filmleuten, die auf großem Fuß lebten, ohne ihre Rechnungen zu bezahlen.« Da mag etwas dran gewesen sein, aber es änderte nichts an der Tatsache, dass Errol Flynn ebenso Mitglied des Clubs war wie Efrem Zimbalist Jr., Rudy Vallée und Bing Crosby – alles Nichtjuden. Für sie schienen die Bedenken nicht zu gelten.

Angela hatte keine Ahnung, was sie im LATC erwartete, als sie in Kalifornien ankam. Sie wusste, dass sie in Los Angeles leben wollte, dass das Pacific-Southwest-Turnier jedes Jahr im LATC stattfand und dass dort fast an jedem Tag der Woche einige der besten Spieler der Welt anzutreffen waren. Es war durchaus ambitioniert von der gerade mal Achtzehnjährigen, die nur ein einziges Match in Wimbledon vorweisen konnte, davon auszugehen, dass man sie in dieser erlauchten Gesellschaft mit offenen Armen empfangen würde. Doch was war der Sinn dieser Reise, wenn sie nicht versuchte, sich durchzusetzen, so lange zu kämpfen, bis sie auf Widerstand stieß, um dann nur noch härter zu kämpfen? Die Lage des Clubs war für sie ein Zeichen des Himmels: Die nächstgelegene große Nord-Süd-Achse, zwei Blocks östlich des Cahuenga Boulevards, hieß Rossmore Avenue, wie ihr Rossmore Court zu Hause in London. Dieser Zufall sorgte dafür, dass sie sich vom ersten Tag an in der Umgebung wohlfühlte.

Das kleine Haus, das sie unbesehen für sich und ihre Mutter gemietet hatte, war so nah am LATC gelegen, dass sie die Tennisplätze vom Wohnzimmerfenster aus sehen konnte. Am Montag nach ihrer Ankunft stellte sich Angela im Club vor, um nach einer befristeten Mitgliedschaft zu fragen – und war völlig erstaunt, als sie dort auf die Familie von Daniel Prenn stieß, eines Bekannten aus London.

Prenn, ein renommierter Tennisspieler, war ein polnischer Jude mit deutscher Staatsangehörigkeit, der nach England geflohen war, als man ihm 1933 aufgrund seiner jüdischen

Abstammung einen Platz im deutschen Davis-Cup-Team versagt hatte. In seiner neuen Heimat hatte er eine Nichtjüdin namens Charlotte geheiratet, seinen Glauben verdrängt und war dem Queen's Club beigetreten, um dort Tennis zu spielen und sich mit Bekannten zu treffen. Als Charlotte nach dem Krieg mit dem gemeinsamen Sohn Oliver nach Los Angeles reiste, war Prenn nicht jüdischer als Perry T. Jones selbst. Im LATC hat man ihn als stilvollen Tennisspieler in Erinnerung, groß und elegant, ein perfekter Gentleman. »Er hatte gute Manieren«, sagt die LATC-Chronistin Yeomans. »Wir mochten ihn sehr.«

Der LATC rühmte sich seines äußerst diskreten Vorgehens, wenn man abgelehnten Bewerbern mitteilte, dass sie aufgrund ihrer Religion oder Hautfarbe nicht erwünscht seien, doch eigentlich stellte sich das Problem nicht allzu häufig. Fast jeder, der sich die Mühe machte, eine Mitgliedschaft zu beantragen, wusste im Voraus, wer aufgenommen würde und wer nicht, und dabei ging es nicht nur um die Beitrittsgebühr in Höhe von tausendfünfhundert Dollar. Juden hatten ihre eigenen Clubs, etwa den Beverly Hills Tennis Club und den Hillcrest Country Club, und die Schwarzen hatten – nun ja, die öffentlichen Plätze, und außerdem gab es einige progressivere Privatclubs, wenn sie unbedingt Tennis spielen wollten, was ohnehin nur für wenige von ihnen galt. Angela hatte gar nicht vorgehabt, ihren Glauben zu verheimlichen, aber ihr Name klang nicht jüdisch, und auch ihr helles Haar hätte sie nicht verraten, entsprach es doch so gar nicht dem Klischee, das man in den Nobelclubs pflegte. Doch nach dem Zusammentreffen mit den Prenns wusste sie, dass sich die Sache für sie erledigt hatte.

Und tatsächlich informierte man sie kurz darauf taktvoll darüber, dass sie keine Matches im Club würde bestreiten können. Einen Augenblick lang fragte sie sich, warum sie London überhaupt für diese angeblich neue Welt, die so offen und unbelastet sein sollte, verlassen hatte, doch letztendlich nahm sie die Nachricht gefasst auf. Sie richtete ihre Aufmerksamkeit einfach auf neue Ziele. »Mach dir nichts draus«, erklärte sie der wutentbrannten Violet. »Wo sind die öffentlichen Tennisplätze?«

Wie es der Zufall wollte, gab es ganz in der Nähe des LATC eine öffentliche Anlage, wo besseres Tennis gespielt wurde als an vielen anderen Orten im Land. Die La-Cienega-Plätze verfügten nicht über die Vorzüge der luxuriösen Privatclubs – es gab keine Holzvertäfelung, keine große Party einmal im Jahr – und trotzdem hatten selbst Kramer und Gonzalez schon dort gespielt. Angela nahm eine Stelle bei Arzy's an, einem Geschäft für Tenniszubehör, das in einer Quonsetbaracke untergebracht war. Dort bespannte sie Schläger und bediente Kunden. Sie kam jeden Morgen auf die Anlage, spielte eine Runde, absolvierte ihre Schicht und fuhr dann zur Fairfax High School, wo sie einen Stenokurs besuchte. Violet saß währenddessen auf der Dachterrasse des Hauses, genoss die Wintersonne, rauchte Zigaretten und träumte beim Blick auf die fernen Berge von der Liebe. Die Aussicht erinnerte sie an Südafrika.

Zwischen Dezember 1952 und März 1953 nahm Angela an Turnieren in ganz Südkalifornien teil. Im Januar trat sie bei den Stadtmeisterschaften in Griffith Park an und schied früh aus. Sie spielte in Riverside und im weit entfernten Bakersfield. Das brachte Spielpraxis, aber sie kam nur selten über die ersten Runden eines Turniers hinaus. Die gleichaltrigen Kalifornierinnen waren eine Klasse besser als sie und hatten deutlich mehr Erfahrung. »Aber es war einfach toll«, erinnerte sich Angela. »Ich sog die Atmosphäre auf und genoss jede Sekunde dort.«

Nach der Absage vom LATC machte sich Angela mit der üblichen Energie daran, einen Ersatz zu finden. »Ich gab einfach keine Ruhe und erkundigte mich überall«, sagte sie. Alle Wege führten zum ehemaligen Tennisstar Bill Tilden, dessen Verzweiflung ähnlich groß war wie Angelas Enthusiasmus. Tilden war eine Legende, viele betrachteten ihn damals – und auch noch heute – als einen der größten Tennisspieler des Jahrhunderts. Er war fast achtzehn Jahre lang bei den Amateuren aktiv, von 1912 bis 1930, und gewann fast vierundneunzig Prozent seiner Matches, eine erstaunliche Statistik. Außerdem holte er zehn Grand-Slam-Titel – ein Rekord, der siebenunddreißig Jahre lang Bestand haben sollte. Ab 1931 ging er als Profi auf Tour und schlug in dieser Zeit unter anderem Ellsworth Vines in einem unvergesslichen Match im ausverkauften Madison Square Garden vor mehr als sechzehntausend Zuschauern. So verdiente er noch über seinen vierzigsten Geburtstag hinaus eine Menge Geld.

Aber Tilden war ein schwieriger Mensch, der seine Homosexualität und Vorliebe für Teenager verheimlichte. Er hatte die prägenden Jahre seiner Kindheit in der Obhut seiner übervorsichtigen Mutter verbracht, die ihn wie ein schwaches und kränkliches Kind behandelte, obwohl es dafür keinerlei Grund gab. Später, nach seiner Tenniskarriere, verlor er einen Großteil seines beträchtlichen Erbes durch Investitionen in Broadway-Projekte. Zu der Zeit trieb er sich häufig in der Nähe von Schulhöfen herum, auf der Suche nach Jungen, die ihm gefielen. 1946 wurde er von einem Polizisten angehalten, dem seine schlingernde Fahrweise aufgefallen war. Wie sich herausstellte, saß Tilden auf dem Beifahrersitz; den Wagen steuerte ein vierzehnjähriger Junge, den Tilden im LATC aufgegabelt hatte. Tilden hatte einen Arm um den Jungen gelegt, dessen Hose offen stand, und eine Hand in dessen Schritt. Er wurde zu einer sechsmonatigen Gefängnisstrafe wegen »Beitrags zur Straffälligkeit eines Minderjährigen« verurteilt und kam danach nie wieder so richtig auf die Beine. Die Tennisgemeinschaft verstieß ihn und verwehrte ihm den Zutritt zu Clubs, die ihn zuvor begeistert willkommen geheißen hatten, allen voran der LATC. Der Germantown Cricket Club in Philadelphia, in dem er Mitglied auf Lebenszeit gewesen war, nahm sein Foto von der Wand und strich seinen Namen aus den Mitgliederlisten. Dann wurde er erneut verhaftet, weil er einen Anhalter belästigt hatte, etwa zur gleichen Zeit, zu der eine von der Nachrichtenagentur Associated Press durchgeführte Umfrage unter Sportjournalisten ihn zum größten Sportler der ersten Hälfte des zwanzigsten Jahrhunderts kürte, noch vor Babe Ruth, Red Grange und Jack Dempsey.

Weil Tilden dringend Geld brauchte, verpfändete er seine Pokale. 1953 lebte er in einem gemieteten Zimmer und klapperte die öffentlichen Tennisplätze von Los Angeles ab, wo er jedem Tennisstunden anbot, der zu zahlen bereit war. Ein Jahr später sollte er im Alter von sechzig Jahren in seinem Bett an einer Koronarthrombose sterben. Angela war eine seiner letzten Schülerinnen.

Sie kannte Tilden nur als erfolgreichen Tennisspieler und wusste nicht, dass er homosexuell war. Obwohl es heute schwer vorstellbar ist, schwor sie, dass sie mit achtzehn keine Ahnung hatte, was das überhaupt war. Nicht, dass es eine Rolle für sie gespielt hätte – sie war ganz darauf konzentriert, ihr Tennisspiel zu verbessern. Sie sprach Tilden an und machte einen Termin für ein Training mit ihm aus. Tilden holte sie in einem klapprigen alten Wagen ab, dem Packard Clipper, in dem er seit Jahren unterwegs war, und fuhr mit ihr weit nach Beverly Hills hinauf. Zwischendurch erwähnte er, dass ihr Ziel ein Haus sei, das Charlie Chaplin gehörte, den er seit den Zwanzigerjahren kannte, als sie auf einem Platz in Douglas Fairbanks' Studio gegeneinander gespielt hätten. Chaplin, der so begeistert von Tennis war, dass er auf dem Weg nach New York manchmal in

Chicago oder Saint Louis aus dem Zug stieg, um ein Match einzuschieben, und dann weiterfuhr, empfand Mitleid mit Tilden. Er zahlte ihm ein überaus großzügiges Honorar dafür, dass er seiner Frau Oona Tennisstunden gab, und erlaubte ihm, seinen Privatplatz auch mit anderen Schülern zu nutzen, die er auftrieb.

Das Haus befand sich am Summit Drive, und auf Chaplins Platz hatten schon viele Topstars jener Zeit gegeneinander gespielt, ebenso wie Schauspieler, Produzenten, Schriftsteller und Politiker. Der walisische Dichter Dylan Thomas war einst mit Shelley Winters' Auto direkt auf den Platz gefahren, mitten ins Netz hinein, doch meist liefen die Partien deutlich ruhiger ab und endeten mit einer Tasse Tee im Teehaus über der Anlage. Mittlerweile hatte Chaplin die USA verlassen. Da man ihn verdächtigte, ein kommunistischer Sympathisant und potenzieller Steuerhinterzieher zu sein, hatte er mit einer ganzen Reihe von Behörden Ärger und verbrachte den Winter lieber in Lausanne. Später würden sich die Chaplins dauerhaft in einem Fünfzehn-Zimmer-Anwesen in der Nähe von Vevey am Ufer des Genfer Sees niederlassen. Im November, Angela traf gerade in den Vereinigten Staaten ein, hatte Oona Chaplin am Summit Drive gerade alle Sachen gepackt und die Möbel abtransportieren lassen. Als Angela das Haus sah, war es völlig verlassen. Das Tor zum Tennisplatz war verschlossen, aber Tilden hatte einen Schlüssel.

Tilden brachte Angela bei, ihre Schläge zu variieren, erst tief auf die Vorhand, dann flach auf die Rückhand zu zielen, mit wechselnder Geschwindigkeit, Länge und Platzierung. Die beiden spielten sich ein paar Bälle zu, während er ihr Hinweise gab. Einmal erwischte sie einen Ball auf dem falschen Fuß, sodass ein Rückhand-Slice mit entspanntem Handgelenk daraus wurde. Das fand man so nicht im Lehrbuch, und es war auch nicht das, was Angela gewollt hatte, aber der Ball landete auf der Linie und brachte ihr einen Punkt. Tilden unterbrach das Spiel und kam zum Netz. »Das war der beste Schlag, den ich heute von dir gesehen habe«, sagte er tief beeindruckt. »Wie oft bekommst du das so hin?«

»Nicht oft«, meinte Angela.

Von da an kam Angela einmal in der Woche zum Unterricht zu Tilden. Die Stunden waren teuer – einer Quelle zufolge verdiente Tilden auf Chaplins Platz mehr als die meisten anderen Tennistrainer Südkaliforniens –, aber Harry zahlte gern, weil er hocherfreut war, dass Angela in Hollywood Kontakte knüpfte. Bisher hatte sie nur an einer Studioführung teilgenommen und ein Foto mit Doris Day gemacht. Wie sich herausstellte, hatte Harry Buxtons Name in Hollywood keine große Wirkung.

Tildens Zuneigung zu Angela reichte bald weit über die wöchentlichen Schecks hinaus. Er nahm sie mit in den Beverly Hills Tennis Club und stellte sie einigen kleineren Berühmtheiten vor. Außerdem brachte er sie dazu, zusammen mit dem kraftstrotzenden, einundzwanzigjährigen Art Anderson, der gerade vom Militärdienst in Japan zurückgekehrt war, im gemischten Doppel anzutreten. Tilden ließ die beiden miteinander trainieren, hasste es aber, sie allein zu lassen, aus Furcht, dass sie Gefühle füreinander entwickeln könnten. Angela bemerkte, wie er hinter einer Hecke stand und sie beobachtete. »Sie strebte an, eine der besseren Tennisspielerinnen ihrer Zeit zu werden, war es zu dem Zeitpunkt aber noch nicht«, sagte Anderson später. »Unter Bill steigerte sie sich enorm.« Anderson war nie bewusst, dass Angela Jüdin war, was zu der Frage führt, ob Tilden es wusste, auch wenn es für ihn keine Rolle gespielt hätte.

Da Interkontinentalreisen zu jener Zeit immer noch die Ausnahme waren, sprach es sich in Hollywood schnell herum, dass auf Chaplins Tennisplatz eine junge Frau aus London trainierte, die schon in Wimbledon angetreten war. »Die Leute waren fasziniert«, erinnerte sich Angela. »Ich war das Thema des Tages.« Einmal stieß sie, als sie auf dem Platz eintraf, auf mehrere von Chaplins Nachbarn, unter ihnen Walter Pidgeon und Katharine Hepburn. Während Angela mit Tilden trainierte, drückten sich die berühmten Schauspieler am Rand des Feldes herum und sammelten Bälle ein. Es war eine surreale Situation. Angela musste an ihre Sportkameradinnen in London denken, die einen weiteren trüben Winter zu ertragen hatten und nur auf den wenigen Hallenplätzen trainieren konnten, die den Krieg überstanden hatten. Sie hingegen spielte im strahlenden Sonnenschein mit dem berühmten Bill Tilden und ließ Filmstars hinter ihren Bällen herlaufen.

Eines Tages lernte ihre Mutter an einem Swimmingpool einen Hollywood-Agenten kennen. Der erklärte Angela, dass er einen Fernsehstar aus ihr machen könne. »Ein *Sternchen* bist du schon heute«, sagte er. »Du hast in Wimbledon gespielt, und das will etwas heißen.« Kurz darauf verkündete er, dass er ihr einen Platz in der landesweit ausgestrahlten von Groucho Marx moderierten Sendung *You Bet Your Life* beschafft hätte. Angela war skeptisch, aber er beharrte darauf, dass sie daran teilnahm, bevor sie zurück nach London fuhr.

Die Abreise rückte immer näher. Mitte März spielte Angela ihr letztes Turnier in Kalifornien, das La Jolla Invitational, und verlor in der ersten Runde mit 6:3 und 6:0 gegen Maureen Connolly, die damals schon fast unschlagbar war. Trotzdem war Angela unter Tilden deutlich besser geworden. Im Rückblick hatte ihr diese Zusammenarbeit vielleicht mehr gebracht, als wenn sich der LATC dazu herabgelassen hätte, sie aufzunehmen. »In den LATC ging man nicht wegen des Trainings«, sagte Anderson. »Wenn Perry T. Jones jemanden auserkor, sorgte er dafür, dass dieser Spieler die richtigen Matches bekam, aber das war es auch schon. Und ob Jones sich je für Angela Buxton interessiert hätte, würde ich stark bezweifeln. Für sie war es wahrscheinlich hundert Prozent besser, mit Bill zu trainieren als dort.«

Vor ihrer Abreise erschien Angela zum verabredeten Zeitpunkt im Palace Theater in Hollywood, wo sich herausstellte, dass Groucho Marx' Leute sie tatsächlich erwarteten. Sie wurde als »britisches Tennissternchen« angekündigt, eine Formulierung des Agenten, und trat zusammen mit einem Rodeo-Cowboy auf. Gemeinsam mussten sich die beiden einer Reihe von Quizfragen stellen. Einer der beiden wusste immer die richtige Antwort, bis ganz zum Ende. In der letzten Runde wollte Groucho wissen, wie das Trockenfleisch genannt wurde, das die nordamerikanischen Indianer auf lange Reisen mitnahmen. Angela und der Cowboy hatten ihren gesamten bisherigen Gewinn gesetzt; es ging um alles. Nun hatten sie ein paar Sekunden Zeit, um sich zu beraten und eine Antwort zu geben.

Angela hatte in Südafrika gelebt und kannte Trockenfleisch als »Biltong«. Der Rodeo-Cowboy war viel im Westen der USA herumgekommen und nannte das Fleisch »Pemmikan«. Keiner von beiden wollte dem anderen vor laufender Kamera seine Meinung aufdrücken, sie konnten sich aber auch nicht für eine Lösung entscheiden. Angela dachte rasend schnell nach. »Lass uns einfach beides gleichzeitig sagen, und wenn sie die richtige Antwort hören, haben wir gewonnen«, flüsterte sie.

Also drehten sie sich zu Groucho um und riefen: »Pemmikan« – »Biltong«.

»Pemmikan«, wiederholte Groucho, und Angela nickte eifrig. Das Tennissternchen und der Rodeo-Cowboy hatten den Jackpot geholt. Sie bekamen insgesamt tausendneunhundertachtzig Dollar, was 1953 eine beeindruckende Summe war. Angela legte ihren Anteil bei einer amerikanischen Bank an und vergaß ihn dann, was ihr Jahre später einigen Ärger mit dem Finanzamt einbrachte.

7

VOM MUSTERKLEID
ZUM MUSTERTENNIS

Angelas Kalifornien-Aufenthalt war in England nicht unbemerkt geblieben. Sie war eigens zum Tennistraining ins Ausland gereist, und das war mehr als ungewöhnlich – so etwas hatte es noch nie gegeben. Plötzlich galt sie allein aufgrund dieser Reise als neue englische Hoffnung, als das Mädchen, das dazu beitragen konnte, nach jahrzehntelangen Enttäuschungen den jährlichen Wightman Cup gegen die Amerikanerinnen zu gewinnen.

1953 war die britische Tenniswelt der Verzweiflung nahe. Der Sport war eine britische Erfindung, Major Walter C. Wingfield hatte 1874 ein Patent dafür eingereicht, auch wenn seine Ursprünge bis ins Mittelalter zurückreichten. Kein Wunder, dass die Briten den Sport als ihr nationales Eigentum empfanden, auch wenn sie ihn ganz offensichtlich nicht länger dominierten. Sie redeten sich erfolgreich ein, dass der anhaltende Erfolg ihrer ehemaligen Kolonien Amerika und Australien nur ein Ausrutscher war, und sehnten die Zeit herbei, in der die britischen Spieler die Spitze wieder für sich beanspruchen würden. Jeder Hoffnungsschimmer in diese Richtung wurde begeistert aufgenommen.

So kam es, dass sich Angela, als sie im April in England von Bord ging, direkt in den Londoner Zeitungen wiederfand. Die

Reporter wollten wissen, gegen wen sie gespielt, was sie gesehen, wie sehr sie sich verbessert und welche Aussichten sie nun hatte. Angela genoss die Aufmerksamkeit. Sie war gut für ihr Selbstbewusstsein und für ihren Stellenwert. Eine besondere Anfrage kam von Teddy Tinling, der ebenfalls Mitglied im Queen's Club war und sich als Ausstatter von Tennisspielern einen Namen gemacht hatte. Er hatte Gussy Morans Spitzenunterwäsche entworfen und schuf später die avantgardistischen Outfits von Maureen Connolly, der Brasilianerin Maria Bueno und Billie Jean King. »Du wirst im Mittelpunkt des Interesses stehen, wenn du das nächste Mal spielst«, erklärte Tinling Angela. »Jeder will wissen, wie gut du bist. Deshalb habe ich schon einmal zwei Kleider für dich entworfen, eins für Bournemouth und eins für Wimbledon.«

Das erste, das aus sudanesischer Baumwolle gefertigt war, hatte einen eingeschlagenen Wellensaum und war mit weißem Satin besetzt. Es bestand aus einem eng anliegenden Mieder wie bei einer Bauchtänzerin und einem Rock, der an der Taille gerafft war. Es entsprach nicht ganz Angelas Stil, weil es ein bisschen zu mädchenhaft war, aber sie musste zugeben, dass sie einfach umwerfend darin aussah – wie eine Mischung aus Ballerina und Filmstar.

Bournemouth war ein Sandplatz-Turnier, das jedes Jahr Ende April stattfand und als Höhepunkt der englischen Frühlingssaison zu den französischen Meisterschaften überleitete. Alle britischen Topspieler waren dort vertreten, ebenso wie die besseren Amerikaner, die für die europäischen Wettkämpfe über den Atlantik gekommen waren. Angela traf gleich in der ersten Runde auf die beste von ihnen, Doris Hart. Als sie in ihrem Tinling-Dress auf den Platz kam, hatte sie das Gefühl, dass jeder im Publikum sie anstarrte – wahrscheinlich, weil es so war. »Ich weiß noch, dass sie sagte, sie sei bereit, gegen Doris Hart zu spielen, Doris Hart zu besiegen«, erinnerte sich Pat Hird, die ebenfalls am Turnier teilnahm. »Ich glaube, für Doris war das nur ein weiterer Ansporn.«

Hart gewann das Spiel in erstaunlich kurzen zweiundzwanzig Minuten, und sie brauchte auch nur deshalb so lang, weil sich die zutiefst beschämte Angela gegen Ende noch einmal kurz aufbäumte und nach jedem Strohhalm griff, um ihren Auftritt etwas respektabler wirken zu lassen. Sie zeigte alle Anzeichen von Schulmädchennervosität – schlug Bälle weit nach links, weit nach rechts und ein- oder zweimal sogar hinter sich. Das Match endete 6:0, 6:0. Angela ging vom Platz und riss sich das Mieder aus dem Rock. Sie war überzeugt, dass ihre Tenniskarriere beendet war. All die Kosten und Mühen der Reise nach Los Angeles waren umsonst gewesen, und mehr als nur das. Sie hatte seit Südafrika so viel Zeit investiert – die Wochen in Southport, die Zeit im Cumberland Club, der Kampf um einen Platz in Wimbledon – und stand trotzdem nicht einmal eine halbe Stunde gegen eine ernstzunehmende Gegnerin durch! Angela war so gut vorbereitet gewesen wie nie und hatte dennoch kein einziges Spiel gegen Hart gewonnen. Wieso hatte sie sich nur angemaßt, gegen eine Wimbledon-Siegerin anzutreten?

Angela verließ die Tennisanlage und lief die Straße hinunter zu einer Bushaltestelle. Ihr Ziel war ihr Zimmer im Ambassador, dem Hotel in Bournemouth, das in der jüdischen Gemeinschaft beliebt war. Dort würde sie ihre Sachen packen und den nächsten Zug nach London nehmen. Ihr Entschluss, das Tennisspielen aufzugeben und eine Ausbildung zur Schneiderin zu machen, stand fest. Als sie auf dem Weg war, fuhr ein alter Jaguar vor, der mindestens einen, vielleicht auch schon zwei Vorbesitzer hinter sich hatte. Drinnen saß ein Journalist, der ihr Match miterlebt hatte. Er kurbelte ein Fenster hinunter und sagte Angela, dass die Zeitungen am nächsten Tag Hohn und Spott über sie ausgießen würden. So würde es eben laufen. Die Zeitungen bauten sich ihre Lieblinge auf, und wenn diese den Erwartungen nicht gerecht wurden, fielen sie über sie her.

»Aber seien Sie nicht allzu betrübt«, meinte er. »Ihre Spielweise zeigt mir, dass Sie etwas draufhaben.« Angela sah ihn ungläubig an. Sie hatte kaum lange genug auf dem Platz gestanden, um ihr Teddy-Tinling-Kleid zu verknittern. Sie hatte kein Spiel für sich entschieden, und nun wollte einer etwas Positives über ihre Spielweise sagen? Das klang falsch.

Der Journalist bot ihr an, sie zum Hotel zu fahren. Dort angekommen, gab er ihr seine Visitenkarte. Sein Name war Clarence Medlycott Jones, aber er wollte lieber Jimmy genannt werden. Einige Jahre zuvor war er für England im Davis Cup angetreten. Er sei vielleicht in der Lage, ihr zu helfen, sagte er. Aber Angela schüttelte energisch den Kopf. »Sie haben mich nicht verstanden. Ich bin durch mit dem Tennis.«

»Wenn Sie Ihre Meinung ändern sollten, finden Sie mich in meinem Büro in der Fleet Street«, sagte er. »Ich bin kein Trainer, ich bin Journalist. Aber ich habe ein paar Ideen. Sie haben heute einfach einen unglücklichen Tag erwischt, in jeder Hinsicht. Davon bin ich überzeugt.«

Angela bedankte sich und steckte die Karte ein, fuhr nach London zurück und vergaß die Begegnung prompt wieder. Die folgenden Monate über lernte sie, wie man Kleider entwarf. Sie gab das Tennisspielen nicht auf, nicht offiziell zumindest, ordnete ihre Träume aber der Realität unter. Ohne den Druck war sie einigermaßen erfolgreich. Sie errang einen Startplatz in Wimbledon, bekam in der ersten Runde ein Freilos zugeteilt, gewann in drei Sätzen gegen Thelma Lister und besiegte dann auch Anne Goldsworthy, wodurch sie in die Runde der letzten sechzehn einzog.

Selbst während des Wimbledon-Turniers nahm Tennis nicht ihre ganze Zeit in Anspruch. Sie fuhr weiterhin jeden Vormittag zum Unterricht der Katinka School of Dress Design in der Gloucester Road und begab sich erst danach zum All England Club, wo um zwei Uhr die Matches begannen. Angela betrachtete Wimbledon nun eher als Gelegenheit, ihr Designtalent zur Schau zu stellen, als ihr sportliches Können zu beweisen. Sie trug ihre eigene Kreation – einen Hosenanzug mit eingestickten Initialen auf der Brust und den Shorts. In der nächsten Runde traf sie auf Doris Hart und verlor 6:3 und 6:1, aber dieses Mal machte ihr das kaum etwas aus. Tennis war für sie jetzt nur noch eine Nebenbeschäftigung, keine Obsession mehr.

Im Juli bewarb sie sich auf gut Glück auf einen Startplatz bei der Makkabiade. Die in Israel abgehaltene Sportveranstaltung stand Juden aus der ganzen Welt offen. Angela war seit Jahren nicht mehr in einer Synagoge gewesen, doch das spielte keine Rolle, und sie wollte das Heilige Land sehen. Nach einem Testspiel im Chandos Lawn Tennis Club in Golders Green bekam sie die Zusage und reiste im September nach Israel. Dort schaffte sie es im Einzelwettbewerb bis ins Finale, wo sie gegen die herausragende Anita Kanter aus Santa Monica, Kalifornien, spielte, die schon Matches gegen einige der besten Spielerinnen der Welt gewonnen hatte und in jenem Herbst die Nummer neun der USA war. Unter den Anfeuerungsrufen eines Großteils der englischen Makkabiaden-Fußballmannschaft schlug Angela sie glatt mit 6:3 und 6:1. Es war vielleicht das beste Match ihres Lebens.

Kurz nach ihrer Rückkehr nach England fiel ihr in einer Schublade Jones' Visitenkarte wieder in die Hände. Sie hatte dem Journalisten bei ihrem Treffen in Bournemouth nur wenig Beachtung geschenkt, doch jetzt war sie in einer ganz anderen Verfassung. Nach dem Sieg über Kanter war sie wieder optimistisch, was ihre Tenniskarriere anging. Sie hatte keine Verbindungen zur Lawn Tennis Association, erhielt keinerlei Zuspruch von privaten Trainern und nahm an keinem Trainingsprogramm teil. Dieser Jones hatte ihr zumindest eine helfende Hand entgegengestreckt, und er schien an ihre Fähigkeiten zu glauben.

Jones freute sich sehr, von Angela zu hören. Er hatte ihren Erfolg in Tel Aviv verfolgt und wollte einen aus ihrer Perspektive verfassten Bericht in der Zeitschrift *Lawn Tennis and Badminton* veröffentlichen, deren Herausgeber er war. »Sehr gern«, sagte Angela. »Aber steht das andere Angebot auch noch?« Das tat es. Jones erinnerte sie noch einmal daran, dass er kein richtiger Trainer war, wiederholte aber auch, dass er einige neuartige Ideen hätte. Da er nicht viel Zeit habe, müssten sie sich auf einem Platz in der Nähe seines Büros treffen. Er warnte sie, dass die Umkleideräume dort kaum die Bezeichnung verdient hätten, es handle sich im Grunde um einen Haken in der Wand und kaum genug Platz, um sich zu drehen. Aber wenn sie trotzdem bereit wäre, ihn in der folgenden Woche in der Fleet Street aufzusuchen, könnten sie ein bisschen spielen und sich unterhalten. Angela machte einen Termin aus und notierte sich die Daten in ihrer ausgesprochen schönen Handschrift. Das Treffen sollte ihre Tenniskarriere und ihr ganzes Leben auf den Kopf stellen.

Jimmy Jones sollte sich als die wichtigste Person in Angela Buxtons fünfundachtzigjährigem Leben erweisen. Er war ihr Lehrer und Arbeitspartner und – deutlich später – auch ihr Lebensgefährte und Geliebter. Seine Ansichten prägten ihre eigenen, viel stärker als die ihres ersten Mannes, Donald Silk, oder die ihrer Familie. Im erweiterten Sinne prägten sie auch Altheas Sichtweise auf die Welt. Die Erfolge, die sie feierte, nachdem sie mit ihm in Kontakt gekommen war, ließen sich in gewisser Weise auf seinen innovativen Ansatz zurückführen.

Jones war 1912 in Norwood im Süden Londons geboren worden, als Sohn eines Mannes, der Guglielmo Marconi bei seinen Experimenten zur Vervollkommnung der Funkübertragung geholfen hatte. Sein Vater war ein Spieler und gelegentlicher Trinker, und während Jones' Kindheit hatte die Familie wenig Geld und schickte den Jungen manchmal zum Metzger, um dort Essen zu erbetteln. Jones konnte nicht studieren, verfügte aber über einen scharfen Verstand; er verbrachte den Zweiten Weltkrieg damit, im Auftrag der Royal Air Force deutsche Radarsignale zu blockieren. Später ersann und konstruierte er ein frühes Modell einer Radio-Plattenspieler-Kombination. In der späten Phase seines Lebens war er vermutlich der Erste, der die Schlagwahl von Tennisspielern per Computer erfasste.

Jones' Vater hatte Wurzeln auf dem indischen Subkontinent und sah (anders als sein Sohn) nicht »klassisch englisch« aus. Dieses Gefühl, etwas anders zu sein als seine Kindheitsfreunde, prägte Jones' Wesen ebenso wie das gelegentliche Abrutschen der Familie in die Armut und der Mangel an klassischer Bildung. »Er war ein außergewöhnlich unvoreingenommener Mensch«, sagte sein Sohn Simon Jones, der lange in der Sportredaktion der Londoner Tageszeitung *The Independent* tätig war. Obwohl Jones vom Typ her eher sanft und freundlich war, widersprach er sofort, wenn er etwas für falsch hielt, vor allem wenn es um unterdrückte oder anderweitig benachteiligte Personen ging. Er konnte nicht verstehen, wie passiv sich viele Engländer angesichts von Ungerechtigkeit verhielten. Wenn jemand Neues auf einer Pressetribüne auftauchte, war Jones einer der Ersten, die ihn begrüßten, vor allem wenn dieser Neuling aus einem fernen Land kam. »Er wollte, dass sich jeder willkommen und wie zu

Hause fühlte, weil er selbst nicht immer willkommen gewesen war«, meinte Simon Jones.

Außerdem war Jimmy Jones selbst ein hervorragender Tennisspieler. Zwischen 1932 und 1951 war er jedes Jahr in Wimbledon angetreten, außer in den sechs Jahren, in denen das Turnier nicht stattgefunden hatte. 1938 hatte er zum englischen Davis-Cup-Team gehört. 1939 gründete er die Zeitschrift *British Lawn Tennis*, die er aus seinem Büro in der Fleet Street heraus betrieb. Später kam ein zweites Magazin hinzu, *World Bowls*. Doch zu Ruhm brachte es Jones mit Artikeln für eine ganze Reihe von überregionalen englischen Zeitungen. Er war womöglich der produktivste englischsprachige Sportjournalist seiner Zeit. Offiziell war er als leitender Tenniskorrespondent beim *Daily Mirror* angestellt, doch er war stets bereit, für jeden, der ihn für seine Texte bezahlte, nach Europa und darüber hinaus zu reisen. Unter seinen Auftraggebern waren Zeitungen und Boulevardblätter aus ganz England, aber auch aus Südafrika, Indien und Australien, und die Texte, die Jones unter verschiedenen Pseudonymen und seinem eigenen Namen, C. M. Jones, verfasste, drehten sich um Tennis, Rasenbowling, Fußball, Snooker und eine Vielzahl andere Sportarten. Jones schrieb vier oder fünf Artikel über ein und dasselbe Spiel, jeweils stilistisch angepasst an das entsprechende Blatt. Diese offensive Art des freien Journalismus war damals nicht ungewöhnlich, aber niemand war so umtriebig wie Jones. (Ein britischer Journalist, David Gray, brachte Artikel unter dem Namen Henry Raven heraus, eines berühmten Mörders. Als Gray eines Tages so viele Aufträge für Forest Hills hatte, dass er nicht in der Lage war, Ravens Kolumne für den *Sunday Telegraph* zu schreiben, ließ er sein fiktives Alter Ego ums Leben kommen. Die Zeitung trieb das Spiel noch weiter, indem sie einen Nachruf auf ihn abdruckte.)

Auf diese Weise sicherte sich Jones ein gutes Auskommen, auch wenn er nicht des Geldes wegen schrieb. Häufig handelte er mit den Zeitungen gar kein konkretes Honorar für einen Artikel aus, sondern schrieb ihn einfach, in der Hoffnung, dass er gedruckt würde. Er war immer angenehm überrascht, wenn er einen Scheck erhielt. Das entsprach zum Teil der typischen Befangenheit der englischen Mittelschicht beim Thema Geld. »Sich ständig Gedanken über Finanzen zu machen gilt als äußerst vulgär«, sagte Simon Jones. »Für meinen Vater spielte Geld keine große Rolle.«

Was ihn antrieb, war Leidenschaft, und die galt vor allem dem Tennis. Er schrieb über quasi jede Disziplin, in der es einen Spielstand zu verfolgen gab, sowie über einige, bei denen das nicht der Fall war, und verfasste herausragende Texte über so unterschiedliche Sportarten wie Snooker, Cricket und Tischtennis, doch seine wahre Berufung war das Rasentennis. Jones' Tennismagazin brachte kaum Geld ein, aber es war für ihn die Eintrittskarte zu allen wichtigen Turnieren. Er betrachtete es als ein Schaufenster, in dem er sich selbst ausstellen konnte, um sich Zugang zu neuen Bereichen zu verschaffen.

Einer dieser Bereiche war die Trainertätigkeit. Jones hatte keinerlei Ausbildung in diese Richtung, wie er Angela gegenüber betonte, doch das war ohnehin die Ausnahme. Im Verlauf seines Berufslebens hatte er einige innovative Ideen in Bezug auf das Tennisspiel entwickelt, vielleicht gerade weil er nicht studiert hatte. Manche von ihnen waren taktischer Natur, etwa die Überzeugung, dass Volleyschläge am Netz deutlich häufiger zum Erfolg führten, wenn man den Schläger von Anfang an leicht in Richtung Rückhandposition hielt. Die Theorie dahinter lautete, dass man von Natur aus deutlich schneller die Vorhandposition einnehmen könne als die Rückhandposition. Andere Konzepte bezogen sich auf das Training. In einer Zeit, in der herausragende Spieler wie Pancho Gonzalez und Alice Marble starke Raucher waren, hatte Jones nichts für Zigaretten übrig, trank selten auch nur ein Glas Wein und hielt sich sein ganzes Leben über fit und blieb schlank.

Als er Angela an der Bushaltestelle in Bournemouth getroffen hatte, arbeitete er gerade an einer methodischen Erfassung der Schlagwahl, die Bill Tildens Prinzip, Längen und Winkel zu variieren, bis ins logische Extrem trieb. Jones nannte sein Konzept »Mustertennis« und fand in Angela das perfekte Instrument zu dessen Umsetzung. »Wie einer Tennis spielt, das wurzelt in seiner Natur und Herkunft, um sich motorisch in Schlagvarianten und Spielzügen zu äußern«, schrieb John McPhee. »Wer bedächtig ist, spielt bedächtig Tennis, und wer auffallen will, der spielt vermutlich auch entsprechend.« Angela setzte ihre Schläge gewissenhaft, ihre Spielweise war beständig, aber auch ein bisschen langweilig. Sie war klug genug, um die Theorie hinter Jones' Strategien zu verstehen, aber nicht so ein Naturtalent, dass es sie gereizt hätte, von seinen Vorgaben abzuweichen. Und sie war fähig genug, sie umzusetzen, und bereit, die unorthodoxen Trainingsmethoden mitzumachen, wenn sie eine Verbesserung versprachen – etwa bei Intervallsprints Steine von der Straße aufzulesen, um ihre Schnelligkeit und Koordination zu steigern. In einer Sportart, die auf Konventionen beruhte, war diese Bereitschaft ein entscheidender Vorteil.

»Vieles von dem, was oft als Talent bezeichnet wird, ist eigentlich eine mentale Fähigkeit«, sagte später Shirley Brasher, geborene Bloomer, die zwischen 1955 und 1958 eine der besten Tennisspielerinnen Englands war. »Das, was Jimmy Angela beibrachte, funktionierte bei ihr ziemlich gut. Hätte man versucht, Angela Mortimer oder mir oder Ann Jones oder Christine [Truman] diese Spielweise aufzuzwingen, wäre das furchtbar schiefgegangen. Aber zu Angela Buxton passte sie.«

Im November und Dezember 1953 brachte Jones in seiner Mittagspause Angela auf dem Allwetterplatz der Lincoln's Inn Fields die Grundlagen des Mustertennis bei. Er arbeitete seit Jahren an seinen Konzepten und war begierig darauf, sie einer lernwilligen Schülerin zu vermitteln. Schlag den Ball erst hierhin und dann dorthin, hieß es, wenn er Angela eine lange Abfolge strategischer Bewegungen darlegte. »Es war eher Schach als Tennis«, erinnerte sich Angela. »Es ging darum, den Ball in Bewegung zu halten, die Kontrolle zu bewahren und sich nicht unter Druck setzen zu lassen. Man spulte eine Erinnerung ab.«

Die Anwälte und Mitarbeiter vom nahe gelegenen Gericht, die in der Sonne saßen und ihre Sandwiches aus typischen braunen Papiertüten verspeisten, sahen verblüfft zu, wie Angela die seltsamen Übungen absolvierte. Sie hatten noch nie jemanden auf diese Weise Tennis spielen sehen. Jones forderte Angela auf, den Ball zweimal nacheinander longline zu spielen, dann eine Rückhand quer über den Platz auf die andere Seite des Feldes zu schlagen und anschließend einen erneuten Longline-Ball folgen zu lassen. Wenn sie es nicht schaffte, ein Muster korrekt auszuführen, brachen die beiden den Ballwechsel ab, und Jones demonstrierte ihr die Abfolge erneut, bis sie saß. »Präg es dir ein«, sagte er, und dann gingen sie zur nächsten Kombination über.

Jones war Journalist und berichtete als solcher über die meisten der Turniere, an denen Angela teilnahm, deshalb versuchte er, die Zusammenarbeit mit ihr so weit wie möglich vor der Öffentlichkeit zu verbergen. Dennoch war sie in der kleinen und etwas inzestuösen Londoner Tennisszene in den Fünfzigerjahren schnell ein offenes Geheimnis. Was der tennisbegeisterte Vierzigjährige in der passablen, aber nicht unbedingt hochbegabten Jugendlichen sah, war ein Quell hitziger – und gelegentlich derber – Diskussionen. »Er hatte ein sehr seltsames Verhältnis zu Angela, das niemand von uns so richtig verstand«, erinnerte sich John Barrett. »Ich glaube, dass er von ihr besessen war. Und er wollte sie groß herausbringen. Er hat sie nach seinem Willen geformt.«

Nach längerem Überlegen fragte sich Barrett allerdings, ob Jones nicht vielleicht doch eher von Angela fasziniert war als besessen. »War das zwischen den beiden mehr als eine Lehrer-Schülerin-Beziehung? Ich weiß es nicht«, sagte er. »Aber er hatte endlich jemanden gefunden, den er seine Theorien ausprobieren lassen konnte. Und er war ein hervorragender Theoretiker.«

Barrett gesteht Jones gern zu, dass viele seiner Überlegungen fundiert waren. Jones plädierte für körperliche Beweglichkeit und Dehnübungen zu einer Zeit, als wenige renommierte Spieler, vor allem nicht die aus dem traditionalistischen England, etwas darauf gaben. Stattdessen bekamen die Sportler regelmäßig zu hören, sie sollten während eines Matches Salztabletten nehmen und möglichst nichts trinken, damit sie keine Krämpfe bekämen. Es sei ein Wunder, meinte Barrett später, dass niemand an Dehydrierung gestorben sei. Er und viele andere absolvierten halbherzige Übungen und gingen hin und wieder joggen, doch nichts davon wirklich regelmäßig. Währenddessen ließ Jones Angela im Regent's Park neben fahrenden Autos herrennen, um ihre Antrittsgeschwindigkeit zu erhöhen.

Die Beziehung zwischen den beiden war symbiotisch. Angela setzte Jones' theoretische Konzepte in konkrete Bewegungen um wie ein »Roboter« – so nannte Maureen Connolly sie später einmal. Und er war der radikale Tennisverrückte, nach dem sie gesucht hatte, seitdem sie sich in Südafrika mit nur einer halben Stunde Training pro Woche zufriedengeben musste. »Sie war fast schon fanatisch«, sagte Barrett. »Arbeiten, arbeiten, arbeiten. Es war an der Grenze zum Fanatismus. Das ist ein gutes Wort im Zusammenhang mit Angela Buxton: fanatisch. Anders habe ich sie nie erlebt.«

Anfang Januar 1954 unterzogen Jones und Angela das Mustertennis einer ersten Feuerprobe. Sie nahm an einem U-21-Tur-
nier in Roehampton im Südwesten von London teil. Das Turnier fand skurrilerweise draußen statt, in der Absicht, dass die
unsteten Wetterverhältnisse die Sache noch spannender machen würden. Wenig hilfreich waren sie auf jeden Fall in Bezug
auf die Zuschauerzahlen, da nur wenige Fans Lust hatten, in der
kalten Januarluft zu frieren, während der Wind vom Ärmelka-
nal herüberpfiff.

Vor dem Turnier war Angelas Vater mit ihr ins Kaufhaus
Simpson's gegangen. Als sie aus dem Aufzug trat, fiel ihr Blick
auf einen Kleiderständer, an dem eine flaschengrüne Jacke mit
Lammfellfutter hing. Harry kaufte sie ihr für ihren Auftritt in
Roehampton. Bei den örtlichen Modefotografen schlug diese
Jacke ein wie eine Bombe, vor allem als Angela das Turnier unerwarteterweise gewann. Das Feld war nicht stark besetzt gewesen, und der Sieg bedeutete nicht, dass die Muster, die Jones sie
immer wieder durchexerzieren ließ, auch gegen Gegnerinnen
wie Hart oder Brough funktionieren würden, aber sie machte
offensichtlich Fortschritte. Zu dem Zeitpunkt arbeitete sie seit
sechs Wochen mit Jones zusammen.

Ihr Interesse an Mode bewog Angela, sich um eine Stelle bei
Lillywhites zu bewerben, einem Sportartikelgeschäft in der
Regent Street nahe des Piccadilly Circus, das damals das nam-
hafteste der ganzen Stadt war (und es wohl auch noch heute ist,
auch wenn die eleganten Kleidungsstücke der Fünfzigerjahre
Fußball- und Rugby-Trikots aus der ganzen Welt und Sportarti-
keln aller Art weichen mussten). In einem Schreiben an das Geschäft hatte Angela erklärt, dass sie eine Tennisspielerin sei, die
beabsichtige, groß herauszukommen. Sie suche eine Stelle, die
ihr genügend freie Zeit ließ, um zu trainieren und an Turnieren
teilzunehmen. Derartige Kooperationen zwischen Sportlern

und Unternehmen sind heute gängig, doch im London der damaligen Zeit war es revolutionär. Tennis war etwas, mit dem man sich seine freie Zeit vertrieb, wenn man welche hatte, nicht etwas, um das herum man sein Leben aufbaute.

Lillywhites war einverstanden, vielleicht weil man dort verstand, dass das Geschäft von dieser Zusammenarbeit profitieren könnte, wenn Angela Erfolg hatte. Allerdings war man aufgrund ihrer eingeschränkten Verfügbarkeit nicht bereit, ihr mehr als fünf Pfund pro Woche zu bezahlen. Angela akzeptierte das Angebot und behielt den Job vier Jahre lang, den Rest ihrer Tenniskarriere über. Später, als ihr Bild öfter in den Zeitungen zu sehen war, legte das Geschäft einen jährlichen Bekleidungsgutschein in Höhe von hundertfünfzig Pfund oben drauf, doch der Lohn blieb immer gleich. Zu Beginn arbeitete Angela als Sekretärin des Leiters der Schuhabteilung im vierten Stock, Mr. Greatrex. Sie saß hinter den Schuhkartons und nutzte ihre in Los Angeles erworbenen Stenografiekenntnisse, um seine Gespräche mitzuschreiben. Dabei war sie hinter den hohen Stapeln kaum zu sehen.

In den ersten Monaten des Jahres 1954 erlebte das Damentennis eine jener Zeiten, in denen eine Spielerin das gesamte Geschehen beherrschte. Ähnlich wie Helen Wills Moody vor ihr und Martina Navratilova und Steffi Graf nach ihr spielte Maureen Connolly einfach in einer anderen Liga als ihre Konkurrentinnen. Sie sah gar nicht aus wie eine große Sportlerin, verlor aber so gut wie kein Match. Sie war ein Naturtalent, ein Tennisgenie. Betty Rosenquest hatte sich als Neunzehnjährige aus New Jersey einen Großteil des Jahres 1947 über darum bemüht, in Kalifornien die Aufmerksamkeit von Eleanor »Teach« Tennant auf sich zu ziehen, Alice Marbles ehemaliger Trainerin. Eines Tages forderte Tennant Rosenquest auf, sie nach San Diego zu begleiten, wo sie eine junge Schülerin hätte. Diese Schülerin war Connolly, dünn und schmächtig und erst dreizehn Jahre alt. Tennant ließ Rosenquest, die damals zu den besten zwanzig Spielerinnen des Landes zählte, einen Satz gegen Connolly spielen, um deren Fähigkeiten zu testen. Rosenquest erkämpfte sich mit Mühe einen 8:6-Sieg und kehrte danach wie benommen nach Los Angeles zurück. Sie hatte sofort erkannt, dass dieses zierliche Geschöpf die Zukunft war.

Als Connolly, die schnell unter dem Spitznamen »Little Mo« bekannt war, Mitte 1952 so richtig in Fahrt kam, gab sie bei den großen Turnieren kein Match mehr aus der Hand. Es kam selten vor, dass sie auch nur einen Satz verlor. Innerhalb von drei Jahren holte sie neun Grand-Slam-Titel, eine bis heute unübertroffene Serie. In jener Zeit lag ihre Matchbilanz in Wimbledon, Forest Hills sowie bei den französischen und den australischen Meisterschaften bei unvergleichlichen und unglaublichen 50:0. Darüber hinaus gewann sie alles andere, was es zu gewinnen gab, einschließlich ihrer Matches beim Wightman Cup.

Connollys Markenzeichen waren eine perfekte Beinarbeit und harte Schläge. Sie rückte nur selten ans Netz vor, sondern blieb lieber auf der Grundlinie und jagte von dort aus Vorhand- und Rückhandschläge ins gegnerische Feld. Dabei schien sie immer optimal zu stehen, egal, wie ein Ball gespielt war, und ihr Überblick über die geometrischen Gegebenheiten des Spiels wirkte übernatürlich für einen so jungen Menschen. Wer gegen Connolly antrat, hatte das Gefühl, als bliebe die Zeit stehen. Man setzte einen Gewinnschlag, und sie war irgendwie trotzdem zur Stelle – sie schien sich den Ball nicht einmal zu erlaufen, sondern einfach schon am richtigen Ort zu warten, nur um ihn noch härter zurückzuschlagen. Dieses Hase-und-Igel-Spiel war frustrierend und zermürbte eine Topspielerin nach der anderen. Connolly hatte eine fast schon unheimliche Konzentrationsgabe und eine fatale Beständigkeit. Rosenquest erinnerte sich später daran, wie sie zu Beginn von Connollys Karriere mehrere Doppelturniere zusammen bestritten hatten, während derer Connolly keinen Return verschlagen hatte – keinen einzigen. »Schon ihr zuzusehen machte den Rest von uns besser«, sagte sie.

Connolly zweifelte keine Linienrichterentscheidung an, sie spielte einfach weiter. Wenn sie einen Punkt verlor, könne sie das später wieder ausgleichen, meinte sie. Lag sie in einem Spiel 0:40 hinten, fühlte es sich trotzdem wie eine 40:0-Führung an. »Das vermittelte zumindest ihr Auftreten«, sagte Doris Hart. Hart war fast zehn Jahr älter als Connolly. Beide waren katholisch, und wenn sie an den gleichen Turnieren teilnahmen, gingen sie sonntags zusammen in die Kirche. Connolly sprach mit Hart wie mit einer älteren Schwester, aber auf dem Platz fertigte sie sie genauso ab wie alle anderen. Sie war laut Ted Schroeder die siegeshungrigste Spielerin, die er je getroffen hatte – mehr als Kramer, Gonzalez, McEnroe und andere Tennisgrößen. Da Connolly panische Angst vor einer Niederlage hatte, drosch sie mit unaufhaltsamer Wucht auf jeden Ball ein.

Nachdem sie als erste Frau alle vier Grand-Slam-Turniere in einer Saison gewonnen hatte (das haben bis heute nur zwei weitere Spielerinnen geschafft), ließ Connolly die Australian Open 1954 aus, weil ihr die Reise zu weit war. Ein paar Monate später gewann sie die französischen Meisterschaften und triumphierte ohne Mühe erneut in Wimbledon, wo sie im Finale Louise Brough bezwang. Da Shirley Fry im Juli bei den US Clay Court Championships in River Forest, Illinois, verletzungsbedingt ausfiel, trat Connolly dort mit Hart zusammen im Doppel an. Die beiden waren nicht aufzuhalten. Connolly glich Harts mangelnde Beweglichkeit mehr als aus. Im Finale setzten sie sich ohne Weiteres gegen Althea und Nancy Norton durch, und als die vier am Schiedsrichterstuhl zusammenkamen, wandte sich Althea zu Connolly und erklärte mit hartem Blick: »So gut seid ihr beiden gar nicht. Eigentlich müssten wir euch schlagen können.«

Connolly wusste nicht, wie sie reagieren sollte. Noch nie hatte jemand etwas so Unverschämtes zu ihr gesagt, erst recht nicht jemand vom Stand einer Althea, die im Damentennis zu der Zeit kaum mehr als eine Fußnote war. Sie schaute hilfesuchend zu Hart hinüber. Hart war außer sich über diese Unverfrorenheit. Deshalb schlug sie eine Wette vor: »Du und Nancy, ihr seid doch auch morgen noch hier, oder? Weißt du, was wir dann machen? Ihr versammelt eure Freunde und treibt so viel Geld auf wie möglich. Maureen und ich machen das Gleiche. Und dann spielen wir ein Revanche-Match.«

Althea zögerte. »Ich habe ein Recht auf eine eigene Meinung«, sagte sie.

»Das stimmt, du hast ein Recht darauf«, erwiderte Hart mit hartem Blick. »Aber bis du mich oder Maureen besiegt hast, sagst du nichts mehr über uns. Sollte es dir je gelingen, kannst du von dir geben, was du willst.«

Nach diesem Turnier fuhr Connolly nach San Diego, um vor den US Championships zwei Wochen Urlaub in der Heimat zu machen, während Hart in Chicago blieb. Geplant war, dass Connolly anschließend mit dem Flugzeug in den Mittleren Westen kommen und mit Hart zusammen in deren Auto nach New York fahren sollte. »Sie konnte es kaum erwarten, wieder zu Hause zu sein«, erinnerte sich Hart später. »Sie hat mir erzählt, dass sie jeden Tag reiten wolle.« Wie es aussah, würde Connolly noch viele weitere Jahre lang Sieg um Sieg holen. Sie war keine zwanzig Jahre alt.

Am 20. Juli 1954 machte Connolly nicht weit entfernt von ihrem Zuhause einen Ausritt auf ihrem Pferd Merryboy. Sie verließ den Reitweg in Richtung einer Baustelle. Als ein

Zementmischer auftauchte, erschreckte sich das Pferd. Es ging durch, rannte auf das Fahrzeug zu, kam aus dem Tritt und stürzte. Connolly wurde zwischen Pferd und Zementmischer eingequetscht, was zu einem Bruch des rechten Beines und einem Muskelabriss in der Wade führte. Es folgte eine vierstündige Notoperation.

Später verklagte Connolly die Betonfirma. Sie engagierte John Butler, einen Top-Prozessanwalt aus San Diego, der später Bürgermeister der Stadt wurde und Jack Kramer in den Zeugenstand berief. Kramer hatte Profitourneen durch die ganzen USA organisiert, mit zwei bzw. vier Tennisspielern, und sagte aus, dass er mit Connolly über die Möglichkeit gesprochen habe, nach dem Turnier in Forest Hills in jenem Sommer zu den Profis zu wechseln. Der australische Trainer Harry Hopman legte dar, dass eine solche Tour Connolly zwei Jahre lang 75 000 Dollar pro Jahr hätte einbringen können. Daraufhin sprach ihr das Gericht eine Entschädigung in Höhe von 95 000 Dollar zu. Sie trat nie wieder bei einem Tennisturnier an.

Harts Meinung nach war Connolly schon bereit gewesen, ihre Karriere zu beenden, obwohl sie erst knapp zwanzig war. »Sie hatte alles gewonnen, was man gewinnen konnte. Ich bezweifle ernsthaft, dass sie nach 1954 noch weitergespielt hätte.« Selbst nach der Operation hätte Connolly laut Hart dort weitermachen können, wo sie aufgehört hatte, als beste Tennisspielerin der Welt, aber sie wollte nicht. Connollys Ehemann, Norman Brinker, nutzte das vor Gericht erstrittene Geld, um damit das erste Restaurant der Kette »Steak and Ale« zu eröffnen. Später unterzog sich Connolly einer Operation, um die Narbe zu kaschieren, und spielte in ihrer Freizeit wieder ein wenig Tennis. Sie starb 1969 mit nur vierunddreißig Jahren an Krebs.

Ob der Unfall nun den Verlauf der Tennisgeschichte beeinflusste oder nicht – Connolly war aus dem Spiel. Und da auch

Hart sich bald vom Court verabschiedete, machte eine Generation langsam der nächsten Platz. Hart gewann 1954 nach fünf Finalteilnahmen zum ersten Mal die US Championships. 1955 verteidigte sie den Titel in Forest Hills. Dann beendete sie ihre aktive Karriere, um als Tennistrainerin im Flamingo Hotel in Miami zu arbeiten.

Da es keine Damen-Profitour gab, der sie sich hätte anschließen können, war Tennisunterricht die einzige Möglichkeit, um mit dem Sport Geld zu verdienen. Wer aufhörte, hörte eben auf und suchte sich eine andere Arbeit. Für Hart bedeutete das, dass sie Tennisstunden gab, zunächst im Flamingo und im Bath & Tennis Club in Spring Lake, New Jersey, und später fast drei Jahrzehnte lang im Hillsboro Club in Pompano Beach. Dort war sie bis in die Achtzigerjahre hinein anzutreffen, eine der besten Tennisspielerinnen ihrer Epoche, die nun jedem, der eine Stunde bei ihr buchte, die richtige Beinarbeit beibrachte – ein abschreckendes Beispiel für Althea und alle anderen, die sich mit einem Amateursport den Lebensunterhalt verdienen wollten.

Mit Sydney Llewellyn

8

DIE FRAU OHNE SPITZNAMEN

Wie Doris Hart so treffend bemerkt hatte, war Althea wirklich
nicht in der richtigen Position für Staralüren. Sie hatte weder
Hart noch Maureen Connolly oder Louise Brough je besiegt
und bisher kein bedeutendes Turnier gewonnen. Seit der Niederlage gegen Brough in Forest Hills 1950 trat sie ziemlich auf
der Stelle. Ihr Tennisspiel hatte sich kaum verbessert, und es
kam selten vor, dass sie einmal gegen eine höher platzierte
Spielerin gewann. »Altheas Name ist seit einem Jahr aus den
Schlagzeilen der Sportteile verschwunden«, war im Juni 1953 in
der Zeitschrift *One World* zu lesen. »Hat sie den Boden unter den
Füßen verloren?«

Ganz so schlimm war es nicht, aber Althea hatte eben nicht
die Fortschritte gemacht, die man nach ihrem starken Auftritt
gegen Brough von ihr erwartet hatte. Als sie im Sommer 1951
aus Wimbledon zurückkehrte, unterlag sie in Forest Hills Connolly. Nach dem Wintersemester in Tallahassee nahm sie 1952
erneut an USLTA-Turnieren teil. Beim Good Neighbor Tournament in Miami Beach, das sie im Vorjahr gewonnen hatte,
verlor sie nun in drei Sätzen gegen die wenig beeindruckende
Magda Rurac. Im Mai absolvierte Althea ein offensiv bewor-
nes Showmatch gegen Connolly in Chicago und verlor erneut.
Im August unterlag sie beim Eastern Grass Courts in Orange

gleich in der ersten Runde Anita Kanter (die später in Israel von Angela bezwungen werden sollte), woraufhin Hamilton Chambers vom *Racquet*-Magazin schrieb: »Miss Gibson läuft die Zeit davon.«

Während der Turnierwoche in Orange wohnte Althea bei Familie Darben im nahen Montclair, New Jersey. Sie hatte Rosemary Darben bei einem ATA-Turnier im Shady Rest Country Club in Scotch Plains, New Jersey, kennengelernt. Rosemary, eine ganz passable Spielerin der Schwarzen Tennisszene, lud Althea ein, sich während der Easterns im Haus ihrer Familie einzuquartieren, was diese annahm – in diesem und in den folgenden sieben Jahren. Altheas Freundschaft mit Rosemary überdauerte bis ins neue Jahrtausend hinein, und bald betrachtete sie auch Rosemarys Bruder William wie einen eigenen Bruder – auch wenn er offensichtlich gern mehr für sie gewesen wäre.

Unter den anderen Teilnehmerinnen der Tennisturniere hatte Althea wenig bis keine echten Freundinnen, niemanden, dem sie ihre Hoffnungen und Träume anvertrauen konnte, und nahm daher die Unterstützung der Darbens dankbar an. Doch die positiven Auswirkungen auf ihr Tennisspiel blieben aus. In Forest Hills erarbeitete sie sich im folgenden Monat eine 5:3-Führung im ersten Satz gegen Doris Hart, bevor diese in den folgenden vier Spielen alle Punkte bis auf fünf für sich entschied und auch im Rest des Matches kaum einen Ballwechsel verlor, sodass sich Althea mit 7:5 und 6:1 geschlagen geben musste. Wie immer bewegte sich Hart nicht sonderlich viel, war aber trotzdem stets zur Stelle, wohin Althea den Ball auch schlug. Das sei eben der Vorteil, wenn man schon so viele Turniere bestritten habe, sagte sie später. Sie hatte einen halben Satz gebraucht, um Althea zu durchschauen, und danach ganz genau vor Augen, wo sie stehen musste, um zu punkten. Althea wusste nicht, wie ihr geschah; sie war am Schluss des Matches einfach nur wütend und frustriert.

Zwischen Jugend und Erfahrung festhängend, erlebte sie diesen Frust viel zu häufig. Nach dem Studienabschluss an der Florida A&M im Frühjahr 1953 reiste sie im Sommer von einem Turnier zum nächsten. Die Ergebnisse lesen sich wie eine Aneinanderreihung vergebener Chancen. Althea unterlag im Finale der Western Championships in Milwaukee gegen die Australierin Thelma Long. Am 26. Juli erreichte sie das Endspiel der National Clay Courts in River Forest, wo sie ehrenvoll mit 6:4 und 6:4 gegen Connolly verlor, die eigentlich nur selten auf Sandplätzen antrat. Im Merion Cricket Club lieferte sie sich eine Woche später ein hart geführtes Match gegen Brough – das erste seit dem Zusammentreffen in Forest Hills drei Sommer zuvor. Althea verlor mit 7:5 und 6:1, zeigte aber eine gute Leistung. Im August kassierte sie in Orange eine Niederlage gegen Hart, bei der sie nur fünf Spiele holte. Dann traf sie in Forest Hills erneut auf Connolly und musste feststellen, dass ihr der vielgepriesene Aufschlag abhandengekommen war; nach zwei kurzen Sätzen war das Match vorbei.

Direkt nach Forest Hills machte sich Althea auf den Weg nach Jefferson City in Missouri, wo man ihr einen Job als Trainerin des Herrentennisteams der Lincoln University angeboten hatte. Dort blieb sie von Herbst 1953 bis Frühsommer 1955, fernab des großen Tenniszirkus. Sie nahm zwar weiterhin an ATA- und USLTA-Veranstaltungen teil, aber nur in Nordamerika. So traf man sie im Sommer bei den Turnieren in Lancaster und Orange an, und sie sicherte sich auch pflichtbewusst jedes Jahr die ATA-Meisterschaft, bevor sie nach Forest Hills weiterreiste. Die Anzahl der sportlichen Tiefschläge war dennoch beträchtlich. Allein im Juli 1954 verlor sie im Viertelfinale in Orange glatt in zwei Sätzen gegen die Engländerin Helen Fletcher –

wahrlich keine Tennislegende – und dann in der zweiten Runde in Merion gegen die unbekannte Janet Hopps. Bei den US Clay Courts in River Forest spielte sie noch im selben Monat eines der schlechtesten Matches ihres Lebens, als sie Lois Felix, die nun wirklich keine Alice Marble war, gleich in der ersten Runde mit 6:0 und 6:1 unterlag. Auch in Forest Hills am Ende des Sommers war schon in der ersten Runde gegen Helen Perez Schluss. Althea war offensichtlich vom Kurs abgekommen.

Früher in jenem Jahr war sie in der Fernsehsendung *This Is Your Life* zu Ehren von Alice Marble aufgetreten. Viele Zuschauer hatten sich bestimmt schon gefragt, was mit Althea Gibson los war. Nach der Saison 1952 hatte sie im Ranking der besten US-Tennisspielerinnen auf Platz neun gestanden, 1953 auf Platz sieben und 1954 auf Platz dreizehn. »Fortschritt kann man das nicht nennen«, schrieb sie selbst.

Auch was die Überwindung der Rassentrennung anging, war sie nicht weitergekommen, sondern hatte sogar eher das Gefühl, Rückschritte gemacht zu haben. Sie war als erste Schwarze in Forest Hills und in Wimbledon angetreten und durfte trotzdem oft nicht in den Hotels übernachten, in denen die *weißen* Spieler und Spielerinnen während der Turniere unterkamen. Gardnar Mulloy, der gelegentlich ihr Partner im gemischten Doppel war, erinnerte sich später daran, wie schwierig es für Althea gewesen war, in seiner Heimatstadt Miami ein Hotelzimmer zu finden. Und das galt nicht nur für die Südstaaten. Bei den Privatunterkünften der renommierten Turniere an der Ostküste sah es keinen Deut besser aus.

Es gab allerdings Ausnahmen. Wenn Althea anlässlich der Pennsylvania Lawn Tennis Championships nach Merion kam, quartierte Bill Clothier sie bei hochrangigen Mitgliedern der Gesellschaft wie A. Willing Patterson aus Radnor ein, weil er der Meinung war, wer sich einen Platz im Hauptfeld verdient hatte, dem stand auch eine bequeme Unterkunft zu. Das war eine sehr aufgeklärte Ansicht, vor allem für einen eingefleischten Konservativen wie Clothier, aber auch eine Seltenheit. Meist übernachtete Althea in heruntergekommenen Motels am anderen Ende der Stadt, ohne organisierten Transport zur Tennisanlage. Bei den Colorado State Championships in Denver, wo der Tenniszirkus traditionellerweise nach Forest Hills haltmachte, nahm Mulloy einmal sowohl seine Frau als auch seine Doppelpartnerin Althea mit zum Tennisball. Sobald die drei zusammen den Saal betraten, war sofort überall lautes Getuschel zu vernehmen, das nicht aufhörte, bis Mulloy Althea dazu drängte, zusammen mit der Band zwei Lieder vorzutragen. Sie sang fast wie ein Profi und nahm so das Publikum für sich ein. Vielleicht war es für die versammelte Gesellschaft einfacher, Althea als Teil der Abendunterhaltung zu betrachten statt als Ehrengast.

Betty Rosenquest erinnerte sich später daran, wie ihr Althea damals in den Umkleideräumen auffiel. Sie stach einfach immer aus der Menge hervor. »Sie müssen sich vor Augen führen, dass sie damals die erste Schwarze unter uns war«, sagte sie. »Das war ganz neu für uns.« Nur wenige der Spielerinnen kannten »Farbige«, wie man sie damals nannte, näher als nur vom Sehen. Und obwohl Althea häufig einen trockenen Humor bewies und meist bereitwillig an den Karten- und Lästerrunden teilnahm, die so typisch waren für den Amateurzirkus, stach sie durch ihre Art aus der Menge der anderen Spielerinnen heraus. Jede Woche pinnte jemand dort, wo gerade das aktuelle Turnier stattfand, kurze Geschichten an das Schwarze Brett, in denen alle Spielerinnen mit Spitznamen vertreten waren. Rosenquest war »die Fitness-Königin«, wohl weil sie den einen oder anderen Sit-up absolvierte. Dottie Head Knode wurde aufgrund ihres ersten Nachnamens und ihrer Intelligenz »Köpfchen« genannt. Es war wie in einem Privatclub oder einer Studentinnenvereinigung, mit Kosenamen, die nur untereinander Verwendung fanden. Althea lief an diesen Anschlägen vorbei, ohne sie zu verstehen oder sich dafür zu interessieren. Sie war nicht Teil dieses Clubs. Sie hatte keinen Spitznamen.

In jenem Sommer 1955 wurde der vierzehn Jahre alte Schwarze Emmett Till, der aus Chicago kam und in Mississippi zu Besuch war, brutal zusammengeschlagen, in den Kopf geschossen und in den Tallahatchie River geworfen. Der Mord war eine von tief sitzendem Hass befeuerte Reaktion auf die gerichtlich festgesetzte Aufhebung der Rassentrennung durch das Urteil im Fall *Brown v. Board of Education* im vorausgegangenen Jahr, und er löste ein Beben aus, das überall in den USA und in der ganzen Welt zu spüren war. Im gleichen Jahr hatte Althea in Jefferson City immer noch mit der Rassentrennung zu kämpfen. Sie erhielt keinen Zutritt zur örtlichen Bowlingbahn und bekam in der Nähe der Universität keine Wohnung, da dort nur an *Weiße* vermietet wurde. Sie hatte einen Studienabschluss der Florida A&M in der Tasche und war in der Rangliste der besten Tennisspielerinnen der USA aufgeführt, aber trotzdem bot ihr Leben in vielen Hinsichten weniger Anlass zur Hoffnung als damals, als sie mit Gloria Nightingale und den Mysterious Five Basketball gespielt hatte und ihre Tenniskarriere und das große Abenteuer in der weiten Welt jenseits von Harlem noch Zukunftsmusik gewesen waren.

***

An der Lincoln University ging Althea mit dem Captain aus, der das dortige Rekrutierungsprogramm der Army leitete. Er war Anfang vierzig, fast zwanzig Jahre älter als sie, und entsprach in keiner Weise Altheas bisherigen Vorstellungen eines Partners. Die Beziehung war eine Art Experiment. Da das Tennisspielen ihr in jener Zeit wenig Freude machte, spielte sie mit dem Gedanken an eine radikale Kehrtwende. Sie trat als Sängerin einer fünfköpfigen Jazz-Combo in einem Nachtclub auf, kam erst spät in der Nacht nach Hause und machte sich noch weniger Gedanken über ihre körperliche Fitness als zuvor. »Ich hatte nicht mehr das Gefühl, dass Tennis das Einzige war, was im Leben zählte«, schrieb sie. »Ich wollte viel lieber ausgehen, mich zu Dates verabreden und Spaß haben.«

An der Lincoln University verdiente sie nur dreitausend Dollar im Jahr, von denen sie die Miete bestreiten musste und sehr gewissenhaft ihr Auto abbezahlte. Da Althea es leid war, wenig Geld zu haben, und ihr Selbstvertrauen weitgehend dahin war, erwog sie, dem Women's Army Corps (WAC) beizutreten. Beim Militär schien die Hautfarbe keine große Rolle zu spielen – so verstand sie es zumindest aus den Erzählungen ihres Freundes, des Army-Captains. Die Bezahlung war vergleichsweise gut, noch dazu bei geringen Ausgaben, und da Amerika keinen Krieg mehr führte, wirkte das Leben dort deutlich verlockender, als Abend für Abend im verschlafenen Jefferson City Karten zu spielen. Also reichte Althea ihre Bewerbung ein und stellte sich auf den Fitnesstest ein. Sie bedauerte es, das Tennisspielen aufgeben zu müssen, da sie so hart dafür gearbeitet hatte, doch in der erdrückenden Kleinstadtwelt in Missouri sah sie keine andere Möglichkeit für sich.

Im Sommer 1955, während Althea darauf wartete, dass ihre Bewerbung bearbeitet wurde, bestritt sie mehrere Tennisturniere. Sie gewann – wie immer – die ATA-Meisterschaften und nahm im Juli an einer weiteren ihrer Lieblingsveranstaltungen teil, den Red Rose Championships der USLTA in Lancaster, Pennsylvania, wo sie sich zum zweiten Mal in Folge den Einzeltitel sicherte und mit ihrem alten Freund Billie Davis, den sie noch aus Cosmopolitan-Club-Zeiten kannte, auch im gemischten Doppel gewann. Davis wurde von Sydney Llewellyn trainiert, einem aus Jamaika stammenden New Yorker, der in Harlem Tennisstunden gab, wenn er sich nicht gerade seinen Lebensunterhalt als Taxifahrer verdiente. Llewellyn war eine sehr prominente Figur in der Schwarzen Tennisszene, und Althea kannte ihn gut. Die beiden waren sich 1946 zum ersten Mal über den Weg gelaufen, hatten 1950 mehrere Doppelturniere zusammen bestritten und im Verlauf der Jahre gemeinsam einige Veranstaltungen besucht. Llewellyn gab Althea gelegentlich Tipps in Bezug auf ihr Spiel, doch sie war niemand, der beiläufig geäußerte Ratschläge beherzigte. Wenn Llewellyn so viel wusste, fragte sie sich, warum war er dann als Spieler nicht erfolgreicher gewesen? Erfolg war Altheas Währung, nichts anderes zählte für sie.

Kurz bevor Llewellyn Althea in Lancaster spielen sah, hatte er einen kritischen Artikel über sie gelesen. Jetzt trat er an sie heran und meinte, er könne ihr helfen, wenn sie ihn ließe. Althea, die in Gedanken schon halb beim Militär war, willigte ein, obwohl sie nicht davon überzeugt war, etwas von ihm lernen zu können. Llewellyns erster Schritt bestand darin, Althea vom Kontinentalgriff abzubringen. Den hatte Fred Johnson ihr beigebracht, als sie blutige Anfängerin gewesen war, und sie war in all den Jahren dabeigeblieben. Stattdessen zeigte Llewellyn ihr nun den Eastern-Vorhandgriff, bei dem man den Schläger umfasst wie bei einem Handschlag und das Handgelenk leicht nach hinten abwinkelt. Dafür musste Althea eine ganz neue Technik lernen, was nie einfach ist, aber sie machte ihre Schläge kräftiger und gefühlvoller.

In den folgenden Wochen verbrachte Llewellyn viele Stunden damit, Altheas Spielweise komplett zu zerlegen und neu aufzubauen. Sie trafen sich bei ihm in der 161st Street in Harlem und sprachen über Tennis. Althea setzte sich zum ersten Mal mit der Theorie des Spiels auseinander, mit der Frage, warum bestimmte Schläge in manchen Situationen funktionierten und in anderen nicht. Sie hatte immer intuitiv gewusst, dass es Momente gab, in denen sie ans Netz vorrücken musste, und Momente, in denen sie besser hinten an der Grundlinie blieb, aber Llewellyn lehrte sie die Grundlagen der Bewegung auf dem Court und brachte ihr bei, wann sie wo sein sollte und warum. Er war davon überzeugt, dass man die Geometrie des Tennis-spiels beherrschen musste. Seiner Ansicht nach brachten Win-kel und platzierte Schläge einem Spieler mehr Punkte ein als schlichtes Auf-den-Ball-Eindreschen. Laut ihm existierte für jeden Ball eine – und nur eine – richtige Reaktion. Diese Reak-tion gab im Zusammenspiel mit den Fähigkeiten eines Spielers dessen Position und Bewegungen vor. »Man spielt nicht gegen eine konkrete Person«, sagte er einmal, »sondern spult ein Pro-gramm ab, wie eine Maschine.« Seine Philosophie verlangte we-niger Auswendiglernen als das Mustertennis, das Angela von Jimmy Jones lernte, aber das Prinzip war das Gleiche.

Außerdem war Altheas Spiel plötzlich auch ganz von selbst deutlich besser geworden. So ist das im Tennis (und in vielen anderen Bereichen): Man schuftet, kämpft und verzweifelt – und auf einmal macht man einen Sprung. In Altheas Fall hing es zum Teil mit der Konkurrenz zusammen, mit der sie es zu tun hatte. Nun, da die älteren Spielerinnen, die sich nicht von ihr hatten einschüchtern lassen, ihre Karrieren beendet hatten, konnte sie sich gegen diejenigen durchsetzen, die blieben. »Als Althea die Bühne betrat, dominierten die Broughs und Frys und Harts das Geschehen«, sagte die englische Spielerin Shirley Bloomer. »Es war ziemlich schwierig für Althea, diese Riege zu durchbrechen, mental und körperlich. Gegen meine Genera-tion sah es schon anders aus. Ihr Auftreten auf dem Platz war ein Riesenvorteil für sie.«

In der Woche rund um den 24. Juli besiegte Althea die an zwei gesetzte Darlene Hard im Viertelfinale in Merion glatt in zwei Sätzen. Im zweiten Satz, der letztendlich 11:9 ausging, gelang es zwischen dem 3:3 und dem 7:6 keiner von beiden, sich um mehr als ein Spiel abzusetzen, bis Hard schließlich einen Breakball zum Satzgewinn hatte. Althea schlug einen krachenden Aufschlag auf Hards Rückhand, der ihr das Spiel und das Match rettete, und holte sich dann schließlich mehrere Spiele später mit einem Überkopfball den Sieg. Sie hatte clever und beharrlich gespielt. An jenem Samstag trat sie gegen Louise Brough an und erarbeitete sich schnell eine 6:1-2:0-Führung, gewann dann aber in den folgenden elf Spielen nur magere fünfzehn Punkte. Llewellyn riet ihr, sich durch die erste Hälfte des Spiels bestärkt zu fühlen, statt sich vom Ergebnis herunterziehen zu lassen. Beim nächsten Turnier in Orange schaffte es Althea, die nicht gesetzt war, bis ins Halbfinale, wo sie allerdings – verunsichert durch wiederholte Fußfehler-Entscheidungen – gegen Barbara Breit unterlag. Auf jeden großen Fortschritt folgte ein kleiner Rückschritt. Dennoch erkannte Llewellyn eine Entwicklung.

Doch Althea war das Tennisspielen leid, selbst als sich nun eine spürbare Verbesserung einstellte. Das Selbstvertrauen, das sie von Anbeginn an getragen hatte, war immer schwerer rational zu begründen. »Wenn ich wirklich etwas könnte, wäre ich mittlerweile oben angekommen«, schrieb sie in ihrer Autobiografie. In einer nachdenklichen Phase sagte sie zu Llewellyn: »Ich bin eben einfach nicht gut genug. Werde es wahrscheinlich auch nie sein.«

Llewellyn aber glaubte an ihre Fähigkeiten. Zu seinem Unmut lief beim Fitnesstest des Militärs alles glatt, sodass Altheas Aufnahme in das WAC kurz bevorstand, als sie in jenem September in Forest Hills antrat. Dort gewann sie in der ersten Runde gegen Sara Mae Turber und in der zweiten gegen Nell

Hopman. Doch im nächsten Match flogen ihr erneut Beverly Baker Fleitz' kraftvolle, mit links und rechts geführten Schläge um die Ohren – sie verlor glatt in zwei Sätzen und war erneut aus dem Turnier ausgeschieden.

So erging es Althea in jenen Jahren oft, doch eine Sache war dieses Mal anders. Im Verlauf des Turniers erhielt sie eine Anfrage von Ren McMann, Vorsitzender des West Side Tennis Clubs von Forest Hills und ein hohes Tier in der USLTA. Diese Anfrage sollte die Geschichte des Tennissports verändern.

McMann schrieb Althea, dass das Außenministerium der Vereinigten Staaten zur Weihnachtszeit eine Reihe von Tennisspielern für eine Goodwill-Tour nach Südasien entsenden wolle. Zwei Amerikanerinnen und zwei Amerikaner sollten bei Turnieren in Indien, Ceylon (heute Sri Lanka), Pakistan und Birma (heute Myanmar) antreten. Sie würden Showmatches spielen, die Truppen besuchen und als Botschafter der sogenannten freien Welt auftreten. Sämtliche Kosten würden von der US-Regierung übernommen. Eine der beiden Damen wäre wahrscheinlich Karol Fageros aus Miami, eine überdurchschnittliche Spielerin, die es durch die goldene Unterwäsche, die sie unter ihren Tennisröcken trug, zu einiger Berühmtheit gebracht hatte. Die *Cosmopolitan* hatte bereits einen achtseitigen Beitrag über die häufig als »Glamour Girl des Tennis« betitelte Fageros veröffentlicht. Jahre später kürte Ted Tinling Fageros zusammen mit Helen Wills Moody zur schönsten Tennisspielerin, die er in den letzten Jahrzehnten zu Gesicht bekommen habe. Sie hatte helles Haar, dunkle Augenbrauen, strahlend blaue Augen und ein exotisch wirkendes, dreieckiges Gesicht. Auf dem indischen Subkontinent würde sie die Massen anziehen wie ein Magnet und viel Aufmerksamkeit erregen, und genau darauf kam es dem Außenministerium an.

Bei den Herren würden aller Voraussicht nach Ham Richardson und Bob Perry antreten. Auch wenn McMann es nicht ganz so deutlich formulierte, war die Entsendung einer Schwarzen Frau, die unter dem Banner des Außenministeriums auftrat und für die amerikanische Lebensart warb, nach dem Mord an Emmett Till, der dafür sorgte, dass die etwas eingeschlafene Bürgerrechtsbewegung in den USA wieder aufflammte und die Nation im Ausland schlecht dastand, ein kraftvolles Zeichen. Das war kein Einzelfall, wie Amy Bass in *Not the Triumph But the Struggle* darlegt, einem Buch über die Emanzipation der afroamerikanischen Sportlerinnen und Sportler. Der Kongress hatte 1954 einen Notfallfonds für Internationale Angelegenheiten in Höhe von fünf Millionen Dollar bewilligt, wovon ein beträchtlicher Teil dafür gedacht war, afroamerikanische Sportler in die ganze Welt reisen zu lassen, nicht nur, um die Beziehungen zu anderen Ländern zu pflegen, sondern auch um die amerikanische Gesellschaft inklusiver zu machen. Der Olympiaheld Jesse Owens wurde nach Indien geschickt, der Hochspringer Gilbert Cruter nach Westafrika und das komplette Harlem-Globetrotters-Team nach Deutschland, Indonesien, Birma und Italien.

Althea war sich durchaus bewusst, dass sie ihre Auswahl ihrer Hautfarbe zu verdanken hatte. Sie saß wegen ihres PR-Werts für die US-Regierung im Flugzeug nach Asien, nicht wegen ihres starken Netzspiels. Aber sie wusste auch, dass sie in letzter Zeit kein besseres Angebot erhalten hatte. Als sie in Forest Hills stand und McMann dabei zuhörte, wie er ihr die staatlich finanzierte Asienreise schmackhaft machen wollte, erkannte sie, dass es sich erneut um einen Augenblick handelte wie ein Jahrzehnt zuvor, als Dr. Eaton und Dr. Johnson sich ihr in Wilberforce vorgestellt und ihr dargelegt hatten, wie sie sie zum Star machen wollten. »Wer würde dazu schon Nein sagen?«, dachte sie damals, und so ähnlich erging es ihr jetzt auch bei McManns Vorschlag. Für ihr Land zu spielen würde ihr einen ganz neuen Stellenwert in der Tenniswelt verschaffen und wäre eine Chance, noch ein paar weitere Monate lang Tennis zu spielen, ohne über Geld nachdenken zu müssen. Außerdem würde sie so einen Teil der Welt sehen, der sonst wohl unerreichbar bliebe. Althea sagte umgehend zu. Das Women's Army Corps konnte warten.

Während Altheas Karriere eine Flaute erlebte, war Angelas Tennisspiel immer besser geworden. Am 5. Mai 1954, ein Jahr nach der demütigenden Niederlage bei den British Hard Courts in Bournemouth, gelang ihr an einem regnerischen Tag im Londoner Shirley Park Tennis Club ein Satzgewinn gegen Doris Hart. Und fast hätte sie noch einen zweiten geholt.

Das erste Muster, das sie mit Jones zusammen eingeübt hatte, begann mit einem kurzen Ball auf Harts Vorhandseite, gefolgt von einer tiefen Rückhand und einem Sprint zum Netz. Das zweite war eine Variation des ersten und bestand aus einem kurzen Ball auf die Vorhand, einem langen auf die Vorhand, einem langen auf die Rückhand und dem Sprint zum Netz. Und so weiter und so fort. Das Ganze war weniger berauschend als beruhigend. Es nahm der Spielerin den Druck der Schlagwahl, sie brauchte nicht nachzudenken, sondern konnte den Ball einfach spielen. Angela hätte das Match gegen Hart gewinnen können, waren sich die Zuschauer einig, wenn sie den Sieg nur selbst für möglich gehalten hätte. So verlor sie mit 5:7, 8:6 und 6:2, doch ihre Leistung war beachtenswert.

In der Vorwoche war Angela beim Turnier in Bournemouth im Viertelfinale ausgeschieden. In der Woche davor hatte sie Pat Hird in Surrey geschlagen und Shirley Bloomer in einem unterhaltsamen Finale einen dritten Satz abgetrotzt. Und Anfang

April war sie in den Cumberland Club in Hampstead zurückgekehrt und hatte das Turnier dort gewonnen. Ihr Selbstvertrauen wuchs und wuchs.

Im Anschluss an die Veranstaltung in Shirley Park schaffte es Angela bis in die vierte Runde im Pariser Stade Roland Garros, bevor sie ausgerechnet gegen Maureen Connolly antreten musste, ein Debakel erlebte und in zwei Sätzen nur ein Spiel gewann. Aber sie hatte Eindruck hinterlassen, und so wandte sich die Kapitänin des Wightman-Cup-Teams, Mary Halford, an Angela, als sie einen Ersatz brauchte, weil eine der englischen Spielerinnen an Mumps und eine andere an Sinusitis erkrankt war.

Der Wightman Cup war 1923 von der viermaligen US-Championships-Gewinnerin Hazel Hotchkiss Wightman aus Boston ins Leben gerufen worden, als Gegenentwurf zum Davis Cup der Männer. Jedes Jahr traten die besten Spielerinnen Großbritanniens an einem dreitägigen Wochenende in sieben Matches gegen die besten Amerikanerinnen an, abwechselnd in England und in den USA. 1954 wurde der Wightman Cup Mitte Juni in Wimbledon ausgetragen. Das amerikanische Team war so stark besetzt wie wohl noch nie zuvor – es bestand aus Connolly, Hart und Brough, die allesamt bereits mehrere Grand-Slam-Titel geholt hatten, und Shirley Fry als Doppelpartnerin von Hart. Für England traten deutlich weniger renommierte Spielerinnen an – Helen Fletcher, Anne Shilcock und Angela im Einzel, Fletcher und Shilcock sowie Angela und Pat Hird im Doppel.

Großbritannien hatte im Wightman Cup seit 1951 kein einziges Match mehr gewonnen, ganz zu schweigen vom Cup an sich, und seit Wiederaufnahme der Veranstaltung nach dem Krieg überhaupt nur zwei Matches für sich entscheiden können. Daran sollte sich auch in diesem Juni nichts ändern. Die Amerikaner holten sich den Titel mit 6:0, auch wenn sich Angela im ersten Satz ihres Einzels gegen Louise Brough erst beim Stand von 8:6 geschlagen gab.

Beim darauffolgenden Turnier im Queen's Club, das wie immer direkt vor Wimbledon stattfand, verlor sie im Viertelfinale in drei Sätzen gegen Betty Rosenquest, die geheiratet hatte, nach Jamaika gezogen war und nun unter dem Namen Betty Pratt auftrat. Auch dieses Match hätte Angela ihrer Meinung nach durchaus gewinnen können.

Wie auch immer, als sie eine Woche später in Wimbledon antrat, war sie bekannt für ihre Teilnahme am Wightman Cup. Man erwartete eine sehenswerte Leistung von ihr, und die zeigte sie auch. Sie trat so stark auf wie noch nie in ihrer jungen Karriere und zog in die Runde der letzten sechzehn ein. Wenn ihre Nerven wie so häufig zu flattern begannen, konnte sie sich auf die wiederkehrenden Abläufe der eingeübten Muster besinnen und so wieder zu sich finden. Das half ihr vor allem gegen schwächere Gegnerinnen, die Angela nur besiegen konnten, wenn sie sich selbst besiegte.

Dass sie im Achtelfinale gegen Connolly kein einziges Spiel gewann, ist nichts, wofür sie sich schämen müsste. »Angela war einfach in jeder Hinsicht unterlegen und hatte Maureens herausragender Schlagtechnik und Kraft nichts entgegenzusetzen«, schrieb die Zeitschrift *World Tennis* über das Match, doch das lag deutlich weniger an Angela als am historischen Tennistalent von Connolly. Die Amerikanerin war bei diesem Grand-Slam-Turnier, das ihr letztes vor ihrem Unfall sein sollte, einfach nicht aufzuhalten. Das 7:5 im zweiten Satz des Finales gegen Brough war ihr einziger halbwegs umkämpfter Satz im ganzen Turnier. Insgesamt gewann Connolly dreiundsiebzig Spiele und verlor neunzehn.

Auch Jimmy Jones war vor Ort, er berichtete im Auftrag des *Mirror* über das Turnier. Angela und er hatten sich seit mehreren Wochen nicht mehr gesehen. Er begrüßte sie wie Spencer Tracy in *Pat und Mike*, einem Film von 1952, der von einem weiblichen Golf- und Tennistalent, gespielt von Katharine Hepburn, und ihrem deutlich älteren Trainer handelt. Er verengte die Augen zu Schlitzen und fragte sie unverblümt, ob sie in seiner Abwesenheit zu viel Sahnetorte verspeist hätte. Das war natürlich ein Witz, aber auch eine Botschaft. Jones wusste, dass allein ihr Talent Angela im Tennis niemals zum Erfolg führen würde. Sie musste körperlich fitter und mental stärker sein als die anderen. Bei Letzterem half ihr das Mustertennis, aber genauso wichtig war ein striktes Trainingsprogramm. Wenn die anderen Spielerinnen unter der Hitze litten, musste sie lernen, die zweiten und dritten Sätze für sich zu entscheiden.

Mittlerweile hatte Angela einen besseren Ort zum Trainieren gefunden. Ein Arzt, den sie aus der Nachbarschaft kannte, hatte ihr eines Tages erzählt, dass einige erfolgreiche Geschäftsleute sonntagsmorgens in der privaten Tennishalle des Kaufhausmagnaten Sir Simon Marks in Maida Vale spielten, zwischen Paddington und St. John's Wood. Die Courts standen eigentlich nur den Direktoren von Marks & Spencer offen, doch zu bestimmten Zeiten waren dort auch Marks' Freunde willkommen. Sollte Angela Lust haben, schlug der Arzt vor, könne sie sich seiner Truppe hin und wieder anschließen, wenn sie eine vierte Person benötigten, um ein Doppel zu spielen. Das tat sie eines Sonntags – und fand eine Anlage vor, die man nur als luxuriös bezeichnen konnte. Die Courts hatten einen Belag aus weichem rotem Schiefersand, und es gab einen Umkleidebereich für Frauen (im oberen Stockwerk) und einen für Männer (unten). Für die Instandhaltung waren ein Hausmeister und seine Frau zuständig, die auf dem Grundstück wohnten. Angela nahm mehrere Male an diesen Sonntagspartien teil, aber sie wollte mehr als das. Die einzige professionelle Hallentennisanlage Englands jener Zeit befand sich im Queen's Club, und die wurde gerade renoviert. Wenn sie sich Zutritt zu den Marks-Courts verschaffte, könnte sie im Gegensatz zu allen ihren englischen Rivalinnen regelmäßig drinnen trainieren.

Also griff sie wieder einmal zu Stift und Papier und setzte ihren üblichen Brief auf, mit einer wichtigen Abweichung: »Ich bin eine junge Jüdin und träume davon, ein Tennis-Champion zu werden«, schrieb sie Marks. »Ich werde niemanden stören und den Platz sauber hinterlassen.« Das war durchaus gewagt. Angela hatte gehört, dass Marks Jude sei, auch wenn das nicht allgemein bekannt war. Sie ging davon aus, dass sie kaum Chancen hätte, ihn zu überzeugen, wenn sie ihn nicht wissen ließ, dass auch sie Jüdin war und daher keinen Zutritt zu den besten Clubs hatte. Marks antwortete umgehend und erlaubte ihr mit Freuden, die Anlage jederzeit zu nutzen.

Von da an trainierten Angela und Jones den Rest des Jahres 1954 und 1955 über jeden Dienstagmorgen dort. Sie holten einen dritten Spieler hinzu, sodass Jones in der Lage war, den ersten Ball zu schlagen, um das Muster vorzugeben, und dann vom Rand aus zuzusehen. Angela und der dritte Spieler führten den Ballwechsel fort. Die Muster waren sowohl eine Trainingsmethode als auch eine Spielstrategie. Es dauerte nicht lange, bis alle im Tennis erkannten, was Angela da tat, aber das spielte keine Rolle. »Wir hatten mittlerweile sehr viele Muster eingeübt«, sagte sie später. »Die anderen wussten nie, welches kommen würde.«

Die Monate, in denen sie auf Marks' Anlage trainierte, erwiesen sich als extrem wertvoll. Es war, soweit Angela sich später erinnern konnte, das einzige Mal, dass ihre Religion ihr beim Tennis einen Vorteil einbrachte, statt sie zu behindern. Der jüdische Glaube öffnete einer aufstrebenden englischen Sportlerin nur wenige Türen und hielt allzu viele fest verschlossen. Nur wenige Juden stiegen damals in England zu Spitzensportlern auf, was vor allem daran lag, dass sie nur beschränkten oder keinen Zugang zu den Privatclubs, Schulen und Universitäten hatten, wo Golf, Tennis, Rugby und Cricket auf höchstem Niveau gespielt wurden. Ausnahmen waren Alan Jay, ein großer Fechter jener Zeit, Sheila Van Damm, die 1954 und 1955 Rallye-Europameisterin wurde, der Sprinter Harold Abrahams, der in der fernen Vergangenheit bei den Olympischen Spielen 1924 die Goldmedaille im Hundert-Meter-Lauf geholt hatte, der Boxer Kid Berg, Juniorweltmeister im Weltergewicht 1930, und Kid Lewis, der bereits zuvor zweimal Weltmeister in der gleichen Gewichtsklasse geworden war. Doch all das waren Sonderfälle – mit Ausnahme von Abrahams betrieben diese Athleten Sportarten, die kaum ein Engländer für wichtig erachtete. Hätte man einen durchschnittlichen Bewohner Londons 1955 nach dem erfolgreichsten jüdischen Sportler des Landes gefragt, hätte er sich wohl nur am Kopf gekratzt und mit den Schultern gezuckt.

Derek Dutton, ein Journalist und Geschäftsmann, der zwischenzeitlich Vorsitzender von British Gas war, spielte Tennis im Argyle Club in Southport, der jedes Jahr zu Ostern ein Damentennisturnier abhielt. Als sich Dutton im Alter von dreiundzwanzig Jahren um die Clubmitgliedschaft beworben hatte, hatte man ihn ablehnen wollen, weil er aus der Arbeiterschicht stammte, aber der Vorsitzende des Clubs, Leonard Grossmith, drückte den Antrag durch. Aber Juden aufzunehmen, dazu war der Club nicht bereit. Das galt nicht einmal als ungebührlich, sondern war einfach üblich. Wenn die Juden sich treffen wollten, sollten sie ihre eigenen Clubs gründen. Das Geld dafür hatten sie ja wohl, oder nicht?

Im März 1955 nahm Angela am Turnier im Argyle Club teil. (Wie im Londoner Cumberland Club durften Juden dort zumindest hin und wieder spielen.) Als sie am Osterwochenende in Southport ankam, war ihr Gepäck verloren gegangen, sodass sie zwar ein traumhaftes Outfit von Lillywhites trug, das sie mit ihrem jährlichen Einkaufsgutschein erstanden hatte – einen Kamelhaarpullover und einen dazu passenden Mantel –, aber kein Dress für den Tennisplatz dabeihatte. Also ging sie zu Woolworth's und kaufte sich eine graue Männerhose, ein T-Shirt, Sportschuhe und Socken. Beim Erstrundenmatch sah sie aus wie ein Schüler im Sportunterricht.

Außerdem fehlte ihr ein Einspielpartner, also fragte sie nach, ob der Club ihr einen solchen stellen könnte. Das war nicht gerade die gängige Vorgehensweise, doch während die meisten der besseren Spielerinnen paarweise reisten, war Angela wie üblich allein unterwegs. Dutton, der zu der Zeit als Journalist für den *Southport Guardian* schrieb, war ein passabler Tennisspieler, aber wohl kaum die Person, um sie der viertbesten britischen Tennisspielerin zum Einspielen zur Verfügung zu stellen. Trotzdem rief Grossmith ihn an und bat ihn genau darum. Viele Jahre später erfuhr Dutton, dass er nur gefragt worden war, weil sich alle anderen Clubmitglieder weigerten, mit einer Jüdin zusammen auf dem Platz zu stehen.

Als Dutton im folgenden Jahr sah, dass Angela nun im Doppel zusammen mit Althea antrat, hielt er diese Paarung für absolut nachvollziehbar. »Schwarze und Juden bekamen von uns vermittelt, dass sie nicht dazugehörten«, sagte er später.

In der englischen Gesellschaft der Fünfzigerjahre spielte die Schichtzugehörigkeit laut Dutton noch eine große Rolle, und die Schwarzen hatten die Iren vor Kurzem vom letzten Platz der Rangordnung verdrängt. In späteren Jahren erinnerte er sich daran, wie Angela und Althea von anderen Spielerinnen ausgegrenzt wurden, wenn auch auf ganz subtile Weise. »Ich bin immer davon ausgegangen, dass die beiden Doppelpartnerinnen wurden, um jemanden zum Einspielen zu haben«, sagte er später, »aber auch jemanden zum Reden.«

9

EIN TREFFEN IN ASIEN

1955 berief die Kapitänin Mary Halford Angela erneut in ihr Team für den Wightman Cup. Im Juli, während Althea darüber nachdachte, sich aus der Tenniswelt zu verabschieden und in das WAC einzutreten, fuhren Angela und der Rest der britischen Damen auf der *Queen Elizabeth II* nach New York. Die Passage war – zumindest im Zwischendeck – nicht so luxuriös, wie der Name des Schiffes nahelegte, sondern schlicht der einfachste Weg, den Ozean zu überqueren.

Als Shirley Bloomer in die winzige Kabine kam, die sie sich mit Angela teilen sollte, war nicht nur ihre Teamkameradin dort, sondern auch sechs große Koffer – vier oder fünf mehr, als alle anderen dabeihatten. Schon damals, mit gerade einmal einundzwanzig Jahren, war Angela ausgesprochen modebewusst. Sie wollte möglichst immer smart und glamourös aussehen. Auch das unterschied sie von den anderen englischen Tennisspielerinnen – kräftigen, robusten Frauen, die zwar durchaus hübsch waren, aber »Glamour« niemals als etwas Erstrebenswertes betrachtet hätten.

Bloomer war noch nie zuvor mit Angela unterwegs gewesen und hatte bisher nur wenige Worte mit ihr gewechselt. Doch auf der Reise kamen die beiden problemlos miteinander aus, auch wenn Bloomer den Eindruck gewann, dass Angela fest entschlossen war, es im Tennis – und im Leben ganz allgemein – zu etwas zu bringen. »Sie wusste, was sie wollte, und ging davon aus, es auch zu bekommen«, erzählte sie später. »Wer sich ihr in den Weg stellte, hatte eben Pech gehabt.« Angela erkannte sich in dieser Beschreibung durchaus wieder. »Ich wollte direkt nach oben, so schnell wie möglich«, gab sie in späteren Jahren zu. »Wenn mir etwas oder jemand im Weg war, preschte ich einfach darüber hinweg.«

Mittlerweile hatte Angela den Ruf einer Außenseiterin. Das war auch den Sportzeitschriften nicht entgangen. »Selbst wenn es die Mädels in der britischen Wightman-Cup-Mannschaft bestreiten, hört man doch, dass zwischen einer der Spielerinnen und den übrigen eine gewisse Distanz herrscht«, war in einem Artikel in *World Tennis* zu lesen, und sämtliche Mitglieder der Lawn Tennis Association wussten sofort, um wen es ging. Am Ende des Sommers sollten Angela, Bloomer und Angela Mortimer eingeladen werden, an Turnieren in Colorado, Kalifornien und Mexiko teilzunehmen. Bloomer und Mortimer waren nicht gerade beste Freundinnen, aber sie fuhren in einem Wagen zusammen nach Denver und flogen von dort aus zusammen zum Pacific-Southwest-Turnier in Los Angeles und dann weiter nach Mexiko. Unterwegs teilten sie sich stets ein Hotelzimmer. Angela reiste allein. Mortimer und Bloomer aßen während der Tour durch mehrere US-Bundesstaaten und zwei Länder jeden Tag zusammen zu Abend, kamen aber nie auf die Idee, Angela dazuzubitten.

Jimmy Jones hatte schon länger bemerkt, dass die anderen Spielerinnen Angela auf Abstand hielten. Aufgrund seiner Erfahrungen als Arbeiterkind verstand er, was diese Ausgrenzung bewirkte. Er war der Meinung, dass Angela bei Turnieren einen Vorteil daraus schöpfen könnte. Wenn sie keine emotionale Verbindung zur Gegenspielerin verspürte, konnte sie jedes

Match angehen wie Maureen Connolly: leidenschaftslos und mit messerscharfem Blick. »Such dir deine Freunde nicht in der Tennisszene«, riet er ihr. »Sonderlich beliebt wirst du sowieso nie sein – allein schon, weil du Jüdin bist. Gib dir in dieser Hinsicht also erst gar keine Mühe. Bleib für dich. Tu, was für *dich* am besten ist.«

Das war einfach, da es Angelas natürlicher Veranlagung entsprach. Dennoch musste ihr Verhalten auf dem Court und abseits davon über jeden Tadel erhaben sein. Sie durfte keine Entscheidung der Schiedsrichter anzweifeln und keinem Funktionär einen Anlass dafür liefern, sie zu diskriminieren. Einmal mahnte Jones: »Du musst doppelt so oft gewinnen wie alle anderen. Dann müssen sie dich zu Turnieren zulassen.«

Anfang 1955 hatte sich Angela eine Turnierteilnahme erkauft – oder besser gesagt, ihr Vater. Bei der Auswahl des britischen Teams für den eher unbedeutenden Pierre Gillou Cup, der im Januar stattfand, hatte man sich statt für sie für Spielerinnen entschieden, die in der Rangliste unter ihr standen. Harry lag gerade nach einer Nierenoperation im Krankenhaus, als Angela ihm davon erzählte. Da er ohnehin gerade etwas Ablenkung gebrauchen konnte, fragte er Angela, ob sie sich wirklich eine Chance auf den Turniergewinn ausrechnete. Als sie das bejahte, übernahm er die Kosten für die Reise nach Paris und verfolgte ihren Weg zum Titel in der Zeitung.

Auf diesem Erfolg konnte sie aufbauen und gewann im Mai gleich zwei Turniere zu Hause in London: im Shirley Park Club in Croydon und die Paddington Hard Courts. Dann schaffte sie es bis in die dritte Runde bei den französischen Meisterschaften und gewann drei Matches beim Turnier im Queen's Club, bevor sie im Halbfinale auf Brough traf und glatt in zwei Sätzen verlor. Zu diesem Zeitpunkt schien Angela an die Tür zur Weltspitze zu klopfen. Sie hatte kaum Probleme, sich gegen schlechtere Spielerinnen durchzusetzen, scheiterte aber immer wieder an den ganz Großen wie Hart, Brough oder Mortimer. Doch das sei genau der richtige Ansatz für eine junge Spielerin, erklärte Jones ihr. Gewinn die Spiele, die du nach allgemeiner Ansicht gewinnen wirst, und steigere dich dann und gewinn einige der Matches, bei denen es keiner von dir erwartet.

In Wimbledon stand Angela in diesem Jahr zum ersten Mal im Viertelfinale, als einzige Britin. Doch wenn das ein Zeichen dafür war, wie weit sie schon gekommen war, zeigte das Viertelfinalmatch, welch ein weiter Weg noch vor ihr lag. Gegen Beverly Baker Fleitz, die in ihrem ärmellosen Rüschenkleid und mit ihren blond gefärbten Haaren nicht nur wie ein Filmstar aussah, sondern Angela auch innerhalb einer halben Stunde mit 6:2 und 6:2 vom Platz fegte, war sie chancenlos. Angela blieb stur bei ihren Mustern und spielte meist einen kurzen Cross-Court-Schlag auf Fleitz' Vorhand, ließ dann einen tiefen Ball in die Rückhandecke folgen und rückte ans Netz vor. Aber Fleitz' Schläge waren einfach zu hart, und häufig gelang ihr ein Gewinnschlag an der vorlaufenden Angela vorbei. Angela fehlte ein Plan B: »Sich durchzukämpfen gehört nicht zu ihren Fähigkeiten«, wie ein Journalist schrieb.

Das Match galt der Presse als Beispiel dafür, wie schlecht es um die Aussichten der britischen Mannschaft beim Wightman Cup 1955 stand. Angela, die einzige verbliebene Engländerin im Turnier, überstand keine dreißig Minuten gegen die Amerikanerin Fleitz, obwohl diese in der nationalen Rankingliste nur Platz drei hinter Hart und Brough einnahm. Selbst Maureen Connolly, die das erste Wimbledon-Turnier nach ihrem Karriereende als Kolumnistin für eine britische Zeitung verfolgte, verspürte den Drang, sich dazu zu äußern. Ihre Einschätzung war unnötig hart formuliert, aber wohl zutreffend: »Angelas

Problem ist, dass sie über keinerlei Talent verfügt«, schrieb sie. »Mrs. Fleitz hingegen sprüht vor natürlicher Begabung. Was für ein Unterschied!«

Lance Tingay, der für den *Daily Telegraph* schrieb, war kaum gnädiger. »Bei Angelas von Natur aus langsamen Beinen und ihren bedächtigen Schlägen ... war es ein Wunder, dass sie der Tracht Prügel, die Mrs. Fleitz ihr verabreichte, überhaupt so lange etwas entgegenzusetzen hatte.«

Diejenigen, die Angelas hoffnungslose Bemühungen gegen Fleitz als Hinweis auf die Chancenlosigkeit der Britinnen im Wightman Cup verstanden, sahen ihre Vorahnungen im August bestätigt. Aufgrund der sintflutartigen Regengüsse eines Sturmtiefs, das den Namen »Capricious Connie« trug, verschoben sich die Matches um einen Tag, doch das zögerte das Unvermeidliche nur hinaus. Die Britinnen konnten die absolute Blamage vermeiden und gewannen zumindest eine der sieben Partien. Angela Mortimer, die in jenem Sommer die französischen Meisterschaften gewonnen hatte (der erste Grand-Slam-Titel einer Engländerin seit Jahren), schlug Doris Hart in drei mitreißenden Sätzen, aber das war auch schon alles. Angela verlor ihr Einzel und zusammen mit Mortimer auch im Doppel.

Wer 1955 erneut fehlte, war Althea. Sie war bisher noch nie für die USA im Wightman Cup angetreten. Das lag in erster Linie an ihrer Position in den Ranglisten: Hart und Brough waren im Vorjahr die Nummer eins und zwei der USA gewesen, Fry Nummer vier. Dottie Knode war genau wie Althea nicht in den Top Ten zu finden, und Margaret Osborne duPont, die Kapitänin des Teams, hatte sich eigentlich schon mehr oder weniger aus dem aktiven Sport zurückgezogen. Althea störte es nicht weiter, dass man sie übergangen hatte; sie hatte nie damit gerechnet, ausgewählt zu werden. Sie war weder in jenem Sommer noch in den beiden Sommern davor bei den großen Turnieren im Ausland, wie etwa den französischen und italienischen Meisterschaften oder Wimbledon angetreten. Auch wenn sie weiterhin als Kuriosität galt, als Tennistalent mit spezieller Spielweise und Hautfarbe, hielt man sie schon 1955 selbst in ihrem eigenen Land nicht mehr für eine erstklassige Spielerin.

Sie reiste zu einem Turnier nach Mexiko-Stadt, das im Oktober stattfand, im Schatten des aufziehenden Hurrikans Katie. Als die gewohnt quirlige Karol Fageros sie bei einem Abendessen im Chapultepec Club entdeckte, eilte sie zu ihr hin, küsste sie auf die Wange und erklärte ihr, wie sehr sie sich auf die gemeinsame Asien-Reise freue. Angela, die sich zufälligerweise ein Hotelzimmer mit Fageros teilte, stand direkt daneben, doch irgendwie ergab sich kein Gespräch zwischen den beiden.

Angela schied in Mexiko bereits in der ersten Runde aus, setzte sich aber an der Seite von Mortimer im Doppel-Halbfinale gegen Althea und Fageros durch. Das war das erste Mal, dass Althea und Angela zusammen auf dem Platz standen. Später sah Angela zu, wie Althea in einem erstaunlichen ersten Satz des Einzel-Halbfinales mit 16:14 gegen Mortimer unterlag, als diese sich beharrlich Spiel um Spiel erkämpfte. Im zweiten Satz war Althea emotional am Ende und verlor mit 6:1.

Angelas Tennisspiel war weiterhin eine Stufe schlechter als das von Mortimer und Althea. Einen Monat zuvor hatte sie in Forest Hills ein Break gegen Nancy Chaffee verspielt und in zwei Sätzen verloren. Auch wenn sie bei ihrer ersten Rückkehr nach Los Angeles in die Rolle des routinierten Starlets schlüpfte und Fred MacMurray und Rosemary Clooney im schicken Beverly Hills Hotel quer über den Pool hinweg begrüßte, schied sie auf dem Platz sowohl bei den Pacific Southwest Championships als auch eine Woche später in Berkeley schon im Viertelfinale aus.

Hin und wieder rief Angela über die Überseeleitung bei Jones an, was nicht gerade billig war, und er verarbeitete Schnipsel dessen, was sie ihm erzählte, in seiner Tenniskolumne. In einem seiner Texte lancierte er die Idee, dass die zwei Angelas – Buxton und Mortimer – 1956 als festes Doppelteam antreten könnten. Die beiden waren im Sommer und Herbst 1955 mehrmals zusammen angetreten und hatten Ende August, beim Essex Women's Invitational in Manchester, Massachusetts, sogar gegen Hart und Fry gewonnen. (Im Einzelwettbewerb dieses Turniers trotzte Angela Brough ein 7:5 und 6:4 ab – eine glatte Niederlage, aber trotzdem ihr bestes Match des gesamten Sommers.)

In Wahrheit stand eine dauerhafte Partnerschaft der beiden Angelas nicht zur Debatte. Mortimer und Ann Shilcock hatten im Jahr zuvor den Wimbledon-Titel geholt und wollten ihn nun verteidigen. Und noch Jahrzehnte später reagierte Angela Mortimer entgeistert auf die Idee, sich mit Angela Buxton zusammenzutun. Doch allein die Tatsache, dass Jones den Gedanken in einer Londoner Zeitung zur Sprache brachte, wies darauf hin, dass er auf der Suche nach einer leistungsfähigeren Doppelpartnerin für Angela war. Pat Hird, mit der sie gelegentlich in Wimbledon und im Wightman Cup angetreten war, war eine passable Spielerin, aber keine, die Angela an ihre Grenzen und darüber hinaus treiben oder zu Siegen beitragen könnte. Doch genau das brauchte sie Jones zufolge jetzt. Siege führten zu weiteren Siegen, wie er wusste, und nach einem Jahr Mustertennis war es Zeit, dass Angela nicht nur gut spielte, sondern regelmäßig Matches und auch das eine oder andere Turnier gewann. Wenn sie dafür nicht die richtige Doppelpartnerin fand, würde sie eben nicht mehr im Doppel antreten.

Jones schien zu spüren, dass Angela keine Marathonläuferin war, sondern eine Sprinterin. Sie hatte nicht die körperliche

Konstitution, um sich jahrelang in der Weltspitze zu halten, und wahrscheinlich auch nicht das Talent. Er ahnte, dass ihr nur ein kurzes Zeitfenster zur Verfügung stand, um zu einer der besten Spielerinnen der Welt aufzusteigen, und dieses Fenster öffnete sich 1956. Doppelmatches mit Pat Hird wären da nur Energieverschwendung. Dementsprechend ersann Jones einen Plan, der Angela seiner Meinung nach innerhalb von sechs Monaten nach ganz oben verhelfen würde. Der erste Schritt bestand darin, Angela davon zu überzeugen, dass das überhaupt möglich war. Als sie nach der Turnierserie in Nordamerika nach England zurückkehrte, erklärte er ihr, sie sei jetzt in der Lage, jede beliebige Spielerin zu schlagen. »Mit etwas Glück könntest du nächstes Jahr in Wimbledon gewinnen oder bei einem anderen Grand-Slam-Turnier«, sagte er. »Mit der richtigen Partnerin ist auf jeden Fall ein Doppeltitel drin.«

Angela war völlig verblüfft, was darauf hinwies, wo das Problem lag. Was sie jetzt vor allem brauche, sagte Jones, sei eine andere Einstellung. Sie müsse auf dem Platz aggressiver auftreten und dürfe sich von ihren Gegnerinnen nicht mehr deren Spiel aufdrücken lassen. Das war eine der Grundvoraussetzungen des Mustertennis – dass man jeden Punkt nach seinen eigenen Vorstellungen gestaltet – und ein Grund, warum die Taktik tatsächlich aufging. Sie zwang die Spielerin dazu, das Heft in die Hand zu nehmen. »Ich will deine mentale Stärke verbessern«, sagte Jones zu Angela. »Wenn du auf dem Tennisplatz stehst, will ich, dass die Leute dich quasi verehren wie die Queen.«

Zu diesem Zweck ersann Jones eine Übung. Er ließ sich ständig neue Trainingsmethoden einfallen, für Körper und Geist, weshalb ein Großteil der britischen Tennisszene ihn für einen Spinner hielt. Einmal hatte er einer Reihe Spitzenspieler über sein Magazin *British Lawn Tennis and Squash* einen Fragebogen zur Tennispsychologie zukommen lassen, und einige der

Fragen hatten für viel Gelächter in den Kabinen gesorgt. »Ist Ihr Siegeswille immer gleich ausgeprägt?«, lautete eine und: »Gehen Sie rigoros gegen Ihre Schwächen vor oder nehmen Sie sie hin, weil sie in Ihren Augen vielleicht gar nicht so schwerwiegend sind?« Die Sportler waren daran gewöhnt, einfach zu einem Turnier zu kommen und zu spielen. Sich derart verquere Gedanken über Tennis zu machen war ihrer Meinung nach unsinnig.

Dieses Mal sollte Angela in ein Restaurant in der Fleet Street gehen, etwas bestellen und das Essen dann zurückgehen lassen. »Wenn das Fleisch nur kurz gebraten wurde, sag, es sei zu blutig«, wies Jones sie an. »Wenn es medium ist, sag, es sei zu lange in der Pfanne gewesen. Denk dir etwas aus, aber beschwer dich darüber, dass das Essen nicht so ist, wie du es dir vorgestellt hast.« Er wollte, dass sie Aufmerksamkeit einforderte, die Situation in die Hand nahm.

Angela war entsetzt. Im London der Fünfzigerjahre beschwerte sich so gut wie niemand über das Essen in Restaurants – selbst heute ist es nicht sonderlich üblich. Wenn eine Speise dem Gast nicht zusagte, aß er sie oder eben nicht, aber er hielt den Mund und bezahlte die Rechnung. Protest äußerte sich darin, dass man das Lokal von da an nicht mehr aufsuchte. Sich zu beschweren hieß unweigerlich, eine Szene zu machen, und das widersprach dem englischen Naturell. Dessen war sich Jones durchaus bewusst. Er wollte Angela dazu zwingen, sich durchzusetzen – und das tat sie nach ein paar gescheiterten Anläufen schließlich auch. Es war ein aufregendes Gefühl, die Kontrolle über das Geschehen zu haben. »So wurde ich zu dem, was ich bin«, sagte sie in späteren Jahren.

Durch diese neue Einstellung war Angela als Person nun noch umstrittener. »Manche akzeptierten, dass ich anders war, und schauten sogar zu mir auf«, sagte sie, »während andere dachten: ›Was glaubt diese Frau eigentlich, wer sie ist?‹« Die neue Denkweise half Angela, Anspruch auf einen Platz in der Weltspitze zu erheben. Im Dezember veröffentlichte die französische Zeitung *L'Equipe* ihre Weltrangliste für das Jahr 1955. Auf dieser Liste war Angela aus irgendwelchen Gründen auf Platz neun gelandet, vor Angela Mortimer und Shirley Fry, was Mortimer sicherlich wochenlang wurmte. Althea suchte man weiterhin vergeblich.

Anfang Dezember kam das amerikanische Kontingent für die Asienreise in England zusammen, da Ham Richardson in Oxford studierte. Von dort aus ging es mit mehreren Zwischenstopps weiter nach Rangun in Birma. Althea las unterwegs – vielleicht zu Bildungszwecken – den Bestseller *Die schwarze Haut* von Robert Ruark, einen Roman über den Mau-Mau-Krieg in Kenia. Das Werk diente ihr als eine Art Handbuch für die Situation, die sie im ebenfalls von einer politischen Krise gebeutelten Birma erwartete.

In Rangun hielten Richardson, Perry, Fageros und Althea Tennistrainings und Showmatches ab, während auf den Straßen Schüsse fielen. Danach ging die Reise weiter nach Thailand, wo sie ein ähnliches Programm absolvierten, bevor in Kalkutta und Delhi zwei Turniere auf dem Plan standen, die Indian und die Asian Championships. In Kalkutta wurden erst einmal alle krank, manche heftiger, andere weniger. Richardson, der Kapitän der Mannschaft, hatte für die sieben Wochen zehntausend Dollar für Spesen zur Verfügung gestellt bekommen, von denen er etwa neuntausend für medizinische Versorgung ausgab. Dann brach jemand in die Hotelzimmer der Spieler und Spielerinnen ein und stahl einige Wertsachen, wobei der psychologische Schaden größer war als der eigentliche Verlust. Plötzlich spürten die vier, dass sie sehr weit weg von zu Hause waren.

Gleichzeitig schweißte der Schwebezustand das Quartett aber auch zusammen. Richardson, ein Rhodes-Stipendiat, war in einem relativ wohlhabenden Elternhaus in Baton Rouge, Louisiana, aufgewachsen. Als Jugendlicher hatte er regelmäßig den Campus der Southern University aufgesucht, einer Schwarzen vorbehaltenen Universität im Schatten der Louisiana State University, weil zwei der besten Tennisspieler der Stadt dort studierten. Mit ihnen verabredete er sich zu Matches, abends, wenn sein Tennistraining vorbei war. In seinen Kindheitstagen hatte seine Familie ein Schwarzes Hausmädchen gehabt, doch dieser Kontakt war anders: Für ihn waren die beiden älteren Schwarzen ebenbürtig. Dennoch stießen solche Freundschaften Mitte des Jahrhunderts in Louisiana schnell an ihre Grenzen. »Wir luden sie aus praktischen Gründen nie zum Essen zu uns ein«, erzählte Richardson viele Jahre später. »Meine Eltern waren sehr aufgeschlossen, aber das hätte sie in Schwierigkeiten gebracht.«

Sich mit Althea anzufreunden war für Richardson ganz selbstverständlich. Es dauerte nicht lange, bis er ihr Trainingstipps gab. Ihm war sofort klar, dass sie über herausragende athletische Fähigkeiten verfügte. Was ihr trotz der Zusammenarbeit mit Llewellyn offensichtlich noch fehlte, war das Wissen, wie sie diese in einem Match gewinnbringend einsetzen konnte. Richardson lehrte sie die Bedeutung bestimmter Punkte, erklärte ihr, warum der erste Ballwechsel in einem Spiel nicht ansatzweise so wichtig war wie das 30:40 oder 40:30. »Vorher war sie jeden Punkt gleich angegangen«, erzählte er später. »Sie drosch einfach auf den Ball ein, so hart sie konnte, und setzte auf ihre üblichen Schläge. Manchmal ging das auf und die Leute applaudierten – aber oft ging der Ball auch ins Aus, und dann gewannen am Ende die Gegnerinnen.«

Richardson erklärte Althea, was bei den verschiedenen Winkeln eines Volleys zu bedenken war und wann sie von der

Grundlinie aus angreifen sollte. Aufbauend auf dem, was Llewellyn ihr vermittelt hatte, half er ihr zu erkennen, wann es sinnvoll war, ein Risiko einzugehen, wann sie die Kontrolle über einen Ballwechsel übernehmen musste und wann es reichte, den Ball einfach im Spiel zu halten. Althea lernte schnell; sie hatte einfach noch nie über diese Dinge nachgedacht. Genau genommen hätten wohl nicht einmal allzu viele Trainer – egal, ob Schwarz oder *weiß* – alle Nuancen dessen verstanden, was Richardson, ein international erfahrener Spieler, ihr darlegte. Althea war schneller als die meisten anderen Tennisspielerinnen ihrer Zeit, hatte einen besseren Aufschlag, mehr Kraft und eine bessere Vor- und Rückhand. »Sie musste einfach nur lernen zu gewinnen«, sagte er später.

Als das amerikanische Quartett in Delhi ankam, um dort die Indian Championships zu bestreiten, traf es auf vier Engländer, die ebenfalls von ihrem Tennisverband entsandt worden waren, um hier und in Kalkutta anzutreten. Bei den Männern handelte es sich um John Barrett und Roger Becker, bei den Frauen um Pat Ward und – Angela, die zu ihrer großen Überraschung und Freude für diese zweiwöchige Reise ausgewählt worden war. Amerikaner und Engländer waren im gleichen Hotel untergebracht, und Angela traf Althea zum ersten Mal in der Lobby. Obwohl die beiden im Oktober in Mexiko gegeneinander gespielt hatten, schien Althea nicht einmal Angelas Namen zu kennen.

Selbst in einer derart exotischen Umgebung fand der Rest der englischen Mannschaft Angela ziemlich seltsam. Jones hatte sie angewiesen, sich fit zu halten, und sie befolgte diese Vorgabe wie alles, was er sagte, mit fanatischem Eifer. Bei Essenseinladungen weigerte sie sich, auch nur einen Happen zu sich zu nehmen. Ihre Landsleute fanden das überaus unhöflich, aber das war Angela egal. Später erfuhren sie, dass sie sich jeden

Tag ein frühes Abendessen, bestehend aus Steak und Salat, aufs Zimmer bestellte, um nichts Unbekanntes essen zu müssen. Das ging auf. Im Gegensatz zu allen anderen verpasste sie auf der Reise keinen einzigen Tennistag aufgrund einer Erkrankung.

Obwohl Angela von der indischen Kultur fasziniert war, konzentrierte sie sich so sehr auf ihr Tennis, dass es fast komisch war. An einem besonders heißen Nachmittag in Kalkutta saßen Barrett und Becker ermattet in der Hotellobby, wo die Luft nur geringfügig weniger drückend war als in ihren Zimmern. Große Deckenventilatoren wälzten die schwere Luft mühsam um. Es war wie ein Bild aus Kolonialzeiten. Ward lag mit einem Fieber, das sie fast eine Woche außer Gefecht setzen sollte, im Bett, und die anderen warteten träge darauf, dass die Mittagshitze nachließ, wie es ihnen die Einheimischen empfohlen hatten. Da lief Angela im weißen Tennisdress an ihnen vorbei, auf dem Weg zu einem Match gegen einen indischen Offizier. Sie war so darauf erpicht, ihr Spiel zu verbessern, dass ihr kaum auffiel, wie besessen sie wirkte. Barrett empfand gleichermaßen Bewunderung und Verachtung für so viel Zielstrebigkeit.

Auch von Althea waren die Briten nicht gerade begeistert. In Gesprächen mit anderen Spielern wirkte sie arrogant, in Interviews verschlossen und misstrauisch, und sie war schnell eingeschnappt. Barrett hielt das für eine Abwehrhaltung, die sie sich als Schwarze in einer *weißen* Welt unbewusst angeeignet hatte. Mit jedem Jahr, das verstrich, ohne dass sie ihre Ziele erreicht hatte, schien ihr Selbstvertrauen, dass es eines Tages klappen würde, zu wachsen. Genau das, was Jones Angela beizubringen versuchte, war bei Althea von Natur aus vorhanden. »Sie stolzierte sehr selbstbewusst umher, obwohl sie eigentlich noch kein wichtiges Turnier gewonnen hatte«, erinnerte sich Richardson später. »Ihr Ego war enorm, wie bei allen großen Sportlern.«

Als zweimalige Wightman-Cup-Teilnehmerin mit mehreren Jahren Erfahrung in Wimbledon war Angela hinter Althea die zweitbeste und zweiterfahrenste Spielerin der Tour. Weder Angela noch Althea hatten großes Interesse daran, sich mit einer potenziellen Rivalin anzufreunden. Doch im Verlauf des Turniers lud Fageros Angela irgendwann ein, mit ihr und Althea zusammen zu trainieren. Ward war krank, und Fageros wusste, dass Angela keine andere Möglichkeit hatte.

Die drei spielten sich die Bälle zu, mit zwei Frauen auf der einen und einer auf der anderen Seite, in wechselnden Kombinationen. Angela war beeindruckt, wie viel Druck Althea in jeden Schlag legte. Wenn Althea ans Netz vorrückte, war sie überzeugt, dass genau das gerade verlangt war, das spürte man – ansonsten blieb sie hinten und schlug die Bälle von der Grundlinie aus zurück. Ihr Spiel passte jetzt besser zu ihrer Athletik. Sie war deutlich besser geworden, seit Angela sie weniger als drei Monate zuvor in Mexiko gesehen hatte.

Vor der Kulisse der traumhaft schönen Kolonialclubs, von denen manche englischer waren als die Clubs in England selbst, entwickelte sich langsam eine Freundschaft zwischen Angela und Althea. Jede von ihnen erkannte in der anderen eine Seelenverwandte, selbst wenn sie keine ebenbürtigen Tennisspielerinnen waren. Im Halbfinale von Delhi war Althea Angela klar überlegen und schlug sie mit 6:3 und 6:4. Auch im Doppel fegten Althea und Fageros Angela und die geschwächte Ward in zwei schnellen Sätzen vom Platz. In Kalkutta schlug sich Angela schon deutlich besser. Sie lieferte sich im Halbfinale drei umkämpfte Sätze gegen Althea, während das Doppel abgesagt wurde, weil sowohl Ward als auch Fageros zu krank waren, um anzutreten. Abgesehen von ihrem Spiel am Netz zeigte Althea auf der Reise keine sonderlich gute Leistung, gewann aber dennoch beide Turniere. »Obwohl ihre Grundschläge eher schwach sind, beherrschte sie alle Gegnerinnen allein durch ihre Präsenz am Netz«, schrieb ein Lokalkorrespondent in einem Artikel über das Match, der in *World Tennis* erschien.

Nach Kalkutta trennten sich die Wege des britischen und des amerikanischen Teams wieder, doch zuvor gelang es Angela noch, Althea davon zu überzeugen, im Anschluss an die Reise nach Europa zu kommen. Althea hatte ein Rückflugticket, das sie sich erstatten lassen und zu einem späteren Termin einlösen konnte. Noch wichtiger war, dass es zwischen Skandinavien und Ägypten lauter Turniere gab, die sich darum rissen, mit Althea Gibson als Teilnehmerin Werbung machen zu können – und danach ständen eine Reihe von Sandplatzturnieren an, die als Vorbereitung auf die französischen Meisterschaften dienen konnten. Ihre Ausgaben könne Althea mit der wöchentlich anfallenden Aufwandsentschädigung bestreiten, meinte Angela, vor allem, wenn noch die eine oder andere unter der Hand gezahlte Antrittssumme hinzukäme. Althea hörte aufmerksam zu. Sie hatte keine anderen Termine, keine Pläne. Ihr Job in Jefferson City war gekündigt, die Beziehung zum Army-Captain zumindest vorübergehend beendet und die Bewerbung beim WAC auf Eis gelegt. Noch nie in ihrem Leben hatte sie so wenig Verpflichtungen gehabt.

In Ostpakistan (heute Bangladesch), der nächsten Station der Amerikaner, erkrankte Fageros an einem schlimmen rheumatischen Fieber und fiel aus, sodass Althea gegen den örtlichen Tennisstar antrat, einen Mann namens Mohamed Ali. Sie gewann mühelos – ein Sieg für die Schwarzen, die Frauen und die USA gleichermaßen. Später zogen sich die Amerikaner ins Billardzimmer zurück, wo Althea auch über Richardson und Perry triumphierte. Sie war in der Gewinnerspur, und ein Sieg führte zum nächsten.

Am 28. Januar 1956 stand Althea im Finale der Skandinavischen Indoor-Meisterschaften in Stockholm. Ihre Gegnerin war Angela Mortimer, die laut den Ranglisten von Lance Tingay im Vorjahr die viertbeste Spielerin der Welt gewesen war und das Turnier in Stockholm dreimal in Folge gewonnen hatte. Althea entschied den ersten Satz mit 6:4 für sich, doch Mortimer blieb dran, ließ sich von Althea nicht in die Defensive drängen und holte sich die folgenden beiden Sätze.

Mortimer war von Natur aus empfindlich und kränklich. Einmal musste sie wegen extremer Nervosität ins Krankenhaus. Doch sobald sie auf dem Court stand, erwies sie sich als fast so zäh wie Maureen Connolly. Sie »gab niemals auf, sie machte einfach immer weiter, bis ihre Gegnerinnen zermürbt waren«, sagte Barrett, ihr späterer Ehemann. Mortimer hatte im Vorjahr im Finale der französischen Meisterschaften gestanden und sich ein scheinbar endloses Match gegen Dorothy Knode geliefert. Als sie schließlich vom Platz ging, bluteten ihre Füße, aber sie hatte den entscheidenden Satz mit 10:8 gewonnen.

Mortimer stammte aus einer Arbeiterfamilie im südenglischen Torquay. Sie hatte sich keine Tennisstunden leisten können, war aber Ballmädchen für den angesehenen Trainer Arthur Roberts gewesen. In dieser Funktion sog sie Tag für Tag die Anweisungen auf, die Roberts seinen Schülern gab. Als er eines Nachmittags sah, wie sie Bälle gegen eine Wand schlug und dabei seine Vorgaben so gut wie möglich umsetzte, erkannte er sofort, dass sie jedes seiner Worte gehört und verstanden hatte. Er begriff, dass sie das Zeug zu einer großen Tennisspielerin hatte, und bot ihr an, sie kostenlos zu trainieren.

Mortimer blühte stets auf, wenn sie spürte, dass sie der Underdog war. Der Anblick von Althea, die in jeder Hinsicht die bessere Athletin war, auf der anderen Seite des Netzes, trieb sie zu Höchstleistungen an. In der Zeit zwischen Altheas Ankunft in Rangun vor Weihnachten und Wimbledon mehr als sechs Monate später sollte sich Angela Mortimer als die einzige Spielerin erweisen, die es schaffte, sie zu bezwingen – in Schweden, im März in Kairo und im gleichen Monat erneut in Alexandria. Mortimer war stur genug, um Altheas aggressives Auftreten, das so viele andere Spielerinnen einschüchterte, einfach auszublenden. »Es sorgte nur dafür, dass ich ihr noch stärker beweisen wollte, dass ich sie schlagen konnte«, sagte Mortimer fast fünfzig Jahre später, und man hörte ihr die Entschlossenheit immer noch an.

Die Niederlagen gegen Mortimer taten Althea gut. Sie zwangen sie, sich weiter zu verbessern. Im Zeitraum zwischen Januar und Mai, als es ihr im Stade Roland Garros in Paris endlich gelang, Mortimer zu knacken und sie in einem denkwürdigen zweiten Satz, der 12:10 ausging, zu besiegen, entwickelte sich Althea zu einer deutlich beständigeren Spielerin. Das war nötig, um diese Frau zu schlagen, die ihre erste echte Rivalin wurde. Während sie Woche für Woche in einer Stadt nach der anderen antrat, in Europa und darüber hinaus, arbeitete Althea die Lehren Llewellyns und Richardsons Hinweise in ihre naturgegebene Spielweise ein. Sie bekam mehr Spielpraxis als je zuvor und nutzte sie als Amboss, um darauf eine neue Art des Tennisspiels zu schmieden. In den meisten Wochen trat sie im Einzel, im Doppel und im gemischten Doppel an und kam in diesen sechs Monaten auf einen Schnitt von mehr als einem Match pro Tag, häufig gegen die besten Spielerinnen Europas. Am Ende hatte sie akzeptiert, dass sie sich nicht bei jedem Schlag beweisen musste. Sie konnte eine kurze Vorhand auf die Aufschlaglinie tropfen lassen, um eine weniger bewegliche Gegnerin nach vorn zu locken und dann selbst ans Netz vorzurücken, was die andere Spielerin zu einem Passierball verleitete. Manchmal bekam sie den Ball dann wirklich nicht, doch häufig endete es zu ihren Gunsten, stellte sie fest. Wenn sie Punkt für Punkt die richtigen Schläge setzte, gewann sie das Match. Und das war das Ziel – es musste nicht unbedingt spektakulär aussehen.

Und sie genoss die Zeit. In Stockholm gründete sie mit ihren Tenniskameraden Anne Shilcock, Sven Davidson und Michael Davies eine einfache vierköpfige Band, mit ihr an der Gitarre. Auf der Pferderennbahn Solvalla in der Nähe der schwedischen Hauptstadt zog sie sich einen dicken Mantel an, band einen Schal um und versuchte sich an einem Trabrennen im Schnee. Durch die Welt zu reisen war eine ganz neue Erfahrung für Althea. Sie mochte es, im Mittelpunkt zu stehen und sich keine Gedanken über Vorschriften zur Rassentrennung zu machen, die in vielen Privatclubs in den USA immer noch galten. Es war ein angenehmes Leben, von Indien nach Schweden zu fliegen und nicht selbst für die Kosten aufkommen zu müssen. Doch sie wusste: Wenn es so weitergehen sollte, musste sie Turniere gewinnen. Auf Dauer reichte es nicht aus, nur »die Neue« zu sein.

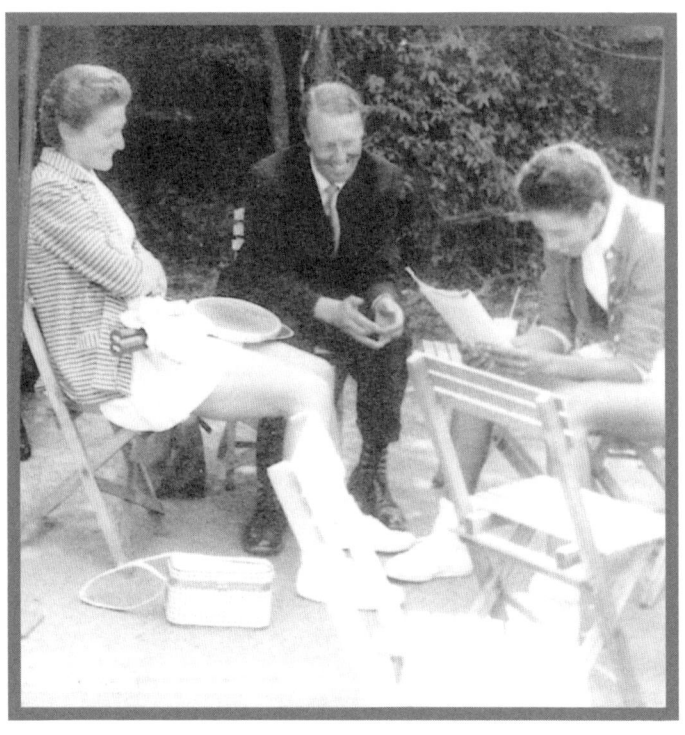

Mit Jimmy Jones

10

DOPPELPARTNERINNEN

Nach Stockholm reiste Althea weiter nach Köln. Die internationalen Hallenmeisterschaften dort waren ein nachrangiges Turnier, das kaum große Namen anzog, doch Althea konnte es sich nicht leisten, eine Woche zu pausieren, selbst wenn sie es gewollt hätte. Sie brauchte ein Hotelzimmer, für das jemand die Rechnung übernahm, brauchte die Tagespauschalen, um ihre Mahlzeiten zu bezahlen, brauchte die Reisekostenerstattung, um an ihr nächstes Ziel zu gelangen. In ihrem Portemonnaie befanden sich immer nur ein paar Dollar und das ungenutzte Rückflugticket aus Ceylon, das sie aufbewahrte und irgendwann gegen ein neues eintauschen wollte. Sollte sie sich den Knöchel verstauchen, sich eine Grippe einfangen, aus irgendeinem Grund nicht in der Lage sein zu spielen, wäre die Reise beendet und sie müsste nach Hause zurückkehren. Sie hatte keinerlei Spielraum. Also trat sie überall an, wo man sie dabeihaben wollte, im Einzel und im Doppel, Woche für Woche.

Diese kleineren Veranstaltungen gaben ihr Selbstvertrauen. In Köln gewann sie das Einzel mit einem Dreisatzsieg über die belgische Meisterin und holte sich gemeinsam mit einer heimischen Spielerin auch das Doppel. Dieser Art von Konkurrenz war sie eindeutig überlegen. Dann nahm sie den Zug nach Paris, wo ein internationales Hallenturnier stattfand. Dort traf sie sich wie geplant mit Angela, die Altheas Triumphzug in den britischen Zeitungen verfolgt und immer darauf gehofft hatte, dass Althea bis zu ihrem Wiedersehen weder das Geld noch das Glück ausging. Angela hatte das Gefühl, dass Altheas Erfolge zum Teil auch ihr Verdienst waren. Schließlich hatte sie sie gedrängt, nach der Tour für das Außenministerium weiter von Turnier zu Turnier zu reisen. Was sie in den Zeitungsartikeln las, deutete darauf hin, dass diese Idee nicht die schlechteste gewesen war.

Angela hatte hart trainiert und war entschlossen, 1956 zu ihrem Jahr zu machen. Nach ihrer Rückkehr aus Indien hatte sie all ihren Mut zusammengenommen und ein schwieriges Gespräch mit Mary Halford geführt. Halford war immer noch die Kapitänin des britischen Wightman-Cup-Teams und hatte Angela wie erwartet darüber informiert, dass sie 1956 erneut mit Pat Hird zusammen im Doppel antreten solle. Doch Angela erklärte – in Absprache mit Jones –, dass sie nicht mit Hird spielen wolle.

Jones war das Gespräch im Voraus mit ihr durchgegangen, weil er mit Halfords Anruf gerechnet hatte. »Du musst ihr entschieden, aber höflich sagen, was ich dir jetzt sage«, meinte er. »Du musst es üben, es aussprechen.« Als es dann so weit war, hätte Angela am liebsten doch geschwiegen und Halfords Anordnung hingenommen. Aber da ihre Furcht vor Jones' Missbilligung größer war als die vor Halford, sagte sie nun genau das, was sie eingeübt hatten: »Es tut mir sehr leid, Mary, und ich danke dir dafür, dass du an mich gedacht hast, aber ich kann dieses Jahr nicht mit Pat Hird zusammen spielen.« Auf Halfords unvermeidliche Nachfrage, warum denn nicht, antwortete Angela: »Weil ich glaube, dass ich mit der richtigen Doppelpartnerin in Wimbledon gewinnen kann, aber eben nicht mit

Pat Hird. Wenn ich nicht die passende Partnerin finde, trete ich nicht im Doppel an.« Daraufhin sagte Halford lange nichts. Ob es nun Angelas Unverschämtheit war, die sie verärgerte, oder die Tatsache, dass Angela damit ihre Pläne ruiniert hatte – das Gespräch endete auf jeden Fall unerfreulich.

Der Gedanke, dass Angela möglicherweise nicht im Doppel antreten würde – nicht einmal im Wightman Cup, obwohl man sie dafür angefragt hatte –, war für ein treues Mitglied des englischen Establishments wie Mary Halford sicherlich ein Schock. Obwohl sie in ihrer Jugend selbst eine Art Rebellin gewesen war, die schon in kurzen Hosen auf einem britischen Rasenplatz angetreten war, als sich die meisten anderen Frauen noch ausschließlich im Rock sehen ließen, war sie 1956 längst ein eingefleischtes Mitglied der Szene. Ihrer Meinung nach war es einfach ungehörig, an einem Turnier teilzunehmen und nur das Einzel zu spielen. Der Doppelwettbewerb war ein wesentlicher Teil des Sports. Die Spielerinnen wurden viel weniger über ihren Trainer definiert, wenn sie denn einen hatten, als über ihre Doppelpartnerinnen. Es war ständig die Rede von Hart und Fry, Brough und duPont, Shilcock und Mortimer. Die Doppelpartnerin war Freundin, Reisegefährtin, Trainingspartnerin und Zimmergenossin in einem.

Ein Doppeltitel bei einem Grand-Slam-Turnier war nicht so bedeutend wie ein Sieg im Einzel, aber doch deutlich wichtiger als heute. Unter den Anhängern des Sports gab es hitzige Debatten darüber, welche Spielform – Einzel oder Doppel – ästhetisch ansprechender war. Manche Turnierbesucher sahen sich ausschließlich Doppelpartien an und verfolgten voller Begeisterung das spontane Ballett, das sich bei praktisch jedem Punkt vor ihren Augen darbot. Wer aus Überzeugung – oder schlimmer noch, um Energie für das Einzel zu sparen – auf das Doppel verzichtete, lief Gefahr, sich zum Gespött des Tennis-

Establishments zu machen. Angela hoffte, dass das letztendlich nicht nötig sein würde, aber sie war fest entschlossen, es darauf ankommen zu lassen. Jones hatte sie gut gestählt.

Als Angela und Althea in der ersten Runde der französischen Hallenmeisterschaften zum ersten Mal als Doppelteam auf den Platz traten, geschah das ohne großes Tamtam. Da keine von beiden eine dauerhafte Partnerin hatte, war ihnen diese Kombination nur logisch erschienen. Sie verbrachten ohnehin einen Großteil ihrer Zeit in Paris zusammen, aßen gemeinsam Mittag und tauchten ins Nachtleben ein. Sie waren jetzt Freundinnen. Auch wenn sie wochenlang nichts voneinander hörten, freuten sie sich doch wie so viele andere Tennisspielerinnen jener Zeit immer darüber, sich wiederzusehen, wenn sich die Gelegenheit ergab.

Mit Althea im Doppel auf dem Platz zu stehen war eine einzigartige Erfahrung. Sie war so schnell, so athletisch, dass sie gleichzeitig überall zu sein schien, immer auf der Suche nach Winkeln für unerreichbare Gewinnschläge. Es war schwierig, ihr nicht im Weg zu stehen. Angela und Althea hatten noch keinen richtigen Rhythmus miteinander gefunden, doch das spielte keine große Rolle. Sie beherrschten den Doppelwettbewerb und setzten sich auch im Einzel Match für Match durch. Beide spielten das beste Tennis ihres Lebens.

Am 10. Februar gewannen sie ihre jeweiligen Halbfinalpartien. Am 11. Februar, an dem der Einzelwettbewerb pausierte, besiegten sie Anne Shilcock und Susan Chatrier im Doppelfinale und errangen so gleich beim ersten Versuch einen gemeinsamen Titel. Im Einzelfinale am Tag darauf musste Althea in einem der umkämpftesten Matches der beiden im zweiten Satz über ein 8:6 gehen, um Angela zu bezwingen. Althea »erstaunte und begeisterte die Franzosen mit ihrem Repertoire aus peitschenden Aufschlägen, kraftvollen Grundschlägen, zielstrebigen Volleys und mannsgleichen Schmetterbällen«, berichtete die Zeitschrift *World Tennis*. Angela hingegen kam in dem Artikel nicht so gut weg. Sie habe keine konkreten Schwächen, hieß es, »aber auch keine herausragenden Stärken, außer vielleicht ihre Beharrlichkeit«.

Kurz darauf gelang Angela die Revanche, als sie und Torsten Johansson sich in einem drei Sätze dauernden Kampf gegen Althea und Hugh Stewart den Titel im gemischten Doppel sicherten. Zur Feier des Tages gingen die vier zusammen aus, und Angela lud Althea zum Essen ein. Egal, wohin man schaute – überall hieß es Angela und Althea, Althea und Angela. Ein Magazin druckte ein Bild der beiden bei einem gemeinsamen Abendessen ab, eine Schwarze und eine *Weiße* an einem Tisch im Clubhaus des Stade de Coubertin, lachend, als hätten sie sich einen Witz erzählt, den der Rest der Welt nicht verstand. Das erregte viel Aufmerksamkeit.

Dann trennten sich ihre Wege. Angela kehrte nach England zurück, das sich in den Klauen eines weiteren feuchten Winters befand. Altheas Eine-Frau-Tour machte sich auf nach Südfrankreich. Sie gewann ein weiteres Turnier in Lyon und stieg dann in den Zug nach Nizza, von wo es weiterging zum jährlichen Turnier von Cannes – fünfundzwanzig Zentimeter Schnee hatten eine Verlegung in die Halle erzwungen. Da auch dieses zweite Turnier ohne Angela Mortimer stattfand, rauschte Althea direkt bis ins Finale, wo sie eine überforderte Shirley Bloomer mit 6:2 und 6:2 schlug.

Köln, Paris, Lyon, Nizza, Cannes: Irgendwann fiel Althea auf, dass sie seit einem Monat kein Match mehr verloren hatte. Nach Jahren, in denen es ihr an Beständigkeit gemangelt hatte, hatte sie plötzlich dazu gefunden. Obwohl sie jede Woche in eine neue Stadt kam, allein und – bis auf die gesellige Woche mit Angela – sicherlich auch einsam, gewann sie jede Partie. So entwickelte sich die achtundzwanzigjährige Veteranin in aller Öffentlichkeit, aber ohne dass jemand hinsah, auf einmal zum Star.

Nicht grundlos. Die Ratschläge von Sydney Llewellyn im vorausgegangenen Sommer hatten große Auswirkungen auf Altheas Technik gehabt, und die Trainingseinheiten mit Ham Richardson auf dem indischen Subkontinent hatten ihr die Feinheiten des strategischen Tennisspiels eröffnet. Außerdem war die Qualität der Teilnehmerinnen bei den europäischen Turnieren zweifellos niedriger einzuschätzen als bei der Sommertour an der amerikanischen Ostküste. Doch all das erklärt nicht, warum Althea plötzlich von einer talentierten Athletin zu dem Tennisstar geworden war, der nun auf den Courts in Europa zu sehen war. Für Laien war bis auf die neue Grifftechnik, die Llewellyn ihr beigebracht hatte, kein Unterschied zu erkennen. Althea ging immer noch mit einer Unbekümmertheit durchs Leben, die alle ihre inneren Ängste und Unsicherheiten überspielte. Sie betrat den Platz weiterhin so, als erwarte sie, jedes Match zu gewinnen, wie sie es schon immer getan hatte – doch jetzt klappte es plötzlich auch.

Dabei war nicht jede Woche ein Triumph. Auf Cannes folgte ein Turnier in Kairo, bei dem Althea und eine Ägypterin namens Betty Abbas das Doppel gewannen. Doch im Einzelfinale wiederholte sich das, was schon im Finale in Stockholm passiert war, nur in verschärfter Form: Angela Mortimer schlug die völlig verdatterte Althea mit 6:0 und 6:1. Nach dem Match konnte Althea ihrer Gegnerin kaum in die Augen schauen, als sie ihr gratulierte. In der folgenden Woche in Alexandria lief es nicht anders. Althea gewann mit Abbas zusammen das Doppel, verlor im Einzelfinale aber gegen Mortimer. Dieses Mal war es enger – 6:3 und 6:4 –, aber von einem Sieg war Althea weit entfernt gewesen. Sie war in alte Verhaltensmuster zurückgefallen und hatte versucht, fast jeden Ball als Gewinnschlag zu spielen. »Die Amerikanerin, der alle Möglichkeiten offenstehen, verlor viele Punkte durch ihre Unbesonnenheit«, schrieb John Clarke in *World Tennis*. Hatte sie so schnell schon wieder alles vergessen, was Richardson ihr beigebracht hatte?

Nein, das hatte sie nicht. Sie verlor bis zum Sommer kein weiteres Match mehr. Nach Kairo kehrte sie an die Riviera zurück, für ein Turnier in Monte Carlo. Am Ende einer vergnüglichen Woche an einem der schönsten Orte der Welt fegte sie in einem Finale, in dem die Rollen klar verteilt waren, Shirley Bloomer vom Platz. Dann folgten fünf Wochen in Italien – fünf Turniere und fünf Titel für Althea. Sowohl in Palermo als auch eine Woche später in Neapel besiegte sie die in Bermuda ansässige Amerikanerin Heather Brewer in einseitigen Finalmatches.

Auf dem Weg dorthin warf sie eine Australierin namens Daphne Seeney aus dem Turnier, die den nötigen Schneid, aber nicht ganz das Talent hatte, um dauerhaft auf höchstem Niveau mitzuspielen. Solche Spielerinnen gab es bei allen Turnieren. Sie bildeten das Fundament, auf dem Titelsiege aufbauten, Erst- und Zweitrundengegnerinnen, die man meist in etwa einer Stunde aus dem Weg räumte und für die nicht mehr drin war als ein trauriges Lächeln, ein Handschlag am Netz, ein paar lobende Worte und ein Winken zum Abschied, bis man sich beim nächsten Match in einer anderen Stadt wiedertraf. Es kam vor, dass so jemand eine oder vielleicht sogar zwei der gesetzten Spielerinnen aus einem Turnier warf, doch bis ins Finale schaffte es kaum eine von ihnen, und sie gewannen so gut wie nie einen bedeutenden Titel. Jede Ära der Tennisgeschichte kannte eine Reihe solcher Spielerinnen, und sie waren meist vergessen, sobald ihre Namen aus den Sportspalten der Zeitungen verschwunden waren. Dennoch sind die Geschichten über den Aufstieg dieser Spielerinnen aus ihren jeweiligen Dörfern, Country Clubs oder Großstadtvierteln oft faszinierend – ihnen fehlt eben nur der krönende Abschluss eines Titelgewinns.

Genau ein Jahr zuvor war Seeney auf einem Schiff aus Brisbane in Neapel eingetroffen, mit einem kurz geschnittenen Lockenschopf, der ihr eine gewisse Ähnlichkeit mit der Flugpionierin Amelia Earhart verlieh. Seeney hatte bis dahin noch nie auf einem Sandplatz gestanden – sie hatte noch nicht einmal einen gesehen. Während der sechs Wochen auf See hatte sich ihr Tennistraining auf die eine oder andere Partie in den Hafenstädten Adelaide, Perth oder Colombo beschränkt. Ansonsten war sie über das Deck gejoggt, um sich fit zu halten – kaum das Richtige, wenn man in Form bleiben will. So verlor sie gleich das erste Match gegen eine angsteinflößend dreinblickende Frau mit einem Aufschlag, der sich direkt hinter dem Netz in den ziegelroten Sand einzugraben schien. Seeney weinte die ganze Nacht hindurch und fragte sich, worauf sie sich da eingelassen hatte. Später erfuhr sie, dass es sich bei der Frau um die Siegerin der französischen Meisterschaften gehandelt hatte.

Seeney hatte das Tennisspielen auf einfachste Weise erlernt, ohne richtigen Unterricht. Dort, wo sie aufgewachsen war, mitten im australischen Busch, fünfhundert Kilometer nordwestlich von Brisbane, gab es keinen Fernseher und kein Kino, nur Tennis. Ihre Schule bestand aus vierzehn Schülern, einem Tennisplatz und einer Tennismannschaft. Ab und zu quetschten sich alle in ein Auto, fuhren eine Stunde bis zur nächsten Schule und bestritten dort ein Match. Seeney war das jüngste von neun Kindern und, wie sich herausstellte, das talentierteste. Ihre Brüder und Schwestern arbeiteten hart dafür, ihr den Erfolg zu ermöglichen. Dieser Druck lastete ihre gesamte Tenniskarriere über auf ihren Schultern.

Als sie Anfang 1955 ihre Heimat verließ, überreichte ihr Vater ihr die fünfundsiebzig britischen Pfund, die die Familie zusammengespart hatte – ein Betrag, der heute etwa 2300 Euro entspräche. »Du hast kein Geld und kennst niemanden«, hatte er gesagt. »Aber wir haben dir gute Werte und gute Manieren vermittelt. Du bist ein guter Mensch, schaust deinen Gesprächspartnern stets in die Augen und weißt dich zu benehmen. Denk nur daran, immer zu lächeln. Ein Lächeln kostet dich niemals etwas.«

Also lächelte sie die Turnierfunktionäre an, die Frauen der Turnierfunktionäre, ihre Gegnerinnen – einfach jeden, den sie traf. Es schadete auch nicht, dass sie »recht nett anzusehen« war, wie sie es selbst formulierte. So schaffte sie es von einem Turnier zum nächsten, wodurch sie an Spielpraxis und Erfahrung gewann. Seeney bekam kein Antrittsgeld; anders als Althea war sie ein Niemand, der kein Publikum anzog. Sie musste ihre Reisekosten selbst bestreiten. Ihr Frühstück bestand meist aus einem harten Brötchen, und wenn sie beim Mittagessen, das der Veranstalter stellte, genug aß, hatte sie abends wenig Hunger. Seeney lernte, überall zurechtzukommen, in jeder Stadt und in jedem Land, auch wenn dort niemand Englisch verstand – vor allem nicht das ungewohnte australische Busch-Englisch, das sie sprach. »Wir mussten Problemlöser sein«, sagte sie später. »Und das übertrug sich auf den Platz.«

Seeney verbrachte viel Zeit mit ihrer Doppelpartnerin Fay Muller und zwei aufstrebenden südafrikanischen Spielern. Einen der beiden, Trevor Fancutt, heiratete sie später. (Ihre drei Söhne, Charlie, Michael und Christopher Fancutt, spielten ebenfalls alle in Wimbledon – fünf Wimbledon-Teilnehmer in einer Familie ist ein Rekord.) Seeney ging jeden Abend um halb zehn zu Bett, wo auch immer in der Welt sie sich aufhielt. Sie hatte stets im Hinterkopf, dass sie nur dank der Mühen ihrer

Geschwister dort war, und hielt es nicht für richtig, Zeit und Energie auf Partys oder in Nachtclubs zu verschwenden.

Als Seeney in ihrem zweiten Jahr direkt nach den Weihnachtsferien, die sie in ihrer Heimat verbracht hatte, in Neapel die Umkleidekabine betrat, fühlte sie sich wie eine vom alten Eisen. Dann erblickte sie Althea, die sich gerade Männershorts anzog und den Reißverschluss an der Vorderseite zuzog. »Mir wären fast die Augen aus dem Kopf gefallen«, erzählte sie Jahrzehnte später. »Sie wirkte so imponierend, so groß. Ich war ein junges, leicht zu beeindruckendes Aussie-Mädchen und hatte noch nie gesehen, wie sich irgendjemand außer meinen Brüdern vorn die Hose zumachte.« Althea hat nicht nur Turniere gewonnen, dachte Seeney in jenem Augenblick, sondern dazu noch das Aussehen und Auftreten einer Göttin. »Es war einschüchternd«, meinte sie. »Sie hatte schon halb gewonnen, bevor das Match nur anfing.«

Während Althea damit beschäftigt war, Seeney zu schlagen und das Turnier in Neapel zu gewinnen, wurde bekannt gegeben, welche Spielerinnen zum amerikanischen Team für den Wightman Cup 1956 gehören würden: Louise Brough als spielende Kapitänin, Shirley Fry, Beverly Fleitz und Dorothy Knode, also die Nummern zwei, drei, vier und fünf US-Rangliste aus dem Jahr 1955. Doris Hart, die Nummer eins, hatte eine Stelle als Tennistrainerin angenommen und stand als Profi nicht mehr zur Verfügung. Dass Althea zu der Zeit vielleicht die beste Tennisspielerin der Welt und auf jeden Fall die beste Amerikanerin war, spielte bei der Entscheidung keine Rolle.

Falls sie das wurmte, ließ sie es sich nicht anmerken. Von Neapel aus fuhr sie weiter nach Genua, wo sie am 22. April glatt in zwei Sätzen gegen Thelma Long siegte und damit das vierte Turnier in Folge gewann. Als Nächstes stand Florenz auf dem Plan, und langsam registrierten selbst die amerikanischen Zeitungen, was sie da gerade leistete. An dem Tag, an dem sich alle Schlagzeilen um das angekündigte Karriereende des ungeschlagenen Schwergewichtsweltmeisters Rocky Marciano drehten, zog Althea mit einem überlegenen 6:1-6:1-Triumph über die Lokalmatadorin Anelisa Bellani ins Halbfinale ein und schaffte es damit auf die erste Seite des Sportteils der *New York Times*. Drei Tage später brachte ihr ein weiterer Sieg über Long den fünften Turniertitel in Folge ein.

In jenem Frühjahr erlebte auch Angela eine Veränderung, wenngleich sie immer noch nicht wie eine Spielerin der Spitzenklasse wirkte. Sie ging ihrer Arbeit bei Lillywhites nach, bestritt Turniere in der näheren Umgebung und trainierte mit Jones auf dem Platz und abseits davon. Jones hatte komplizierte Übungen für sie ersonnen (die er wie üblich als Experimente bezeichnete, als handle es sich um eine wissenschaftliche Studie). Dazu zählten Intervallsprints in der Kent's Passage, der Gasse, die nahe des Rossmore Court zum Regent's Park führte. Angela wartete, bis die Gasse leer war, und platzierte dann in gleichmäßigen Abständen Kartoffeln auf dem Boden. Anschließend rannte sie von einer zur nächsten und hob sie auf, während Jones mit einer Stoppuhr die Zeit nahm. Das sollte sie flinker machen.

Längere Strecken absolvierte sie im Park selbstständig. Ihre Runde dort führte sie am Winfield House, dem Wohnsitz des amerikanischen Botschafters, vorbei, wo sie wartete, bis ein Auto vorbeikam, und dann neben ihm herrannte so lange sie konnte, wie ein kläffender Hund. Die anderen Passanten beobachteten sie mit einer Mischung aus Ungläubigkeit und Verängstigung und hofften, dass das Ganze ein Scherz war. (Wochen später, als der Tenniszirkus in London Station machte, weil die Turniere im Queen's Club und in Wimbledon anstanden, nahm Angela Althea mit auf einen Sonnenaufgangslauf,

den sie aber schon nach einer Viertelstunde abbrechen mussten. »Tu mir das nie wieder an«, knurrte Althea und kroch ins
Bett zurück.)

Am 1. April gewann Angela das Turnier in Southport, wo sie
sich im Jahr zuvor mit Derek Dutton eingespielt hatte. In der
folgenden Woche kehrte sie in den Cumberland Club zurück,
ihre alte Trainingsstätte während der Schulzeit bei Mrs. Jepson-
Turner, und entschied das Finale der Sandplatz-Meisterschaften
glatt in zwei Sätzen für sich. Später in jenem Monat schlug die
Amerikanerin Darlene Hard ohne Doppelpartnerin in Bournemouth auf. »Sie könnte passen«, meinte Jones und fragte Hard,
ob sie sich für diese Woche mit Angela zusammentun wolle.
Solche Vorstöße durch Trainer waren zu der Zeit äußerst selten;
Jones verhielt sich fast, als wäre er Angelas Agent. Hard willigte
ein, merkte aber an, dass sie für die französischen Meisterschaften bereits vergeben sei. Das war Jones egal. Ihm ging es darum,
dass Angela durch das Zusammenspiel mit Hard eine Woche
lang Erfahrung darin sammeln konnte, wie es war, mit einer
Spitzenspielerin auf dem Platz zu stehen. Vielleicht vermittelte
ihr das ja nützliche Erkenntnisse.

Angela und Hard holten sich überraschend den Titel in
Bournemouth, als sie in drei Sätzen gegen das eingespielte
Team aus Mortimer und Shilcock gewannen, das Lieblingspaar
des englischen Tennis-Establishments. Selbst die skeptische
Mortimer konnte in Bournemouth sehen, dass Angela nicht
länger die überambitionierte Streberin war, über die sie sich
in den vergangenen Jahren lustig gemacht hatten. »Zu der Zeit
machte sie keinen einzigen dummen Fehler mehr«, erzählte sie
später. »Sie hatte sich zu einer beeindruckenden Spielerin entwickelt.«

In der folgenden Woche kreuzten sich die Wege von Angela
und Althea erneut. Sie trafen sich bei den italienischen Meister-

schaften in Rom, auch wenn sie dieses Mal nicht zusammen im Doppel antraten. Angela tat sich wieder mit Hard zusammen, während Althea mit einer Deutschen namens Totta Zehden spielte, die sie unterwegs kennengelernt hatte. Im Viertelfinale warfen Althea und Zehden Seeney, die tapfere Australierin, und ihre modebewusste Partnerin Fay Muller aus dem Turnier. Doch im Halbfinale bekamen sie es mit dem plötzlich überragenden Team Angela und Hard zu tun, das sich ohne Probleme durchsetzte. Althea war überrascht, freute sich aber für Angela.

Ihr selbst blieb das Einzel, um ihr Ego zu trösten. Sie war an Nummer eins gesetzt und gab auf dem Weg zum fünften Titel in Italien innerhalb eines Monats und dem sechsten insgesamt nur einen einzigen Satz ab. Die Überraschung war, dass Angela, die nun mit jedem Turnier besser wurde, beinahe erneut im Finale gegen sie gestanden hätte – ihr fehlte nur ein Satz. Nachdem sie den ersten Satz ihres Halbfinalmatches gegen die Ungarin Zsuzsa Körmöczy verloren hatte, schaffte sie durch ein 9:7 im zweiten den Ausgleich. Doch dann kam die Erschöpfung. Körmöczy war eine erfahrene Spielerin, die sich bewusst etwas Energie für den entscheidenden Satz bewahrt hatte. Sie gewann ihn mit 6:1 und zog ins Finale gegen Althea ein.

Altheas Zweisatzsieg in diesem Finale über Körmöczy ist ein hervorragendes Beispiel dafür, zu was für einer Spielerin sie sich entwickelt hatte. Den ersten Satz entschied sie mühelos mit 6:3 für sich. Im zweiten holte Körmöczy ein Break und brachte ihre eigenen Aufschläge durch, bis es 5:3 stand. Das Match schien auf einen Entscheidungssatz zuzulaufen, doch die Frau, die wenige Monate zuvor in Kairo laut Mortimer »einfach aufgegeben« hatte, steigerte sich nun genau zum richtigen Zeitpunkt. Sie holte bei eigenem Aufschlag vier Punkte in Folge und verringerte Körmöczys Vorsprung so auf 5:4. Im folgenden Spiel ging Körmöczy mit 40:30 in Führung und hatte einen

Satzball, aber Althea rettete sich, indem sie direkt nach dem Return ans Netz stürzte und die Ungarin zu einem überhasteten Passierball zwang, den diese ins Netz schlug. Schließlich gewann Althea das Spiel und holte sich damit das Break zurück. In ihrem nächsten Aufschlagspiel schlug sie zwei Asse und ging 6:5 in Führung.

Im zwölften Spiel – Aufschlag Körmöczy – lag Althea zunächst wieder 40:30 hinten, fing sich dann aber erneut. Nach einem Überkopfball zum Ausgleich entschied sie die letzten beiden Punkte des Spiels nach langen Ballwechseln für sich, was ihr das Break und den Sieg einbrachte. Sie hatte es geschafft, durch ihr Netzspiel, ihre Aufschläge, ihre Schmetterbälle und ihre Grundschläge einen Rückstand von zwei Spielen aufzuholen und ein Finale gegen eine clevere und erfahrene Spielerin zu gewinnen. Das war eine beeindruckende Leistung.

Doch ihre Gegnerin hatte Zsuzsa Körmöczy geheißen, nicht Brough oder Fleitz oder Fry. Während ihrer langen Siegesserie war Althea niemals gegen eine der absoluten Topspielerinnen angetreten, eine der Frauen, die sie besiegen müsste, um in Wimbledon zu gewinnen. Sie war die ewige Außenseiterin, der große Auslandsstar der ersten Monate des Jahres 1956, die Frau aus den USA, die reihenweise Trophäen in den Hauptstädten Europas einsammelte, aber jetzt, da die französischen Meisterschaften und Wimbledon vor der Tür standen, traf der Rest der Amerikanerinnen ein, sodass sich die Welt schon bald einen besseren Eindruck davon verschaffen könnte, was Altheas Erfolge wert waren. »Sie ist zweifellos überaus talentiert«, schrieb *World Tennis* in der Berichterstattung zu den italienischen Meisterschaften, »und es wird sehr interessant zu sehen, was passiert, wenn die amerikanischen Spitzenspielerinnen kommen – ob die Dinge dann immer noch so laufen, wie sie es sich erhofft?«

Trotz ihrer Erfolge in Bournemouth und Rom kam Angela ohne Doppelpartnerin zu den französischen Meisterschaften. Hard war schon vergeben, und von den anderen hatte sie niemand gefragt. Also hatte Angela sich überlegt, dass es ohnehin keine gute Idee wäre, in Paris in allen drei Wettbewerben anzutreten. Ihr Plan lautete nun, einen starken männlichen Partner für das gemischte Doppel zu finden, das Damendoppel auszulassen und ihre ganze Energie auf das Einzel zu richten.

Dann begegnete sie in einem Korridor Althea, und die beiden umarmten einander – »Gut siehst du aus, Angie«, sagte Althea und begutachtete sie mit schwesterlichem Blick. Jones bekam große Augen. Ihm war nicht klar gewesen, wie eng die Freundschaft zwischen den beiden seit dem vorherigen Weihnachtsfest geworden war. »*Das* ist eine richtige Partnerin«, sagte er. Da die Meldefrist für den Doppelwettbewerb wenige Stunden später auslief, luden die beiden Althea direkt zum Essen ein. Als Angela zwischen der Vorspeise und dem Hauptgang den Mut verlor, sprang Jones in die Bresche und fragte Althea, ob sie mit Angela im Doppel antreten wolle. Er erkannte sofort, wie gut die beiden zusammenpassten. Und er verstand, dass sie in gewisser Weise Seelenverwandte waren. Althea, die seit der Abreise aus Asien fünf Monate zuvor allein unterwegs war, litt an Heimweh und Einsamkeit. Sie genoss das Gefühl, gewollt zu werden, und war beeindruckt, wie Angela und Hard sie und Totta Zehden in Rom geschlagen hatten. Also sagte sie sofort zu.

Schon 1956 waren die vier Tennisturniere des Grand Slam Abbilder der Orte, an denen sie stattfanden. Wimbledon war die biederste und konservativste Veranstaltung, während es bei den Australian Championships, die lange an unterschiedlichen Orten und erst ab 1972 fest in Melbourne abgehalten wurden, deutlich fröhlicher und legerer zuging. Die US Championships hingegen, die im West Side Tennis Club im waldigen Forest

Hills stattfanden, hatten damals nur wenig Ähnlichkeit mit dem lärmenden Event, das heute in Flushing Meadows nahe des Flughafens La Guardia zu erleben ist. In Forest Hills zeigte sich Amerika von seiner vornehmsten Seite, und die New Yorker, die sich zu diesem Anlass in den Vorort begaben, waren sehr auf ihre Manieren bedacht.

Unter den vier großen Turnieren herrschte bei den französischen Meisterschaften die beeindruckendste Atmosphäre. Austragungsort war das (nach einem Kampfpiloten aus dem Ersten Weltkrieg benannten) Stade Roland Garros im Zentrum von Paris. Die französischen Tennisfans waren so emotional, dass es manchmal an Unhöflichkeit grenzte. Sie zeigten klar und deutlich, wen sie mochten und wen nicht. Wenn man das Publikum in Roland Garros auf seiner Seite hatte – und am besten noch Französin oder Franzose war –, konnte man sich auf viel Unterstützung verlassen.

Harry Buxton war eigens nach Paris gekommen, um seine Tochter spielen zu sehen. Er logierte im noblen Hotel George V und speiste in der Stadt. Wie die meisten anderen Menschen war auch er von Althea fasziniert. Er hatte gehört, dass sie praktisch als Waise auf den Straßen von Harlem aufgewachsen war. Wenn sie einen Raum betrat, umgab sie die Aura eines Superstars, und außerdem war sie natürlich eine Afroamerikanerin in einer Zeit, in der Afroamerikaner weltweit in den Nachrichten waren. Und sie wurde immer häufiger als eine von zwei oder drei Favoritinnen auf den Wimbledon-Titel genannt. »Bring sie ruhig mit«, sagte Harry, als Angela fragte, ob Althea sie zum Abendessen begleiten könne.

In den zwei Wochen in Paris aßen sie zweimal im Le Fouquet's – einem der nobelsten und teuersten Restaurants der Stadt in der Prachtstraße der Champs-Élysées. Althea war begeistert. Sie hatte das Tennis-Pendant einer Rucksackreise durch Europa hinter sich, mit dem Budget einer Studentin, und nun ermöglichte ihr der reiche Vater einer Mitspielerin einen Abstecher ins pure Luxusleben. »Das war es, wovon sie geträumt hatte«, sagte Angela Jahrzehnte später. »Das beste Essen, guter Wein.« Mehr als einmal schwor sich Althea, dass ihre Zukunft weitere solche Mahlzeiten bereithalten würde.

Althea und Angela traten im gleichen Zweig des Turnierbaums an und waren nach der ersten Woche beide noch dabei. Am 22. Mai brauchte Angela ein 8:6, um den ersten Satz des Viertelfinales gegen Edda Buding, die beständigere der beiden deutschen Buding-Schwestern, zu gewinnen. Am gleichen Nachmittag verlor Althea nur drei Spiele in ihrem Viertelfinale gegen Shirley Bloomer, die Altheas kraftvoller Spielweise immer noch nichts entgegenzusetzen hatte. Das bedeutete, dass Althea und Angela im Halbfinale am 24. Mai aufeinandertreffen würden.

Das bevorstehende Match – bei dem es um die Teilnahme am Finale in einem Grand-Slam-Turnier ging, was keine von beiden bisher geschafft hatte – beeinträchtigte ihre Freundschaft keineswegs. Ähnlich wie Doris Hart und Shirley Fry oder die einander bewundernden Williams-Schwestern ein halbes Jahrhundert später waren auch Althea und Angela nur auf dem Platz Konkurrentinnen. Angela erkannte, dass Althea in Paris an die Tür zum ganz großen Erfolg anklopfte, und genoss die Rolle der Vertrauten, Ratgeberin und Freundin.

Althea führte ein Leben, wie Angela es nie gewagt hätte. Sie war eine Vagabundin, trug ihr Leben in einem Koffer mit sich herum und war sich ständig bewusst, dass das Karussell, auf dem sie fuhr, jederzeit anhalten könnte. Dann stände sie ohne Geld, ohne Arbeit, ohne ein richtiges Zuhause da, weil sie ihr ganzes Leben mit etwas verbrachte, das ihr kaum ein Dach über dem Kopf, geschweige denn ein echtes Einkommen brachte. Althea war sich über ihre Armut absolut im Klaren, handelte aber entschieden so, als sei das egal. Sie gab Geld aus, das sie nicht hatte, und gönnte sich Annehmlichkeiten wie einen Mietwagen, obwohl sie kaum ihre Rechnungen bezahlen konnte. Gemeinsam wirkten die beiden wie zwei Filmfiguren, die von einer lustigen und harmlosen Klemme in die nächste stolperten. Althea stachelte Angela dazu an, mit ihr auszugehen, durch die Nachtclubs zu ziehen, und Angela war dafür zuständig, dass die beiden am Ende wieder irgendwie nach Hause kamen.

In mancherlei Hinsicht war Angela wie eine jüngere Schwester für Althea. »Sie war der einzige Mensch, der mit mir über Sex sprach«, sagte Angela Jahrzehnte später. Das war zu jener Zeit ein Tabuthema; selbst Angelas Mutter, die nach der Scheidung von Harry einen neuen Freund nach dem anderen hatte, sträubte sich, mit ihrer Tochter über die Vorteile der Verhütung zu sprechen, ganz zu schweigen von den Freuden einer liebevollen körperlichen Beziehung. Althea kannte in dieser Hinsicht keine Hemmungen. Obwohl auch sie nicht übermäßig freizügig lebte, ließ sie sich doch auf das eine oder andere Abenteuer ein und konnte der verwirrten Angela deshalb einiges erzählen. »Es waren im Grunde keine Beziehungstipps«, meinte Angela, »sondern eher Ratschläge dazu, welche Genüsse das Zusammensein mit einem Mann einer Frau bereiten kann. Sie hatte Sachen gemacht, die ich nicht gemacht hatte.«

Angela hingegen verstand, wie die Welt funktionierte – oder zumindest glaubte sie das. Während Althea ständig mit bürokratischen Hindernissen zu kämpfen hatte und dabei mit dem Kopf durch die Wand wollte, fand Angela meistens einen cleveren Umweg. Dabei erwies sich auch ihre zunehmende Bekanntheit als Vorteil. »Wir mussten nie irgendwo bezahlen«, sagte Angela später. »Mein Vater war eine große Nummer, Althea war eine große Nummer, und ich war eine große Nummer. Warum soll man für etwas bezahlen, das man auch umsonst haben kann?«

Eines Abends ein paar Wochen nach den französischen Meisterschaften besuchten die beiden einen Privatclub am Londoner Berkeley Square. Angela überzeugte die Betreiber, sie einzulassen, und gegen Ende der Nacht hatte Althea die Bühne eingenommen und sang lautstark einen Jazz-Klassiker nach dem anderen, bis weit nach Mitternacht. Das war ein Riesenspaß – und etwas ganz Neues für die beiden jungen Frauen, die noch kurz zuvor absolute Außenseiterinnen gewesen waren. Es ist erstaunlich, dachte Angela oft, was so ein paar gewonnene Matches bewirken können.

Natürlich wollte Angela die französischen Meisterschaften auch selbst gewinnen, fast so sehr wie Wimbledon. Ein Sieg in einem Grand-Slam-Turnier wäre ein Triumph über das skeptische englische Tennis-Establishment, das sie als lästig und aufdringlich abgetan hatte – Attribute, die auffallend häufig mit Juden in Verbindung gebracht wurden. Er wäre eine Bestätigung ihres Glaubens an sich selbst, auch wenn Maureen Connolly und andere der Meinung waren, dass sie kein Talent habe, und ein Lohn für die Mühen, die sie seit ihrer Kindheit auf sich genommen hatte.

Fast genauso wichtig war ihr mittlerweile, dass ein Grand-Slam-Titel einer Bestätigung des unorthodoxen Trainingsansatzes von Jimmy Jones gleichkam. Jones wurde zunehmend als durchgeknallt abgetan, als Journalist, der sich nebenbei als verrückter Wissenschaftler betätigte und Angela als Versuchskaninchen für seine Experimente benutzte. Ein Sieg von ihr würde ihm unter seinesgleichen zu ganz neuem Ansehen verhelfen.

Doch gleichzeitig wusste Angela auch: Selbst wenn sie es weit gebracht hatte, war Altheas Entwicklung noch deutlich höher einzuschätzen. Angela hatte eine richtige Familie, Eltern, die sich für ihren Erfolg interessierten, einen guten Trainer, so viel Geld wie nötig – und daran würde sich in den nächsten Monaten oder Jahren nichts ändern, egal ob sie gewann oder verlor. Althea hatte nichts von alldem. Angela sehnte sich danach, Althea wenigstens einmal zu bezwingen, nur um zu beweisen, dass sie es konnte, aber ihr war klar, dass das sehr schwierig werden würde. Viele Jahre später sagte sie: »Sie war einfach stärker und hatte mehr Erfahrung. Ihre Bälle hatten mehr Durchschlagskraft als meine. Das war der Unterschied. Aber ich hatte immer das Gefühl, dass es im Bereich des Möglichen lag. Ich war mehrere Male nah dran und spürte, dass es ging.«

Wie sich herausstellte, waren die französischen Meisterschaften ihre letzte Chance.

Mit Barney Goodman

11

EIN HISTORISCHER SIEG

Althea zog ins Halbfinale der französischen Meisterschaften 1956 ein, ohne je den Court Central im Stade Roland Garros betreten zu haben. Ihr Kampf um einen Grand-Slam-Titel war zu der Zeit die faszinierendste Geschichte im Tennis, doch sie spielte sich auf den deutlich kleineren Nebenplätzen der Anlage ab, vor den Augen einzelner Zuschauergrüppchen auf Holzbänken.

Das hatte zum Teil mit der Einstellung der Kontinentaleuropäer zum Damentennis zu tun. Damentennis galt nur in England und den USA als angesehener Zeitvertreib. Im Rest der Welt, vor allem in den romanischen Ländern Frankreich, Italien und Spanien, hielt man es für eine Kuriosität – und das trotz des Erfolgs der überaus eleganten Pariserin Suzanne Lenglen, der wohl stärksten Tennisspielerin bis dahin, die zwischen 1919 und 1925 bis auf einmal jedes Jahr in Wimbledon gewonnen hatte.

1956 stammten die besten zehn Tennisspielerinnen der Welt, die der Journalist Tingay in seinem Ranking aufführte, alle aus den USA oder Großbritannien, mit Ausnahme der Ungarin Zsuzsa Körmöczy, die an Nummer fünf stand. Nach dem Wimbledon-Sieg der Deutschen Cilly Aussem 1931 dauerte es siebenundvierzig Jahre, bis es 1978 mit der Tschechoslowakin Martina Navratilova erneut einer Kontinentaleuropäerin gelang, das

Dameneinzel dort zu gewinnen. Auch im Stade Roland Garros war der Titel, den Körmöczy 1958 mit dreiunddreißig Jahren holte, der einzige, den die Festlandeuropäerinnen zwischen 1940, als das Turnier wegen des Krieges ausgesetzt wurde, und 1967, als die Französin Françoise Dürr gewann, erringen konnten. Es war kein Zufall, dass nur die Britinnen und Amerikanerinnen um den prestigeträchtigen Wightman Cup konkurrierten; mit Ausnahme der einen oder anderen Australierin waren sie die Einzigen, die das Tennisspiel ernst nahmen.

Althea spielte bei den französischen Meisterschaften also nicht auf dem Court Central, weil dort nur selten Damenpartien unterhalb des Halbfinales ausgetragen wurden. Doch das war nur ein Teil der Begründung. In Paris, das Josephine Baker drei Jahrzehnte zuvor mit offenen Armen begrüßt hatte, fiel der Empfang ihres Tennis-Pendants eher durchwachsen aus. Trotz ihres überzeugenden Auftritts bei den französischen Hallenmeisterschaften im Februar hielt man Althea für zu selbstsicher angesichts ihrer bisherigen Leistungen und war der Ansicht, sie habe noch keinen Auftritt auf dem Court Central verdient. Und ihre kraftvolle Spielweise stand im starken Kontrast zu dem eleganten Grundlinienspiel, das die Tennisgläubigen im Stade Roland Garros so bewunderten.

Als Althea ins Halbfinale eingezogen war, konnte man ihr den Court Central nicht länger verwehren. Doch von dem Moment an, als sie aus dem Tunnel heraus auf den Platz trat, ließ das Publikum sie spüren, dass es nicht auf ihrer Seite war. Viele der achttausend anwesenden Fans verhöhnten sie, bevor das Match gegen Angela auch nur begonnen hatte. Das setzte ihr zu. Angela war klug genug, konstant an der Grundlinie zu bleiben, Schlag für Schlag ihre eingeübten Muster abzuspulen und die nervöse Althea Fehler machen zu lassen. So gewann sie den ersten Satz mit 6:2 – das war ihr gegen Althea noch nie gelungen.

Die ersten drei Spiele des zweiten Satzes gingen jedoch an Althea, was die Menge zum Schweigen brachte. Angela spürte, dass es wenig sinnvoll war, gegen einen solchen Rückstand anzukämpfen, und verschwendete so wenig Energie wie möglich auf den Rest des Satzes. Sie holte kein einziges Spiel und sparte sich ihre Kräfte stattdessen für den furiosen Kampf auf, den sie im Entscheidungssatz erwartete.

Doch als Althea nach wenigen Punkten im ersten Spiel dieses dritten Satzes weit ausholte, riss plötzlich der rechte Träger ihres BHs. (In den Zeitungen fiel die Berichterstattung jenes Tages lüsterner aus, und es war vom Träger ihres Kleides die Rede.) Wäre das einer Spielerin passiert, für die das Publikum mehr übrighatte, hätten die Zuschauer vielleicht Mitleid empfunden, doch bei Althea reagierten sie wie ein Haufen Betrunkener auf einer Studentenparty. Von überall erschallten Pfiffe und Gejohle. Althea, die stolz darauf war, normalerweise so cool zu sein, dass ihr nichts peinlich war, erstarrte, zu gedemütigt, um sich zu bewegen. Angela dachte keine Sekunde lang nach, sondern lief um das Netz herum zu ihrer Freundin, legte einen Arm um sie, um sie vor Blicken zu schützen, und begleitete sie in die Kabine. »Sie stand völlig neben sich«, erzählte Angela Jahrzehnte später. »Ich musste ihr helfen.« Freimütig gab sie zu, dass sie bei keiner anderen Spielerin so schnell reagiert hätte. Wäre das furchtbare Missgeschick einer anderen Gegnerin passiert, hätte sie sicherlich Mitleid empfunden, meinte sie, aber sie hätte sich »hingesetzt und darauf gewartet, dass sich die Situation irgendwie auflöste. Es wäre mich nichts angegangen.«

Doch so ging es sie etwas an. Althea war ihre Gegnerin, aber auch ihre Doppelpartnerin und Freundin. Die beiden kannten sich erst seit ein paar Monaten, doch als es darauf ankam, war das Band zwischen ihnen stärker als Angelas fanatischer Siegeswille.

Warum Althea und Angela sich zueinander hingezogen fühlten, war ihnen selbst vielleicht gar nicht klar. Angela konnte sich Jahrzehnte danach nicht daran erinnern, sich je mit Althea über ihrer beider Position als relative Außenseiterinnen in der Kabine unterhalten zu haben. Sie richteten ihre ganze Aufmerksamkeit darauf, welche Filme im Kino liefen, welche Ausstellungen man besuchen könnte und wo sie essen gehen wollten. Doch die unterschwellige Feindseligkeit, die ihnen viele der etablierten Spielerinnen entgegenbrachten, brodelte bei jedem Turnier, an dem sie teilnahmen, unter der Oberfläche, und das verband die beiden wie ein gemeinsames Interesse oder Ziel. »Ich litt mit Althea«, sagte Angela später. »Ich wünschte mir ihren Erfolg fast so sehr wie meinen eigenen.« Es war einfach Mitgefühl, das Angela dazu bewegte, Althea in die Kabine zu begleiten und ihr dabei zuzusehen, wie sie einen Ersatz-BH aus ihrer Tasche holte und ihre Kleidung richtete. Ihr Verhalten verlieh der Beziehung zwischen den beiden eine neue Tiefe, die ein Leben lang Bestand haben sollte.

Als die beiden zusammen auf den Platz zurückkehrten, fanden sie sich in einem Chaos wieder. Niemand wusste, wie man in einem solchen Fall zu verfahren hatte. Einige Turnierfunktionäre bedrängten Angela, Althea einen Regelverstoß vorzuwerfen und so eine Disqualifikation zu erwirken. Es handle sich um einen klaren Fall, erklärten sie: Althea habe mitten im Spiel Hilfe von außen in Anspruch genommen und den Platz vor dem Ende des Matches verlassen; beides war streng verboten. Dass auch Angela vom Platz gegangen war, zur exakt gleichen Zeit wie Althea, wurde ignoriert. Eine Disqualifikation beider Spielerinnen hätte bedeutet, den Titel ohne ein Finale vergeben zu müssen, und das war undenkbar – dafür waren schon zu viele Tickets für das Match am Samstag verkauft worden. Auch wenn Althea die Geschädigte gewesen sei, gelte dennoch, dass jede Spielerin die Verantwortung für ihre Kleidung und Ausrüstung trage. Ganz klar sei sie diejenige, die weichen müsse.

Obwohl sie dadurch direkt ins Finale der französischen Meisterschaften eingezogen wäre, erklärte Angela den Funktionären, dass eine Disqualifikation von Althea genau das war, was sie nicht wollte. Das war, wie ein Zeitgenosse später formulierte, »die eine großherzige Geste in Angelas gesamter Karriere«.

Da Angela sich weigerte, einen Regelverstoß geltend zu machen, hatten die Funktionäre keine andere Wahl, als die Partie fortzusetzen. Die Diskussionen legten sich langsam, auch wenn das Publikum weiterhin lautstark protestierte. »Schließlich verschwanden die kleinen Männer alle wieder, und wir spielten das Match zu Ende«, schrieb Althea später. Kurz darauf ging sie mit 4:1 in Führung, doch nun änderte die neuerdings fintenreiche Angela ihre Taktik. Statt wie bisher auf Schläge von der Grundlinie zu setzen, versuchte sie es jetzt mit Schlagfolgen, bei denen sie ans Netz vorrückte. Althea gelang es gelegentlich, sie zu überspielen, vor allem, wenn Angela es verpasste, ihren Bällen die nötige Tiefe mitzugeben, doch die neue Spielweise brachte sie auch aus dem Konzept, sodass sie mehrere potenzielle Gewinnschläge ins Netz setzte. Sie machte Doppelfehler, und als Angela den Rückstand bei eigenem Aufschlag auf 5:4 verkürzte und die Zuschauer laut aufjubelten, warf Althea ihren Schläger vor lauter Wut auf den Boden. Das brachte ihr ein weiteres Pfeifkonzert vom Publikum und einen vorwurfsvollen Blick vom Schiedsrichter ein.

Trotz ihres Frusts erspielte sich Althea im zehnten Spiel zwei Matchbälle, doch Angela hielt dagegen und erreichte den Einstand. In diesem Augenblick war sie einem Sieg über Althea so nah wie nie. Stattdessen entschied Althea die folgenden beiden Punkte schnell für sich und beendete das Match mit 6:4 durch einen knackigen Vorhand-Volley, der Angela fast den Schläger aus der Hand gerissen hätte. So zog Althea im (für Tennisspielerinnen) fortgeschrittenen Alter von achtundzwanzig Jahren und fast sechs Jahre nach ihrem Debüt in einem Grand-Slam-Turnier endlich in ein Finale ein. Dort wartete Angela Mortimer, die sich in zwei Sätzen gegen die Ungarin Körmöczy durchgesetzt hatte, trotz Verdauungsproblemen – ihrem »Zigeunermagen«, wie sie es nannte –, die sie im weiteren Verlauf des Jahres noch ins Krankenhaus bringen sollten.

Althea begann das Match, als hätte sie es eilig. Sie preschte durch den ersten Satz und gewann jedes Spiel. Ihr Auftreten war ganz anders als zu Beginn des Jahres, als sie alle drei Finals gegen Mortimer verloren hatte. Doch dann fand ihre Gegnerin, die bei den französischen Meisterschaften ihren Titel verteidigen wollte, ins Spiel – genau wie Althea es erwartet hatte.

Im ersten Spiel des zweiten Satzes stand es siebenmal Einstand, bevor Mortimer ihren Aufschlag durchbringen konnte. Althea zog ohne Probleme nach – ein Muster, das sich fortsetzen sollte. Wenn Mortimer Aufschlag hatte, kämpfte sie um jeden Punkt und holte sich das Spiel erst nach mindestens einem Einstand, oft auch zwei. Dann war Althea an der Reihe, und plötzlich war das Match ein ganz anderes. Ihr Aufschlag war besser denn je, und sie entschied diese Spiele fast ohne Gegenwehr für sich. Beim Stand von 6:6 hatten beide Spielerinnen je ein Break hinnehmen müssen, aber das der anderen nicht nutzen können, und dabei blieb es bis zum 9:9 und einem weiteren Break, in dessen Folge Althea ihre Gegnerin am Netz zermürbte. Nun stand es 10:9, und Althea schlug zum Matchgewinn auf, doch irgendwie gelang Mortimer das Rebreak.

Gerade als es den Anschein hatte, dass das Match ewig dauern würde, lief Mortimer bei einem Breakball nach dem Aufschlag ans Netz – Althea konnte das Spiel mit einem Vorhand-Passierball für sich entscheiden. 11:10 stand es jetzt, und ihr fehlten noch vier Punkte bei eigenem Aufschlag, um als erster Schwarzer Mensch überhaupt ein Grand-Slam-Turnier zu gewinnen. Es war ein weiter Weg von den »Play Streets« der Police Athletic League bis zum Sandplatz im Stade Roland Garros und diesem Augenblick gewesen, und daran dachte Althea in diesem Moment sicherlich auch. Auf der anderen Netzseite war Mortimer fest entschlossen, dass Altheas Durchbruch nicht auf ihrem Rücken stattfinden würde. Was ihr zusetzte, war weniger die historische Bedeutung eines solchen Sieges, die sie zu einer Fußnote in Altheas Erfolgsgeschichte machen würde, und auch nicht die Tatsache, dass sie gegen eine Spielerin verlieren würde, deren Auftreten sie missbilligte. Es war die schlichte Aussicht auf eine Niederlage, vor allem vor den Augen von zwölftausend Zuschauern. »Mir graute es davor, zu versagen«, sagte sie später.

Jetzt starrte Mortimer mit hartem Blick über das Netz, alle Muskeln angespannt, um Altheas Aufschlag anzunehmen, doch Wille und Entschlossenheit allein reichten nicht aus. Althea legte einen Durchmarsch hin, indem sie jeden Aufschlag ins Feld donnerte und dann mit maschinengleicher Präzision ans Netz vorrückte. Es stand 15:0, 30:0, 40:0 – und dann schlug Althea einen Aufschlag an Mortimer vorbei in die Mitte des Feldes, der sie Spiel, Satz, Match und Turnier gewinnen ließ. Die Freude war so groß, dass sie ohne nachzudenken zum Netz rannte und darübersprang. Dann überraschte Althea ihre enttäuschte Gegnerin, indem sie ihr die langen Arme um den Hals schlang und sie umarmte.

Die französischen Meisterschaften waren damals eine Stufe unterhalb von Wimbledon und Forest Hills angesiedelt, woran sich nach Meinung vieler bis heute nichts geändert hat. »Frankreich konnte man auslassen«, sagte Louise Brough, die genau das häufig tat; weder sie noch Shirley Fry hatten in jenem Jahr am Turnier teilgenommen. Trotzdem erfüllten die französischen Meisterschaften die Vorgaben, die der New Yorker Sportjournalist Allison Danzig für die vier großen Turniere der Grand-Slam-Serie festgelegt hatte. Daher hätte die historische Bedeutung des Augenblicks sofort klar sein müssen, doch das war sie nicht. Die *New York Times*, die keinen Reporter vor Ort hatte, druckte am Sonntag, dem 27. Mai 1957, nur die ersten drei Absätze einer Agenturmeldung der Associated Press in einem Kasten auf der ersten Seite des Sportteils ab; der Rest folgte weiter hinten, zwischen den Meldungen vom Rudern und Fechten. Dass es sich bei Althea um eine Afroamerikanerin handelte, wurde nicht erwähnt; vielleicht hatte die *Times*, die immer sehr darauf bedacht war, ihren Sportteil unpolitisch zu halten, diesen Aspekt herausredigiert.

Trotzdem war Althea nun der erste echte Schwarze Tennisstar. Außerdem galt sie neben Brough und vielleicht der Letztjahresfinalistin Beverly Baker Fleitz als die Frau, die man schlagen musste, wenn man den Wimbledon-Titel holen wollte. Nach dem Ende des Matches gegen Mortimer führten die britischen Buchmacher Althea sogar als Favoritin auf den Sieg dort.

Im Doppel war ihre Leistung in den vergangenen zwei Wochen fast genauso beeindruckend gewesen. Angela hatte sich in die Rolle ihrer ständigen Partnerin gefügt und hielt die Ballwechsel am Laufen, bis Althea einen leichten Volley, einen Überkopfball oder einen geschickt platzierten Gewinnschlag vom Netz anbringen konnte. Auf diese Weise hatten sie bereits ein argentinisches, ein französisches und ein italienisches Paar geschlagen. Im Finale trafen sie auf die Amerikanerin Darlene Hard, die zu einem früheren Zeitpunkt der Saison so erfolgreich mit Angela zusammengespielt hatte, und ihre Partnerin, die Wightman-Cup-Spielerin Dorothy Knode. Im ersten Satz wirkten Angela und Althea etwas lustlos und unterlagen mit 8:6, doch im zweiten hatten sie herausgefunden, wie sie die Schwächen von Hard ausnutzen konnten, die nicht ganz auf der Höhe zu sein schien. So gewannen sie den zweiten Satz – ebenfalls mit 8:6 – und fegten die Amerikanerinnen im dritten mit 6:1 vom Platz. Althea unterstrich den Sieg, indem sie Knode den Matchball auf die Füße schmetterte. Jetzt war sie zweifache Titelträgerin der französischen Meisterschaften. Noch überraschender war, dass Angela, die Mary Halford Anfang des Jahres noch erklärt hatte, sie würde lieber auf das Damendoppel in Wimbledon verzichten, als mit einer schwächeren Partnerin anzutreten, nun als Gewinnerin des Doppeltitels und als Halbfinalistin im Einzel aus Frankreich nach England zurückkehrte.

»Ein Doppelteam ist immer nur so stark wie sein schwächstes Glied«, schrieb einst der fünfmalige Doppelsieger der US Championships George Lott. Beim Doppel spielen nicht einfach zwei gute Einzelspielerinnen nebeneinander – es handelt sich um eine ganz andere Disziplin, die eine ganz andere Einstellung verlangt. Viele der besten Doppelspieler waren auch herausragend im Einzel – Jack Kramer und Louise Brough, John McEnroe und Martina Hingis –, aber es gab auch welche, deren Spielweise speziell auf das Doppel ausgelegt war. Meist hatten sie Partner mit ihnen entsprechenden Fähigkeiten. Margaret Osborne duPont gewann dreizehnmal den Doppelwettbewerb der US Championships und holte insgesamt 31 Doppel-Grand-Slam-Titel, fast alle gemeinsam mit Brough. Beide verfügten über einen starken Aufschlag und gute Schmetter-, Volley- und Returnfähigkeiten. Broughs Rückhand war die beste im Feld, während duPonts Stärke die Vorhand war. Doch am wichtigsten war vielleicht, dass sie sich gut verstanden. In den anderthalb Jahrzehnten, die Brough und duPont zusammen antraten, kam es zu keiner einzigen Auseinandersetzung auf dem Platz. »Und genauso wenig abseits davon«, bemerkte duPont später. Im Doppel sind es immer auch die Persönlichkeiten der Beteiligten und ihr Zusammenspiel, die den Ausschlag geben.

»Die größten Doppelpaare haben ihren Erfolg dem gegenseitigen Verständnis und ihrem Teamgeist zu verdanken. Zwei Individualisten bilden nur selten ein gutes Team«, schrieb G. P. Hughes, ein Brite, der in den Dreißigerjahren im Doppel angetreten war und viele Jahre lang die *Dunlop Tennis Annuals* herausgab. Die meisten Punkte im Doppel entstehen dadurch, dass die Gegnerinnen das Feld nicht vollständig abdecken, und diesen Raum erschafft man am einfachsten, indem man die andere Seite zwingt, sich zu bewegen. Ein Team, das unorganisiert ist oder schlecht kommuniziert, ist gegenüber einem Paar, das auf jeden Ball mit eingeübten Abläufen reagiert, immer massiv im Nachteil.

Als Doppelspielerin bildete Althea eine große Ausnahme. Sie hatte die Fähigkeiten, eine der Allerbesten des Sports zu werden, doch ihre Einstellung entsprach der einer Einzelspielerin. Sie kannte ihre Stärken, und das reichte ihr. Wenn ihr Team beim Schlägerdrehen den ersten Aufschlag gewonnen hatte, rief Althea, noch bevor ihre Partnerin nur den Mund öffnen konnte: »Ich fange an.« So war es auch im Finale im gemischten Doppel gegen Vic Seixas und Shirley Fry in Wimbledon 1956, obwohl ein Mixed-Match, das mit dem Aufschlag einer Frau begann, ähnlich ungewöhnlich war wie eine Frau, die einem Mann die Tür aufhielt. »Es war schwierig, mit ihr zusammen zu spielen«, sagte ihr Partner Gardnar Mulloy viele Jahrzehnte später.

»Viele Spitzentennisspieler sind Eigenbrötler, Individualisten«, erklärte Bill Talbert in seinem Buch *Weekend Tennis*. »Sie sind im Einzel deutlich erfolgreicher als im Doppel.« Er beschrieb das Doppel als Tennis für Fortgeschrittene, eine ausgeklügeltere

Variante des Einzelspiels. Es begünstige reife Spieler, die bereit seien, die Stärken und Schwächen ihrer Partner zu akzeptieren und gemeinsam lange und hart daran zu arbeiten, ein erfolgreiches Team zu erschaffen. »Beim Doppel stehen nicht einfach zwei Spieler nebeneinander und werfen in einer provisorischen Allianz ihr Talent zusammen«, schrieb er. »Es muss sich um eine echte Partnerschaft handeln, einen wahren Zusammenschluss mit einem gemeinsamen Ziel … Sich zankende Doppelpartner gewinnen nur selten ein Match.«

Es ist ein klares Anzeichen dafür, wie talentiert Althea war, dass sie trotz allem innerhalb von zwei Jahren mindestens einen Doppeltitel bei jedem der Grand-Slam-Turniere holte. Sie gewann das Damendoppel bei den Australian Championships 1957, bei den französischen Meisterschaften 1956 und in Wimbledon 1956 bis 1958. Dazu kam der Titel im gemischten Doppel in Forest Hills 1957. All das gelang ihr, ohne eine freundschaftliche Beziehung zu ihren jeweiligen Partnerinnen einzugehen, abgesehen von Angela. Sie traf bei einem Turnier ein und betrat zehn Minuten später in ihrer charakteristischen männlichen Gangart den Platz. Mit ihrer Partnerin Maria Bueno, mit der sie 1958 in Wimbledon gewann und die eine der besten Tennisspielerinnen der frühen Sechzigerjahre war, absolvierte sie kein einziges Training zusammen. Abseits des Platzes wechselten die beiden kaum ein Wort miteinander.

Altheas Beziehung zu Angela war etwas Besonderes. Nach den französischen Meisterschaften traten die beiden nur noch dreimal zusammen an – im englischen Surbiton, im Londoner Queen's Club im Juni und in Wimbledon. Trotzdem blühte ihre Freundschaft, die auf dem indischen Subkontinent begonnen hatte, durch die Doppelpartnerschaft auf. In jenen wenigen Monaten hieß es immer nur Angela und Althea, so wie es zuvor Shirley und Doris oder Margaret und Louise geheißen hatte.

Es war das einzige Mal im Verlauf ihrer Tenniskarrieren, dass Angela und Althea sich aufgehoben fühlten, auch wenn ihr exklusiver Club nur sie zwei umfasste.

Auch nach ihrem ersten Triumph bei einem Grand-Slam-Turnier legte Althea keine Pause ein. Zwei Tage später trat sie bei den Surrey Grass Court Tennis Championships in Surbiton an. Dort setzte sie sich am 2. Juni gegen Anne Shilcock durch, die Doppelpartnerin von Angela Mortimer, und gewann damit ihr achtes Turnier in Folge, selbst wenn sie dafür einen sehr langen zweiten Satz brauchte. Althea führte bereits mit 5:0 und hatte das Match im Griff, als ihr Spiel plötzlich in sich zusammenbrach. Es war, als hätten die sieben Monate, die sie jetzt bereits durchspielte, sie innerhalb eines Seitenwechsels eingeholt. Plötzlich segelten ihre in scharfen Winkeln geschlagenen Volleys ins Aus, und die Stoppbälle prallten so hoch vom Boden ab, dass Shilcock zum Netz rennen und sie zurückspielen konnte. Shilcock gewann sechs aufeinanderfolgende Spiele, bevor Althea ihren Lauf stoppen konnte. Schließlich ging der Satz durch einen Doppelfehler von Shilcock mit 12:10 an Althea.

Althea war erschöpft, aber noch nicht fertig. Später am gleichen Tag verloren sie und Angela im Doppelfinale gegen Betty Pratt und Thelma Long. Althea wusste nicht, was überwog – die Sorge über ihren abrupten Einbruch im zweiten Satz oder die Freude darüber, dass sie es trotzdem geschafft hatte, zu gewinnen und ihre Serie fortzusetzen. So oder so blieb nicht viel Zeit zum Grübeln. Schließlich war sie am 5. Juni bei den Northern England Lawn Tennis Championships angemeldet. Als Zugeständnis an die Müdigkeit entschied sie sich immerhin, dort nicht am Doppelwettbewerb teilzunehmen.

Auch Angela war in Manchester dabei – und Harry besaß einige Kinos dort. Als die Tennispartien eines Tages wegen Regens abgesagt wurden, wie es bei Turnieren in England häufig vorkam, begleitete Angelas Bruder Gordon, der als Geschäftsführer in Harrys Kinoimperium fungierte, Althea zu drei verschiedenen Vorstellungen, einer nach der anderen. In jedem Kino nahm er ihre Hand, führte sie ins Büro und stellte sie kurz dem Mitarbeiter vor, der dort gerade hinter dem Schreibtisch saß. »Das ist Althea Gibson, eine Tennisspielerin«, sagte er. »Ich hole sie in drei Stunden wieder ab.« Althea war begeistert. Filme waren seit der Zeit in Harlem ihr liebster Zeitvertreib. Egal, wie sie sonst jeden Cent umdrehen musste – fürs Kino gab sie immer gern Geld aus.

Ebenfalls in Manchester dabei war Shirley Fry, die sich erst spät entschieden hatte, nach England zu reisen und dort den Wightman Cup und Wimbledon zu bestreiten. Fry war wie Althea im Sommer 1927 geboren und somit fast neunundzwanzig Jahre alt. Doch anders als Althea nahm sie schon fast ihr ganzes Leben lang an Turnieren teil. Sie hatte 1936 begonnen, Tennis zu spielen, als kleines Mädchen in Akron, Ohio, das von seinen Eltern erst auf den Tennisplatz gelassen wurde, als es einen Ball hundertmal in Folge gegen eine Wand schlagen konnte, mit der Vorhand und der Rückhand. Gleich in jenem Jahr gewann sie mit neun ihren ersten Tennispokal. Ihr Vater hatte ein leeres Notizbuch gekauft und auf dessen erste Seite ein Bild des Centre Court von Wimbledon geklebt. »Mein Ziel für 1945«, stand dort. Ein Jahr später setzte er die zehnjährige Fry allein in einen Bus nach Philadelphia, wo die Juniorenmeisterschaften stattfanden. Dort lernte sie Doris Hart kennen – der Beginn einer lebenslangen Freundschaft. Fry war schon in jungen Jahren sehr unabhängig und reiste im gleichen Sommer 1937 nach Forest Hills, um sich einige Davis-Cup-Partien anzuschauen. Sie übernachtete allein im Forest Hills Inn und bahnte sich das ganze Wochenende über ihren Weg durch die Menschenmengen, durfte aber nicht ins Kino gehen, weil das Mindestalter dafür zwölf Jahre betrug. Mit vierzehn nahm sie als bis dahin jüngste Teilnehmerin an den US Championships teil. Ein Jahr später schaffte sie es ungesetzt bis ins Viertelfinale.

1948, drei Jahre später, als sie es sich als Kind erträumt hatte, trat Fry im Einzelwettbewerb in Wimbledon an. Sie war an Nummer acht gesetzt und schied erst im Viertelfinale gegen Brough aus. 1955 zählte sie seit zwölf Jahren zu den besten zehn Spielerinnen der USA und hatte 1951 im Finale der französischen Meisterschaften gegen Hart einen Grand-Slam-Titel geholt, aber immer noch weder in Wimbledon noch in Forest Hills gewonnen. Mittlerweile glaubte sie nicht mehr daran, dass sich das noch einmal ändern würde.

Nach den US Championships 1955 kehrte sie, die seit einigen Jahren in St. Petersburg, Florida lebte, nach Hause zurück, beendete ihre Karriere und nahm eine Aushilfsstelle bei der *St. Petersburg Times* an. Sie war mittlerweile achtundzwanzig und hatte keine Lust mehr, aus dem Koffer zu leben. Ihre Doppelpartnerin Hart zog sich ebenfalls gerade aus dem Tennis zurück. Es schien ihr der richtige Zeitpunkt zu sein, um den Rest ihres Lebens anzugehen.

Bei der Arbeit für die Zeitung wurden aus Tagen Wochen, und eine war wie die andere. Schon bald fehlte Fry die Kameraderie der Tennisszene. Ihr wurde klar, welch ein gutes Leben sie geführt hatte – sie hatte mit ihren Freundinnen die Hauptstädte der Welt besucht, sich auf Partys feiern lassen und sich ganz einer Tätigkeit widmen können, in der sie sehr gut war. Im Januar nahm sie an regionalen Tennisturnieren in Tampa und St. Petersburg teil und gewann beide. Nachdem sie im Februar ans andere Ende des Staates gefahren war und beim Wettbewerb in West Palm Beach triumphiert hatte, nahm sie sich im März einen Monat frei, um nach Lateinamerika zu reisen. Es folgten ein Sieg bei einem Turnier in Panama, ein zweiter im kolumbianischen Barranquilla und ein dritter im Caribe Hilton in Puerto Rico. Im April ging es weiter nach Jamaika, wo Fry wieder zwei Turniere gewann, eines davon gegen Darlene Hard in Kingston. Für eine Person, die ihre Karriere beendet hatte, spielte sie ziemlich gut. Nun versuchte Margaret duPont, die Kapitänin der Wightman-Cup-Mannschaft, die bereits den Verlust von Hart verschmerzen musste, sie zu einer Rückkehr ins Team zu überreden. Fry beschloss, ein letztes Mal nach Europa zu reisen.

Durch Harts Rücktritt galt Fry jetzt offiziell als die beste Amerikanerin. Trotzdem rechnete kaum jemand damit, dass sie sich in Wimbledon gegen die scheinbar alterslose Brough, gegen Althea oder auch nur gegen Beverly Fleitz, deren Tennis im Verlauf des Jahrzehnts stetig besser geworden war, durchsetzen könnte. Fry hatte sich den Titel in der Blütezeit ihrer Karriere nicht holen können – warum sollte ihr das jetzt, als Teilzeitspielerin, gelingen? Trotzdem war sie eine herausragende Gegnerin. Ihre mühelose Rückhand hatte in der Zwischenzeit kaum gelitten, und sie bewegte sich immer noch so gut wie in alten Zeiten.

Wie Hart spielte auch Fry überaus gern gegen Althea, weil sie es genoss, sie zu besiegen. »Ich freute mich sehr, als ich sie in Chicago und in Australien schlug«, sagte sie. Althea nahm es ihr nicht übel; Fry tourte nach der Saison 1956 mit Althea zusammen durch Australien, wo die beiden im Januar das Doppel der Australian Championships gewannen. »Ich war sehr gern mit Althea unterwegs«, erzählte sie Jahrzehnte später. »Nur auf dem Tennisplatz mochte ich sie nicht.«

Fry gefiel es nicht, dass Althea über sich selbst sagte, sie sei zu talentiert, um geschlagen zu werden – für sie klang das so, als sei jede Niederlage auf ein Versehen zurückzuführen. Sie war rund fünfzehn Zentimeter kleiner als Althea und bei Weitem

nicht so athletisch gebaut, aber fest davon überzeugt, dass es
im Tennis auf die Technik ankam, nicht auf die Muskelkraft.
Sie hatte zugesehen, wie es Hart, deren Beine seit der Kindheit
durch eine Krankheit geschwächt waren, mit einer Kombination aus Spielintelligenz, platzierten Bällen und ausgefeilter
Technik stetig, wenn auch unspektakulär zum Erfolg gebracht
hatte, und das hatte sie angespornt. »Babe Didrikson hat versucht, Tennis zu spielen, aber nach anderthalb Jahren wieder
aufgegeben«, sagte Fry gern über die herausragende Olympia-
Leichtathletin, die als die talentierteste Sportlerin des zwanzigsten Jahrhunderts gilt. »Es ist eine schwierige Sportart.« Bis
1956 hatte Althea Fry noch in keinem Turnier von Bedeutung
besiegt. Die Aufzeichnungen aus jener Zeit sind unvollständig
und das Gedächtnis kann trügen, doch es ist gut möglich, dass
sie überhaupt noch nie gegen sie gewonnen hatte.

Als sie im Halbfinale in Manchester aufeinandertrafen, hatte
Althea zu viel Tennis in den Knochen, Fry zu wenig. Althea
brauchte dringend eine Pause, trat aber so entschlossen auf wie
eh und je. Sie gewann den ersten Satz, verlor den zweiten und
holte sich den entscheidenden dritten mit 7:5. Es war eine schlud-
rige Angelegenheit voller unerzwungener Fehler, verschlagener
Bälle und Doppelfehler, die Fry leicht abhaken konnte, doch das
Ergebnis war von großer Bedeutung. »Der wichtigste Triumph
auf Altheas brillanter Auslandstournee«, schrieb die *New York
Times*. Im Finale bezwang Althea Brough mit 2:6, 6:4 und 6:4,
im ersten Aufeinandertreffen der beiden seit dem Duell 1950 in
Forest Hills, was Althea 1956 den neunten europäischen Titel
in Folge und den fünfzehnten in achtzehn Turnieren auf drei
Kontinenten einbrachte. »Ein Großteil davon waren Turniere,
bei denen das Feld lauter unbekannte und zweitklassige Spielerinnen umfasste«, hieß es in einer Meldung der Associated Press
über Manchester. »Aber gestern bezwang Miss Gibson Shirley

Fry aus St. Petersburg, Florida, die Nummer zwei der Welt, und heute setzte sie sich gegen Miss Brough durch, die viermalige Königin und Titelverteidigerin von Wimbledon … Durch diesen Triumph steigt Miss Gibson zu einer der Topanwärterinnen auf Miss Broughs Wimbledon-Titel auf.«

Doch in anderer Hinsicht hatte sich für Althea nicht viel verändert, wie sie schnell erkannte. Die Londoner *Daily Mail* erwischte sie in einem Augenblick schonungsloser Offenheit, in dem sie einer politischen Aussage näher kam als zu jedem anderen Zeitpunkt in ihrer Karriere: »Ich bin immer noch eine arme Schwarze, genauso arm wie damals, als man mich in Harlem von der Straße holte«, sagte sie. »Ich habe viele Länder bereist und war dort komfortabel untergebracht. Ich habe in den besten Hotels übernachtet und viele reiche Leute kennengelernt. Ich habe eine Menge Wissen und Erfahrungen gesammelt. Nur Geld habe ich nicht.«

Sie sei nicht in der Lage, ihren Eltern unter die Arme zu greifen, die immer noch »arm, sehr arm« seien, obwohl sie sich als ältestes von fünf Kindern dazu verpflichtet fühle. Später erklärte sie, dass sie sich zu dem Zeitpunkt in Selbstmitleid gesuhlt habe, doch im Kern entsprach ihre Aussage der Wahrheit, nämlich dass sie trotz ihres bemerkenswerten Aufstiegs vom harten Pflaster Harlems zu einer Spielerin, die auf den makellosen Rasenplätzen Englands gegen die besten der Welt gewann, nicht vom Tennis leben konnte. Der Sport brachte wenig Geld ein, selbst im Profibereich, und so gut wie keines, wenn man Schwarz war. Die besten Privatclubs kamen gar nicht auf die Idee, eine Schwarze Tennistrainerin einzustellen, und nur wenige Unternehmen wollten eine Schwarze ihre Produkte vermarkten lassen. Die Erkenntnis, dass sie für ihre Mühen nie so entlohnt werden würde, wie sie es für angemessen hielt, verkürzte Altheas Tenniskarriere und ließ sie im Lauf der Jahre verbittern.

Doch zunächst einmal traf die Titelträgerin der französischen Meisterschaften am 11. Juni in Bristol ein, wo die West of England Lawn Championships stattfinden sollten, und wurde dort mit Jubel empfangen. Nach all den Jahren war Althea über Nacht zur Berühmtheit aufgestiegen. »Die momentan beste Tennisspielerin der Welt«, pries sie *Telegraph*-Journalist Tingay, und das hatten die meisten Bewohner des Großraums Bristol wohl gelesen. Als Altheas Training am ersten Nachmittag wegen eines Gewitters abgesagt wurde, trottete eine große Traube an Fans, die sich versammelt hatten, enttäuscht davon.

In dieser Woche bekam es Althea nur mit leichten Gegnerinnen zu tun und setzte sich im Finale in zwei Sätzen gegen Daphne Seeney durch, auch wenn die Australierin ihr im zweiten Satz ein 10:8 abtrotzte. Es war Altheas sechzehnter Turniersieg der Saison und der zehnte in Folge. Die Zeitschrift *Ebony* hatte Anfang des Monats in einem Artikel geschrieben, dass Althea jahrelang »der große Schlachtplan« und die nötige Selbstbeherrschung gefehlt hätten. Ihre Rückhand sei unzuverlässig und sie stolpere manchmal über ihre eigenen Füße. Ihr Talent sei immer vorhanden gewesen, doch erst jetzt setze es sich so richtig durch.

Dabei trat Althea in Bristol nur an, weil man sie nicht in die Mannschaft für den Wightman Cup berufen hatte. Während sie Seeney schlug, forderte Großbritannien die USA, die den Cup seit 1930 immer gewonnen hatten, einmal mehr auf dem Rasen von Wimbledon heraus. Nach Ansicht der Amerikanerinnen und Engländerinnen waren nur Wimbledon und Forest Hills von ähnlicher Bedeutung wie der Wightman Cup – und manche Spielerinnen, etwa Margaret duPont, hätten vielleicht sogar behauptet, dass der Wightman Cup am wichtigsten von allen war. Ebenso wie der Davis Cup bei den Herren bot der Wightman Cup den Spielerinnen die einzige Chance, als Teil eines Teams anzutreten. Dass sie dort auch ihr Land vertraten, steigerte den Stellenwert des Turniers erst recht.

Als Englands Nummer zwei sollte Angela zwei der sieben Partien bestreiten, gegen Fry und gegen Brough, die amerikanische Kapitänin. (Zufälligerweise kamen beide direkt von ihrer Niederlage gegen Althea in Manchester.) Am Eröffnungsnachmittag am 15. Juni musste Brough erst den letzten Rost abschütteln, bevor sie sich im dritten Satz mit 7:5 gegen Angela Mortimer durchsetzen konnte. Trotz der Niederlage kam Mortimers engagierter Einsatz gegen die beste Spielerin der Welt dem britischen Team, das seit Jahrzehnten nach Erfolg lechzte, wie ein gutes Omen vor.

Dann trat Fry gegen Angela an. Den ersten Satz gewann sie ohne Probleme mit 6:2, doch im zweiten ließ Angela sich kein Aufschlagspiel mehr abnehmen. Sie setzte auf ihr Grundlinienspiel, um dann irgendwann ans Netz vorzurücken, und schaffte es so, den Satz mit 8:6 zu gewinnen. Von da an machte sich Frys mangelnde Spielpraxis bemerkbar. Ihr Aufschlag – der noch nie ihre Stärke gewesen war – ließ nach, und Angela dominierte den dritten Satz und holte sich ein Break. Nun lag sie mit 5:3 vorn, und als dann auch noch eine 40:15-Führung folgte, hatte sie plötzlich zwei Matchbälle.

Das war ein großer Moment. Noch nie hatte Angela gegen Fry oder irgendeine Spielerin ihres Formats gewonnen. Sie hatte Hart einen Satz abgenommen, ein paar gute Sätze gegen Maureen Connolly gespielt und in letzter Zeit über viele schwächere Gegnerinnen triumphiert, aber ein Sieg in diesem Match wäre ein Meilenstein. Hinzu kam, dass Großbritannien von den sechsundsechzig Wightman-Cup-Matches, die seit dem Krieg ausgetragen worden waren, nur drei gewonnen hatte, zwei Einzel und ein Doppel.

Den ersten Matchball schlug Angela mit der Vorhand ins Netz. Doch beim Stand von 40:30 spielte sie einen Volley in

einem perfekten Winkel, den Fry erst weit jenseits der Spielfeld-
grenze erwischte. Aus dem Lauf heraus schlug sie einen halben
Lob Richtung rechte Seitenlinie, der klar ins Aus ging. Er landete auf der Grundlinie und wirbelte eine kleine Kreidewolke
auf, war jedoch eindeutig mehrere Zentimeter jenseits der Ein-
zelfeldbegrenzung aufgekommen. Fry ließ den Ball fallen, den
sie noch in der Hand hielt, und ging zum Netz, um Angela zu
gratulieren. Erst da merkten beide Spielerinnen, dass der Linienrichter, der wahrscheinlich nur auf die aufstiebende Kreide
geachtet und den Ball aus den Augen verloren hatte, den Schlag
gar nicht aus gegeben hatte. Dementsprechend rief die Schiedsrichterin: »Einstand.« Sie hatte den Punkt Fry zugesprochen.

Mehr als vierzig Jahre später schwor Angela, dass sie sich
noch genau daran erinnerte, wie sie zum Schiedsrichterstuhl
hinüberschaute und sah, dass die Schiedsrichterin mit ge-
schlossenen Augen dasaß und tief und fest schlief. Fry meinte
sich sogar zu erinnern, dass sie das Match mit diesem Punkt
verloren habe. Dabei stand es in Wahrheit immer noch 5:3 und
Einstand. Doch ab da war Angelas Wille gebrochen. Sie war
kaum in der Lage, das Match zu Ende zu bringen. Fry gewann
das Spiel, brachte ihren Aufschlag zum 5:5 durch und holte sich
das Break zum 6:5. Dann schlug sie zum Sieg auf und triumphierte wenige Minuten später.

In den Zeitungen – nicht nur den britischen, sondern auch
den amerikanischen – wurde die Linienrichterentscheidung
am nächsten Tag nicht als umstritten bezeichnet, sondern
schlicht für falsch erklärt. »Shirley Fry hat ihren Sieg nur einer
glücklichen Fehlentscheidung zu verdanken«, schrieb die *New
York Times*. Angela konnte sich damit trösten, dass sie ein ganzes
Match lang mit der amerikanischen Spitzenspielerin hatte mithalten können und den sicheren Sieg nur aufgrund eines Um-
stands, der außerhalb ihrer Kontrolle lag, verloren hatte. Doch

das war typisch – Angela war immer so nah dran und ging dann doch als Verliererin vom Platz. In ihren grüblerischeren Phasen konnte sie nicht anders, als die Gründe dafür irgendwo in ihrer Psyche zu verorten.

Am Montag, nach zwei Regentagen, erging es ihr nicht besser. Die USA führten durch die beiden knapp errungenen Siege durch Brough und Fry mit zwei zu null. Nun würden die Nummer eins und die Nummer zwei der beiden Länder die Gegnerinnen tauschen und auch die beiden an drei gesetzten Spielerinnen gegeneinander antreten, bevor zwei Doppelpartien folgten.

Als Shirley Bloomer im ersten Duell am Montag gegen die Amerikanerin Dottie Knode gewann, bekam Angelas Match gegen Brough noch mehr Bedeutung. Und als Angela den ersten Satz dann auch noch mit 6:3 für sich entschied, waren die Aussichten der Britinnen im Wightman Cup besser als seit vielen Jahren. Das laute Tuscheln im Publikum deutete an, dass dort fünftausend Versionen des gleichen Gesprächs geführt wurden. »Wenn Angela Brough bezwingen kann, steht es zwei zu zwei nach Matches«, dachten alle anwesenden Engländer. Großbritannien hatte es seit dem Krieg nicht mehr geschafft, zwei Matches im Wightman Cup zu gewinnen.

Zu Beginn des zweiten Satzes war die Spannung auf dem Centre Court ähnlich greifbar wie sonst beim Wimbledon-Finale. Die Zuschauer rechneten verschiedene Möglichkeiten durch, welche Partien ihr Team gewinnen könnte, um insgesamt auf die magische Zahl von vier Siegen zu kommen, die Großbritannien den ersten Wightman Cup seit 1930 einbringen würde. Doch damit es so weit kommen konnte, musste Angela den zweiten Satz gegen Brough gewinnen, und der alternde Star gab sich nicht ohne Weiteres geschlagen. Brough holte sich das

Break zum 4:2 und brachte kurze Zeit später ihr Aufschlagspiel zum 6:3-Satzgewinn durch. Im dritten Satz schafften beide jeweils ein Break, sodass es irgendwann 4:4 stand. Bis dahin war Angela tatsächlich besser gewesen. Sie trat den Bällen selbstbewusst entgegen, schlug sie hart zurück und dominierte die Ballwechsel. Nun lag sie mit 40:15 vorn und schlug zum 5:4 auf, als Brough einen Rückhand-Winner die Linie entlangspielte. »Das war an dem Tag der erste Ball, den ich perfekt erwischte«, meinte sie später.

Statt diesen Ball als einen Schlag hinzunehmen, der einfach zu gut war, um ihn noch zu kriegen, verfiel Angela in Panik. Sie befürchtete eine Neuauflage des Fry-Matches – und des Halbfinales gegen Althea bei den französischen Meisterschaften, ihrer Niederlage gegen Nancy Chaffee in Forest Hills im vorausgegangenen Sommer und der Vielzahl an anderen Partien in ihrer kurzen bisherigen Karriere, in denen sie gut genug gespielt hatte, um zu gewinnen, dann aber doch verloren hatte. Ab dem Einstand fütterte sie Brough mit einer Folge von Volleyschlägen, die die Kalifornierin leicht in Punkte verwandeln konnte. So gelang Brough das Break und die 5:4-Führung. Kurz darauf hatte sie das Match mit einem kraftvollen Überkopfball für sich entschieden.

Später setzte sich Mortimer gegen Fry durch, die immer noch nicht zu ihrer Form gefunden hatte, doch die USA gewannen beide Doppelpartien. Mit zwei Siegen in den sieben Matches hatte Großbritannien so gut abgeschnitten wie seit 1939 nicht mehr, doch es wäre viel mehr drin gewesen. Wäre Frys Ball ins Seitenaus korrekt gewertet worden, hätten die Britinnen drei Siege sicher gehabt, sodass der Ausgang des Turniers letztendlich davon abgehangen hätte, ob eine der beiden Angelas ihre Führung nach dem ersten Satz gegen Brough durchgebracht hätte.

Vielleicht, so überlegten die englischen Tennisfans in den folgenden Tagen, geriet die amerikanische Dominanz langsam ins Wanken. Das war immerhin ein schwacher Trost. Andererseits saß die beste Tennisspielerin der ersten fünf Monate des Jahres 1956 am zweiten Tag des Wightman Cups auf der Tribüne, mit dem Turniertitel aus Bristol in der Tasche. Hätten die Amerikanerinnen statt Fry oder sogar Knode Althea ins Team für den Wightman Cup geholt, wären die Chancen der Britinnen gering gewesen, selbst wenn man Mortimers Erfolgsserie gegen Althea miteinbezieht. Zu dem Zeitpunkt war Althea die gefürchtetste Frau im Tennis.

12

WOHNUNGSGENOSSINNEN

Kurz nach Beginn der London Grass Court Championships im Queen's Club wurde die Setzliste für Wimbledon verkündet. Sie basierte auf einer Mischung aus den bisherigen Leistungen, der aktuellen Form, dem Abschneiden bei früheren Wimbledon-Turnieren und der Eingebung des Setzlistenkomitees. Die meiste Aufmerksamkeit richtete sich auf die Herren, wo der Australier Lew Hoad an eins gesetzt wurde, vor seinem Landsmann Ken Rosewall. Doch auch die Gewichtung der Damen sorgte für Gesprächsstoff, vor allem, da unter den acht Spielerinnen zum ersten Mal seit mehr als zwanzig Jahren drei Engländerinnen waren.

Auf der Setzliste für das Dameneinzel standen ausschließlich Amerikanerinnen und Engländerinnen. Alle hatten in der vergangenen Woche am Wightman Cup teilgenommen, bis auf Althea und Beverly Fleitz, die sich immer noch von einem unerklärlichen Schwächeanfall erholte, den sie bei einem Turnier in Lugano Anfang Juni erlitten hatte. Da Doris Hart, Margaret du-Pont und Maureen Connolly – die insgesamt fünf Wimbledon-Titel geholt hatten – alle nicht mehr aktiv waren, schien ein Generationswechsel anzustehen. Louise Brough war die einzige Spielerin im gesamten Feld, die das Turnier bereits gewonnen hatte – allerdings gleich viermal.

Sie war an eins gesetzt, gefolgt von Beverly Baker Fleitz, Angela Mortimer, Althea, Shirley Fry, Angela, Dorothy Knode und Shirley Bloomer. Auch für das Doppel gab es eine Setzliste. Dort standen Angela und Althea, die in Wimbledon zusammen antreten würden, auf Platz drei, hinter Brough/Fry und Mortimer/Shilcock – und noch vor Fleitz und Darlene Hard.

Diese Setzlisten wurden nun während der Matches überall im Queen's Club diskutiert. Brough habe es verdient, an eins zu stehen, lautete die allgemeine Meinung, durch ihre vier Wimbledon-Titel und auch durch die beiden Siege, die sie trotz Satzrückstand beim Wightman Cup in der Vorwoche geholt hatte. Fleitz hatte im Jahr zuvor im Finale gestanden und dort in zwei knappen Sätzen mit 7:5 und 8:6 gegen Brough verloren. Damit war sie die natürliche Anwärterin auf Platz zwei gewesen. Dass Mortimer vor Althea an drei gesetzt war, kam etwas überraschend, aber schließlich hatte sie Althea Anfang des Jahres in Stockholm, Kairo und Alexandria geschlagen. Außerdem war sie Britin, was bedeutete, dass sie auf die Unterstützung des Publikums zählen konnte, und sie hatte – anders als Althea – schon einige Erfolge in Wimbledon aufzuweisen. Fry war seit ihrer Ankunft in Europa nicht gut in Form, aber eine herausragende Spielerin mit langjähriger Erfahrung bei Grand-Slam-Turnieren. Als aktuelle Nummer eins der USA hatte sie auf der Setzliste kaum hinter Platz fünf landen können. Angela hätte aufgrund ihrer aktuellen Form vielleicht einen Platz etwas weiter vorn verdient gehabt, doch sie hatte in ihrer ziemlich kurzen Karriere immer noch nur sehr wenige wichtige Matches gewonnen – bezeichnenderweise keines davon gegen eine der fünf Spielerinnen, die in der Liste vor ihr standen.

Althea war die große Unbekannte. Sie hatte seit 1951 nicht mehr in England gespielt und war bisher nur einmal in Wimbledon angetreten, zu einer Zeit, als der Gedanke, sich mit den besten Tennisspielerinnen der Welt zu messen, ihr noch ziemlich überwältigend erschien. Damals war sie in der dritten Runde gegen Fleitz ausgeschieden, erinnerten sich die Zuschauer, und hatte dabei einen ziemlich amateurhaften Eindruck gemacht. Fünf Jahre später war sie zwar unbestreitbar zu einer besseren Spielerin herangereift, aber immer noch eine unbekannte Größe, trotz ihrer erstaunlichen Erfolgsserie. Hinzu kam, dass viele Zuschauer sich nur schwer vorstellen konnten, dass eine Schwarze Tennisspielerin in Wimbledon gewann. Es war erst fünf Jahre her, dass Althea zum ersten Mal in diese *weiße* Welt vorgestoßen war, und in der Zwischenzeit hatte es dort keine andere Schwarze Spielerin gegeben.

All das führte dazu, dass Althea die große Story des Turniers war. Schon zwei Wochen vor dem ersten Match brachten die rund ein Dutzend Zeitungen, die zu der Zeit in London im Umlauf waren, einen Artikel nach dem anderen über sie. Sie genoss es und spielte mit den Kameras. Bei ihrer Ankunft in London war sie in einem bodenlangen, wegen der kühlen Juniluft bis obenhin zugeknöpften Mantel mit einem breiten Grinsen aus dem Auto gestiegen, in dem sie vorgefahren war. Endlich bekäme sie die Anerkennung, die ihr zustand, meinte sie.

Sie hatte Angela davon überzeugt, dass jede von ihnen für die vier Wochen in London ein Auto mieten sollte, obwohl sie fast die gesamte Zeit zusammen verbringen würden und sich bei Bedarf vom offiziellen Fahrservice nach Wimbledon chauffieren lassen konnten. Das kostete viel Geld, das Althea nur schwer erübrigen konnte, aber sie bestand darauf – zum großen Entsetzen von Violet und Harry, die es nicht fassen konnten, dass ihre Angela einen Wagen durch die verkehrsreiche Stadt lenken würde. »Überlass nie jemand anderem die Verantwortung für dich«, hatte Althea gesagt, und diesen Satz vergaß Angela nie.

Wenn es eine Möglichkeit gab, etwas ohne die Hilfe anderer zu schaffen, sollte man sie nutzen.

Das war das Gegenteil dessen, wie Doppelpartnerinnen denken sollten, aber Althea lebte seit fast dreißig Jahren nach dieser Maxime. Sie hatte viel Unterstützung erhalten, ihr Schicksal aber niemals aus der Hand gegeben. Wenn sie zu spät zu einer Veranstaltung kam, weil sie noch ein Bad nehmen wollte, dann war das eben so. Niemals hetzte sie ins Kino, nur um den Saal zu betreten, bevor die Lichter gelöscht wurden. Sie war fest entschlossen, sich von niemandem sagen zu lassen, was sie zu tun oder zu lassen hatte.

Die Zeitungen stellten sie als unabhängig und ein bisschen einzelgängerisch dar – eine stolze Frau, die weiterhin daran glaubte, zu Großem bestimmt zu sein. Wie zu erwarten war, ging es dabei unterschwellig auch immer um ihre Hautfarbe. Jeder Artikel, der in den englischen Zeitungen über Althea erschien, erwähnte sie – sie war »die farbige Amerikanerin«, »die dunkelhäutige Amerikanerin«, »die erste ihrer Hautfarbe, die …« oder »die Schwarze aus Harlem«. Niemals war sie einfach nur Althea Gibson, Nummer vier der Setzliste, Gewinnerin von elf europäischen und britischen Turnieren in Folge.

Althea nahm die Fragen zu diesem Thema höflich hin, doch in ihren Antworten liegt oft ein leichter Unmut. Ihrer Meinung nach war das Thema irrelevant. Sie trat nicht für die Schwarzen Amerikaner oder Minderheiten im Allgemeinen an, sondern für sich selbst. Das versuchte sie in fast jedem Interview deutlich zu machen, zwischen den Zeilen oder klipp und klar. »Ich bin einfach nur eine weitere Tennisspielerin«, sagte sie gern, »keine Schwarze Tennisspielerin. Natürlich bin ich Schwarz – das weiß jeder –, aber man spricht ja auch nicht von *weißen* Tennisspielern, oder?«

Beim Turnier im Queen's Club nahm Althea nicht am Einzelwettbewerb teil; wir wissen nicht, aus welchen Gründen. Wahrscheinlich war sie einfach müde, weil sie von Januar bis Juni fast jede Woche an einem Turnier teilgenommen hatte. Sie brauchte dringend eine Pause. Auch Brough und Fry, die den gesamten Frühling über kaum gespielt hatten, entschieden sich gegen das Einzel und konzentrierten sich auf das Doppel. Althea trat mit Angela im Damendoppel und darüber hinaus auch im gemischten Doppel an und verbrachte den Rest der Zeit damit, im Mietwagen durch London zu fahren und so oft wie möglich ins Kino zu gehen.

In ihrer Heimat veröffentlichte die *New York Times* am Sonntag das allererste Porträt von ihr, oberhalb eines Artikels über Mickey Mantles Chancen, Babe Ruths Rekord von sechzig Homeruns innerhalb einer Saison zu knacken. »Althea Gibsons Heimat ist der Tennisplatz«, schrieb Kennett Love, der London-Korrespondent der Zeitung. »Auf dem schnellen Rasenplatz ist sie so in ihrem Element wie ein Puma auf der Hochebene von Arizona.« Sie habe unterwegs wenig Zeit für andere Dinge als Tennis und lese die Bibel, Autobiografien und Krimis. »Ans Heiraten denkt sie momentan nicht. Ihr aktuelles Ziel ist der Wimbledon-Titel.«

Doch zuvor stand der Doppel-Wettbewerb im Queen's Club an. Gegen Ende der Woche, in ihrem ersten echten Test, benötigten Althea und Angela drei Sätze, um sich gegen Mortimer und Shilcock durchzusetzen. Dadurch zogen sie ins Halbfinale gegen Brough und Fry ein, die die Australierinnen Seeney und Muller aus dem Turnier geworfen hatten. Im Einzel stand Angela dieses Mal nicht im Schatten von Althea und legte dort den bisher besten Lauf ihrer Karriere hin. Im Halbfinale musste sie gegen Darlene Hard antreten, um ins Finale einzuziehen, wo bereits Pat Ward wartete. Angela fiel zunächst 3:1 zurück, fing sich dann aber und holte sich den ersten Satz mit 6:4. Sie lief den Bällen entgegen, nahm sie an, bevor sie den Scheitelpunkt der Flugkurve erreicht hatten, und schlug sie kraftvoll zurück. So holte sie sich auch vier der ersten fünf Spiele im zweiten Satz und schien geradewegs auf ihr bisher wichtigstes Finale zuzusteuern. Doch dann passierte irgendetwas, wie es bei Angela so oft der Fall war. Plötzlich war sie zu zaghaft und wich vor den Bällen zurück, statt sie früh zu nehmen. Ihre bis dahin geradlinigen Schläge flogen nun in alle Richtungen. Erst als Hard zum 5:5 aufgeholt hatte, zwang Angela sich, im Kopf zu den Mustern zurückzukehren, die sie und Jones eingeübt hatten. Sie gewann die nächsten beiden Spiele und damit das Match.

Sie hatte damit gerechnet, im Finale nervös zu sein, aber Ward war eine langsame, bedächtige Spielerin, von der Angela *wusste*, dass sie sie schlagen konnte. Als sie den ersten Satz mit einem Break gewann, brach Wards Spiel in sich zusammen. Es war fast zu einfach. Angela rauschte mehr oder weniger fehlerfrei durch den zweiten Satz und schlug Ward 6:0. Bevor sie auch nur darüber nachdenken konnte, hatte sie die London Grass Court Championships gewonnen.

Ihr Auftritt im Doppel-Halbfinale gegen Brough und Fry hingegen war leider deutlich schwächer ausgefallen. Angelas Schläge, die in den letzten Wochen so beständig geworden waren, flogen plötzlich wieder wild durch die Gegend, wie in alten Zeiten. Einen Ball verfehlte sie ganz, und dann noch einen, woraufhin sie hilfesuchend zu Althea hinübersah, dort aber keine Unterstützung fand. Altheas Blick war scharf wie eine Messerklinge. Sie betrachtete sich selbst in jeder Doppel-Kombination als die Anführerin, war aber nicht bereit, ihre Partnerin durch die Partie zu tragen. In ihrem Blick lagen die unausgesprochenen Worte: »Wie kannst du so einen Ball verfehlen? Bist du es nicht wert, im Doppel mit mir anzutreten?«

Das genügte, um Angela endgültig zum Zusammenbruch zu bringen. Obwohl sie kurz davor war, das Queen's-Club-Einzel zu gewinnen und sicher auf der Setzliste für Wimbledon stand, war sie psychisch ziemlich fragil – vielleicht war ihr Altheas Anerkennung aber auch einfach so wichtig. Althea unternahm einen heldenhaften Versuch, das Match im Alleingang zu gewinnen, doch das reichte nicht aus. Jedes Mal, wenn sie Brough oder Fry durch einen gut platzierten Grundschlag in die Defensive drängte, schien Angela – die jetzt jedes Selbstbewusstsein verloren hatte – den einfachen Anschlussschlag am Netz zu verpatzen. Brough und Fry, die alternden Überbleibsel der zwei besten Damen-Doppelteams jener – und vielleicht auch aller – Zeiten, zogen durch einen 6:2-7:5-Sieg ins Finale ein. Althea und Angela verließen den Platz, ohne ein Wort miteinander zu wechseln.

Angela musste sich beherrschen, um auf dem Weg zu Jimmy Jones, der im Auftrag mehrerer Zeitungen über das Turnier berichtete, nicht in den Laufschritt zu verfallen. Jones hatte das Match gesehen und die Situation verstanden. Noch bevor es zu Ende war, feilte er schon an einer Strategie. Als Angela nun zu ihm kam, sagte er ihr, sie müssten sich sofort mit Althea zusammensetzen; er werde das Reden übernehmen. Damit schlüpfte er wieder einmal in eine Rolle, die in späteren Jahren verbreitet war: die des Trainers als Manager. Abgesehen von wenigen Ausnahmen – etwa Teach Tennant, die sowohl Alice Marble als auch Maureen Connolly in ihren frühen Jahren betreute – gab es diesen Job Mitte der Fünfzigerjahre noch gar nicht. Von den Spielerinnen wurde erwartet, dass sie ihre Kämpfe selbst ausfochten, so wie sie auch die An- und Abreise und alles andere selbst organisierten.

Mit Angela im Schlepptau ging Jones in der Cafeteria des Queen's Club auf Althea zu. Er konnte ziemlich eindrucksvoll auftreten, wenn er wollte. Einschüchtern konnte er Althea nicht, aber es gelang ihm, sofort ihre Aufmerksamkeit auf sich zu ziehen. Die drei setzten sich zusammen und redeten. Althea bestritt, dass sich auf dem Platz irgendetwas abgespielt habe, das über den üblichen Ausdruck ihres Siegeswillens hinausging, doch Jones wusste es besser. Er erklärte ihr, dass ein Doppel mehr war als ein Einzel mit zwei Spielerinnen. Sie und Angela waren in Paris erfolgreich gewesen, doch das hieß nicht, dass sie Wimbledon gewinnen konnten, solange sie nicht an einem Strang zogen.

Jones war sich Angelas spielerischer Schwächen durchaus bewusst. Sein Ziel war nicht, Althea davon zu überzeugen, dass Angela die perfekte Partnerin war, sondern ihr klarzumachen, dass es eine solche nicht gab. Egal, wie talentiert zwei Spielerinnen waren – sie mussten zusammenarbeiten, um zu gewinnen. Fehler gehörten einfach dazu, und wie man seine Partnerin behandelte, wenn sie ihr unterliefen, konnte darüber entscheiden, wie weit man in einem Turnier kam. »Ihr müsst euch immer darüber im Klaren sein, was die andere gerade denkt«, appellierte er an sie.

Althea nickte höflich, aber Jones war sich nicht sicher, ob seine Worte zu ihr durchdrangen. Kritik anzunehmen fiel ihr stets schwer. Sie war so daran gewöhnt, auf sich allein gestellt zu sein, dass Jones befürchtete, sie könnte von Grund auf verlernt haben, Teil eines Teams zu sein, obwohl sie nur wenige Jahre zuvor noch Basketball und Softball an der Florida A&M gespielt hatte. Um herauszufinden, ob das stimmte, bat er Althea, ihn und Angela am nächsten Vormittag auf einem der Seitenplätze des Queen's Clubs zu treffen, nicht weit vom Eingang entfernt. Er werde einen Partner auftreiben, sodass sie ein Trainingsmatch spielen könnten. Althea willigte ein. Als sie ankam, warteten die anderen beiden bereits auf sie, zusammen mit einem passablen Spieler aus Jones' aktiven Zeiten: Howard Walton war ein neununddreißigjähriger ehemaliger Davis-Cup-Teilnehmer (Gesamtbilanz: ein Match für Großbritannien gegen Indien 1948), dessen Grundlinienspiel dem von Shirley Fry ähnelte.

Die vier spielten zwei Sätze, Jones und Walton gegen Angela und Althea. Jones forderte Althea und Angela dazu auf, nicht auf den Punktestand zu achten, sondern darauf, wie sich die andere verhielt. »Ihr sollt einander motivieren, nicht demotivieren«, lautete sein Mantra. Er formulierte es als Rat für beide, doch Angela und Althea wussten sehr genau, dass er an Althea gerichtet war; nichts von dem, was Angela sagte oder tat, hätte Altheas Selbstbewusstsein auf dem Platz beeinträchtigen können, selbst wenn Angela es darauf angelegt hätte. Die Übung funktionierte. Althea ging auf Angela ein, Angela machte so gut wie keine Fehler, und die Partnerschaft lief wieder reibungslos. Am Ende des Trainingsmatches ging Althea zu Angela hinüber und umarmte sie. Irgendetwas schien sich in ihr verändert zu haben; sie war den Tränen nahe, und in ihrem Blick lag etwas, das Angela noch nie gesehen hatte. »Es tut mir leid, Angie«, sagte sie. »Das wollte ich nicht.«

Nach diesem Zwischenfall und Jones' geschicktem Umgang damit war das Verhältnis zwischen Angela und Althea enger als je zuvor. In den drei Tagen zwischen dem Ende des Turniers im Queen's Club und dem Wimbledon-Auftakt verbrachten sie fast jede wache Minute zusammen. Althea war für den Monat in die Wohnung am Rossmore Court eingezogen, und Violet hatte ihr ihr Schlafzimmer überlassen. Das Haus befand sich ganz in der Nähe des lauten Güterbahnhofs Paddington, doch Althea kam dort, mitten im Herzen der geschäftigen Stadt, zur Ruhe. Sie konnte eine Zigarette rauchen, ein Glas Whisky trinken – immer in Maßen, das war ihr Fitnesskonzept – und in der Badewanne Nachtclub-Balladen singen.

Im Rückblick waren die beiden selten glücklicher. Die Leihwagen standen in der nahegelegenen Blue-Star-Garage bereit, und so konnten Angela und Althea das herzhafte englische Frühstück zu sich nehmen, das Violet ihnen zubereitete, bevor sie Richtung Queen's Club fuhren und dort auf einem Hallenplatz mit rutschigem Holzbelag spielten, dessen Eigenschaften denen eines Rasenplatzes glichen. Das war Angelas Idee: So würden sie auch bei Regen trainieren können. Anschließend musste Angela los, um ihre Stunden bei Lillywhites abzuleisten, und Althea ging ins Kino, um einen Film zu schauen, wobei sie immer von einem »Streifen« sprach. Als das Turnier in Wimbledon losging, informierten sie sich jeden Morgen in der Zeitung, für wann ihre Matches angesetzt waren. Dann fuhren sie zum Training in den Queen's Club und anschließend hintereinander nach Wimbledon. Dort parkten sie an der Church Road und liefen zu Fuß zum All England Club, zusammen mit den Leuten, die Eintrittskarten für den Tag besaßen und damit das gleiche Ziel hatten. In jenen unkomplizierten Tagen gab es kein Sicherheitspersonal. Niemand bedrängte die beiden, nur hin und wieder rief jemand: »Viel Glück!«

Ihre Freundschaft blieb den Lokalmedien nicht verborgen. Als das Turnier losging, schlugen die Fotografen und Reporter vor Angelas Dreizimmerwohnung ihr Lager auf. Violet öffnete hin und wieder die Tür und schimpfte mit ihnen. Dann wurde sie weich und warf ihnen häppchenweise Informationen für ihre begierigen Leser hin. Sie erzählte, dass die Mädchen Rührei zum Frühstück aßen oder dass Althea am Nachmittag zuvor einen Film gesehen habe, der ihr sehr gefallen habe. Das stand dann am nächsten Morgen in der Zeitung. Irgendwann traf Violet mit den Reportern eine Abmachung. Angela sei bereit, kurz für ein paar Fotos und ein schnelles Interview an die Tür zu kommen, sagte sie, aber danach müssten sie alle für den Rest des Tages verschwinden. Daran hielten sich die Journalisten, sie bauten ihre Lager ab und schossen ein paar Fotos vom Gehweg aus. Am nächsten Morgen wiederholte sich das Spielchen.

Wenn Althea die große Story der nationalen und internationalen Medien war, war Angela die Lokalattraktion der Woche. Nur ein paar Monate zuvor hatte sie wie ein beherztes, aber überfordertes Schulmädchen gewirkt. Jetzt war sie in Wimbledon gesetzt, im Einzel und im Doppel, und hatte die wohl berühmteste Tennisspielerin der Welt bei sich wohnen. Auch ihr Vater war immer für einen oder zwei Artikel gut. Er war reich und meinungsstark und schien über gute Verbindungen nach Hollywood zu verfügen.

Harry hatte Angela werbewirksam versprochen, ihr im Fall eines Wimbledon-Sieges den Pier in Bognor Regis zu überlassen, den er nach dem Krieg wiederaufgebaut hatte. Das war vermutlich nicht ernst gemeint, und Angela hatte keinerlei Interesse daran, eine Vergnügungsstätte fernab ihres Zuhauses zu betreiben. Außerdem hätte sie durch die Annahme eines derartigen Geschenks zu einem Turniersieg womöglich den Amateurstatus verloren, selbst wenn es von ihrem Vater kam. Nichtsdestotrotz, die Vorstellung, dass sie um den Pier spielte, hatte einen solchen Reiz, dass sie in den zwei Wochen des Turniers fast täglich in den Zeitungen erwähnt wurde.

Vielleicht war es Lokalpatriotismus, aber die Londoner Zeitungen bezeichneten Angela immer wieder als die Spielerin mit der stärksten Leistungssteigerung im ganzen Feld. Selbst Maureen Connolly, die für die *Daily Mail* tätig war, hatte ihre Meinung geändert: »In der Vergangenheit habe ich sie wegen ihrer Kämpfernatur respektiert, aber ihre Schläge … waren zu roboterhaft – der Schläger bewegte sich wie auf Knopfdruck immer in die gleiche Richtung«, schrieb sie. »Doch dieses Jahr hat Angela die Schönheit und den Rhythmus weicher, fließender Schläge entdeckt. Nun gleitet ihr Schläger in einer stetigen Bewegung durch die Luft. Außerdem hat sie ein unheimliches Gespür dafür entwickelt, wann sie druckvoll spielen muss. Das zeigt sich vor allem, kurz bevor sie ans Netz vorrückt. Auch ihr Volleyspiel hat sich um hundert Prozent verbessert.«

Da es kläglich offensichtlich war, dass Angela weniger Talent besaß als einige andere Spielerinnen, ergingen sich die Journalisten in Lobeshymnen über ihre Arbeitsethik. Sich die Zeit zu nehmen, die Gegnerin genau zu studieren, könne über Sieg oder Niederlage bestimmen, meinte der Sportjournalist Laurie Pignon. »Das beweist unsere Mitbürgerin Angela Buxton – das Mädchen, das letztes Jahr ausgelacht wurde und das jetzt alle fürchten«, schrieb er. Pignon betrachtete Angela und Althea als Favoritinnen auf den Doppelsieg, egal, was die Setzliste sagte.

Angelas Job bei Lillywhites, dem sie während des Turniers weiter nachging, wurde als Beweis für ihre Bodenständigkeit gewertet, und ihr schneller Aufstieg aus der Anonymität als Zeichen dafür, dass ihr der Erfolg vorherbestimmt sei. Ein rührseliger Artikel im *Mirror* breitete aus, wie Angela das Tennisspiel drei Jahre zuvor hatte aufgeben wollen, dann aber dank der Unterstützung eines Freundes wieder in die Spur fand. Der Verfasser kannte den namenlosen Freund gut, war er doch ein und dieselbe Person: Jimmy Jones.

Jones gab Angelas Erfolg enormen Auftrieb. In den folgenden Jahren wendete er die Mustertennis-Methode auch bei anderen britischen Spielerinnen an, schaffte es aber nie wieder, eine derart symbiotische Beziehung wie die zwischen ihm und Angela herzustellen. Er schrieb ihr in Wimbledon gute Chancen zu. Trotzdem sagte er als Reporter C. M. Jones voraus, dass sowohl bei den Damen als auch bei den Herren jeweils die Nummer eins der Setzliste gewinnen würden – Lew Hoad und Louise Brough. Sosehr er auch auf einen Erfolg Angelas hoffte, hatte er doch einen Ruf als Journalist zu verlieren.

In Wimbledon war es Tradition, dass der Titelverteidiger der Herren das Auftaktspiel am ersten Tag des Turniers bestritt und die amtierende Siegerin den zweiten Tag eröffnete. Also traf Louise Brough am Morgen des 26. Juni, einem Dienstag, in einem Vichy-Kleid und einer Baumwollstrickjacke im All England Tennis and Croquet Club ein. Nachmittags brauchte sie nur vierunddreißig Minuten, um Jean Forbes, eine talentierte Sechzehnjährige aus Südafrika, in zwei glatten Sätzen vom Centre Court zu fegen. Forbes war die jüngste Spielerin im Feld, so jung, dass sie im vorherigen Sommer noch aufgrund ihres Alters vom Turnier ausgeschlossen worden war.

Am gleichen Nachmittag hätte die älteste Spielerin des Feldes Angela Mortimers Wimbledon-Auftritt um ein Haar beendet, bevor er richtig begonnen hatte. Die Australierin Thelma Long – achtunddreißig oder neununddreißig Jahre alt, je nachdem, welche Zeitung man las – hatte seit 1935 viele Turniere in ihrer Heimat New South Wales dominiert. Sie und Mortimer gewannen jeweils einen Satz, bevor Long im dritten mit 3:2 und 40:0 in Führung ging. Mortimer biss wie immer die Zähne zusammen und kämpfte sich zurück, doch ihre Leistung machte wenig Eindruck auf die Herren in der Presseloge, die von nun an die andere Angela als die größte englische Hoffnung betrachteten. »Wie sehr Miss Mortimers Spiel doch von einem guten Aufschlag profitieren würde!«, schrieb Tingay im *Telegraph*.

Angela und Althea waren beide erst am nächsten Tag – am Mittwoch, dem 27. Juni – an der Reihe. Obwohl Althea höher gesetzt war, musste sie gleich in der ersten Runde antreten, während Angela ein Freilos zugeteilt bekommen hatte und direkt in die zweite Runde vorrückte. (Seltsamerweise mussten auch Fry und Mortimer die erste Runde bestreiten, die ungesetzten Spielerinnen an den jeweiligen Rändern des Turnierbaums hingegen nicht.) Also schlugen die beiden an jenem Morgen in der Zeitung nach, wann sie dran waren. Altheas Gegnerin war Edda Buding, eine in Rumänien geborene und in Argentinien aufgewachsene Deutsche, und die Partie sollte am frühen Nachmittag auf Court 2 stattfinden. Dementsprechend richtete Althea ihre Tagesplanung aus.

Als Angela erfuhr, dass sie ihr erstes Match auf dem ehrwürdigsten Stück Rasen der Tenniswelt, dem Centre Court, bestreiten würde, in Anwesenheit des ehemaligen US-Präsidenten Harry S. Truman, der in der Loge der königlichen Familie zu Gast sein würde, versagte ihr prompt die Stimme. Anfangs war es noch amüsant, wie sie Violet zukrächzte, was sie gern frühstücken wollte, doch es wurde schnell ernst. Offensichtlich äußerte sich ihre Nervosität darin, dass ihr die Stimmbänder den Dienst versagten. »Ich habe sehr empfindliche Atemwege«, erzählte sie viele Jahre später. »Ich hatte oft Halsschmerzen, konnte nicht sprechen, bekam Kehlkopfentzündungen. Sobald ich unter Stress stand, verlor ich die Stimme.« Das wiederholte sich mehrere Jahre später, am Vorabend ihrer Hochzeit mit Donald Silk. Als der große Augenblick gekommen war, brachte sie kaum das Ehegelübde heraus. »Das lag daran, dass es der falsche Mann war«, meinte sie rückblickend. »Mein Körper wollte mich davon abhalten.«

An diesem heiteren Mittwochmorgen war ihre Stimme nun kaum mehr als ein Flüstern, als sie und Althea zur Blue-Star-Garage gingen. Sie wünschten einander viel Glück und machten sich dann auf den Weg nach Wimbledon, eine hinter der anderen, jede in ihrem eigenen Mietwagen.

Angelas Lampenfieber machte sich bis weit in den ersten Satz gegen Suzanne Le Besnerais hinein bemerkbar. Einmal flog nach einem ungeschickten Volleyversuch mit dem Ball auch ihr Schläger über das Netz, was Le Besnerais ein unverdientes Spiel bescherte. Beim Stand von 4:4 konnte Angela nicht anders, als sich zu fragen, ob den vierzehntausend anwesenden Zuschauern eine gewaltige Enttäuschung bevorstand. Doch dann war sie plötzlich hellwach und holte sich die nächsten acht Spiele in Folge, sodass sie den zweiten Satz zu null gewann. Als sie den Platz verließ, erfuhr sie, dass Althea ihr Erstrundenmatch gegen Edda Buding ebenfalls erfolgreich hinter sich gebracht hatte.

Das Duell Gibson gegen Buding auf Court 2 hatte mehr Interesse auf sich gezogen als alle anderen an jenem Tag. Vor allem die Frauen im Publikum waren begierig, die schlanke Afroamerikanerin zu sehen, die so einzigartig Tennis spielte, und drängten sich in ihrer besten Garderobe auf den Stehplätzen. Althea hatte mit Nervosität zu kämpfen und gab im ersten Satz vier Spiele aus der Hand, bis sie schließlich ins Match fand und den zweiten mit 6:2 gewann. Das Publikum, das seit Maureen Connolly keine derart kraftvollen Schläge mehr gesehen hatte, war trotzdem beeindruckt. Und Althea setzte nicht nur auf Kraft. In der Partie gegen Buding konnte man beobachten, wie viel durchdachter ihr Spiel seit ihrem letzten Wimbledon-Auftritt geworden war. Clifford Webb listete am nächsten Tag im Londoner *Daily Herald* ihre Waffen auf: Althea hatte den härtesten Aufschlag aller Damen im Feld, den besten Überkopfball, aber auch den effektivsten Stoppball. »Sie gibt vor, den Ball mit voller Kraft ins gegnerische Feld dreschen zu wollen, und setzt ihn dann kurz hinters Netz«, schrieb er.

Angelas plötzliche Leistungssteigerung gegen Le Besnerais beeindruckte den *News Chronicle*, der nun voll des Lobes war: »Miss Buxton hat mehr als alle anderen englischen Spielerinnen das Zeug zur Größe«, schrieb Gerald Walter. All das lasen Angela und Althea beim Frühstück am Donnerstagmorgen in der Zeitung. Und sie waren offensichtlich nicht die Einzigen. Unter einem Foto der beiden in der *Evening News*, die am Vormittag gegen elf Uhr erschien, war zu lesen, dass die beiden später an jenem Tag ihr Wimbledon-Debüt als Doppelpartnerinnen geben würden. Auch dieses Match sollte auf dem Centre Court stattfinden, obwohl das Fußballstadion in Wembley der bessere Ort gewesen wäre – mehr als dreiundzwanzigtausend Fans drängten Richtung Court, um einen Platz mit Blick auf das Spielfeld zu erhaschen, woraufhin die Verantwortlichen gezwungen waren, die Tore zu schließen. Auf dem Platz zeigten die neuen Turnierlieblinge keine der Schwierigkeiten aus dem Queen's Club und schlugen ihre überforderten Gegnerinnen aus Norwegen mit Leichtigkeit.

Nach einem Sieg über die Engländerin Peggy Wheeler, eine Qualifikantin, traf Althea in der dritten Runde auf Anne Shilcock. Während der Wind über den Centre Court fegte, kam sie in einem blütenweißen Polo-Shirt und einem ebensolchen Faltenrock samt Gürtel aus der Kabine. Zu Anfang hatte sie große Probleme und fand keinen Rhythmus. Ein Ball nach dem anderen sprang ihr vom Holzrahmen des Schlägers, sodass Shilcock den ersten Satz mit 6:4 gewann. Dann erinnerte sich Althea an Richardsons Rat, ihre Angriffe zu variieren, und fing an zu lobben. Nach einem Break beim Stand von 2:1 gab es kein Halten mehr. In einer glänzenden Zurschaustellung all ihrer Tenniskünste gewann Althea den zweiten Satz mit 6:2 und den dritten mit 6:1. Trotzdem gab es, nachdem Althea das Match mit einer Serie von Gewinnschlägen beendet hatte, nur höflichen Applaus. »Wer behauptet, sie sei nur eine weitere Spielerin, verleugnet die Wahrheit«, schrieb Peter Wilson nach dem Match. »Sie ist die allererste farbige Spielerin, die in eine Sportart ›eingedrungen‹ ist, die selbst dann vor Snobismus trieft, wenn man dieselbe Hautfarbe hat wie der Großteil der anderen Spieler.« Für eine Außenseiterin wie Althea, meinte er, sei es unmöglich, akzeptiert zu werden. Zum Glück war sie nicht auf Akzeptanz aus, sondern auf Siege.

Angela schlug in ihrem zweiten Match des Turniers Lisa Gram Andersen aus Dänemark mit 6:3 und 6:2. Dadurch stand sie im Achtelfinale, und auch jetzt riss ihre Glückssträhne nicht ab. Während Fleitz, Fry und Althea es mit starken Gegnerinnen zu tun bekamen, trat Angela gegen die unwahrscheinlichste verbliebene Spielerin im Feld an, ein Provinzmädchen aus Hertfordshire namens Elaine Watson. Den ersten Satz gewann Angela mit 6:4, doch im zweiten erarbeitete Watson sich eine 3:0-Führung, indem sie Angela ständig in Bewegung hielt. Angela wirkte überrumpelt, als sie »wie eine verängstigte Giraffe« (wie es ein Zuschauer später beschrieb) über den Platz hetzte, und es hatte den Anschein, als stände hier eine faustdicke Überraschung bevor. Dann fiel Watson wieder ein, wo sie sich befand und was sie schon erreicht hatte. Ein Teil von ihr entschied, dass es genug sei, und von da an verwandelten sich ihre bisherigen Gewinnschläge in zahme Versuche, die Angela mit Leichtigkeit bewältigte. Sie glich zum 4:4 aus, brachte ihren Aufschlag durch und gewann das Match mit einem abschließenden Break.

Somit stand Angela im zweiten Jahr in Folge unter den letzten acht, dieses Mal gemeinsam mit drei anderen Engländerinnen und vier Amerikanerinnen. Das war eine große Ehre. Dennoch ertappte Angela sich bei dem Gedanken, dass dieses Jahr ganz anders war als das letzte. Im Vorjahr war sie nicht auf einen solchen Erfolg eingestellt gewesen. Die Angela von 1955 war damit zufrieden gewesen, im renommiertesten Tennisturnier der Welt so weit gekommen zu sein. 1956 wollte sie es gewinnen.

Ihre nächste Gegnerin war Fleitz, der erste echte Härtetest

des Turniers. Die an zwei gesetzte Amerikanerin, deren 1955 noch blondes Haar jetzt in einem attraktiven Kastanienbraun leuchtete, hatte Zsuzsa Körmöczy auf dem Centre Court im ersten Satz mit 6:0 vom Platz gefegt und war auch im zweiten direkt mit 3:1 in Führung gegangen. Sie wirkte unschlagbar, doch dann brachte sich Körmöczy mit einer Reihe von gechipten und angeschnittenen Bällen wieder ins Spiel und schaffte den Anschluss zum 5:4, bevor sie durch ein Break und einen erfolgreichen eigenen Aufschlag mit 6:5 in Führung ging. Fleitz verspürte ein flaues Gefühl im Magen – sie war nicht so richtig fit, seit sie ein paar Wochen zuvor in Lugano zusammengeklappt war –, blieb aber an der Grundlinie und machte ihr Spiel. Sie schlug schnurgerade Bälle mit links und rechts und schaffte es, den Satz mit 8:6 für sich zu entscheiden. Auch sie war fest entschlossen, in diesem Jahr besser abzuschneiden als im Jahr zuvor, als sie im Finale verloren hatte. Dieses Jahr würde sie gewinnen, meinte sie. Sie war noch jung, wusste aber nicht, wie viele Chancen sie noch bekäme, es in Wimbledon bis nach ganz oben zu schaffen. John und sie hatten bereits ein Kind, eine Tochter namens Kimberly, und hatten ein zweites nach einer kompliziert verlaufenen Schwangerschaft verloren. Bald wäre es an der Zeit, das Herumreisen einzustellen und sich auf die Familie zu konzentrieren.

Auch Althea schaffte es in die Runde der letzten acht, aber nicht ohne eine der vielen Achterbahnfahrten in ihrer Karriere. Sie hatte den ersten Satz gegen Pat Hird mit 6:0 gewonnen, dann aber – als hätte jemand einen Schalter umgelegt – kaum noch einen Punkt in den folgenden vier Spielen holen können. Das lag nicht an Hird, deren Spielweise bestenfalls als harmlos bezeichnet werden konnte. Hird bot ihr die Chance auf den Sieg auf einem Silbertablett. Aber Althea unterlief bei fast jedem

Punkt ein unerzwungener Fehler. »Ich dachte: ›Wow, das läuft ja super!‹«, sagte Hird viele Jahre später. »Ich lief einfach vor ans Netz, schlug einen Volley und genoss es.« Doch so abrupt, wie Altheas Einbruch begonnen hatte, endete er. Plötzlich holte sie sechs Spiele am Stück, ohne dass ein Strategiewechsel oder eine Verhaltensänderung zu erkennen gewesen wären, und gewann das Match.

Diese Unbeständigkeit hatte es bei einer Spielerin ihres Ranges noch nie gegeben. Altheas Neigung, eine Partie aus der Hand zu geben und völlig die Kontrolle zu verlieren, ließ bei den Zuschauern die Frage aufkommen, wie sie je sechs Matches in Folge überstehen wollte, um einen Grand-Slam-Titel zu erringen. Noch heimtückischer war, dass sie bestimmte Stereotype bediente: Diese Schwarze Frau schien irgendwie nicht in der Lage zu sein, verantwortungsbewusst mit ihrem immensen Talent umzugehen, oder nicht intelligent genug, um es gekonnt einzusetzen. Dabei hatte sie es ja bereits gekonnt eingesetzt, im vergangenen Monat in Paris, und in jenem Jahr bisher mehr Turniere – und mehr Matches – gewonnen als alle anderen. Ihre Leistungsschwankungen, die dazu führten, dass sie in einem Satz erst vier Spiele verlor und dann sechs gewann, täuschten darüber hinweg, dass sie so das gleiche Ergebnis erzielte wie eine beständige Spielerin, die jeden ihrer Aufschläge durchbrachte, aber nur ein einziges Break schaffte – und ebenfalls mit 6:4 gewann. Das war der übliche Satzverlauf, der geordnetere Satzverlauf, *so machten es die Weißen.* Irgendetwas an Altheas Alles-oder-nichts-Spielweise sei ungehörig, meinte das britische Publikum, ebenso wie ihr männlicher Kleidungsstil und ihr Auftreten. Die Zuschauer hatten genug gesehen, um ihre Neugier zu befriedigen, Althea aber nicht ins Herz geschlossen.

13

WIMBLEDON

Violet Buxton war begeistert von den Tenniserfolgen ihrer Tochter, und das hatte nicht nur mit dem Sport an sich zu tun. Sie war selbst zu einer kleinen Berühmtheit aufgestiegen. Wenn Angela und Althea sich weigerten, an die Tür zu kommen und Fragen zu beantworten, interviewten die Reporter stattdessen Violet. Sie verfüge über eine telepathische Verbindung zu Angela, erzählte sie. Wenn Angela auf dem Platz stand, könne sie ihr allein durch ihre Willenskraft Unterstützung und Ermutigung durch den Äther zukommen lassen. Abends, wenn die beiden jungen Frauen zu Bett gegangen waren, saß Violet am Schreibtisch und schrieb Gedichte zum Andenken an das Ereignis. Es war, als hätte auch sie erkannt, dass dies nicht das erste von vielen Wimbledon-Turnieren dieser Art war, sondern vielleicht das einzige bleiben würde.

Harry Buxton schlachtete Angelas Erfolg ebenfalls voll und ganz für sich aus. Auf so eine Gelegenheit hatte er im Grunde sein ganzes Leben lang gewartet. Immer wenn Angela spielte, sei es im Einzel oder im Doppel, fuhr er in seinem ehemals königlich-niederländischen Rolls-Royce an der Einfahrt an der Church Road vor. Für Menschen wie Harry Buxton war es nicht leicht, Eintrittskarten für den Centre Court zu bekommen – einige Dinge waren damals nicht einfach für Geld zu kaufen –, doch er schaffte es natürlich trotzdem, sich mithilfe eines Bluffs aufs Gelände zu schmuggeln, zusammen mit einem Werbefachmann namens Barney Goodman, mit dem Angela nun schon seit ein paar Jahren ausging.

Barney nannte Violet »Mum« (anders als Althea, die die amerikanische Anrede »Mom« verwendete), und zwischen ihm und Harry war schnell eine innige Freundschaft entstanden. Harry hatte mit Barney mehr gemeinsam als mit Gordon, seinem eigenen Sohn. Die beiden nahmen sich gern einen Tag frei und gingen zusammen zum Pferderennen – ein typischer Männerausflug. Im Gegensatz zum Tennis war Pferderennen ein Sport, den Harry verstand, zumindest, was das Wetten anging. Es sei genau wie an der Börse, erklärte er gern. Man investiere Geld in etwas, das günstig war, und hoffe, dass es durch einen Sieg an Wert gewinne. Beim Tennis hingegen gab es eine für ihn undurchschaubare Zählweise und endlose Ballwechsel, die ihn langweilten. Barney musste ihm jedes Match in die Sprache der Pferderennen übersetzen, damit er nicht das Interesse verlor. »Die Quote liegt bei 4:1 gegen Angela«, sagte er, wenn sie in einem Satz zurückgefallen war. Harry nickte wissend und warf dann einen raschen Blick in die Runde, um zu schauen, wer sonst noch so unter den Besuchern war.

Am 2. Juli weckten die weisen Worte von Bill Talbert, einem vielfachen Doppelsieger und zweifachen Einzelfinalisten von Forest Hills, Angelas Aufmerksamkeit. »Angela Buxton ist näher an die Spitze herangerückt und könnte es bis nach ganz oben schaffen«, schrieb er in der *Daily Mail*. »Sie verfolgt den richtigen Ansatz. Sie ist zielstrebig, fleißig und richtet ihre gesamte Aufmerksamkeit ausschließlich auf das Tennisspiel.« Doch Talbert hielt es für möglich, dass Angela sich vielleicht *zu* sehr auf den Sport konzentrierte. Er erinnerte an den Boxer Gene Tunney, den sein überraschender Triumph über Jack Dempsey im September 1926 weltweit berühmt gemacht hatte. Tunney war einer der »fokussiertesten Sportler aller Zeiten«, schrieb Talbert, aber immer darum bemüht, das Boxen nicht überzubewerten. Seine bevorzugte Entspannungsmethode war die Shakespeare-Lektüre. Talbert riet Angela nicht direkt, es ihm nachzutun, war aber klar der Auffassung, dass eine Ablenkung für etwas Auflockerung sorgen und sie zu einer stärkeren Spielerin machen könnte.

Das war ein interessanter Gedanke, und Angela nahm sich vor, mit Jones darüber zu reden, wenn sie ihn später am Nachmittag traf. Doch nun stand erst einmal das Match gegen Beverly Fleitz an, und das war wohl kaum der richtige Zeitpunkt zum Entspannen. Angela und Jones hatten sich Videoaufnahmen von Fleitz angesehen und glaubten zu wissen, wie man sie schlagen konnte. Das Entscheidende war, sie von der Grundlinie ans Netz zu locken, denn dort war sie deutlich schwächer. »Wie eine Blinde ohne Blindenstock«, beschrieb Peter Wilson von der *Evening News* Fleitz' Spiel am Netz. Angela hatte Muster im Kopf, die genau das bewirken sollten, und sie hatte sie jeden Tag mit Jones im Queen's Club eingeübt.

Die allermeisten Experten gingen davon aus, dass Fleitz Angela wie schon im Vorjahr schlagen würde, auch wenn Angela sich davon nicht einschüchtern ließ. Niemand bezweifelte, dass sie sich seitdem verbessert hatte; doch das galt auch für Fleitz, und immer mehr Leute vermuteten, dass dieses Turnier ihr Durchbruch sein könnte. Angela war das Arbeitstier, deren gewissenhafte Trainingsmethoden ihr beträchtliche Erfolge eingebracht hatten – Tingay schrieb im *Daily Telegraph*: »Ich bezweifle, dass es je eine britische Spielerin gab, die sich so entschlossen in die öden Vorausscheidungen gestürzt hat.« Aber Fleitz war ein echtes Talent, eine Spielerin, die irgendwann reihenweise

Grand-Slam-Titel einsammeln könnte, wie eine Brough oder eine Osborne.

Angelas Match gegen Fleitz war für Dienstag, den 3. Juli, angesetzt. Es wäre die zweite Partie auf dem Centre Court, nach Altheas Viertelfinale gegen Fry. Doch am Vortag fochten zunächst einmal Angela Mortimer und die nicht gesetzte Pat Ward gegeneinander aus, wer als erste Engländerin seit 1939 ins Wimbledon-Halbfinale einzog.

Für Angela war das Match von großem Interesse, weil sie im Falle eines Sieges über Fleitz gegen die Gewinnerin antreten musste. Da sie Mortimer noch nie bezwungen hatte, war ihr Ward deutlich lieber. Doch ein Match Ward gegen Buxton käme nur zustande, wenn es gleich zwei Überraschungssiegerinnen gab, das war Angela klar, und das war zu diesem Zeitpunkt des Turniers ziemlich unwahrscheinlich. Fleitz und Mortimer waren zwei der besten Spielerinnen der Welt und würdige Teilnehmerinnen eines Wimbledon-Halbfinales. So lautete die allgemeine Auffassung. Doch Mortimer hatte einen plötzlichen Anfall von Lampenfieber, brachte keinen einzigen Aufschlag durch und unterlag Ward in zwei kurzen Sätzen. Das war ein Riesending. Pat Ward, die siebenundzwanzigjährige Londonerin, die aussah wie eine strenge Klassenlehrerin, hatte es ins Halbfinale von Wimbledon geschafft. Plötzlich galt Fleitz als größter Glückspilz von Wimbledon – ihr reichten zwei Siege gegen Angela und Ward, um zum zweiten Mal in Folge ins Finale der Damen einzuziehen.

Doch irgendetwas stimmte nicht mit Beverly Fleitz. Sie war in Lugano ohnmächtig geworden, hatte sich im Wightman Cup auf das Doppel beschränkt und sich die ganze Woche über nicht richtig wohlgefühlt. Jetzt lag sie mit »grippeähnlichen Symptomen« in Zimmer 742 des Cumberland Hotels. »Mein Arzt sagt, ich müsse mindestens zwei Tage das Bett hüten«, sagte sie Darlene Hard, ihrer Doppelpartnerin. Wenn sie diesen Rat befolgte, würde sie ihr Viertelfinalmatch gegen Angela verpassen. An jenem Morgen war Fleitz' Erkrankung das Gesprächsthema der ganzen Stadt. Würde sie sich über die Anweisungen des Arztes hinwegsetzen und trotzdem antreten? Hard wusste nicht mehr als alle anderen auch. »Beverly hat die letzten achtundvierzig Stunden im Bett verbracht«, berichtete sie den Reportern. »Sie hatte eine Grippe oder so.«

Fleitz selbst hegte einen anderen Verdacht. Sie und John versuchten seit einiger Zeit, ein weiteres Kind zu bekommen. Wenn sie ihre Erinnerungen an die bisherigen Schwangerschaften nicht trogen, handelte es sich wohl eher nicht um eine akute Grippe oder so etwas. Das Timing hätte nicht schlechter sein können, aber während Tennis ein vorübergehender Zeitvertreib war, blieb eine Familie fürs Leben. Obwohl Fleitz erst im zweiten Monat war, wollte sie es nicht riskieren, das Kind zu verlieren, nicht nachdem sie schon eine Fehlgeburt durchgemacht hatte. Am Wochenende hatte sie den Arzt gerufen und sich gründlich untersuchen lassen, doch heute war Dienstag, und die Übelkeit wurde immer schlimmer. Fleitz hatte das Gefühl, das Viertelfinalspiel im Klo hinunterzuspülen. Plötzlich und unangekündigt standen vier Männer in schwarzen Gehröcken und Hüten vor der Tür ihres Hotelzimmers. »Ich dachte schon, sie wollten mir sagen, dass ich sterben muss«, erzählte sie viele Jahre später. Stattdessen teilten sie ihr mit, dass sie tatsächlich schwanger sei. Die Ärzte rieten ihr nachdrücklich, alle körperlichen Anstrengungen zu unterlassen, bis sich ihr Zustand stabilisiert habe.

Und das tat eine Frau 1956 dann auch, selbst wenn sie in Wimbledon an zwei gesetzt und nur zwei Matches – zwei relativ einfache Matches – vom Finale entfernt war. Einige würden heute vielleicht genauso handeln. Im vorausgegangenen Jahr war Fleitz als erste Mutter seit 1920 ins Wimbledon-Finale eingezogen, und das hatte schon für genug Gerede gesorgt. Jetzt anzutreten wäre furchtbar unverantwortlich, stimmten sie und ihr Mann überein. Also übermittelte Fleitz telefonisch ihren Rücktritt vom Dameneinzel, was bedeutete, dass Angela kampflos ins Halbfinale weiterkam. Dann teilte sie Hard mit, dass sie am Nachmittag nicht wie geplant das Doppel spielen könne. Sie werde sich den Rest des Sommers über in Kalifornien ausruhen. Wenn sie richtig gerechnet hatte, müsste das Baby Ende Januar kommen.

Die Journalisten erfuhren die Neuigkeit vom Turnierdirektor, und schon bald verbreitete sie sich wie ein Lauffeuer. Die Zeitungsverkäufer des *Evening Standard*, der am späten Vormittag herauskam, schrieben es als Story des Tages auf ihre Aufsteller: »Mrs. Fleitz erwartet ein Kind«, stand dort in Großbuchstaben. Die Mittagspause war kaum beendet, als die Reporter sich schon im Hotelkorridor drängten. Sie hatten große Blumensträuße dabei und bettelten um ein Interview. John Fleitz rief in der Rezeption an, um sich eine Vase bringen zu lassen, und als das Zimmermädchen klopfte, schauten die Reporter über dessen Schultern und versuchten, einen Blick auf Beverly zu erhaschen. Aber John streckte nur die Hand aus, griff nach der Vase und schlug die Tür wieder zu.

Zu dem Zeitpunkt standen Althea und Fry schon auf dem Centre Court. Es war das Duell der angesagtesten und gleichzeitig gegensätzlichsten Spielerinnen des Turniers. Fry, deren Vater sie seit ihrem neunten Lebensjahr auf einen Wimbledon-Sieg vorbereitet hatte, war eine hartnäckige Kämpferin, »eine der größten der Zeit«, wie Maureen Connolly damals sagte. Fry konnte so lange auf der Grundlinie verharren und ihre Rückhandschläge über das Netz segeln lassen, bis ihre Gegnerin so erschöpft war, dass sie den Ball verschlug. Sie hatte das Tennis-spielen auf einer Sandplatzanlage in Akron gelernt, mit drei Courts direkt nebeneinander, fast ohne Zwischenraum. »Man musste lernen, dem Ball hinterherzurennen und die Winkel ab-zuschneiden«, sagte sie Jahrzehnte später. »Ich war immer fest entschlossen, alle Bälle zu kriegen, weil ich es so von meinem Vater gelernt hatte. Man kann *jeden Ball* auf dem Court errei-chen.« Mit der Zeit entwickelte Fry eine Vorliebe für Dreisatz-matches, vor allem an heißen Sommernachmittagen. Auch nach ihrer Rückkehr aus dem »Ruhestand« sah sie einen Vor-teil darin, lange Matches zu bestreiten, weil pures Talent mit der Zeit ermüdete, Durchhaltevermögen und Entschlossenheit aber nicht. »Ich hatte kein Problem damit, ewig in der Hitze zu stehen«, sagte sie.

Althea, die Training grundsätzlich verabscheute, bot solchen Spielerinnen eine offene Flanke. Trotzdem stellten ihre Stärken, vor allem die Kraft, die sie in fast alle Grundschläge legte, Fry vor Probleme. Gegen Brough, die beste Serve-and-Volley-Spie-lerin ihrer Zeit, hatte Fry abgesehen vom Halbfinale in Wimb-ledon 1951, das sie in zwei Sätzen gewonnen hatte, nur selten bestehen können, und Altheas Spielweise war am ehesten mit der von Brough vergleichbar.

Abgesehen von ihrer extrem unterschiedlichen Herange-hensweise waren Fry und Althea auch sonst die wohl gegen-sätzlichsten Charaktere der damaligen Tenniswelt. Zumindest nach außen hin trat Fry so bescheiden auf, dass es fast schon unaufrichtig wirkte. Nachdem sie jahrelang als Begleitung von Doris Hart durch die Welt gereist war, hielt sie sich selbst nicht unbedingt für eine Topspielerin; es war schwer, sich als »die Größte« zu bezeichnen, wie Althea es gern tat, wenn man nicht einmal die beste Spielerin im eigenen Mietwagen war. Als sie 1951 im Wimbledon-Finale gegen Hart stand, erzählten ihr alle, denen sie begegnete, wie sehr sie sich darüber freuten, dass Hart es endlich geschafft habe und nun den Wimbledon-Titel holen könne. Irgendwann, sagte Fry, »wollte selbst ich, dass sie gewann«.

Fry wehrte jegliche Anerkennung ihrer Leistungen ab, indem sie darauf beharrte, sie habe Glück gehabt oder höchstens die Früchte ihrer gründlichen Vorarbeit geerntet. Sie verwies gern auf ein Zitat von Abraham Lincoln, in dem es darum ging, das Glück durch harte Arbeit zu sich einzuladen. Als ihre Karriere zum zweiten und letzten Mal zu Ende ging, war das Thema Tennis für sie abgehakt. Sie erinnerte sich später nur noch daran, welche Matches sie gewonnen und welche sie verloren hatte, aber an wenig mehr. Und als sich zu Beginn des neuen Jahrtausends ein Repräsentant von St. Petersburg, Florida, bei ihr meldete, weil die Stadt ihre Leistungen offiziell würdigen wollte, versuchte sie nachdrücklich, ihn davon abzubringen. »Das ist doch schon lange her«, meinte sie zu ihm. »Wer erinnert sich heute schon noch daran, was ich damals gemacht habe, und wen interessiert es? Können Sie nicht irgendjemanden anders ehren?«

Frys Viertelfinale gegen Althea ging unglücklich los, als sie gleich das erste Spiel durch einen Doppelfehler verlor. Im zweiten Spiel gelang ihr ein Break, doch dann gab sie durch zwei weitere Doppelfehler auch das nächste Spiel aus der Hand. Frys Aufschlag komme im besten Fall schnell und flach, urteilte Fred Tupper von der *New York Times*. »Im ersten Satz kam er flach, langsam und landete oft im Netz.« Auf diese Weise war eine so talentierte Spielerin wie Althea Gibson nicht zu schlagen, das war Fry klar. Und tatsächlich: Sobald Althea mit 2:1 führte, lieferte sie eine einwandfreie Leistung ab. Ihre langen Beine schienen sie in nur zwei Schritten über den halben Platz zu tragen.

Fry konnte Winkel anpeilen, wie sie wollte – sie schaffte es einfach nicht, einen Ball so zu schlagen, dass Althea ihn nicht erreichte. Und sobald Fry zuließ, dass Althea ans Netz vorrückte, war es um den Punkt geschehen. Das vierte Spiel holte sich Althea mit einem kunstvollen Volley, der tot über das Netz zu fallen schien, und brachte ab da alle ihre Aufschläge durch, bis hin zum 6:4, das ihr den Satzgewinn sicherte.

Den zweiten Satz begann Fry in dem festen Vorhaben, die Dynamik der Partie auf den Kopf zu stellen. Sie meinte, eine Schwäche in Altheas Vorhand ausgemacht zu haben, von der sie hoffte, dass sie im Verlauf des Matches zunehmen würde. Das war eine geringe Hoffnung, doch einfach so weiterzumachen wie bisher käme einer Kapitulation gleich – das wusste sie. Also spielte Fry jeden Ball auf Altheas Vorhand, manchmal mit Tempo (oder dem, was bei ihr unter »Tempo« fiel), manchmal ohne. Nachdem die ersten fünf Spiele des zweiten Satzes ohne Break geblieben waren, verspürte Fry zum ersten Mal »einen Hauch Aufwind«, wie es die Londoner *Times* am nächsten Tag schrieb. Althea unterliefen zwei Doppelfehler, die Fry das Break und eine 4:2-Führung einbrachten.

Das verlieh ihr neue Energie, und nun flitzte sie wie eine Teenagerin über den Rasen, legte gleichzeitig aber ihre ganze Erfahrung in eine Reihe gekonnter Schläge. Das siebte Spiel ging durch zwei Doppelfehler von Fry an Althea, direkt gefolgt von einem Rebreak zur 5:3-Führung. Anschließend holte sich Fry den Satz durch einen untypischen Überkopfball, der Althea keine Chance ließ. Mittlerweile hatten beide Spielerinnen ihre Taktik über den Haufen geworfen. Althea war bereit, ihr Offensivtennis aufzugeben. Sie hatte sich ganz darauf konzentriert, konstant zu spielen, und wie eine Scharfschützin auf Gelegenheiten für Stoppbälle und Winkel gelauert, doch jetzt hielt sie es für das Beste, das Match einfach auszusitzen. Da sie sich der Kritik an ihr durchaus bewusst war, wollte sie auf keinen Fall über selbst fabrizierte Fehler stolpern. Vielleicht war diese eher defensive Einstellung der Grund dafür, dass sie sich plötzlich nicht mehr auf ihren kraftvollen ersten Aufschlag verlassen konnte. Die ersten sieben Spiele des dritten Satzes waren Breaks, was Fry begünstigte. Ihr war klar, dass ihre Siegchancen ohne Altheas Aufschlagkraft bedeutend größer waren.

Zu Frys Erstaunen blieb Althea nun viel länger auf der Grundlinie. Sie erlief sich Frys Schläge mit einer Beharrlichkeit, die man sonst nicht von ihr kannte, doch diese Spielweise ging auf Kosten ihrer Stärken. Althea versuchte es mit Chops und Lobs, doch ihr fehlte die nachhaltige Kraft, die ihr in den vergangenen Monaten so viele Siege eingebracht hatte. Beim Stand von 4:3 zog Fry mit einem Aufschlagspiel zu null davon und stand nun mit einem Fuß im Halbfinale. Sie ermahnte sich, keinen Ball durchzulassen, wie es ihr Vater ihr eingetrichtert hatte. Egal, wohin Althea den Ball auch spielte, Fry erlief ihn sich und schlug ihn lang wieder zurück, mit so wenig Kraft dahinter, dass der Ball auf dem Scheitelpunkt der Kurve stehenzubleiben schien. Dennoch weigerte sich Althea, ans Netz vorzurücken und die Einladung anzunehmen. Fry gewann die ersten drei Punkte des Spiels und hatte nun beim Stand von 0:40 drei Matchbälle. Althea wehrte den ersten ab, wehrte den zweiten ab, doch beim dritten war sie machtlos. Ihre lange Siegesserie war zu Ende.

Shirley riss die Arme in die Höhe und rief »Yippie!« wie ein Schulmädchen. Dann ging sie zu Althea, die am Netz stand, und die beiden drehten sich um und verließen zusammen den Platz. Althea war einen Kopf größer und hatte den Arm abwehrend über das Netz hinweg ausgestreckt. Nach dem Match gab sie sich großzügig und saß mit einer Tasse Tee in der Hand im offiziellen Interviewraum, um sich den Fragen der vielen Reporter zu stellen. »Es war leichter, anderswo gegen die kleinen Fische [*small fry*] zu gewinnen, als gegen die große Fry hier in Wimbledon«, sagte sie – ein Wortspiel, bei dem sie keine Mine verzog. Sie wirkte nicht wütend und zeigte auch keine Anzeichen der Verbitterung, die nach Niederlagen oft so typisch für sie war, aber auch viele ihrer Siege befeuert hatte. Althea wusste, dass sie von einer erfahreneren Gegnerin ausgespielt worden war. Nach nur fünf Minuten beendete der entgegenkommende Presseverantwortliche die zurückhaltende Fragerunde mit einem rhetorischen »Wäre das dann alles, die Herren?«. Schließlich hatte Althea noch ein Doppel vor sich.

Fry hingegen zeigte sich höchst überrascht über das Ergebnis. Sie war so daran gewöhnt, wichtige Partien zu verlieren, dass sie es kaum glauben konnte, endlich ein solches Match gewonnen zu haben, vor allem in Wimbledon. Doch die vorherige Spielerinnengeneration hatte die Bühne verlassen, und Fry spielte so gut wie noch nie in ihrem Leben. »Althea war im letzten Satz so stark, dass der ganze Druck auf mir lastete«, sagte sie. »Aber dann bekam sie Angst. Wenn sie mir am Netz auf die Pelle gerückt wäre, wie ich es erwartet hatte, hätte sie gewonnen. Aber sie blieb hinten, aus Nervosität, vermute ich. Ich hatte Mitleid mit ihr, weil ich weiß, wie sich das anfühlt.«

Die Londoner Zeitungen priesen Fry für ihren cleveren, beherzten Auftritt, tadelten aber auch Althea. Immer wieder hieß es, dass das Match trotz einer erstaunlich konstanten Vorstellung von Althea mehr deren Niederlage als Frys Sieg sei. Dass sie unter Druck einknickte, war ein altbekannter Vorwurf. »Als die Dinge nicht mehr glattliefen, sobald es den geringsten Widerstand gab, entglitt ihr das Match«, schrieb die *Times*.

Dabei verlor Althea wohl vor allem aufgrund von Frys überragender Anpassungsfähigkeit. Fry wusste genau, wie sie ein

Match in eine Richtung lenken konnte, die ihren Stärken entsprach, und Altheas Sturheit – und ihr Stolz auf ihre neu gefundene Beständigkeit – waren so groß, dass sie es geschehen ließ. Diesen Aspekt erwähnte fast keiner der Reporter, vielleicht auch deshalb, weil sie alle voll und ganz damit beschäftigt waren, sich neue Beinamen für Althea zu überlegen. Althea war »der dunkle Star«, »das Schwarze Naturtalent«, »das farbige Mädchen aus Harlem«. Kein einziger Bericht über das Match, der in den Londoner Zeitungen erschien, kam ohne eine solche Formulierung aus, als habe Altheas Hautfarbe irgendeine Auswirkung auf das Ergebnis gehabt. Frank Rostron vom *Daily Express* war sogar noch direkter und erklärte Althea zur Vertreterin aller Schwarzen: »Shirley Fry zerstörte gestern die Hoffnungen von Millionen Farbigen, indem sie die dreißigjährige [*sic*] Herausforderin aus Harlem, die hoch aufgeschossene Althea Gibson, aus dem Einzelwettbewerb in Wimbledon warf.«

Als sie das letzte Mal ein derart wichtiges Match verloren hatte, im vergangenen Sommer in Forest Hills, hatte sie darüber nachgedacht, das Tennisspielen aufzugeben und sich dem Women's Army Corps anzuschließen. Seitdem hatte sie eine überwältigende Serie hingelegt, einen Triumphzug durch Mexiko, Asien, Europa und sogar Nordafrika. Sie hatte fast jede Woche an einem Turnier teilgenommen und in den letzten sechs Monaten alle bis auf vier gewonnen. Doch jetzt war die Reise zu Ende, und sie würde schon bald nach Hause fliegen. Althea hatte den Einzeltitel bei den französischen Meisterschaften gewonnen, Turniere von der englischen Provinz über das europäische Festland bis hin nach Delhi und Kalkutta dominiert und genügend Erinnerungen für ein ganzes Leben gesammelt, doch der Titel in Wimbledon blieb ihr verwehrt.

Obwohl es so schien, als würde Altheas Karriere als Weltklassespielerin gerade erst beginnen, war sie keine zwei Monate von ihrem neunundzwanzigsten Geburtstag entfernt. Sie hielt nichts von Fitnesstraining und war immer knapp bei Kasse. Noch hatte sie die Chance, ein bisschen Geld als Tennisprofi zu verdienen, in Showmatches gegen andere große Spielerinnen wie Maureen Connolly oder auch Karol Fageros, das Mädchen mit der goldenen Unterwäsche. Aller Wahrscheinlichkeit nach strebte sie dem Ende ihrer historischen, aber letztendlich frustrierenden Amateurkarriere entgegen. In dieser Hinsicht *war* es eine schwere Niederlage.

Wenn Althea sichergehen wollte, sich mit einem Wimbledon-Sieg brüsten zu können, war das Damendoppel ihre beste Chance. Sie und Angela hatten die ersten beiden Runden problemlos überstanden und dabei nur insgesamt vier Spiele verloren. Nun betrat Althea – nachdem sie kurz geduscht hatte und von einem Fred-Perry-Shirt ins nächste geschlüpft war – mit Angela zusammen den Platz, um das Drittrundenspiel gegen Dottie Knode und Christiane Mercelis zu absolvieren, erneut auf dem Centre Court. Angela und Althea waren so gut aufeinander abgestimmt, dass sie das Match auch im Schlaf gewonnen hätten. Sie fertigten die Französin und die Amerikanerin in unter einer Stunde mit 6:3 und 6:2 ab.

Im Viertelfinale warteten Betty Rosenquest Pratt und Thelma Long. Doch für Angela stand zuvor noch das Halbfinale im Einzel an. Egal, wie das Match am folgenden Nachmittag ausging – es würde auf jeden Fall eine Britin im Einzelfinale stehen, die erste seit Kay Stammers 1939. Entweder Angela oder Pat Ward würden gegen die Gewinnerin der Partie zwischen Fry und Brough um den Titel kämpfen. Laurie Pignon vom *Daily Sketch* erwähnte Pat Ward allerdings mit keiner Silbe. »Angelas große Chance auf die Krone«, verhieß die Überschrift. »Das Mädchen, das für nutzlos erklärt wurde, könnte Wimbledon-Geschichte schreiben.« Das war reißerisch formuliert, faktisch aber korrekt.

Wenige Wochen zuvor hätte Angela Fry im Wightman Cup geschlagen, wäre da nicht diese falsche Linienrichterentscheidung gewesen. Jetzt waren sie nur je ein Halbfinale von einem erneuten Aufeinandertreffen entfernt.

Die einfühlsame Shirley Fry hatte Mitleid mit Althea, und ebenso mit Louise Brough. Brough war immer noch in der Lage, Turniere zu gewinnen, und war in Wimbledon an eins gesetzt, aber Fry wusste, dass sie weit von ihrer Topform entfernt war. In ihren besten Tagen hatte Broughs hoch abspringender American-Twist-Aufschlag, der Motor hinter ihrem hochgelobten Serve-and-Volley-Spiel, die Gegnerinnen auf der Jagd nach dem Ball aus dem Feld getrieben. Diejenigen, die es schafften, ihn zurückzuspielen, hatten dann einen signifikanten taktischen Nachteil, weil sie sich eilig wieder in Position bringen mussten. Jetzt war dieser Aufschlag so gut wie verschwunden, Brough hatte immer mehr Probleme, den Ball überhaupt ins Spiel zu bringen. »Sie zitterte, wenn sie den Ball hochwarf«, erinnerte sich Fry später. »Sie musste ihn fangen und von vorn beginnen, ein ums andere Mal. Es war einfach nicht die Louise von früher, ganz und gar nicht.«

Brough hatte immer schon älter ausgesehen, als sie war. Sie wirkte matronenhafter als die meisten anderen Spielerinnen, hatte auf dem Platz aber immer eine unerschöpfliche Energie an den Tag gelegt. Mit dreiunddreißig Jahren gab sie nun zu, dass sie erschöpft sei. Ihr war die Lust am Training vergangen, und sie ertappte sich dabei, wie sie langsame Balljungen anschnauzte, weil sie wollte, dass das Match schnell vorbei war. »Tennis machte mir keinen Spaß mehr«, erklärte sie Jahrzehnte später. »Ich zählte im Grunde nur die Tage, bis es vorbei war. Manchmal hatte ich das Gefühl, kaum die Füße anheben zu können.« Trotzdem war Brough immer noch eine herausragende Spielerin. Sie hatte die ersten Runden mühelos überstanden und vor einem Dreisatzsieg im Viertelfinale gegen Bloomer in drei Matches nur acht Spiele verloren. Ihre Gesamtbilanz im All England Club war bemerkenswert. Sie hatte das Turnier 1948, 1949 und 1950 gewonnen, 1952 und 1954 im Finale gegen Connolly verloren und 1955 durch einen Sieg über Fleitz ihren vierten Titel geholt. Seit 1946, was nun schon ein Jahrzehnt her war, hatte sie in Wimbledon bis auf dreimal immer im Finale gestanden.

In einem dieser drei Jahre, 1951, hatte sie sich im Halbfinale von einem Nachwuchstalent geschlagen geben müssen, das ein fast perfektes Match hingelegt hatte. Dieses Talent war Fry gewesen. Und wenn es nach Fry gegangen wäre, hätte der 6:4-6:2-Sieg von vor fünf Jahren als Vorlage für das diesjährige Match gedient. Fry wollte das Tempo ihrer Grundschläge variieren, um ihre Gegnerin aus dem Gleichgewicht zu bringen, Lobs schlagen, damit sie sich nicht am Netz festsetzen konnte, sich jeden Ball erlaufen und keinesfalls dem Impuls nachgeben, ans Netz vorzurücken.

Und genauso lief das Halbfinale am 6. Juli dann auch ab. Starke Windböen sorgten dafür, dass Broughs Probleme beim Anwurf noch schlimmer waren als sonst. Ab Mitte des ersten Satzes hatte sie den Aufschlag praktisch aus ihrem Waffenarsenal gestrichen. Allen, die Brough zu Spitzenzeiten erlebt hatten, drängte sich der Gedanke auf, dass sie beim Aufschlag so stark nachgelassen hatte, dass Fry die Bälle, die in den vergangenen Jahren Asse gewesen wären, jetzt locker annehmen konnte, und das zeigte Wirkung, zumindest im ersten Satz. Fry gewann mit 6:4, doch dann riss Brough sich zusammen und fing an, schnelle Bälle die Linie entlangzuschlagen, wodurch sie die ersten vier Spiele des zweiten Satzes auch ohne ihren überragenden Aufschlag für sich entscheiden konnte. Fry kämpfte sich auf beeindruckende Weise zurück und hätte fast zum 5:5 ausgeglichen, bevor sie ins Straucheln geriet.

Brough gewann den Satz mit 6:4, doch das Match war erneut gekippt. Während der Vorbereitung auf den dritten Satz wurde Fry klar, dass sie wirklich gewinnen könnte. Von da an bewegte sie sich so gut wie noch nie zuvor. Ihre Rückhandschläge waren nicht die kraftvollsten, aber sie kamen niedrig, was es Brough unmöglich machte, die Kontrolle über jeden einzelnen Punkt zu erlangen. Sie gab sich nicht ohne Weiteres geschlagen, doch Fry hatte sich im Verlauf der Jahre und im Verlauf des Nachmittags zur besseren Spielerin gemausert. Sie gewann den Entscheidungssatz mit 6:3. Es war unbestritten das Match des Tages.

Fry war am Ende des Zweiten Weltkriegs erwachsen geworden und eine gute, aber nicht besonders talentierte Spielerin, die lange im Schatten ihrer Landsfrauen gestanden hatte. Während Betz, Osborne, Connolly und Hart ihre Titel gewannen, hatte sie geduldig abgewartet, bis diese sich den nächsten Lebensabschnitten zuwandten – Beruf, Ehe, manchmal auch eine Profikarriere. Jetzt war sie für einen letzten Versuch nach England zurückgekehrt, »vor allem aus Jux«, wie sie es formulierte, und hatte es nach dem Sieg über Brough ins Finale geschafft. Sie konnte ihr Glück gar nicht in Worte fassen und glaubte immer noch nicht so richtig, dass sie es verdient hatte.

Als sie neun Monate zuvor die Stelle bei der *St. Petersburg Times* angenommen hatte, war sie davon ausgegangen, dass die Zeiten der Hoffnung und des Ruhms vorbei wären, doch jetzt trennte sie nur noch ein Match vom wichtigsten Titel, den es im Tennis gab. Am Samstagnachmittag würde sie im Finale auf Angela oder Ward treffen. Fry suchte sich einen Platz auf der Tribüne des Centre Court und schaute sich an, wer von beiden es sein würde.

Angelas Halbfinalgegnerin war genauso solide – und langweilig – wie ihr schlichter, zweisilbiger Name verhieß. Pat Ward schaffte es, ein- oder zweimal im Jahr einen starken Auftritt gegen hochklassige Gegnerinnen hinzulegen. 1955 beispielsweise war sie irgendwie ins Finale der US Championships eingezogen. Ihr herausragendes Viertelfinale in Wimbledon gegen Mortimer zwei Tage zuvor würde wahrscheinlich als ihr bestes Match 1956 in die Archive eingehen. Sogar Ward selbst war klar, dass sie einen derartigen Erfolg gegen Angela nicht würde wiederholen können.

Jimmy Jones hatte im vergangenen Jahr in Bournemouth eine Schwäche in Wards Spiel ausgemacht. Ward war eine große, nicht sonderlich leichtfüßige Frau, und Jones war aufgefallen, dass es ihr schwerfiel, mitten im Lauf umzudrehen und wieder zum Ausgangspunkt zurückzukehren. Also riet er Angela, den Ball wann immer möglich in Wards Rücken zu schlagen, gegen ihre Laufrichtung. »Wir trainierten die entsprechenden Abfolgen«, sagte Angela. »Ein kurzer Cross-Ball, ein langer Cross-Ball, dann kurz hinter das Netz. Es funktionierte. Sie war immer gerade in die andere Richtung unterwegs.« So hätte Ward gegen Angela keine Chance. Sie würde genau wissen, was Angela tat, wäre aber nicht flink genug, um etwas dagegen zu unternehmen. Als Angela hörte, dass Ward sich gegen Mortimer durchgesetzt hatte, sprang sie vor Freude von ihrem Stuhl auf. Dank der Strategie, die sie und Jones erarbeitet hatten, »wusste ich genau, wie ich sie schlagen konnte. Das war mein Ticket ins Finale.«

Jones hatte es mittlerweile mehr oder weniger aufgegeben, den neutralen Beobachter zu mimen. Jeder wusste, dass er Angelas Trainer war. Zusammen studierten sie jede Gegnerin, überlegten, welche Muster am besten gegen sie wirken würden, und dann ging Jones in den Presseraum und schrieb seine

Artikel über das Match, das er gerade gesehen hatte, einen, zwei oder manchmal sogar drei, für verschiedene Zeitungen auf der ganzen Welt. Pat Hird erinnerte sich noch Jahrzehnte später daran, wie sie die beiden zusammen bei einem Match in Wimbledon sah, und schüttelte den Kopf. »Sie hatten stapelweise Zettel dabei und erarbeiteten Strategien«, sagte sie. »Und der Rest von uns hatte niemanden, der uns unterstützte! Unsere Eltern natürlich, aber niemanden, der sich so für uns interessierte, wie Jimmy sich für sie interessierte. Ich würde ihn fast als Guru bezeichnen und sie als seine Anhängerin.«

Mittlerweile hatte Angela noch einen zweiten Berater. Als sie zu Beginn der ersten Wimbledon-Woche auf einem der Hallenplätze im Queen's Club trainiert hatte, war sie dort auf Harry Hopman gestoßen, den Kapitän des australischen Davis-Cup-Teams. Hopman war eine Mischung aus Trainer, Antreiber und Vaterfigur für mehrere Generationen von australischen Spielern, von Lew Hoad bis hin zu den späteren Stars der Open-Ära, etwa Rod Laver, John Newcombe und Ken Rosewall. Trotz seiner geringen Körpergröße war seine Präsenz immens. Als er Angela erkannte, sah er sie mit durchdringendem Blick an und gab ihr einen Rat: Warum ging sie, wenn sie ans Netz vorrückte, nicht noch einen Schritt näher heran? So würden aus den Volleys, die er sie hatte ins Netz setzen sehen, Gewinnschläge. Als Angela fragte, ob die größere Nähe zum Netz sie nicht zu anfällig für Lobs machen würde, grinste er nur. »Hast du ein Problem mit deinen Beinen?«, fragte er. »Wenn das passiert, drehst du dich um und rennst dem Ball hinterher.«

Angela befolgte seinen Rat und stellte fest, dass Hopman recht hatte. Durch den Tipp verbesserte sich ihr Serve-and-Volley-Spiel, vor allem im Doppel, wo sie die Hälfte der Zeit – in der sie nicht mit dem Aufschlag oder dem Return beschäftigt war – vor der Grundlinie verbrachte. Sie war eins fünfundsiebzig groß und verfügte über gute Instinkte, was die Voraussetzungen für eine hervorragende Netzspielerin waren. Wenn sie zwei Schritte näher ans Netz heranging, so hatte Hopman mit scharfem Blick ausgemacht, würde sie umgehend auch eine solche werden.

Im Halbfinale gegen Ward spielte Angela mit der Selbstsicherheit eines Menschen, der einen vertrauten Text abliest, denn so war es in gewisser Weise auch. Sie fegte einfach über Ward hinweg. Auch wenn ihre Bewegungen immer noch etwas roboterhaft wirkten, nicht wie die einer geborenen Athletin, brachte ihr das Match viele neue Anhänger ein. »Miss Buxton hat sich in diesem Jahr enorm gesteigert«, schrieb die *New York Times* und nannte die Dreisatzmatches gegen Brough und Fry beim Wightman Cup als Beispiele. Angelas Grundschläge kämen »solide und mit Nachdruck«, und ihr Aufschlag sei der beste aller Engländerinnen. Angela gewann den ersten Satz auf unspektakuläre Weise mit 6:1; sie hielt den Ball im Spiel, bis Ward ihn ins Aus schlug. Anschließend brachte sie das Match mit einem von Fehlern durchsetzten 6:4 im zweiten Satz zu Ende, riss die Arme hoch, setzte sich mitten auf dem Platz auf den Boden und fuhr sich mit den Fingern durchs Haar. Sie war sprachlos.

Nach dem Match duschte sie, zog einen weißen Tennisanzug an, den es nur bei Lillywhites zu kaufen gab, und sonnte sich im Ruhm, der einer Wimbledon-Finalistin zustand. »Ich glaube, dass ich eine gute Chance habe«, sagte sie zu einem der vielen Fragesteller und gestattete sich dann einen Augenblick der Offenheit: »Meine Eltern haben es nicht für möglich gehalten, dass ich so weit komme, aber jetzt bin ich hier.«

Mit der Siegerin Shirley Fry

14

ANGELAS GROSSES MATCH

Am Tag des Doppelhalbfinales, einem Freitag, marschierte Angela zu Lillywhites und verlangte eine Gehaltserhöhung. Sie verdiente, seit sie die Stelle vor drei Jahren angetreten hatte, fünf Pfund pro Woche, aber jetzt war sie deutlich bekannter. Das sollte eine Erhöhung um zwei Pfund pro Woche wert sein, meinte sie, und zwar mindestens, wahrscheinlich sogar mehr.

Den Zeitungen war es untersagt, den Namen des Geschäfts zu nennen, bei dem sie angestellt war, damit dieses nicht von ihren Tenniserfolgen profitierte, was ihren Amateurstatus in Gefahr gebracht hätte. Doch intelligente Leser ließen sich nicht von Umschreibungen wie »ein Sportwarenhandel im West End« hinters Licht führen. Jeder, der aufgepasst hatte, wusste, dass Angela bei Lillywhites arbeitete, und außerdem trug sie die Outfits des Unternehmens auf den Rasenplätzen von Wimbledon zur Schau. Angela hatte Lillywhites mehr eingebracht, als bei Vertragsabschluss zu erwarten gewesen war. Deshalb habe sie zumindest einen vernünftigen Lohn verdient, fand sie.

An jenem Morgen kam sie zu nichts. Die ganze Welt schien ihre Arbeitszeiten zu kennen und wollte mit ihr über das Einzelfinale am folgenden Tag und das Doppelhalbfinale an jenem Nachmittag sprechen. Manche Leute kamen anscheinend einfach nur in den Laden, um sie zu sehen. Die Geschäftsführer hatten nichts dagegen einzuwenden. Es lohnte sich, Angela auszustellen und die Verbindung auszureizen. Doch das bedeutete noch lange nicht, dass das Unternehmen bereit war, ihr zwei Pfund mehr pro Woche zu bezahlen. »Das besprechen wir besser nächste Woche«, hieß es. »Sie haben gerade schon genug um die Ohren.« Zu einer Gehaltserhöhung kam es nie.

Jener Tag war gleichzeitig der längste und der kürzeste in Angelas Leben. Alles, was sie tat, wurde festgehalten, berichtet, analysiert. Der Einzug ins Einzelfinale von Wimbledon gleicht vermutlich einer Verlobung, überlegte Angela. Es definierte, wer man war. Nach wenigen Stunden in diesem Zustand konnte man sich kaum noch vorstellen, dass es je anders gewesen war.

Sie hatte um halb zehn mit Jones und Howard Walton im Queen's Club trainiert und dann in einem karierten Kleid und langen schwarzen Handschuhen vor dem Club Autogramme gegeben. Nach der kurzen Schicht bei Lillywhites (»Ich empfand es als meine Pflicht, arbeiten zu gehen«, erzählte sie den Zeitungen) traf sie pünktlich in Wimbledon ein, wo sie und Althea am späten Nachmittag im Doppel gegen Brough und Fry antreten mussten.

Fry hasste die Vorstellung, gegen Althea zu verlieren, selbst im Doppel, doch sie befürchtete das Schlimmste. Brough und Fry harmonierten nicht gut miteinander. Das war keine Frage der Spielweise. Broughs kraftvolles Spiel ergänzte Frys laufintensiven Einsatz ebenso gut, wie es bei Doris Harts bedächtigeren Schlägen der Fall gewesen war. Nein, die Probleme waren psychologischer Natur. Jahrelang waren die beiden als die jeweils schwächeren Hälften zweier Paarungen gegeneinander angetreten, die eine der größten Rivalitäten der Tennisgeschichte verband. Jetzt fiel es Brough und Fry schwer, einander als Partnerinnen zu sehen. Die Verbündung mit der jeweiligen Erzfeindin war undenkbar, ähnlich wie ein Wechsel Jackie Robinsons von den Dodgers zu den Giants. (Robinson hatte es in diesem Fall vorgezogen, seine Karriere zu beenden, statt sich der psychologisch schwierigen Aufgabe zu stellen, eines der verhassten orange-schwarzen Trikots anzuziehen.)

Brough und Fry hatten in der ersten Runde ein Freilos erwischt, sich in der zweiten und dritten mühelos gegen leichte Gegnerinnen durchgesetzt und im Viertelfinale eine französische Paarung vom Platz gefegt. Bis zum Halbfinale hatten sie nur insgesamt zwei Spiele abgegeben. Doch davon ließ Fry sich nicht täuschen. »Ich wusste von Anfang an, dass wir nicht gut spielen würden«, erzählte sie viele Jahre später. »Wir waren Gegnerinnen, keine Partnerinnen. Wir hatten beide unsere Zugpferde verloren und versuchten nach all den Jahren ein Team zu bilden. Ich wusste, dass das nicht funktionieren würde.«

Althea war auch im gemischten Doppel noch dabei, zusammen mit Mulloy, konzentrierte sich jetzt aber vor allem auf das Doppel mit Angela. Das machte sich auf dem Platz bemerkbar. Sie drängte Brough und Fry mit ihren Aufschlägen in die Defensive, und wenn Angela servierte, lauerte Althea am Netz auf die Chance, einen Gewinnschlag anzubringen. Ihre Grundschläge waren einwandfrei und ihre Entscheidungen fast immer richtig. Trotzdem war das Match eng. Althea und Angela waren auf ein spätes Break angewiesen, um den ersten Satz mit 7:5 zu gewinnen, und holten sich auch den zweiten mit nur einem Break Vorsprung mit 6:4. Durch den Sieg zog Angela zum zweiten Mal innerhalb weniger Tage in ein Wimbledon-Finale ein, während es für Althea das erste Mal in ihrem Leben war.

Später erfuhren sie, dass Fay Muller und Daphne Seeney die Titelverteidigerinnen Mortimer und Shilcock aus dem Turnier geworfen hatten, was den ohnehin schon besten achtundvierzig Stunden in Angelas Leben eine Art Sahnehäubchen aufsetzte.

Sie würde am nächsten Tag zwei Finalmatches bestreiten, während alle anderen britischen Wightman-Cup-Teilnehmerinnen – Mortimer, Shilcock, Ward, Hird und Bloomer – bereits ausgeschieden waren.

An jenem Nachmittag statteten Angela und Violet dem Büro der Lawn Tennis Association, das in der Nähe des Haupteingangs zur Tennisanlage lag, einen Besuch ab. Sie wollten eine zusätzliche Eintrittskarte für den jährlichen Wimbledon-Ball besorgen, der immer am zweiten Samstagabend des Turniers im eleganten Grosvenor House Hotel an der Park Lane stattfand.

Traditionell eröffneten die Gewinner des Herren- und Dameneinzels den Tanz, wie das Brautpaar bei einer Hochzeit. Falls es Angela gelingen sollte, als erste Britin seit Jahrzehnten den Wimbledon-Titel zu holen, wollte Violet diesen Tanz auf gar keinen Fall verpassen. Und selbst wenn das Undenkbare geschah und Angela gegen Fry verlor, wäre Violet trotzdem gern beim Ball dabei. Sie meinte sogar, einen Anspruch darauf zu haben, schließlich hatte sie Angelas Entwicklung von Anfang an begleitet. Natürlich wollte sie auch den krönenden Abschluss miterleben. Aber nein – es seien keine Eintrittskarten mehr zu bekommen, hieß es, nicht einmal für die Mutter einer Einzelfinalistin. »Es tut mir sehr leid, Mrs. Buxton, aber ich befürchte, die Karten sind alle weg«, beschied ihr die Funktionärin. In ihrer Stimme lag keinerlei Bedauern.

Angelas Beziehung zur LTA war nie sonderlich gut gewesen. Sie hatte immer das Gefühl gehabt, dass es vor allem der Widerstand dieses Verbandes war, den sie brechen musste, um es nach ganz oben zu schaffen. Doch da er der Veranstalter war, verfügte er über die Eintrittskarten für den Ball. Ob man nun eine weitere Jüdin bei diesem konservativsten aller gesellschaftlichen Ereignisse vermeiden, Angela für ihren jahrelangen Eigensinn bestrafen oder sich einfach streng ans Protokoll halten wollte, wusste sie nicht. Jedenfalls blieb die LTA hart.

Wenn es nach Angela gegangen wäre, hätte sie einfach mit den Schultern gezuckt und die Zurückweisung hingenommen. Doch Violet ließ sich nicht so leicht abspeisen. Sie scheute so gut wie nie davor zurück, eine Szene zu machen, und beschloss, ihre ganze Macht auszuspielen. »Mir tut es auch sehr leid«, sagte sie zu Angelas Entsetzen. »Ich glaube, ich werde meine Tochter morgen Nachmittag lieber zu Hause behalten. Auf Wiedersehen! Komm, Angela.« Sie griff nach ihrer Hand und ging mit ihr Richtung Tür.

Das war typisch Violet. »Ihre Mutter sagte immer, was sie dachte«, erinnerte sich Shirley Bloomer später. »Angela feuerte immer aus zwei Kanonen, ihrer eigenen und der ihrer Mutter.« Für Angela kam der Temperamentsausbruch allerdings zu einem denkbar ungünstigen Zeitpunkt. Das Letzte, was sie gebrauchen konnte, war eine Auseinandersetzung am Vorabend ihrer beiden Finals.

Doch Violet saß am längeren Hebel. Wenn sie Angela wie angedroht zu Hause behielt, hätte das zwei Drittel des Programms für den nächsten Tag gesprengt. Das wurde der LTA-Funktionärin klar, sobald Angela und Violet ihr Büro verlassen hatten. Sie rannte hinter ihnen her und bat sie flüsternd, mit ihr ins Hinterzimmer zu kommen. Dort zauberte sie nicht nur eine Eintrittskarte für Violet hervor, sondern auch eine weitere für eine Begleitung.

Besänftigt fuhren die Buxtons nach Hause. Als Angela am Rossmore Court ankam, lief sie an den wartenden Reportern vorbei, setzte sich ans Klavier, spielte den Song »Whispering« und sang leise dazu mit. »Das beruhigt meine Nerven«, erklärte sie dem Reporter der *Daily Mail*, der draußen an der Tür lauschte – und die hatten die Beruhigung dringend nötig.

Am Freitagmorgen erwarteten die Fotografen Angela vor der Tür des »Luxusappartements ihrer Mutter an der Park Road«, wie die Zeitungen die eher unansehnliche Wohnung am Rossmore Court nannten. Angela hatte darauf geachtet, in einem eleganten dunkelblau-weiß gestreiften Kleid abgelichtet zu werden. Der *Daily Sketch* druckte dieses Bild zusammen mit einem Artikel über ihren Arbeitsalltag ab. »Bevor sie sich heute nach Wimbledon begibt, fährt sie mit der U-Bahn zur Arbeit«, hieß es dort. »Angela, die ihre Kleider selbst entwirft und oft auch schneidert, zieht es vor, für ihr Geld zu arbeiten, obwohl ihr Vater mehrere Kinos in und um Manchester besitzt.«

Frys Leben sah während des Wimbledon-Turniers etwas anders aus. Sie war im Westbury Hotel untergebracht, wo sie sich anfangs ein Zimmer mit Betty Rosenquest Pratt teilte. Jeden Morgen wurde ein Wagen bestellt, der die beiden zur richtigen Zeit abholte. Es war immer ein Bentley oder ein Rolls-Royce mit der violett-grünen Wimbledon-Flagge am Kotflügel. Wann immer die Fans die stattlichen Limousinen auf dem Weg durch die Londoner Innenstadt sahen und die Flagge entdeckten, winkten sie und fragten sich, welcher Tennisstar da wohl gerade an ihnen vorbeigefahren war. Doch dann hatte Pratt wegen eines kleineren Notfalls ein paar Tage vor dem Ende des Turniers nach Jamaika zurückkehren müssen. Fry blieb allein in der Suite zurück und genoss das Mehr an Platz. Da sie es nach jahrelangen gemeinsamen Reisen gewohnt gewesen war, mit Hart zusammenzuleben – und wusste, dass sie sich ein Einzelzimmer nicht ohne Weiteres leisten konnte –, hatte sie sich mit Pratt zusammengetan. Doch jetzt, wo sie nur noch ein Match vom Wimbledon-Titel trennte, fühlte es sich gut an, Raum zum Nachdenken zu haben.

Fry stand nicht so sehr im Fokus der Fotografen wie Angela. Sie war keine Lokalmatadorin, die versuchte, nach Jahrzehnten den ersten Titel für England zu holen. Sie war keine dunkelhäutige Sensation, keine Titelverteidigerin, keine im Voraus ausgemachte Favoritin und hatte auch nicht im Verlauf des Turniers von einer Schwangerschaft erfahren. (An jenem Morgen war ein Foto der Fleitzes in den Zeitungen zu sehen gewesen, auf dem sie mit gehetztem Blick darauf warteten, ihren Pan-Am-Flieger nach New York zu besteigen.) Wie schon so oft in ihrer Karriere war Fry durch die Maschen der allgemeinen Aufmerksamkeit gerutscht. Die Fähigkeit, quasi unbemerkt im Schatten zu lauern, leistete ihr gute Dienste.

In der Wohnung der Buxtons gab es einen einzigen Fernseher, einen großen Schwarz-Weiß-Apparat im Wohnzimmer. Im Halbfinale des gemischten Doppels spielten Althea und Gar Mulloy gegen Daphne Seeney und deren zukünftigen Ehemann, den Südafrikaner Trevor Fancutt. Shirley Fry und Vic Seixas waren bereits ins Finale eingezogen.

Angela hatte das gemischte Doppel ausgelassen – sie hatte sich auf Jones' Rat hin auf zwei Wettbewerbe beschränkt, um Kraft zu sparen – und verfolgte nun die BBC-Übertragung von Altheas Match. Das war eine gute Gelegenheit, um Seeney zu studieren, die eine Hälfte der Doppelpaarung, gegen die sie am nächsten Nachmittag im Anschluss an ihre Einzelpartie antreten würden. Ihr fiel auf, dass Seeney die harten Aufschläge von Althea und Mulloy gekonnt annahm und sie gern als Lob über den Kopf des am Netz stehenden Gegners hinweg zurückspielte. Das war clever, weil es die Gegner zu einer Rotation zwang – der Aufschlagspieler rannte in die gegenüberliegende Ecke, um den Lob zu erwischen, während der Netzspieler über den Rasen hastete, um die nun freie Seite abzudecken. Angela nahm sich vor, mit Althea darüber zu sprechen.

Althea verhielt sich im Doppel mit Mulloy genauso wie im Doppel mit Angela. »Ich würde ja gern sagen, sie sei nur etwas dominant gewesen«, erzählte er später, »aber sie war absolut tyrannisch.« Wenn ein hoher Ball angeflogen kam, »hatte sie ›Meiner!‹ gerufen, bevor ich nur darüber nachdenken konnte, wessen Ball das war«. Trotz dieser unorthodoxen Spielweise gewannen Mulloy und Althea das Match in zwei Sätzen.

An jenem Abend führten Violet und Harry Angela und Althea zum Abendessen ins Le Coq d'Or in Mayfair aus, direkt gegenüber vom Ritz. Das Personal machte viel Aufhebens um Harry, der dort regelmäßig aß, und die beiden Ehrengäste. Es war vielleicht das erste Mal, dass nicht Althea, sondern Angela im Mittelpunkt des Geschehens stand. »Sie spielte nicht gern die zweite Geige, nahm es aber mit Humor«, erinnerte sich Angela später. Am Vorabend ihres Einzelfinales verzehrte Angela eine Hühnersuppe mit Rindfleisch, Lammkotelett und Obstsalat, alles mit viel Butter und Sahne, wie es in der französischen Küche damals üblich war. »Mir schmeckt das reichhaltige Essen eben, ich kann einfach nicht ohne«, erklärte sie den Zeitungen. Jeder ihrer Schritte wurde für die Nachwelt festgehalten. Das wäre auf Dauer sicherlich ermüdend gewesen, doch für anderthalb Tage genoss Angela es in vollen Zügen.

Genau wie Violet, die an jenem Tag in einem langen Interview ihren Einfluss auf den Tenniserfolg ihrer Tochter darlegte. »Angela spielt nur, wenn ich dabei bin«, sagte sie. »Ich spüre jede ihrer Bewegungen. Wenn es mir nicht gut geht, macht sich das in ihrem Spiel bemerkbar.« Außerdem gab sie Einzelheiten über Barney Goodmans beharrliches Liebeswerben preis. Er sei dreißig, bemerkte sie, und warte schon seit Jahren auf Angela. »Sie hat keine Zeit für Romantik«, sagte Violet, »aber er nennt mich ›Mum‹.«

Nach dem Abendessen besprachen die beiden Doppelpartnerinnen eine Stunde lang, welche Strategie sie verfolgen wollten. Bisher waren sie bei eigenem Aufschlag in der sogenannten australischen Formation aufgetreten. Dabei stand die Netzspielerin nicht diagonal zur Aufschlagspielerin, wie es üblich war, sondern fast direkt vor ihr. Beide mussten sicher wissen, in welche Richtung die jeweils andere nach dem Aufschlag laufen würde, nach links oder nach rechts. Mit Jones' Hilfe hatten Angela und Althea eine Reihe von Zeichen erarbeitet, mit denen sie einander auf dem Platz signalisierten, was sie vorhatten, ohne dass die Gegnerinnen es mitbekamen. Diese gingen sie nun erneut durch, um sicherzustellen, dass es keine Missverständnisse gab.

Das bevorstehende Doppel ließ beide relativ kalt, und das lag nicht nur daran, dass Angela am gleichen Tag im Einzelfinale stehen würde. »Das Topteam hatten wir bereits im Halbfinale geschlagen«, erinnerte sich Angela, »und Seeney und Muller hatten die Titelverteidigerinnen Shilcock und Mortimer aus dem Turnier geworfen.« Trotzdem ging Althea das Duell mit einer Energie an, wie Angela es noch nie erlebt hatte. Sie hatte nun ein halbes Jahr lang aus dem Koffer gelebt und nicht vor, Wimbledon mit leeren Händen zu verlassen. Es war ihr nicht gelungen, zwischen ihrem ersten Wimbledon-Auftritt 1951 und der Reise nach Indien 1955 – eine Zeit, die Angela immer als Altheas erste Karriere betrachtete – einen Wimbledon-Titel zu holen. Doch die Partnerschaft mit Angela hatte ihr einen neuen Schub versetzt. »Jetzt steht sie im Doppelfinale und wird es wahrscheinlich gewinnen«, dachte Angela.

Es war seltsam, am Vorabend des eigenen Wimbledon-Einzelfinales im Bett zu liegen und sich Gedanken über die Karriere der Doppelpartnerin zu machen, aber Angela schaute in diesen Stunden auf vieles zurück. Sie wollte sichergehen, dass sie jede Minute des Geschehens genoss. Ihr war klar, dass es sich um den Höhepunkt von irgendetwas handelte – um einen Anfang in gewisser Weise, aber auch um das Ende eines wunderbaren Abenteuers, das begonnen hatte, als sie und Althea sich in den zwei

Wochen in Indien angefreundet hatten. Sie wusste, dass es in ihrem Leben nur wenige Augenblicke geben würde, in denen sie sich so lebendig und kribbelig fühlen würde wie in jener Nacht.

Angelas Zimmer war klein, aber gemütlich und mit Blick auf den Güterbahnhof Paddington. Dort rumpelten die ganze Nacht lang Züge ein und aus. Normalerweise schlief Angela wie ein Stein, ohne etwas davon mitzubekommen, aber in dieser Nacht lag sie in ihrem Bett und hörte jeden einzelnen Zug, während die Freitagnacht langsam in den Samstagmorgen überging.

Und dann stand sie um kurz nach zwei Uhr nachmittags auf dem Centre Court, der Schweiß rann ihr den Arm entlang bis in die Handfläche hinab, und sie fragte sich, wie sie das Match nur überstehen sollte. Niemand konnte sich erinnern, dass es bei einem Wimbledon-Finale je heißer gewesen wäre. Laut den offiziellen Messungen betrug die Temperatur knapp fünfundzwanzig Grad im Schatten, doch auf dem Platz und den Tribünen, wo sich die Zuschauer zum Schutz gegen die Sonne Hüte aus Zeitungspapier aufgesetzt hatten, waren es deutlich mehr. Angela war aufgewacht, hatte ihren Namen in den Fernsehnachrichten gehört und ein Frühstück hinuntergeschlungen. Sie hatte sich nicht gedehnt und war nicht mehr laufen gegangen – obwohl das im Nachhinein betrachtet vielleicht gut für ihre Nerven gewesen wäre. Stattdessen hatte sie ein Outfit von Lillywhites ausgewählt, das sie beim Einspielen im Queen's Club tragen wollte, und zwei weitere für den Centre Court am Nachmittag, eines für das Einzel und eines für das Doppel. Dann war sie zur Blue-Star-Garage gelaufen, hatte sich ins Auto gesetzt und war losgefahren.

Später erfuhr sie, dass es beim Öffnen der Eingangstore ein ziemliches Gedränge gegeben hatte. Als die etwa viertausend Fans, von denen viele bereits die ganze Nacht lang gewartet hatten, hineinströmten, wurden einige Kinder überrannt, was zu mehreren Verletzten führte. Es war siebzehn Jahre her, fast eine Generation, dass eine Engländerin eine Chance auf einen Wimbledon-Titel gehabt hatte. Manche Fans hatten Tennisspielen gelernt, ihre Jugend auf dem Platz verbracht, geheiratet und Familien gegründet, ohne je so etwas erlebt zu haben.

Angela hatte den Platz in Herrenshorts betreten, die so kurz waren, wie es möglich war, ohne gegen die Anstandsregeln zu verstoßen. Als Designerin war es ihr immer wichtig, wie sie aussah. Sie betrachtete ihre Kleidung als Werbung für ihre Arbeit und für sich selbst. Bei ihr saß jede Haarsträhne. »Sie war immer so elegant«, erinnerte sich Pat Hird viele Jahre später. »Ich weiß noch, wie ich mir einmal ein Zimmer mit ihr teilte und sah, wie sorgfältig sie ihre Kleidung aufbewahrte, alles in Seidenpapier eingeschlagen. Sie war ein extrem ordentlicher Mensch.«

Dennoch war Angela zu einer Zeit, in der die meisten anderen Spielerinnen sich bemühten, auf dem Platz so sittsamdamenhaft wie möglich aufzutreten, denkbar funktional gekleidet. Sie trug ihr Haar kurz und streng frisiert, wie eine Provinzbibliothekarin, und war im Gegensatz zu vielen anderen Spielerinnen nicht geschminkt, wenn sie zu einem Match antrat. Für das Finale hatte sie sich gegen Spitzenunterwäsche oder einen rüschenbesetzten Rock entschieden und stattdessen die schlichten Shorts angezogen, die für ein Wimbledon-Finale fast schon unangemessen wirkten. Das war kein Zufall. Angela hatte die Frage lange mit Jones diskutiert. Sie war eine hochgewachsene Frau mit einer weiten Ausholbewegung und hatte Angst, sich mit dem Schläger in den Falten eines Rocks zu verfangen. Jones sah es genauso. »Ein Punkt«, stellte er fest, »könnte über Sieg oder Niederlage entscheiden.«

Angela hatte ihren ersten Aufschlag gegen Fry durchgebracht und war nicht nervöser, als es zu Beginn eines so wichtigen

Matches zu erwarten war. Doch irgendwann im Verlauf von Frys erstem Aufschlagspiel fing sie an zu schwitzen. Die etwa vierzehntausend Zuschauer rund um den Centre Court hatten die Jacketts ausgezogen, die Krawatten gelockert und saßen in Hemdsärmeln da. Doch nicht nur die Hitze machte Angela zu schaffen, sie spürte nun zusehends in jeder Faser ihres Körpers, dass sie im Dameneinzelfinale von Wimbledon stand. Im dritten Spiel gelang Fry mit einem Volley über das Netz ein Break. In diesem Augenblick merkte Angela, wie die Aufregung sie übermannte. Sie wurde nicht ruhiger, sondern immer nervöser. Selbst wenn es nicht so ein drückend heißer Tag gewesen wäre, dachte sie zu einem Zeitpunkt, hätte sie trotzdem so geschwitzt.

Nun, da die Feuchtigkeit langsam durch ihr Oberteil drang, bat sie um etwas Zeit, um ihren Schläger zu trocknen und sich zu beruhigen – etwas, das sich im Verlauf des Matches, das letztendlich nicht einmal eine Stunde dauerte, noch viele Male wiederholen sollte. Fry brachte ihren Aufschlag zum 3:1 durch, woraufhin Angela zum 3:2 nachzog. Sie lag immer noch nur ein Break zurück, schlug am Ende des sechsten Spiels aber eine Rückhand direkt ins Netz. In ihrem nächsten Aufschlagspiel verpasste sie einen einfachen Gewinnschlag am Netz, schaffte es jedoch, Fry beim Einstand aufzuhalten und das Spiel für sich zu entscheiden. 4:3.

Diese frühen Spiele waren von langen Ballwechseln geprägt, von einer Grundlinie zur anderen. Normalerweise zerstreuten solche Punkte – eine Abfolge von verschiedenen Schlägen aus unterschiedlichen Positionen – die Nervosität. Doch bei Angela, die darauf trainiert war, ihre Gedanken immer ganz auf das Match zu fokussieren, funktionierte das nicht. Sie war wie besessen von dem Gedanken daran, wie sehr sie schwitzte, und kam nicht davon los. Sie hatte immer klare Vorstellungen davon, wie etwas zu sein hatte: die Kleidung in Seidenpapier eingeschlagen, jede Haarsträhne an ihrem Platz. Es störte sie sehr, dass sie nun so derangiert aussah. Das konnte sie nicht ausblenden.

Dann ging Angela bei Frys Aufschlag mit 15:40 in Führung. Es war ihre beste Phase im gesamten Match und der einzige Augenblick, in dem sie den Weg zum Titel vor sich sah. Sie hatte zwei Breakbälle zum Ausgleich, doch Fry lockte sie mit einer kurzen Vorhand ans Netz und spielte den Ball dann an ihr vorbei die Linie entlang. Beim Stand von 30:40 rückte Angela erneut ans Netz vor. »Lange Vorhand, vor ans Netz«, hallte es in ihrem Kopf wider, und so schlug sie eine lange Vorhand bis hinten zur Grundlinie und lief nach vorn. Fry konterte mit einem Lob, der aber nicht lang genug war. Angela stand am Netz und wartete, das ganze Feld offen vor sich. Doch sie hörte die Menge, fühlte den Schweiß und spürte das Gewicht der englischen Tennisgeschichte auf ihren Schultern. Als der Ball bei ihr ankam, konnte sie kaum die Arme heben. Sie schlug ihn geradewegs ins Netz – Einstand. Fry holte sich die nächsten beiden Punkte und das Spiel.

Im nächsten Spiel profitierte Angela, die nun mit 5:3 hinten lag, von einer glücklichen Linienrichterentscheidung. Ein zu langer Ball von ihr wurde stattgegeben, was ihr eine 30:15-Führung verschaffte. Hätte sie das Spiel und den Satz für sich entschieden, wäre das vielleicht eine passende Wiedergutmachung für den falschen Linienrichterentscheid im Wightman Cup gewesen. Aber sie schaffte es nicht, den Vorsprung auszubauen. Fry gewann das Spiel – und damit den ersten Satz – mit einer Rückhand in die Ecke des Platzes, die Angela nicht erreichen konnte. Fry 6, Buxton 3.

So sah das Spiel von außen aus. Was in Angelas Kopf vor sich ging, war noch entmutigender. Sie hatte schnell erkannt, dass sie das Match eigentlich gewinnen könnte. Fry spielte nicht einmal so gut wie im Wightman Cup. Das war Angelas Chance, doch sie schaffte es nicht, sie zu nutzen. Auf einmal waren alle Muster aus ihrem Kopf verschwunden. Ihr Aufschlag war zu zaghaft. Ihr Körper schien nicht auf die Kommandos ihres Gehirns zu reagieren. Es fühlte sich an, als laufe sie unter Wasser. Und ihr war so heiß, dass ihr der Schweiß über das Gesicht rann. Als sie sich einen Augenblick lang unten auf den Schiedsrichterstuhl setzte, um durchzuatmen, fiel ihr auf, dass Fry frisch und gefasst wirkte, der Inbegriff eines Champions. Plötzlich brachen die Emotionen, die sich in Angela angestaut hatten, aus ihr heraus. Sie konnte sie nicht mehr zurückhalten. Die Tränen liefen ihr über das Gesicht. Dann nahm sie sich zusammen, kehrte auf ihre Seite des Platzes zurück, wischte sich die Tränen und den Schweiß aus dem Gesicht und begann den zweiten Satz. Doch innerlich war sie bereits geschlagen.

In Angelas Sommerdomizil in Cheshire nahe Manchester existierte noch Jahrzehnte später eine Videokassette mit ihrem Finale gegen Fry darauf, eine Kopie der BBC-Aufnahmen, die einer ihrer Söhne aus dem Archiv des Senders besorgt hatte. Sie selbst hatte es sich nie angeschaut. Der Anblick, wie sie in diesem zweiten Satz starr wie ein Verkehrskegel auf dem Platz stand, während die Bälle links und rechts an ihr vorbeiflogen, war einfach unerträglich für sie, ebenso wie die zutreffende Beschreibung des Kommentators, was passierte, während Fry zum 5:0 davonzog: »Ein Häufchen Elend … furchtbar, furchtbar angespannt.« Angela verstand auch viele Jahre später noch nicht, warum sie nicht mit Frys bogenförmigen Aufschlägen zurechtgekommen war, obwohl sie die Konsistenz einer Portion Butter gehabt zu haben schienen. Sie erinnerte sich an einen Platz, der ihr so groß vorkam wie der Regent's Park und auf dem Fry ihre Bälle mal hierhin, mal dorthin schlug, immer außerhalb von Angelas Reichweite. Das noch einmal anzusehen, darauf konnte sie verzichten.

Wenige Tage vor dem Finale hatte sich in Florida herumgesprochen, dass Harry Buxton seiner Tochter den Pier von Bognor Regis angeboten hatte, sollte sie das Dameneinzel von Wimbledon gewinnen. Daraufhin witterte der Bürgermeister von Frys Wahlheimat St. Petersburg, S. G. Johnson, eine gute PR-Gelegenheit. Er hielt eine Pressekonferenz ab und verkündete, dass Fry im Falle eines Titelsieges den Schlüssel zum Pier von St. Petersburg erhalten solle, der ohnehin weitaus hübscher anzusehen sei als dieser englische Pier. Zu seinem Erstaunen kam es tatsächlich so weit. Fry spielte, als wolle sie ihn auf sein Versprechen festnageln.

Allein im dritten Spiel des zweiten Satzes unterbrach Angela das Match dreimal, um sich die Hände an einem Handtuch zu trocknen. Sie konnte an nichts anderes mehr denken als an den Schweiß und glaubte, wenn sie ihn unter Kontrolle bekam, würde ihr das auch mit Fry gelingen. Als Fry 5:1 und 30:0 vorn lag und damit nur noch zwei Punkte vom Matchgewinn entfernt war, unterbrach Angela das Spiel erneut für eine Handtuchpause. Es wurde langsam lächerlich. Selbst ihre eigenen Fans empfanden es mittlerweile als ungehörig. »Was das Verhalten auf dem Platz angeht, muss Miss Buxton noch viel lernen«, schrieb der *Daily Telegraph* später und überlegte, ob die häufigen Unterbrechungen als taktische Spielchen ausgelegt werden könnten.

Die beiden Spielerinnen standen noch keine fünfzig Minuten auf dem Platz, als Fry den ersten Matchball hatte. Beim Stand von 5:1 und 40:30 schlug sie eine Vorhand, die ein paar Zentimeter zu lang war. Zwei Punkte später folgte der nächste Matchball, der jedoch weit im Seitenaus landete. Dennoch hegte wohl kein Zuschauer vor Ort oder vor der BBC-Übertragung in ganz

England auch nur die leiseste Hoffnung, dass Angela die Partie noch drehen könnte. Ihre bisherige Leistung war so schwach gewesen, dass das unmöglich schien. Als sich Fry fünfzig Minuten nach Spielbeginn den dritten Matchball sicherte, wussten alle, die zusahen, dass es nun vorbei war. Fry holte sich den Sieg – und damit den Wimbledon-Titel – mit einem diagonal geschlagenen Überkopfball, dem Angela nur reglos hinterherschauen konnte. Das war das gnädige Ende eines Matches, der Stand: 6:3 und 6:1.

Im Presseraum machte sich Jimmy Jones fieberhaft daran, einen neuen Artikel für den *Mirror* zu verfassen. In dem, den er im Vorfeld geschrieben hatte und der bis auf die wichtigsten Details bereits fertig war, hatte Angela den Titel gewonnen. »Miss Buxton hatte das Pech, bei dieser großen Gelegenheit einen schlechten Tag erwischt zu haben«, erklärte der BBC-Kommentator, doch es war keine Frage von Glück oder Pech. Fry war einfach eine Nummer zu groß für Angela. Sie hatte fast zwei Jahre lang über ihrem Niveau gespielt und beinahe jede Gegnerin geschlagen, die in den Ranglisten unter ihr stand, aber niemals den Durchbruch gegen eine der Spitzenspielerinnen geschafft. Jones' Strategie reichte nicht aus, um sie nach ganz oben zu bringen. Angela war eine gute Einzelspielerin, die das Beste aus ihrer Statur und ihren naturgegebenen Fähigkeiten herausholte, aber zu einem Wimbledon-Sieg reichte es nicht.

Das hatte auch Fry jahrelang von sich geglaubt. Es war ihr zehnter Wimbledon-Auftritt, und sie hatte eigentlich nicht einmal vorgehabt, teilzunehmen. Jetzt hatte sie plötzlich gewonnen und schwankte zwischen Lachen und Weinen. Die Duchess of Kent trat in einem langen Mantel, der viel zu warm aussah, auf den Platz und überreichte Fry die Venus Rosewater Dish, die traditionelle Trophäe. Dann machte sich Fry auf den Weg zur Kabine der BBC.

»Wie oft waren Sie schon in Wimbledon dabei, Doris?«, fragte der Interviewer. Selbst im Augenblick ihres größten Triumphs schaffte Fry es nicht, aus Harts Schatten herauszutreten.

»Doris? Das ist meine Doppelpartnerin.«

»Entschuldigung. *Shirley.*«

Die *New York Times* war freundlicher. »Shirley Fry, die Althea Gibsons Siegesserie beendete, die Titelverteidigerin Louise Brough aus dem Turnier warf und sich im Finale gegen Angela Buxton durchsetzte, ist ganz oben angekommen«, war im Artikel von Allison Danzig zu lesen. »Sie ist eine der zähesten Kämpferinnen im Damentennis.« Kurz darauf traf ein Glückwunschtelegramm von Doris Hart ein. Fry machte sich auf den Weg, um sich ein Kleid für den Wimbledon-Ball zu besorgen, wo sie mit Lew Hoad zusammen den ersten Tanz absolvieren würde. »Ich habe immer schon einmal mit Lew tanzen wollen«, sagte sie, während ihr die Tränen über das Gesicht liefen. Später am Nachmittag stand noch das Finale im gemischten Doppel gegen Althea und Mulloy auf dem Programm, aber Fry fand trotzdem die Zeit, ein Telegramm an Bürgermeister Johnson abzuschicken. Darin stand: »KOMME BALD, UM PIER-SCHLÜSSEL ABZUHOLEN.«

Gegen Ende des Jahres, nachdem sie dem Wimbledon-Titel noch einen Triumph in Forest Hills hinzugefügt hatte und bevor sie nach Australien reiste, um auch das dortige Turnier zu gewinnen, nahm sich diese unwahrscheinliche Heldin die Zeit, ihre Gedanken für die Nachwelt festzuhalten. Fry schrieb über ihre Niederlagen gegen Hart, Margaret Osborne duPont, Louise Brough und Pauline Betz, gegen die sie sich in jungen Jahren enge Partien geliefert hatte, aber nie hatte gewinnen können. »Ich glaube, ich hatte eine mentale Blockade, die mich von der Erkenntnis abhielt, dass ich diese Frauen bezwingen konnte«, notierte sie. »Zu viele Nachwuchsspielerinnen sind geschlagen, bevor sie den Platz betreten haben, nur weil die Gegnerin auf der Setzliste steht. Ich habe lange gebraucht, bis mir klar war, dass alle Spielerinnen besiegbar sind, egal, wer sie sind. In den folgenden zehn Jahren war meine Tenniskarriere von engen Dreisatzniederlagen geprägt. Ich gab mich damit zufrieden, meine Setzposition zu erreichen, und ab da war es irrelevant, ob ich gewann oder verlor.«

Dieses Stadium hatte auch Althea in den vorausgegangenen Monaten endlich überwunden. Sie hatte dafür noch länger gebraucht als Fry, zum Teil weil sie – aufgrund ihres Studiums und der Notwendigkeit, sich den Lebensunterhalt zu verdienen – deutlich weniger Matches pro Saison bestritt. Obwohl Althea sich, anders als Fry, nie mit ihrer durch die Setzliste festgelegten Position zufriedengab, fiel es ihr deutlich schwerer, das Siegen zu lernen, als zu lernen, wie man gut spielte. Fry würde diese Erfolgsserie gegen Althea durch Siege über sie in Forest Hills und dann ein letztes Mal bei den australischen Meisterschaften Anfang 1957 in Melbourne abschließen. Danach gab sie den Weg frei, sodass Althea 1957 und 1958 zur alleinigen besten Spielerin der Welt aufsteigen konnte. Doch noch war es nicht so weit.

Die mit einundzwanzig Jahren fast ein Jahrzehnt jüngere Angela stand noch am Anfang dieses Prozesses. Sie hatte innerhalb eines Jahres enorme Fortschritte gemacht und allein durch ihren Einzug ins Wimbledon-Finale »den Sprung in die erste Reihe« geschafft, wie es im *Dunlop Lawn Tennis Annual* hieß. Doch man muss immer im Hinterkopf behalten, dass zukünftige Champions wie Althea und Fry, die beide auf die dreißig zugingen, in Angelas Alter bei Weitem nicht so erfolgreich gewesen waren. Sie hatte schon viel erreicht, auch wenn noch ein langer Weg vor ihr lag. Ihre Bewegungen waren steif, als müssten ihre Gelenke geölt werden. Ihre Grundschläge waren durchschnittlich, ihr Spiel am Netz kaum besser, und sie war abgesehen von Pat Ward die wohl langsamste Spielerin überhaupt. In Stresssituationen neigte sie dazu, die Stimme zu verlieren, unter Druck einzuknicken und sogar in Tränen auszubrechen, wenn ihr eine Partie entglitt. Kurz gesagt: Sie – die immer noch bei ihrer Mutter wohnte, in einem Sportwarenhaus angestellt war und eine Karriere als Modedesignerin anstrebte – hatte mehr von einer normalen Einundzwanzigjährigen, als wir es bei einem Tennisstar typischerweise erwarten. »Miss Buxton sollte sich um die Selbstsicherheit und die Unerschütterlichkeit früherer Turniersiegerinnen bemühen«, meinte Roy McKelvie in der *Daily Mail*.

Doch es gab keinen Anlass zu glauben, dass sie das nicht erreichen könnte, wenn ihre Entwicklung in den nächsten Jahren auch nur ansatzweise weiterhin so verlief wie im vergangenen. »Ich stand erst am Anfang«, sagte sie Jahrzehnte später. »Ich hatte noch meine ganze Karriere vor mir.« Diese Karriere begann ihrer Ansicht nach mit dem Doppelfinale gegen Muller und Seeney. Das war weniger eine Chance auf Wiedergutmachung als der Beginn eines neuen Kapitels – und das sollte von einem Sieg handeln. Dafür würde ihre Doppelpartnerin schon sorgen.

Feiern mit Freundinnen

15

EINE SCHWARZE AUS HARLEM, EINE JÜDIN AUS NORDLONDON

Als Angela die Kabine erreichte, war sie wie betäubt und sehnte sich trotz der drückenden Hitze nach einem warmen Bad. Der erste Mensch, den sie dort traf, war Althea, die sie fest in den Arm nahm. »Im Doppel schaffen wir es, keine Sorge«, sagte sie. Althea wusste, dass sie Angela aufbauen musste. Ansonsten hätten sie keine Chance gegen Muller und Seeney, und Angela würde den Tag als zweifache Verliererin beenden.

Mittlerweile hatte Althea den Wert von Doppelpartnern zu schätzen gelernt. Auch wenn sie auf Mulloy immer noch tyrannisch wirkte, war das doch größtenteils Maulheldentum. Althea war überaus überzeugt von ihren eigenen Fähigkeiten, wusste aber, dass nicht einmal sie dazu in der Lage war, in einem Match auf dem Niveau eines Wimbledon-Finales eine schwache Partnerin aufzufangen. Und Muller und Seeney hatten sich als gefährliche Paarung erwiesen. Obwohl sie zu Beginn des Turniers noch Unbekannte gewesen waren, hatten sie auf dem Weg ins Finale keinen einzigen Satz verloren. Anders als Angela, Althea, Brough und Fry wussten sowohl Muller als auch Seeney, dass sie im Einzel nicht gut genug waren, um weit zu kommen, also konzentrierten sie sich von Beginn an ganz auf das Doppel. Natürlich hatten sie es trotzdem im Einzel versucht – Muller hatte es in die Runde der letzten sechzehn geschafft, wo sie glatt in zwei Sätzen gegen Bloomer ausgeschieden war; Seeney hatte bereits eine Runde zuvor gegen Körmöczy verloren, doch nun drehte sich bei ihnen schon seit mehr als einer Woche alles nur ums Doppel. Sie hatten sich stundenlang zusammengesetzt und die anderen Paarungen studiert, auf der Suche nach Möglichkeiten, sie zu schlagen. »Wir waren frech, wir waren jung«, erinnerte sich Seeney viele Jahre später. »Wir wollten jede Chance ergreifen, die sich uns bot. Wir hatten nichts zu verlieren.«

Die beiden waren ein etwas ungewöhnliches Team. Muller hatte ihre Laufbahn als Grundlinienspezialistin begonnen, die nur äußerst ungern ans Netz kam. Sie war in Palmwoods, Queensland, aufgewachsen und hatte erst mit fünfzehn ihre erste Tennisstunde erhalten. Ein Jahr später war sie nach Brisbane gezogen, wo sie die besten Spielerinnen der Welt in der Wochenschau verfolgte. »Hart, Brough, duPont«, erzählte sie später. »Ich schaute ihnen zu und rief: ›Ich will so sein wie sie.‹« Wie bei vielen anderen war auch ihre Spielweise ein Spiegel ihrer Persönlichkeit. Ihre Grundschläge waren klassisch – »›Wie aus dem Lehrbuch‹, hieß es über mich«, sagte sie –, aber ihr Auftreten insgesamt eher passiv. Sie genoss das Tennisspielen wie eine Primaballerina das Tanzen.

Die burschikose Seeney, deren Geschwister die Mittel zusammengekratzt hatten, um sie nach Europa zu schicken, war eine lebhafte Linkshänderin, die jeden Punkt gewinnen wollte und sich wenig darum scherte, wie sie dabei aussah. Die beiden hatten sich in Australien zusammengetan, zunächst mit mäßigem Erfolg: Sie schafften es einfach nicht, sich auf die Spielweise der jeweils anderen einzustellen. »Komm, ein paarmal versuchen wir es noch«, sagte Seeney schließlich zu Muller, »aber wenn du nicht ans Netz gehst, muss ich mir eine Partnerin suchen, die das tut. Ich muss mit jemandem spielen, der keine Angst davor hat, ans Netz vorzurücken.« Danach gab sich Muller große Mühe, sich anzupassen. Trotzdem musste Seeney sie immer noch alle paar Matches einmal daran erinnern, hinten keine Wurzeln zu schlagen. Seeney war die willensstärkere der beiden, die Anführerin. Häufig ging sie in einer entscheidenden Phase zu Muller hinüber: »Wenn du vier mittelharte Aufschläge rüberkriegst, haben wir es geschafft. Ich hau denen die Bälle rein.«

Seeney zählte nicht zu den beweglichsten Spielerinnen. Direkt vor der Abreise aus Australien hatte sie sich einen Knorpelschaden im Knie zugezogen – ausgerechnet bei der Arbeit als Platzanweiserin bei einem Davis-Cup-Match –, der nicht komplett ausgeheilt war. Sie müsse operiert werden, sagten die Ärzte ihr immer wieder, aber das lehnte sie ab. Damit wollte sie erst gar nicht anfangen. Sie kannte niemanden, der nur eine Knieoperation gehabt hatte. Nach der ersten folgte immer eine zweite, dann eine dritte und eine vierte. Also spielte sie weiter, oft unter Schmerzen. Der Gedanke, nach Hause zurückzukehren und zu ihren Geschwistern zu sagen: »So, das war's. Ihr habt euer Geld gespart und mich nach Übersee geschickt, und ich habe dort eine Saison gespielt und bin jetzt wieder zurück«, war ihr unerträglich. Sie wurde von ihrem Verantwortungsgefühl angetrieben, und das ließ sich nur durch den Gewinn eines bedeutenden, unvergesslichen Titels stillen. Etwa eines Wimbledon-Titels.

Nach einem Jahr in Europa und Matches gegen Gegnerinnen wie Althea hatte Seeney verstanden, dass ihr das im Einzel nicht gelingen würde. Also erhöhte sie den Druck auf ihre Partnerin und auf sich selbst. Das Ganze solle natürlich Spaß machen, erklärte sie Muller, aber es sei auch ernst. Sie wollten gewinnen.

Angela konnte sich später kaum noch daran erinnern, wo die Zeit zwischen den beiden Matches geblieben war. Sie ließ sich in die Badewanne sinken, was ihr half, den Kopf freizubekommen, und zog dann ein Tennisdress mit tiefer Taille, Faltenrock und lindgrünen Paspeln an. (Wer danach suchte, stieß darauf, dass es gerade bei Lillywhites im Angebot war.) Anschließend führte Althea sie aus der Kabine hinaus, und schon stand Angela wieder im T-Feld und sah über ihre Schulter hinweg, wie Althea den Ball zum ersten Aufschlag hochwarf.

Zu Beginn des Matches schien es, als wolle Althea es allein mit den beiden Australierinnen aufnehmen. Wenn sie nicht gerade akrobatische Verrenkungen am Netz unternahm, schmetterte sie hammerharte Gewinnschläge ins gegnerische Feld oder knallte Seeney und Muller Aufschläge um die Ohren, die so viel Tempo hatten, dass die beiden dem Ball nur hinterherschauen konnten. »Wir waren eingeschüchtert«, gab Seeney viele Jahre später zu. Sie hatte bereits in Bristol gegen Althea gespielt und war von ihr überrollt worden. Wenige Tage zuvor hatte sie mitbekommen, wie Althea im Halbfinale des gemischten Doppels aufgetreten war, und das hatte ihren Eindruck von damals, als sie in der Kabine in Neapel gesehen hatte, wie Althea den Reißverschluss ihrer Shorts zuzog, nur verstärkt. Dass Althea den ersten Aufschlag für sich beansprucht hatte, mochte auf den Verlauf der Partie wenig Einfluss gehabt haben – ihr Aufschlag war imposant, konnte aber nicht mit dem von Mulloy mithalten –, doch es hatte ihr die Ehrfurcht dieses jungen Mädchens aus dem australischen Busch eingebracht und so den Grundton des aktuellen Matches vorgegeben. »Ich hatte sie natürlich noch nie geschlagen«, sagte Seeney später. »Und wenn man beim Betreten des Platzes so denkt, wie ich damals dachte, hat sie schon halb gewonnen.«

Muller hatte viele Jahre später nur noch wenige Details ihrer Tenniskarriere im Kopf, doch die Matches gegen Althea vergaß sie nie. »Sie war so groß, so muskulös«, erinnerte sie sich. »Größer und schlanker als Louise Brough und athletischer. Und diese Kraft! Sie war eine beeindruckende Gegnerin, das muss ich sagen.«

Althea hatte in der Zeit zwischen den grundlegenden Instruktionen des einarmigen Fred Johnson und den Hinweisen von Jimmy Jones eine ganz eigene Spielweise entwickelt. Ihr Aufschlag glich einem Peitschenhieb, und ihr Netzspiel war geschickt und höchst durchdacht. In ihren besten Phasen wusste sie bei jedem Punkt genau, wo sie den Ball hinschlagen musste. Im ersten Satz des Doppelfinales spielte sie so gut, dass es auf Angela abfärbte. Angela lieferte zuverlässige Aufschläge, holte Punkte am Netz, hielt die Ballwechsel am Laufen und wirkte wie eine ganz andere Spielerin als diejenige, die der voll besetzte Centre Court wenige Stunden zuvor erlebt hatte. Das machte die Niederlage gegen Shirley Fry in gewisser Weise noch schlimmer. Wenn es das ist, wozu sie in der Lage ist, dachten sicherlich viele englische Tennisfans, als Angela einen Rückhand-Winner an Muller vorbei die Linie entlangschlug, warum hatte sie es dann nicht auf dem Platz gebracht, als es drauf ankam?

Da Althea Angela mitzog, war Angela da, wenn Althea sie brauchte. Die beiden gewannen den ersten Satz mit 6:1, aber Seeney und Muller hatten es nicht bis hierher geschafft, um sich so einfach geschlagen zu geben. Zu Beginn des zweiten Satzes spielten sie, als hätte man sie zu neuem Leben erweckt. Das ist im Tennis durchaus möglich; es gibt keine Uhr, die abläuft, keinen Gesamtstand, sondern nur einzelne Sätze. Mindestens einmal pro Saison gewinnt jemand ein Turnierfinale, obwohl er oder sie mehr Spiele verloren hat als der Gegner oder die

Gegnerin. Jeder Satz beginnt bei null, und die erfahrensten Tennisspieler schaffen es meist, das Ergebnis der vorausgegangenen Sätze vollständig auszublenden und von vorn anzufangen.

Das taten die Australierinnen an diesem Nachmittag. Keine von beiden hatte im Verlauf des Turniers auch nur ein einziges Mal auf dem Centre Court gestanden, doch nachdem sie sich einen Satz lang wie auf dem Präsentierteller gefühlt hatten, stellte sich nun die Gewöhnung ein. »Wir brauchten ein bisschen, bis wir zurechtkamen, aber irgendwann ging es«, sagte Muller später. Sie setzten alles daran, dass der zweite Satz ganz anders aussah als der erste. Seeney eilte bei jeder Gelegenheit nach vorn ans Netz, und Muller fing an, knackige Bälle aus dem hinteren Teil des Feldes zu schlagen und ihnen dann ans Netz zu folgen. Diese Frauen waren entschlossen, beherzt und forderten ihren Gegnerinnen einiges ab. Je weiter der zweite Satz fortschritt, desto größer war ihr Selbstvertrauen. Als Angela und Althea 4:2 führten, fehlten Seeney und Muller nur zwei Punkte, um Althea den Aufschlag abzunehmen. Also machten sie sich bereit für die wichtigsten beiden Ballwechsel ihrer Karriere – und bekamen ein mit Schleife verziertes Break geschenkt, als Althea zwei Doppelfehler nacheinander machte.

Das brach den Bann. Die Australierinnen brachten ihren Aufschlag zum 4:4-Ausgleich durch, bevor Angelas Aufschlagspiel das britisch-amerikanische Duo erneut in Führung gehen ließ. Jetzt war Angela die Beständigere der beiden; Althea war in eines ihrer Löcher gefallen. Dank Angelas Grundschlägen bekamen die beiden irgendwann ihre Matchbälle, doch Muller und Seeney gaben immer noch nicht auf. Sie retteten sich fünfmal mit einem traumhaften Volley nach dem anderen. Schließlich gelang Seeney bei eigenem Vorteil ein Überkopfball, der ihr ein Grinsen aufs Gesicht zauberte, das bis Brisbane zu sehen war. Es stand 5:5 – das Match war noch lange nicht vorbei.

Wenige Augenblicke später hätten die Australierinnen fast das nächste Break gegen Althea geholt, hätte Angela es nicht durch einen eleganten Volley am Netz verhindert. Zwischen dem 6:5 und dem 7:6 ging jeder Aufschlag durch, und dann erwachte Althea aus ihrem Schlummer. Plötzlich flog sie wie eine Superheldin über den ganzen Platz, schmetterte einen Ball aus der Mitte des Aufschlagfeldes auf die gegnerische Seite und stand dann direkt am Netz, um einen gut platzierten Gewinnschlag anzubringen. Sie und Angela holten sich den zweiten Satz – und damit das Match – mit einem Break zum 8:6. Obwohl sie durchaus damit gerechnet hatten, wirkten sie erstaunt, als sie sich einander zuwandten. Und dann fielen sich die Siegerinnen des Damendoppels in Wimbledon – eine Schwarze aus Harlem und eine Jüdin aus Nordlondon – endlich in die Arme.

Betrachtet man diesen ersten Wimbledon-Titel vor dem Hintergrund dessen, was Althea später erreichen sollte – unter anderem fünf Grand-Slam-Titel im Einzel –, fällt es schwer, ihn einzuordnen. Das war damals nicht anders. »Mit dem Doppel macht man sich einen Namen, aber es ist nicht das Gleiche wie ein Einzeltitel«, meinte Angela Mortimer, die in Wimbledon schließlich beides schaffte, viele Jahre später. In ihrer Autobiografie erwähnt Althea das Doppelfinale 1956 mit keiner Silbe. Wenn man gerade zwei Jahre in Folge die Einzeltitel in Wimbledon und in Forest Hills gewonnen hat, wie es Althea beim Erscheinen des Buches gelungen war, wirkt ein zwei Jahre alter Doppeltitel eher unbedeutend.

Als Angela in jener Nacht zum Rossmore Court zurückfuhr, nachdem sie erst auf dem Wimbledon-Ball getanzt und dann mit Althea zusammen einen Nachtclub am Berkeley Square besucht hatte, war es nicht der Doppelsieg, um den ihre Gedanken kreisten. Sie war an jenem Tag mit der Hoffnung aufgewacht, das Dameneinzel zu gewinnen – und die Chancen hatten recht gut gestanden, glaubte sie –, und hatte dann eine der schlechtesten Leistungen gezeigt, seit Fry selbst 1951 von Hart überrollt worden war. Das Doppel war ein netter Trostpreis, aber mehr eben auch nicht. Fry hatte am Abend mit Lew Hoad zusammen den Ehrentanz im Grosvenor House absolviert. Angela war nichts anderes übrig geblieben, als neben Barney Goodman, mit dem sie mittlerweile offiziell verlobt war, an einem Nebentisch zu sitzen und untätig zuzusehen.

Altheas Gedanken drifteten in eine ähnliche Richtung. Nach dem Match mit Angela war sie noch einmal auf den Centre Court zurückgekehrt und mit dem zweiundvierzig Jahre alten Mulloy an ihrer Seite gegen Vic Seixas und die allgegenwärtige Fry angetreten. Mulloy, der schon 1936 in den nationalen Doppelranglisten geführt worden war, segelte nur so durch das Turnier. »Ich glaube, Gar hatte das Gefühl, dass ihm der Titel im gemischten Doppel sicher sei, weil er mit Althea spielte«, meinte Seixas viele Jahre später. »Er ließ sie tun, was immer sie wollte.« Eine Zeit lang funktionierte das auch. Mulloy und Althea gewannen den ersten Satz, den sie mit der nur von Althea verfochtenen umgedrehten Rollenverteilung bestritten, mit 6:2. »Es war völlig ungewohnt für ein gemischtes Doppel, dass Mulloy die Schläge vorbereitete und Althea die Schmetterbälle übernahm«, schrieb Fred Tupper am nächsten Tag in der *New York Times*.

Aber Fry und Seixas hatten einen Plan. »Bleib beim Lob«, wies Seixas Fry an. Lass sie einen Ball nach dem anderen schmettern, wenn sie unbedingt will. Treib sie in den Wahnsinn. »Althea nahm liebend gern Bälle über dem Kopf an, doch wenn man ihr ein paar Vorlagen lieferte und sie verpasste sie, verlor sie das Selbstvertrauen«, erinnerte sich Fry später. Also schlug Fry lauter Mondbälle aus dem hinteren Teil des Feldes, und Althea rannte ans Netz und drosch auf sie ein. Manche landeten im Feld, andere im Aus. Diese Strategie verdammte Mulloy praktisch zum Zuschauen.

Die erste Hälfte der Fünfzigerjahre über war Seixas im gemischten Doppel mit Doris Hart zusammen angetreten. Die beiden hatten in fünf Jahren nur ein Match verloren – ausgerechnet gegen Fry und Mulloy, bei einem Turnier im Caribe Hilton in Puerto Rico. Als Hart ihre Karriere beendete, erbte Seixas ihre beste Freundin und Doppelpartnerin. Das bedeutete, dass er sein Spiel komplett umstellen musste, weil Fry und Hart sehr gegensätzliche Spielerinnen waren. Hart verpasste viele Bälle, aber wenn sie einen erwischte, »gab es niemand Besseren«, so Seixas. Fry verhielt sich im Doppel ganz ähnlich wie Seixas selbst, und so musste er die Führung übernehmen, wenn er mit Shirley zusammenspielte. Im zweiten Satz des Finales war er in dieser Rolle angekommen.

Als Althea beim Stand von 5:6 im entscheidenden Satz ein Doppelfehler unterlief, schenkte sie den Gegnern dadurch einen Matchball. Sie schlug auf, und Seixas retournierte den Ball mittig ins Feld. Da Mulloy daran gewöhnt war, sich unterzuordnen, zog er seinen Schläger zurück und ließ den Ball durch, musste aber zu seiner Überraschung feststellen, dass Althea sich nicht von der Grundlinie wegbewegt hatte. »Sie war bei fast jedem Punkt vorgerückt«, erinnerte er sich später. »Ich hätte nach ihrem Aufschlag beim Matchball eingreifen können – und sollen –, aber ich zögerte. Das war der einzige Punkt in jener Phase, bei dem sie hinten blieb. Also haben wir verloren.«

Althea war schockiert. Sie war sechs Monate lang durch Europa gereist, hatte fast jede Woche in einem anderen Bett in einem anderen Hotel oder Haus geschlafen und nun nicht mehr als einen Wimbledon-Titel im Damendoppel vorzuweisen, genauso viel wie Angela. Gut möglich, dass Althea an jenem

Abend mit dem Gefühl einschlief, trotz der Niederlage gegen Fry die beste Tennisspielerin der Welt zu sein, doch genau genommen war die Einzelfinalistin Angela dem Beweis dieser Behauptung näher gekommen als sie selbst.

Im Rückblick stellte das Finale gegen Seeney und Muller sowohl ein Ende als auch einen Wendepunkt dar. Es war das letzte Mal, dass Althea und Angela zusammen im Doppel antraten. Die Partnerschaft hatte sich für beide ausgezahlt, auch abgesehen davon, dass ihre Namen nun in die Liste der Wimbledon-Sieger eingraviert waren. Angela hatte von Althea gelernt, wie eine Spitzenspielerin zu denken, und das Selbstvertrauen aufgebaut, für sich einzustehen, wie es Althea immer tat. Und obwohl Althea es damals vielleicht gar nicht bemerkte – und es Angela gegenüber sicherlich nie erwähnte –, erkannte sie irgendwann an, dass die beharrliche Engländerin ihr eine eindrückliche Lektion darin erteilt hatte, wie man das Theoretische ins Praktische überführt. Angela war auf dem Platz nicht gerade anmutig anzuschauen, aber das änderte nichts daran, dass sie nun offiziell und unwiderruflich ein Wimbledon-Star war.

Als Altheas Flugzeug später in jenem Monat auf dem New Yorker Flughafen Idlewild (heute JFK International Airport) aufsetzte, erwartete sie dort bereits ein Empfangskomitee der ATA. Die USLTA hingegen hatte sich nicht die Mühe gemacht, einen Vertreter zu schicken, und das wurmte Althea noch Jahre später. Der Bürgermeister von New York, Robert Wagner, empfing sie anlässlich ihres Erfolgs im Rathaus. Seit sie das letzte Mal in der Stadt gewesen war, hatte sie das Einzel bei den französischen Meisterschaften und das Doppel in Wimbledon gewonnen. Nun galt sie unbestritten als eine der zwei oder drei besten Spielerinnen der Welt. Die diesjährigen US Championships, die im kommenden Monat in Forest Hills anstanden, wären ihre siebten in Folge. Doch dieses Mal ging sie als Favoritin ins Rennen.

Fry kehrte nach St. Petersburg zurück und wurde zur Ehreninhaberin des neuen, mehrere Millionen Dollar teuren Piers ernannt, der in die Tampa Bay hineinragte. Außerdem richtete man ihr zu Ehren die vielleicht erste Konfettiparade der Stadt aus. Da Fry nun anscheinend offiziell vom Karriereende zurückgetreten war, zumindest für den Rest der Saison, nahm sie weiter an Turnieren teil.

Das tat auch Althea. Am 23. Juli schlug sie die alternde Margaret duPont im Finale der Pennsylvania State Championships in Haverford in zwei glatten Sätzen und fuhr dann ohne Pause direkt weiter zu den US Clay Court Championships. Sie war so sehr daran gewöhnt, jede Woche zu spielen, dass sie nicht wusste, was sie sonst mit sich anfangen sollte. Im Finale in River Forest führte sie im ersten Satz mit 5:2 gegen Fry, als sie einbrach. Fry gewann fünf Spiele am Stück und damit den Satz, bevor sie auch den zweiten ganz locker mit 6:1 für sich entschied. Fry wusste, dass Althea sechs Monate Tennis ohne Erholung in den Beinen hatte, und lobbte bei jeder Gelegenheit.

Danach kehrte Althea für die dringend benötigte Ruhepause nach New York zurück. Sie verbrachte Zeit mit Llewellyn, der offiziell immer noch ihr Trainer war, und Billie Davis in Llewellyns Wohnung. Die drei aßen zusammen zu Abend und unterhielten sich dann bis spät in die Nacht über Tennis – Fachgespräche über Theorie und Praxis. Anfang August quartierte sich Althea bei ihren guten Freunden, den Darbens, ein und trat bei den Eastern Lawn Tennis Championships an, dem wichtigsten Vorbereitungsturnier für Forest Hills, das sie mit einem leichten Sieg über Brough gewann.

Auch Angela kam nach Amerika, um an den Easterns teilzunehmen. Im Anschluss an Wimbledon war sie nach Schweden gereist und hatte dort ein Turnier gewonnen, bevor sie gemeinsam mit dem Rest des britischen Aufgebots in das Flugzeug nach New York gestiegen war, um eine Reihe von Vorbereitungsturnieren für Forest Hills zu absolvieren. Offiziell übernachtete sie im Teamhotel, doch sie hatte vor, so viel Zeit wie möglich mit Althea zu verbringen, die ihr ihre neue beste Freundin Rosemary Darben vorstellte. Vielleicht gingen die drei einmal zusammen essen, begleitet von Will Darben, der ein Auge auf Althea geworfen hatte. Sicher ist, dass sie Pläne für die kommenden Wochen schmiedeten. Jetzt befanden sie sich auf Altheas Territorium, was Angela durchaus entgegenkam. Ohne den Druck, als Engländerin in Wimbledon anzutreten, hätte sie eine Chance, das Turnier in Forest Hills zu gewinnen, glaubte sie. Die stärksten Konkurrentinnen um den Titel wären Althea und natürlich die unermüdliche Shirley Fry.

Doch dann stürmte es eines Tages, noch bevor das Turnier begann, so heftig, dass alle drinnen bleiben mussten und einen Tag lang nicht trainieren konnten. Als Angela am nächsten Morgen in ihrem Hotelzimmer aufwachte, war ihr rechtes Handgelenk auf seine doppelte Größe angeschwollen. Sie fuhr sofort zu einem Arzt, der ihr den Arm in eine Schlinge legte, zusammen mit der Anordnung, mehrere Wochen lang kein Tennis zu spielen. Schweren Herzens entschied sie sich, nach Hause zu fliegen. Wenn sie nicht in Forest Hills antreten konnte, gab es keinen Grund, in den USA zu bleiben. Sie war jung, und ihr blieben ja immer noch das nächste Jahr und das Jahr darauf.

Bei der Landung in England warteten die Fotografen schon am Flugzeug auf sie. Ihre Verletzung war eine Riesennachricht. Harry genoss die allgemeine Aufmerksamkeit und meinte zu Angela: »Siehst du, wie berühmt du bist?« Angela hörte ihm nicht zu; sie war am Boden zerstört. Sie suchte einen renommierten Orthopäden in der Park Street auf, der Jahre zuvor

Maureen Connolly wegen Schulterproblemen behandelt hatte. Der Arzt verpasste Angela einen Gips, den sie sechs Monate zu tragen hatte, womit die Saison für sie beendet war. An diesem Tag hörte sie zum ersten Mal das Wort Sehnenscheidenentzündung. Dabei handelt es sich um eine Erkrankung, bei der die Sehnenscheide durch eine wiederholte Bewegung gereizt wird und die meist im Handgelenk oder in der Hand auftritt. Normalerweise dauern die Probleme ein paar Tage oder Wochen an, aber in einigen Fällen können sie sich über Monate hinziehen.

Kurz darauf erkrankte Angelas Verlobter Barney Goodman. Seine ältere Schwester Rhoda lief voller Sorge im Krankenhausflur auf und ab. Da es sonst niemanden gab, gegen den sie ihre Wut richten konnte, wandte sie sich an Angela: »Du hast ihm mit deinem ganzen Tennis zu viel Stress verursacht«, schrie sie und verlangte, dass Angela das Krankenhaus verließ. Angela warf Rhoda vor Barneys Augen den Verlobungsring vor die Füße. Barney erholte sich wieder, die Beziehung aber nicht. Angela hatte innerhalb weniger Wochen das Tennisspiel und ihre bevorstehende Ehe verloren. Das Jahr, das so vielversprechend angefangen hatte, versank zusehends in tiefen Schatten.

Vor dem Turnier in Forest Hills sicherte sich Althea erneut die ATA-Meisterschaft, zum zehnten – und letzten – Mal in Folge. Sie war der ATA-Szene entwachsen. Im Gegensatz zu einigen Bürgerrechtskämpfern fühlte sie sich nicht verpflichtet, Organisationen wie die ATA weiterhin zu unterstützen, wenn diese ihr keinen Nutzen mehr einbrachten. Ihrer Meinung nach half sie den Afroamerikanern in der Tenniswelt am meisten, indem sie Turniere gewann. Wenn sie gut genug spielte, würden alle erkennen, dass sportliche Erfolge nichts mit der Hautfarbe zu tun hätten.

»Sie war keine Kreuzzüglerin, nicht wie Jackie Robinson oder auch Arthur Ashe«, sagte Bill Hayling, der Althea jahrelang als Arzt betreute und später eine wichtige Rolle bei der Gründung von 100 *Black Men* – einem nationalen Zusammenschluss Schwarzer Geschäftsleute und anderer prominenter Vertreter der Gesellschaft – spielte. »Sie wollte ein Tennisstar sein, mehr nicht. In die gesellschaftspolitischen Konflikte mischte sie sich damals nicht ein, obwohl manche Leute der Meinung waren, dass sie es hätte tun sollen.« Selbst auf dem Höhepunkt der Bürgerrechtsbewegung in den Sechzigerjahren weigerte sich Althea, Stellung zu beziehen. Ihre Waffen seien Tennis- und Golfschläger, meinte sie. Die Politik überließ sie lieber den Politikern.

Dennoch war sie stolz auf ihre Herkunft aus Harlem. Wenige Tage vor dem Beginn der US Championships würdigte sie die Paddle Tennis Association bei einem feierlichen Mittagessen als Star aus den eigenen Reihen. Althea hatte vermutlich kein Paddle mehr in der Hand gehabt, seit sie mit dem Tennis angefangen hatte, doch das war unerheblich. Es war ein willkommener Anlass, das zu feiern, was sie und mit ihr die anderen Afroamerikaner erreicht hatten. Alle ihre treuesten Unterstützer waren zugegen: Sarah Palfrey Cooke, die sie bei ihrem ersten Besuch in Forest Hills herumgeführt hatte, Altheas gute Freundin Karol Fageros, die andere Amerikanerin auf der Asientour des Außenministeriums, Ren McMann, der sie im vergangenen Sommer in Forest Hills zu dieser Reise eingeladen hatte. Diese Menschen hatten zu Recht an sie geglaubt. »In nur sechs Monaten«, hieß es in *World Tennis*, »ist Althea Gibson von einer der zehn besten Spielerinnen zur Nummer zwei der Welt aufgestiegen.« Das war bemerkenswert, aber nicht genug. Althea war begieriger als je zuvor, die Nummer eins zu werden.

Um das zu erreichen, musste sie in Forest Hills gewinnen. Sie preschte durch die ersten Runden, als könne sie es kaum erwarten, erneut gegen Fry anzutreten. Ihr war immer noch nicht klar, wie eine Spielerin mit den Schlägen und den athletischen Fähigkeiten einer Shirley Fry sie hatte schlagen können – sowohl auf dem Rasen von Wimbledon als auch auf dem langsamen Sand von River Forest. Althea gewann in zwei glatten Sätzen gegen Nell Hopman, gegen Fageros und gegen Hard. Im Halbfinale setzte sie sich gegen Betty Rosenquest Pratt durch, auch wenn sie acht Matchbälle brauchte, bis sie den zweiten Satz mit 10:8 für sich entschieden hatte. Als sie ins Finale gegen Fry einzog, hatte sie gelegentlich Schwächen gezeigt, aber noch keinen Satz verloren.

Fry hingegen hatte all ihre Kräfte aufbieten müssen, um Shirley Bloomer in einem Halbfinale, das auch gut andersherum hätte ausgehen können, mit 6:4 und 6:4 zu bezwingen. Trotzdem strahlte sie zu Beginn des Finales eine tiefe Gelassenheit aus, während Althea angespannt wirkte. Fry hatte zu einer inneren Einstellung gefunden, die ihr selbst in den wichtigsten Matches zugutekam. Was 1956 auch geschah – sie betrachtete sich weiterhin als Zeitungsaushilfe im Urlaub, auch wenn dieser Urlaub nun schon weit über ein halbes Jahr andauerte. Der Wind war böig an jenem Tag, und Althea bekam die Bälle einfach nicht ins Feld. Als sie im ersten Satz auch noch am Netz schwächelte, hatte sie keine Chance.

Fry war 1941 mit vierzehn Jahren die jüngste Turnierteilnehmerin in der Geschichte der US Championships gewesen. Seitdem hatte sie weitere vierzehn Jahre in Folge in Forest Hills gespielt, ohne je den Titel zu holen. Ihr Auftritt 1956 war ihr sechzehnter insgesamt – und wahrscheinlich ihr letzter, wie sie wusste – und sie war fest entschlossen, noch einmal alles zu geben. Sie ging im ersten Satz voll auf Angriff, konzentrierte sich im zweiten auf die Defensive und gewann das Match mit 6:3 und 6:4. Althea trug die Niederlage mit Fassung; sie hatte erkannt, dass es einfach Frys Jahr war. »Ich will nicht so tun, als sei ich nicht bitter enttäuscht gewesen«, schrieb sie, »aber ich war weit davon entfernt, den Schläger an den Nagel hängen zu wollen.«

Stattdessen erlaubte sie sich kaum eine Atempause. Sie flog nach Toronto, wo sie im Finale gegen Bloomer gewann, und von dort aus direkt weiter nach Denver, wo sie Knode schlug und beim Galaabend sang. Wieder einmal war sie bei einem Turnier die erste Schwarze Teilnehmerin – und noch dazu in einem Country Club. Dieses Mal wurde das Ereignis von einer vierköpfigen Filmcrew eingefangen, die von der Bürgerrechtsorganisation NAACP (National Association for the Advancement of Colored People) beauftragt worden war. Die Aufnahmen sind heute verschollen, doch die Erinnerungen blieben. »Es war eine seltsame Szene«, meinte Jack Phelps, der damalige Turnierdirektor, Jahrzehnte später. »Es war etwas ganz Neues, eine Schwarze Topspielerin dabeizuhaben. Die Leute waren unheimlich neugierig. So etwas hatte bis dahin noch niemand gesehen.«

Dann reiste Althea nach Los Angeles und wurde zum »ersten Mädchen ihrer Hautfarbe, das je im Finale des Pacific-Southwestern-Turniers stand«, wie die Zeitschrift *World Tennis* vermeldete, als hätte die Ehre ohne Weiteres auch einer anderen Frau zuteilwerden können. Mehr als sechs Jahre nach ihrem ersten Auftritt in Forest Hills war Althea immer noch die einzige Afroamerikanerin – die einzige Schwarze überhaupt, unabhängig von der Nationalität – in jeder Umkleidekabine, die sie betrat. Die Daten aus jener Zeit sind bedauerlich lückenhaft, doch soweit man es erkennen kann, spielte Althea in ihrer gesamten Karriere nie bei einem USLTA-Turnier gegen eine andere Afroamerikanerin.

In Los Angeles schlug Althea im Halbfinale die alterslose Dodo Cheney, bevor sie im Finale ihre alte Angstgegnerin Nancy Chaffee bezwang. Chaffee war mittlerweile mit dem Baseballspieler Ralph Kiner verheiratet und strebte dem Ende ihrer ansehnlichen, wenn auch nicht unbedingt überragenden Karriere entgegen. Sie hatte zwei Kinder zur Welt gebracht und arbeitete gerade an ihrem Comeback, erfuhr aber während des Turniers, dass sie erneut schwanger war. Anders als Fleitz spielte sie weiter, musste aber feststellen, dass sie schnell ermüdete. Sie gewann den ersten Satz gegen Althea mit 6:4, doch dann sicherte sich Althea zwölf der folgenden fünfzehn Spiele und damit den Sieg. Nachdem sie die Trophäe aus den Händen des Filmstars George Murphy entgegengenommen hatte, fuhr sie direkt wieder zum Flughafen.

Ihr nächster Stopp war Mexiko, wo sie sich durch einen Sieg gegen Hard den vierten Titel in drei Ländern seit Forest Hills sicherte. Es war die nordamerikanische Version ihres Triumphzugs durch Europa. Dann nahm Althea die Einladung an, gemeinsam mit Fry nach Australien zu reisen und zum ersten Mal an den dortigen Meisterschaften teilzunehmen. Es schien, als wolle sie Fry rund um den Globus folgen, bis sie sie endlich geschlagen hatte.

1957 war dann Altheas Jahr – doch erst nach einer letzten Niederlage gegen Fry. Durch den 6:3-6:4-Sieg in Melbourne gewann Fry das letzte Grand-Slam-Turnier, das ihr noch gefehlt hatte. Es war eine bemerkenswerte Leistung, der dritte große Titel in Folge für eine Spielerin, deren Karriere eigentlich schon zu Ende gewesen war und die zuvor nur bei den französischen Meisterschaften triumphiert hatte. Mit diesem Sieg verlor Fry den Antrieb, weiter um Titel zu kämpfen. Sie hatte nicht nur alles gewonnen, was sie jemals anvisiert hatte, sondern noch viel mehr.

Zu Beginn des vierwöchigen Australienaufenthaltes hatte Fry an den New South Wales Championships in Sydney teilgenommen und dort einen Mitarbeiter der Werbeagentur J. Walter Thompson kennengelernt, der vorübergehend nach Australien entsandt worden war und in den sie sich verliebte. Als ihre Zeit in Australien wenige Wochen später zu Ende ging, schickte sie ihren Eltern in Akron ein Telegramm: Sie bleibe dort, um Karl Irvin zu heiraten. Das Verhältnis zwischen ihr und Althea war in der Zwischenzeit so eng geworden, dass Fry sie nach Irvins Antrag um Rat gefragt hatte, bevor sie Ja sagte. Da außer ihnen in jenem Jahr kaum weitere Amerikanerinnen in Australien antraten, hatten sie beide gelernt, Sportliches und Privates voneinander zu trennen. So kam es, dass Fry Althea einlud, in Australien zu bleiben und zur Hochzeitsfeier zu kommen. Aber Althea hatte bereits zugesagt, erneut nach Ceylon zu reisen, um dort den Titel zu verteidigen, den sie im Vorjahr auf der vom US-Außenministerium organisierten Tour gewonnen hatte. Das gelang ihr auch. »Es reichte zwar nicht für einen Sieg in Wimbledon oder Forest Hills«, notierte sie trocken, »aber im Fernen Osten war ich nicht aufzuhalten.«

Angela war den Gips mittlerweile los und fing vorsichtig an, wieder Tennis zu spielen. Die Sehnenscheidenentzündung lauere noch im Hintergrund, warnte ihr Arzt, und könne jederzeit wieder ausbrechen. Doch Angela war heiß auf Matches und buchte einen Flug weg vom trüben Londoner Wetter in die warme Karibik, wo sie unter anderem an den jährlichen Turnieren in Puerto Rico, Jamaika und Barranquilla teilnehmen wollte. Das wäre gut für ihr Handgelenk und für ihre Psyche. Sie musste sich selbst so schnell wie möglich beweisen, dass sie noch wettkampffähig war.

Die erste Station war Panama. Angela war von der *Manchester Evening News* damit beauftragt worden, Artikel über ihre Tour zu schreiben – ein Coup für die Zeitung und eine Arbeit, die Angela sehr ernst nahm. Da ihre Tenniszukunft ungewiss war, musste sie sich alle Türen offen halten. Gleich einer ihrer ersten Texte handelte von einer siebzehnjährigen Brasilianerin namens Maria Esther Bueno, die sie gerade entdeckt hatte, so wie sie später Artikel über Chris Evert, Jennifer Capriati und die Williams-Schwestern in den frühen Tagen ihrer Karriere verfasste. Angela war ein Star und wurde von den Turnierveranstaltern wie ein solcher behandelt, und Bueno folgte ihr überallhin, stellte Fragen, wollte Ratschläge. Nur zwei Jahre später sollte diese Maria Bueno die beste Tennisspielerin der Welt sein. 1958 gewann sie, genau wie zuvor schon Angela, an der Seite von Althea das Damendoppel in Wimbledon. Angelas Artikel für das Blatt aus Manchester war vielleicht der erste Text, der je außerhalb von Buenos Heimatland Brasilien über sie veröffentlicht worden war, und fast mit Sicherheit der erste in englischer Sprache.

Im Tennis hingegen lief es weniger gut für Angela. Am 26. Februar 1957 verlor sie gegen Mary Ann Mitchell, und die Sehnenscheidenentzündung flammte wieder auf. Angela war am Boden zerstört und flog einen Monat früher nach Hause als geplant. Die Schlagzeilen, die sie dort empfingen, machten es nur noch schlimmer. Selbst Jahrzehnte später verdunkelte sich ihre Miene, wenn sie in ihrer Sammlung von Zeitungsausschnitten auf eine von ihnen stieß. »MÖGLICHES KARRIEREENDE FÜR ANGELA BUXTON«, war dort zu lesen, in einer Schriftgröße, die bis dahin der Luftschlacht um England vorbehalten war.

Damit sie weiter aktiv bleiben konnte, ließ Jones sie lernen, mit links zu spielen. Das war demütigender als alle seine Experimente zuvor. Sie spielte an Wochenendnachmittagen, wenn sie nicht bei Lillywhites arbeiten musste, im Park und achtete genau darauf, dass niemand zusah, den sie kannte. (Dabei war es eigentlich egal, wen *sie* kannte, da alle wussten, wer sie war.) Es war ein bedauernswerter Anblick. Angela, die kein Jahr zuvor im Wimbledon-Finale gestanden hatte, sah aus, als spiele sie zum ersten Mal. Es gelang ihr nicht, den Ball im Feld zu halten.

Doch aufzugeben lag nicht in Angelas Natur. Später nahm sie mit links am Handicap-Turnier in Beckenham teil, das traditionell zur Vorbereitung auf Wimbledon diente, und schaffte es sogar, das Turnier im jüdischen Chandos Lawn Tennis Club in Golders Green zu gewinnen. Es ginge nur darum, dass die Öffentlichkeit ihren Namen nicht vergaß, versicherte ihr Jones, und darum, ihre Standhaftigkeit und Beharrlichkeit zu demonstrieren, aber das änderte nichts daran, dass Angela sich schämte. Wenn ihr Handgelenk nicht bald ausgeheilt war, beschloss sie, würde sie das Tennisspielen aufgeben und ihren Ehrgeiz auf andere Bemühungen richten.

Dank ihrer Erfahrungen mit Jones maß Angela dem Durchhaltevermögen deutlich mehr Bedeutung bei als dem natürlichen Talent. Sie hatte ihre Schwächen in Stärken überführt. Herausragende Leistungen ließen sich erreichen, wenn man nur alles daransetzte, das hatten sie und Jones ihrer Meinung nach bewiesen. Man kann sich leicht vorstellen, wie Althea, die Angela in ungefähr jedem sportlichen Wettstreit geschlagen hätte, bei diesem Gedanken in Gelächter ausgebrochen wäre. Aber so war Angela eben, und diese Denkweise erklärte ihren Erfolg.

Jetzt half sie ihr, mit der Erkenntnis zurechtzukommen, dass ihre Tenniskarriere möglicherweise tatsächlich schon vorbei war. Die Sache mit ihrem Handgelenk war schlimm, befand Angela, aber nicht das Ende der Welt. Wenn es ihr nicht mehr möglich war, Tennis zu spielen, könnte sie ja vielleicht zur Leichtathletik wechseln. Dass sie selbst für eine Tennisspielerin eher langsam und schwerfällig war, kümmerte sie bei dieser Überlegung kein bisschen.

Mit Shirley Fry

16

ALTHEAS TITELJAHRE

Als Althea am 28. Mai 1957 nach London zurückkehrte, war sie fest entschlossen, in Wimbledon zu gewinnen. Dieses Mal hatte die USLTA den Flug im Pan-Am-Stratocruiser bezahlt – ganz anders als bei ihren ersten beiden Wimbledon-Teilnahmen. Angela holte sie in einem neuen Morris Minor am Flughafen Heathrow ab. Im Vorjahr hatte sie gegen den Willen ihrer Eltern einen Mietwagen genutzt und festgestellt, dass sie die dadurch gewonnene Freiheit genoss. Seitdem hatte sie sich ein eigenes Auto gewünscht, und Harry ließ sich wie immer erweichen und kaufte ihr eines. Angela taufte den Wagen Agatha III (die ersten beiden Agathas waren Fahrräder gewesen, benannt nach einer Nonne, die Angelas Lieblingslehrerin in Südafrika gewesen war) und ließ ihn aus einer Laune heraus leuchtend rosa lackieren, mit dem Namen in altenglischen Lettern auf dem Heck. Als sie in dem kleinen farbenfrohen Cabrio mit ihrem aktuellen Freund im Schlepptau am Flughafen vorfuhr, zog sie eine Menge Aufmerksamkeit auf sich.

Althea mit dem eigenen Wagen abzuholen war ein symbolischer Akt. »Mach dich nie von jemandem abhängig«, hatte Althea ihr im letzten Sommer geraten, und diese Philosophie hatte sich Angela in den vergangenen Monaten zu Herzen genommen. Sie war jetzt ganz auf sich gestellt, nachdem ihre

Verlobung in die Brüche gegangen war und ihre Tenniskarriere zwischen Vergangenheit und Zukunftsträumen feststeckte. Ihre Mutter war aus der Wohnung am Rossmore Court ausgezogen, um ihren Freund Percy Rubin zu heiraten, und plötzlich wirkte das gemütliche Appartement sehr groß auf Angela. Zum ersten Mal hatte sie das Gefühl, als sei ihre Jugend vorbei und das Erwachsenenleben angebrochen.

Obwohl Althea die Titelverteidigerin war, hatte sie sich dazu entschlossen, die französischen Meisterschaften zu Beginn des Monats auszulassen. »Sand ist nicht mein Belag«, erklärte sie, auch wenn sie im vergangenen Mai gut genug damit zurechtgekommen war, um sich die Titel im Einzel und im Damendoppel in Paris zu sichern. In Wahrheit wollte sich Althea ganz darauf konzentrieren, Wimbledon zu gewinnen – und danach Forest Hills und vielleicht Australien, all die Turniere, bei denen sie in der vergangenen Saison gegen Fry verloren hatte. Jetzt war der Weg frei. Shirley Fry hatte am 16. Februar in Australien Karl Irvin geheiratet und ihre Karriere beendet, um ein Kind zu bekommen. Louise Brough war noch aktiv, aber ihr Alter machte sich bemerkbar. Angela Mortimer hatte ein schwieriges Frühjahr hinter sich, in dem sie mit Stress und Verletzungen zu kämpfen hatte. Althea würde in Wimbledon an eins gesetzt sein, vor Brough, Bloomer, Knode und Hard. Mortimer war nur Nummer sieben. Althea ging das Feld vorwärts und rückwärts durch, doch sie konnte keine Spielerin finden, die ihr gefährlich werden könnte. Ihre größte Sorge war die Frage, was sie zum Wimbledon-Ball tragen sollte, denn sie hatte das Gefühl, dass ihre gestreiften Pullover und ihr abgewetzter Regenmantel wohl kaum angemessen wären. »Ich weiß nicht einmal, wo ich anfangen soll«, sagte sie zu Angela, die ihr versicherte, sie werde ihr ein Kleid eigens für diesen Anlass schneidern.

Angela hatte sich bereit erklärt, das Turnier als Kommentatorin für den unabhängigen britischen Fernsehsender ITV zu begleiten. Als sie das Feld sah, verspürte sie einen Stich. Sie wäre wohl an drei gesetzt gewesen, vermutete sie und malte sich aus, wie sie bis ins Halbfinale eingezogen und dort auf Althea getroffen wäre. Doch das war nichts als ein Traum. Stattdessen würde sie für das Fernsehen berichten, Artikel schreiben und das Fortkommen ihrer Freundin verfolgen.

Althea gewann in Surbiton, sie gewann in Manchester und in Beckenham. Das Einzelturnier im Queen's Club ließ sie aus, um wie schon im Jahr zuvor Kräfte zu sparen, und trat als Favoritin in Wimbledon an. Nach einem Freilos in der ersten Runde setzte sie sich mit 6:4 und 6:4 gegen die stets widerspenstige Zsuzsa Körmöczy durch und rauschte dann ohne weiteren Satzverlust direkt bis ins Halbfinale durch.

Dort traf sie auf Christine Truman, eine sechzehnjährige Sensation aus England. Truman – eins achtzig groß, langgliedrig und muskulös – ließ die englischen Tennisfans laut den Zeitungen bereits jetzt vergessen, dass es Angela Buxton je gegeben hatte. Doch sie hatte großen Respekt vor dem Duell gegen Althea – und das aus gutem Grund. Althea war in der Form ihres Lebens. Sie spielte, als sei es das Natürlichste der Welt, bemerkten diejenigen, die sie noch nie gesehen hatten, dabei hatte sie zehn Jahre lang genau darauf hingearbeitet.

Truman war jung, talentiert und hungrig, aber in diesem Match blieb sie chancenlos. Althea zog mit 6:1 und 6:1 in ihr erstes Wimbledon-Einzelfinale ein, wo die an fünf gesetzte Darlene Hard wartete, Altheas diesjährige Doppelpartnerin, die sich in der anderen Hälfte des Turnierbaums gegen zwei höher gesetzte Spielerinnen behauptet hatte. Nun beherbergte die Wohnung am Rossmore Court also im zweiten Jahr in Folge eine Wimbledon-Finalistin – zumindest als zeitweilige Bewohnerin. Da Angela sich noch lebhaft daran erinnerte, wie sich das angefühlt hatte, kümmerte sie sich so gut es ging um Althea und brachte ihr am Morgen einen Tee. Dann fuhr sie in ihrem Morris Minor nach Wimbledon, um ihren Fernsehpflichten nachzukommen, und sagte Althea, dass sie sich nach ihrem Sieg wiedertreffen würden.

Mit mehr als fünfunddreißig Grad war dieser Samstagnachmittag noch heißer als der im Jahr zuvor. Queen Elizabeth, die vier Jahre zuvor, im Juni 1953, gekrönt worden war, war in diesem Jahr zum ersten Mal als amtierende Monarchin in Wimbledon anwesend. Kurz vor dem Beginn des Damen-Einzelfinales traf sie in der königlichen Loge ein, gerade rechtzeitig, um Althea die ersten vier Spiele gewinnen zu sehen. »Heiße, windstille Tage haben etwas an sich, was das Beste aus den Schlägen herausholt«, schrieb Althea später. Hard, der die extremen Bedingungen jede Farbe aus dem Gesicht getrieben hatten, war da möglicherweise anderer Meinung – sie beschränkte sich darauf, Altheas explosive Aufschläge mit Lobs abzuwehren, und hatte Probleme, ihre eigenen Aufschlagspiele durchzubringen. Der erste Satz dauerte nur fünfundzwanzig Minuten, und Althea gewann ihn mit 6:3.

Im zweiten Satz erging es Hard nicht besser. Sie fand einfach keine Möglichkeit zum Angriff, und Altheas Aufschlag blieb beständig stark. »Ich habe die ganze Zeit über gespürt, dass es mein Tag war«, sollte Althea später schreiben. Fast jedes Mal, wenn Hard nach einem von Altheas gewaltigen Aufschlägen ans Netz vorrückte, spielte Althea in aller Ruhe eine scharfe Vorhand oder eine perfekt platzierte Rückhand an ihr vorbei. Nach jedem Gewinnschlag durch Althea nickte Hard verwirrt mit dem Kopf, tief in einen inneren Monolog versunken, mit Schweißtropfen auf der Stirn. (Jahrzehnte später, als Hard in der Verwaltung der University of Southern California tätig war, lehnte sie jedes Gespräch über dieses Wimbledon-

Finale 1957 und andere Matches im Verlauf ihrer Karriere ab.) Mit fortschreitendem Verlauf des Satzes wirkte dieses Nicken immer trauriger, bis Hards Züge nur noch Resignation verrieten. Die untersetzte Kalifornierin war selbst an ihren besten Tagen keine Spielerin von Altheas Format, und von diesen besten Tagen war sie gerade weit entfernt.

Weniger als eine Stunde nach Matchbeginn bekam Althea von der Queen die Trophäe überreicht. »Endlich! Endlich!«, rief sie. Und noch einmal: »Endlich! Endlich!« Alle in Hörweite wussten, was für ein weiter Weg es bis hierher gewesen war.

Fred Tuppers Artikel in der *New York Times* fing ein, was für ein historischer Augenblick der Sieg war: »Althea Gibson hat heute in Wimbledon ihre Bestimmung erfüllt und als erste Vertreterin ihrer Hautfarbe die Herrschaft über die Tenniswelt angetreten«, schrieb er, wohl wissend, dass die Bedeutung dieses Triumphs weit über Althea persönlich hinausging. Er war Teil einer ganzen Reihe von Durchbrüchen, die in jenem Jahr stattfanden. Einen Monat später brachte US-Präsident Dwight D. Eisenhower den Civil Rights Act von 1957 durch. Ab Herbst besuchten die ersten Schwarzen Schüler die Central High School in Little Rock, Arkansas.

Dann kehrten Althea und Hard gemeinsam auf den Platz zurück und gewannen das Doppel gegen Mary Hawton und Thelma Long. Angela verfolgte das Match von der Pressetribüne aus und lief im Anschluss daran in die Damenkabine Nr. 1, wo sie eine schweißgebadete Althea vorfand. Althea hatte sich den Ehrentanz mit Lew Hoad, dem Sieger des Herreneinzels, beim Wimbledon-Ball verdient, auf dem sie das trägerlose Kleid mit Blumenmuster und Schleife unter der Brust trug, das Angela für sie entworfen hatte. Dazu hatte sie ein eng anliegendes Perlenhalsband und glitzernde Ohrringe angelegt und das Haar zu offenen, fluffigen Locken frisiert. Sie sah aus wie ein Star.

Beim Ball tanzte sie nicht nur, sondern sang auch. Doch zuerst hielt sie eine Rede, wie es für die Titelgewinner üblich war. Sie zitierte Churchill, dankte Dr. Johnson und Dr. Eaton, dem einarmigen Fred Johnson und Syd Llewellyn. Sie erwähnte die USLTA und die ATA, ihre Gegnerinnen und »die freundlichen Bürger Englands«. Auch Angela wurde nicht vergessen, Althea bedankte sich für ihre Unterstützung und machte dann den Witz darüber, dass Angela immer vergaß, die Milch reinzuholen. Anschließend sang sie zwei Lieder – »If I Loved You« und »Around The World« – und zog mit Angela, deren aktuellem Freund und Dorothy Parks, die als Captain des WAC in Westdeutschland stationiert war, weiter in einen Nachtclub. Als sie schließlich zum Rossmore Court zurückkehrten, ging über der Baker Street schon die Sonne auf. Sie waren noch länger unterwegs gewesen als im Jahr zuvor, was nur angemessen war. Denn dieses Mal hatten sie die Siegerin des Einzels in Wimbledon dabei.

***

Die Reaktionen auf Altheas Wimbledon-Titel folgten umgehend. Der New Yorker Gouverneur W. Averell Harriman gratulierte per Telegramm, Präsident Eisenhower per Brief. Als Althea auf dem Flughafen Idlewild landete, erwartete sie dort eine Schar Reporter – und ihre Mutter, die seit den Anfängen aus dieser Geschichte verschwunden war. Annie Gibson hatte sich nie mit ihrer Tochter zerstritten – ihr fehlten einfach nur die Zeit und die Energie, um in deren Leben eine aktive Rolle zu spielen. Sie war stolz auf Althea, aber ihr Stolz war passiv, nicht besitzergreifend. Sie wusste, dass Althea sich alles, was sie erreicht hatte, allein erarbeitet hatte.

Am nächsten Tag veranstaltete die Stadt New York Althea zu

Ehren eine Konfettiparade. Tausende New Yorker säumten die Straßen, um sie zu sehen. Unter ihnen waren auch Freunde aus Harlem, etwa Adeline Matthews, Altheas alte Basketballkameradin von den Mysterious Five, die Althea seit einem Jahrzehnt nicht mehr gesehen hatte. Als sie jetzt in einem offenen Wagen durch die Straßen gefahren wurde, entdeckte sie Matthews in der Menge, und ihre Augen wurden groß wie Untertassen. »Ich konnte hören, wie sie ›Hiiii!‹ rief«, erinnerte sich Matthews später. »Doch dann war sie schon wieder weg.«

Zu den Feierlichkeiten des Tages gehörte ein Mittagessen im Waldorf Astoria, damals noch mehr als heute ein Symbol für den New Yorker Luxus. Bürgermeister Wagner verlieh Althea in Anwesenheit von Sarah Palfrey Cooke, Bobby Riggs und weiteren die Bronze Medallion, die höchste Auszeichnung für Bürger der Stadt. Sie war dankbar dafür, blieb aber weiterhin vorsichtig: »Immer wenn ich höre, dass mich jemand als ›Star‹ bezeichnet, glaube ich, dass dahinter irgendeine Absicht steckt«, sagte sie.

Diese Skepsis war begründet. Für jeden Menschen, der ihr half, an die Spitze aufzusteigen, gab es auch jemanden, der sie herunterziehen wollte. Die Rassentrennung war weiterhin ein Thema. 1953 hatte Lorraine Bryant die nationalen Juniorenmeisterschaften der USLTA gewonnen und war als die nächste Althea gefeiert worden, doch jetzt, fünf Jahre später, gab es immer noch kaum Afroamerikaner, die Tennis auf höchstem Niveau spielten. Trotz aller Feierlichkeiten und Festmahle wurde Althea von der Tenniswelt immer noch wie eine Bedienstete behandelt, nicht wie die Hauptattraktion des Tages. Bei den US Clay Courts Championships in Chicago in jenem Sommer hatte Althea kein Hotelzimmer im schicken (und durch und durch *weißen*) Stadtteil Oak Park buchen können. Im Pump Room des Ambassador East Hotels tat man sein Bestes, ein

Mittagessen zu sabotieren, das zu Ehren von Althea veranstaltet wurde, indem man sich weigerte, Reservierungen anzunehmen, und nur die allernötigsten Informationen über den Ablauf herausgab.

Altheas Reaktion lautete: »Ich spiele für mich, nicht für sie«, und diese Einstellung trug sie offen vor sich her. In diesem Jahr war sie zum ersten Mal ausgewählt worden, um die Vereinigten Staaten im Wightman Cup zu vertreten. Der Wettbewerb wurde am 10. und 11. August im Edgeworth Club in Sewickley, Pennsylvania, ausgetragen. Margaret duPont, die erneut als Kapitänin fungierte, sah, wie Althea im ersten Einzelmatch gegen Shirley Bloomer einen Satz gewann und einen verlor. Zu der Zeit stand es den Damen noch zu, nach zwei Sätzen eine Ruhepause einzulegen, wenn beide Spielerinnen es wollten, und duPont riet Althea, um eine solche zu bitten. Bloomer schien nach dem Gewinn des zweiten Satzes die stärkere Spielerin zu sein, und duPont glaubte, dass ein Kleidungswechsel und ein kurzer Aufenthalt im Schatten Althea guttun würden. »Ich war die Kapitänin, und so lautete mein Rat«, sagte sie viele Jahre später. Aber Althea ignorierte ihn. Sie bestand darauf, die Partie ohne Pause zu Ende zu bringen. Als sie den dritten Satz ohne Probleme gewann, zuckte duPont nur mit den Schultern. Später bezwang Althea auch Christine Truman, und die USA holten sich den Cup erneut, dieses Mal mit sechs Siegen und einer Niederlage.

Anschließend gewann Althea die US Clay Courts und verzichtete zum ersten Mal seit 1944 auf einen Start bei den ATA-Meisterschaften, was in der afroamerikanischen Tennisszene für einigen Aufruhr sorgte. »Es heißt, ich sei eingebildet, überheblich, undankbar«, schrieb sie. Doch die meisten Menschen waren der Ansicht, dass Althea tat, was sie tun musste. Sie war die Joe Louis des Tennis, eine Afroamerikanerin, die es in ihrem Sport an die Spitze geschafft hatte, diese Position aber nicht dafür nutzen wollte, für die Sache aller Schwarzen einzutreten. Der Boxer Louis hatte sich dagegen gesträubt, sich in der politischsten aller Sportarten gegen die *weiße* Oligarchie aufzulehnen, weil er Angst hatte, dass sich das rächen könnte. Diese Furcht teilte Althea nicht, aber sie hatte lange und hart für den Erfolg gekämpft und fühlte sich nicht verpflichtet, das Erreichte mit anderen zu teilen. Sie hatte Ora Washingtons Rekord von acht ATA-Titeln im Dameneinzel um zwei übertroffen. Nun, da sie erst bei den französischen Meisterschaften und jetzt auch in Wimbledon triumphiert hatte, war ihr Eindruck, dass die ATA-Veranstaltungen Jahr für Jahr an Bedeutung verloren.

Stattdessen reiste Althea zwei Wochen vor dem Turnier in Forest Hills nach Manchester im US-Bundesstaat Massachusetts, wo sie im Kampf um den Titel beim Essex County Club Invitational Brough und Hard bezwang. Das war die gleiche Veranstaltung, bei der sich die USLTA-Spielerinnen sieben Sommer zuvor gemessen hatten, während sich Althea in Wilberforce sitzend hatte fragen müssen, ob sie wohl eine Einladung nach Forest Hills erhielte. Jetzt traf sie ihre Entscheidungen auf der Grundlage ihres Tennisspiels, nicht nach Hautfarbe. Das Turnier in Essex war eine beschauliche Angelegenheit, ohne die Intensität der ATA-Meisterschaften, und es bot bessere Gegnerinnen für die Vorbereitung auf Forest Hills. Die US Championships waren das einzige Turnier, das sie unbedingt noch gewinnen wollte, und ihrer Meinung nach war ein Triumph dort längst überfällig.

Althea war davon überzeugt, dass Frys Sieg im Vorjahr mindestens ebenso sehr auf deren mentale Fähigkeiten wie auf ihr sportliches Können zurückzuführen gewesen sei, und sie war fest entschlossen, das nicht noch einmal zuzulassen. Daher entzog sie sich allen denkbaren Ablenkungen. Statt wie sonst bei Rhoda Smith unterzukommen, buchte sie ein Zimmer im Vanderbilt Hotel im Zentrum von Manhattan und ließ sich jeden Tag in einem Wagen, den die USLTA stellte, nach Queens fahren. Sie wollte das Momentum des Wimbledon-Sieges nutzen und war bereit zur großen Krönung. Pünktlich zum Auftakt der US Championships waren ihr jungenhafter, kurzer Afro und ihr zurückhaltendes Lächeln auf dem Titelblatt der *Time* vom 26. Juli abgebildet. »Auch wenn sie keinem der Clubs angehört, die das Turnier ausrichten«, war dort zu lesen, »gehört das Turnier dieses Jahr ihr.«

In der ersten Runde bestritt Althea zwei enge Sätze gegen ihre alte Freundin Karol Fageros, die sie beide gewann. Danach verlor sie in den folgenden vier Matches nur insgesamt zwölf Spiele, bevor sie im Finale auf Brough trat, ganze sieben Jahre nach ihrem dramatischen Aufeinandertreffen in Forest Hills 1950. Am Morgen des Finaltags begab sich Althea nach Harlem, um sich von einer Freundin von Sydney Llewellyn die Haare frisieren zu lassen, gönnte sich dann ein ausgiebiges Frühstück und fuhr in Llewellyns Wagen nach Forest Hills, gelöst und spielbereit. Das Match gegen Brough verlief ähnlich entspannt wie der Vormittag. »Louise schien es einfach nicht mehr draufzuhaben«, schrieb Althea später. Sie gewann mühelos mit 6:3 und 6:2 und schloss so »ein Jahr des fast ununterbrochenen Triumphes« ab, wie Allison Danzig von der *New York Times* es an jenem Tag in seinem Artikel formulierte.

Ren McMann, der Altheas Karriere gerettet hatte, als er sie zwei Jahre zuvor nach Südostasien eingeladen hatte, sagte ein paar einleitende Worte, bevor Vizepräsident Richard Nixon Althea die mit Gladiolen und Rosen gefüllte Siegestrophäe überreichte. Sie hielt eine kurze Ansprache über Demut und Dankbarkeit, auf die laut Danzig »der längste Applaus im Stadion seit

Jahren« folgte. Althea kam es wie eine Ewigkeit vor, ein tosender Lärm, der minutenlang anhielt, doch das störte sie nicht im Geringsten. »So etwas gab es für mich noch nie«, schrieb sie, »und es wird wohl auch einmalig bleiben.«

***

Althea zählte jetzt zu den berühmtesten Schwarzen in ganz Amerika. Sie hatte dem Tennis mehr Aufmerksamkeit verschafft, als dem Sport seit Jahren zuteilgeworden war. Sie wurde überall erkannt. Ihr erstes Turnier nach Forest Hills waren die Colorado State Championships in Denver, wo sie dieses Mal allerdings eine Bezahlung von tausend Dollar erhielt, was ihre Ausgaben mehr als deckte. Bei ihrer Ankunft »schwebte« Althea, erinnerte sich ihre Erstrundengegnerin Joanie Birkland aus Denver – der Sieg in Forest Hills wirkte noch nach. Da sie keine Zeit gehabt hatte, um etwas herunterzukommen, schlug Althea jeden Ball zwanzig Zentimeter weiter als beabsichtigt. Schon bald stand es 5:3 zugunsten von Birkland, eine bessere Clubspielerin, die völlig erstaunt war, als sie plötzlich zum Satzgewinn aufschlug.

Das brachte die Mitglieder des Denver Country Clubs in eine Zwickmühle. »Viele meiner Freunde wollten, dass ich gewann«, erzählte Birkland Jahrzehnte später, »aber sie wollten sicherlich nicht, dass Althea in der ersten Runde ausschied – sie war doch der Star.« Doch sie hätten sich keine Sorgen machen müssen. Althea rückte nun immer wieder ans Netz vor, mit weit ausgestreckten Armen, und hatte Birkland schnell aus dem Konzept gebracht. Diese konnte sich noch viele Jahre später lebhaft daran erinnern, wie sie dachte: »Oh Gott, ich kann den Ball einfach nirgendwo hinschlagen.« Althea entschied die Partie mit 8:6 und 6:4 für sich und gewann schließlich auch das Turnier.

Wenige Wochen später reiste sie nach Kerkhonkson, New York, in den Peg Leg Bates' Country Club, der sich damit rühmte, die größte Ferienanlage zu sein, die auch Schwarzen offenstand. Am nahegelegenen Greenwood Lake bereitete sich der Boxer Sugar Ray Robinson gerade auf den Kampf gegen Carmen Basilio am 23. September vor, der mit seiner Niederlage endete, und Althea war aus der Stadt hergekommen, um sich etwas Erholung zu gönnen.

Clayton »Peg Leg« Bates war ein Stepptänzer, der es insgesamt auf zwanzig Auftritte in der *Ed Sullivan Show* bringen sollte. Er hatte als junger Mann durch einen Unfall in einer Baumwollfabrik ein Bein verloren und gelernt, mit einer Holzprothese zu tanzen. Von 1951 bis 1987 betrieb er die Ferienanlage im sogenannten »Borscht Belt«, die – anders als die meisten Erholungssiedlungen dort – nicht auf jüdische, sondern auf Schwarze Gäste ausgelegt war und wo sich früher oder später jede afroamerikanische Berühmtheit einfand. Man kann sich gut vorstellen, wie Althea dort mit Peg Leg für Fotos posierte und ihren Status als aktuell prominenteste Sportlerin genoss, Schwarz oder *weiß*.

Irgendwann fand sie sich auf dem Tennisplatz von Bates' Club wieder, wo sie zwei aufstrebenden Weltergewichtsboxern, die Robinsons Trainer Harold Wilson unter seine Fittiche genommen hatte, Tennisstunden gab. Sie brachte ihnen nicht mehr als die Grundlagen bei, etwa wie man den Tennisschläger hielt und schwang, aber da sie eine Schwarze Ikone war, war das natürlich ein Erlebnis. Es muss ein faszinierender Anblick gewesen sein, wie die beiden knapp siebzig Kilogramm schweren Kraftprotze sich brav den Anweisungen einer Frau fügten, die fast einen Kopf größer war als sie, aber Althea zog alle in ihren Bann. »Unvergesslich«, meinte einer der Boxer, Dino Woodard, Jahrzehnte später.

Eine ähnliche Ehrfurcht empfand Billie Jean King, damals noch Billie Jean Moffitt, als sie Althea in jenem September im Los Angeles Tennis Club traf. (Die Mitgliedschaft im LATC blieb Althea ebenso verwehrt wie Angela, doch der Club war bereit, seine Tore in der Woche der Pacific Southwest Championships auch für Schwarze und Juden zu öffnen, vor allem wenn es sich dabei um Publikumsmagneten handelte.) Moffitt war dreizehn und noch vier Jahre von ihrem ersten Wimbledon-Auftritt entfernt, aber trotzdem schon eine vielversprechende Spielerin. Auf Althea wurde sie nicht aufmerksam, weil diese die aktuelle Titelverteidigerin von Wimbledon und Forest Hills war, sondern weil sie eine der ersten Schwarzen war, die Moffitt je auf dem Tennisplatz gesehen hatte. Wie Alice Marble hatte Moffitt als Kind verschiedene Teamsportarten ausprobiert und verfolgt, und sie wusste, dass es im Baseball, Basketball und Football auf höchstem Niveau Schwarze Spieler gab. »Als ich Althea sah, fragte ich mich, warum es keine Schwarzen im Tennis gab«, meinte King Jahrzehnte später. »In dieser Hinsicht war sie ein Symbol für mich. Sie war anders. Und je älter ich wurde, desto mehr fragte ich mich, warum das so war.«

Reich wurde Althea trotz ihres Talents und Charismas allerdings nicht. Genau genommen konnte sie kaum ihre Rechnungen bezahlen. Sie hatte einen Vertrag mit dem Sportartikelhersteller Harry C. Lee, der ihr fünfundsiebzig Dollar im Monat einbrachte. Dieses Geld erhielt sie – zumindest offiziell – für ihre Mitarbeit im Beirat, doch die Fotos aus jener Zeit zeigen, dass der Name »Harry C. Lee« werbewirksam auf Altheas Schlägerhülle zu lesen war, ein positiver Nebeneffekt für das Unternehmen, der gerade noch mit den USLTA-Vorgaben für den Amateurstatus vereinbar war.

Althea brauchte die fünfundsiebzig Dollar zum Leben. Ihre winzige Wohnung in New York mit der Adresse 461 Central

Park West war geschmackvoll eingerichtet, wirkte aber kaum wie das Zuhause einer berühmten Sportlerin. Sie besaß einen gestreiften Sessel und ein dazu passendes Sofa, ein Fernsehstandgerät, auf dem ihre Pokale aufgereiht waren, ein paar Bücher- und Zeitschriftenstapel auf einem Beistelltisch, eine Kommode in einer kleinen Kammer, allerlei Krimskrams auf einem Schreibtisch und eine Couch, die sich abends zu einem Bett umfunktionieren ließ. Das entsprach nicht dem üblichen Lebensstandard einer berufstätigen Frau in den Dreißigern und erst recht nicht dem eines Sportstars. Wie Shirley Fry sich später erinnerte: »Das arme Mädchen versuchte, mit Tennis Geld zu verdienen, als dort wirklich nichts zu holen war.«

Eine Zeit lang hatte Althea erwogen, ihren Kontostand als Sängerin aufzubessern. Sie sang seit jeher in der Badewanne, bei Tennis-Galaabenden und mit Jazz-Combos in Nachtclubs. Irgendwann beschloss sie, damit Karriere zu machen. Llewellyn versuchte, sie davon abzubringen, weil es sie vom Tennis ablenken würde, aber Althea blieb standhaft. Angela vermittelte ihr den Kontakt zum Schauspieler und Sänger Jerry Wayne, der in der Londoner Fassung des Musicals *Guys and Dolls* die Rolle des Sky Masterson gespielt hatte. Dank Waynes Unterstützung hatte Althea 1956 erste zaghafte Versuche in einem Londoner Aufnahmestudio unternommen und ein paar Größen des Plattengeschäfts kennengelernt, was sie zu der Überzeugung brachte, dass sie als Sängerin Erfolg haben könnte.

Ende 1957 arbeitete sie zusammen mit einem Gesangslehrer an der Long Island University an ihrer Stimme. Im folgenden Mai brachte die Plattenfirma Dot Records unter dem Titel *Althea Gibson Sings* eine Monoaufnahme eines Auftritts von ihr im Apollo-Theater heraus (im Jahr darauf wurde die Stereoversion veröffentlicht). Das Cover zeigt Althea, wie man sie noch nie zuvor gesehen hatte: Sie trägt ein ärmelloses Kleid mit

Schottenmuster und einem engen Umlegekragen. Der Lippenstift ist kirschrot und ihr Haar so behandelt und frisiert, dass es glänzt. Es war der Look, den Althea nach ihrer Tenniskarriere kultivieren sollte.

Die Aufnahme enthielt Klassiker wie »Around The World« und »September Song«, vorgetragen in Altheas nasalem Bariton. Aus der Badewanne mag die Stimme ziemlich beeindruckend geklungen haben, doch auf einer Schallplatte machte sie nicht viel her. Es war zu hören, dass Althea trotz der Gesangsstunden ziemlich ungeübt war. Sie sang »Don't Say No« auf Französisch mit einem New Yorker Akzent und kämpfte sich durch eine synkopierte Version von »Dream A Little Dream Of Me«, die nach einer schlechten Sinatra-Imitation klang. Doch da ihr Name berühmt war, zog die Platte einige Aufmerksamkeit auf sich. Am 25. Mai 1958 trat Althea in der *Ed Sullivan Show* auf, zusammen mit Frankie Lymon, Georgie Kaye und Wayne & Shuster. Mehrere Monate später wurde sie erneut eingeladen, dieses Mal mit Lymon, Alan King und Hermione Gingold. Dazwischen war sie in *What's My Line?* (der US-Version von *Was bin ich?*) zu sehen.

Zwischen diesen Fernsehauftritten fand sie genügend Zeit zum Tennisspielen. Im Frühjahr hatte sie zum ersten Mal an der gesamten Tour durch die Karibik teilgenommen. Beim Turnier im Caribe Hilton hatte sie glatt in zwei Sätzen gegen Beverly Fleitz verloren, die jetzt zweifache Mutter war und sich an einem Comeback versuchte. Doch das war im Grunde der einzige Tiefschlag der Rundreise, die von den Turnierveranstaltern finanziert wurde. In Montego Bay lag Althea am Strand und kicherte über die hellhäutigen Spielerinnen, die unbedingt braun werden wollten und sich große Mühe gaben, »so auszusehen wie ich«. In Caracas schlug sie die Brasilianerin Maria Bueno, Angelas Entdeckung aus dem Vorjahr, in einem Finale, dessen zweiten Satz sie durch einen Doppelfehler verloren hatte. »Sie wies uns alle in unsere Schranken«, erinnerte sich Bueno später. »Ich schaffte es, ihr einen dritten Satz abzutrotzen, was mir durchaus Hoffnung machte.« Nach dieser Partie entschied Bueno, dass sie jetzt reif genug sei, um nach Europa zu reisen und zum ersten Mal in Wimbledon anzutreten.

Einige Monate später fragte Althea Bueno, ob sie ihre Doppelpartnerin sein wolle. »Stellen Sie sich das mal vor – mein erstes Jahr in Europa, und die beste Spielerin der Welt kommt und fragt mich, ob ich mit ihr zusammen im Doppel spielen will«, sagte Bueno. »Ich habe mich riesig gefreut.« Obwohl Bueno kaum Englisch sprach und damals ohnehin kaum ein Wort mit jemandem wechselte, egal in welcher Sprache, gewannen sie und Althea erst das Turnier im Queen's Club und dann in Wimbledon. Es war Altheas dritter Doppeltitel in Wimbledon in Folge, mit drei verschiedenen Partnerinnen – ein weiterer historischer Erfolg. Das war mit Elizabeth Ryan nur einer anderen Frau zuvor gelungen.

Als Althea im Juni 1958 in London eintraf, quartierte sie sich zum dritten Mal in der Wohnung am Rossmore Court ein. Mittlerweile betrachtete sie sie als ihr zweites Zuhause – oder ihr drittes, wenn man das Haus der Darbens in New Jersey dazurechnete. Angela hatte das Tennisspielen aufgegeben, zumindest zeitweilig, und war entschlossen, sich als Modedesignerin einen Namen zu machen. Sie entwarf Outfits, die Althea bei den Wimbledon-Matches tragen sollte, wo sie Tausende Menschen sehen würden, und bei einigen der gesellschaftlichen Anlässe rund um das Turnier. Am Nachmittag vor dem Beginn des Turniers besuchten die beiden eine Gartenparty, die Lady Crossfields ausrichtete, und wurden dort von den Zeitungsfotografen als Modeikonen abgelichtet. Irgendwann während ihres Aufenthalts in London bekam Althea Besuch von einem Mann, der wohl ihr alter Freund aus Jefferson City war, ein Major der Army, der »mit Schulterklappen und glänzenden Orden erschien«, wie Angela sich erinnerte. Er und Althea verschanzten sich zwei Tage lang größtenteils im Schlafzimmer. Angela stellte den beiden Mahlzeiten vor die Tür und kehrte Stunden später zurück, um die leeren Geschirrstapel abzuholen.

Violet war nun seit zwei Jahren ausgezogen, auch wenn sie regelmäßig zu Besuch kam, und Angela hatte die Wohnung nach ihrem Geschmack eingerichtet. Harry schaute in London vorbei, wann immer er es einrichten konnte. Mit den Jahren wurde er immer exzentrischer. Es kam vor, dass er am späten Freitagnachmittag von Manchester aus anrief und sagte: »Angela, ich bin unterwegs zu dir, koch mir eine Hühnersuppe. Ein paar Bratäpfel, Gerstenwasser, du weißt, was ich mag. Ich bin auf dem Weg zum Flughafen.« Also sagte Angela alle Verabredungen ab, ging rasch einkaufen, stellte den Herd an und wartete. Sie hörte erst am nächsten Morgen wieder etwas von ihrem Vater, wenn er sie reumütig aus Cannes oder einem anderen Ort anrief. »Als ich in Heathrow ankam, habe ich mich umentschieden«, hieß es dann.

Bis auf die eingefleischtesten unter den britischen Fans gingen alle davon aus, dass Althea ihren Titel in Wimbledon verteidigen würde. Truman, mittlerweile siebzehn, war an zwei gesetzt; sie galt als die einzige weitere Titelkandidatin im Feld, obwohl jedem fachkundigen Beobachter klar war, dass sie noch einige Jahre von ihrem ersten Grand-Slam-Sieg entfernt war. An Platz drei der Setzliste stand Dottie Knode, gefolgt von Bueno, die zum ersten Mal in Wimbledon dabei war. Als Titelverteidigerin und an eins gesetzte Spielerin würde Althea alle ihre Einzelmatches auf dem Centre Court austragen. Das allein ließ erkennen, wie weit sie gekommen war. Obwohl sie in den zwei

Wochen des Turniers einige Prüfungen überstehen musste, lief sie nie Gefahr, eine Partie zu verlieren. Yola Ramírez zwang sie, im ersten Satz des Drittrundenmatches über ein 9:7 zu gehen, doch den zweiten Satz gewann Althea mit Leichtigkeit. Später brauchte sie drei Sätze, um sich gegen die an fünf gesetzte Bloomer durchzusetzen. Im Finale traf sie nicht auf Truman, die früh ausgeschieden war, sondern auf Angela Mortimer.

Mortimer war 1955 und 1956 als viertbeste Spielerin der Welt geführt worden und damit die höchstplatzierte Engländerin seit Kay Stammers 1939 gewesen. Dann war sie von der Bildfläche verschwunden. Sie hatte mit Verletzungen und eigenen Dämonen zu kämpfen gehabt, doch ihr Ehrgeiz führte sie wieder zurück ins Rampenlicht. Sie trat ungesetzt in Wimbledon an und schaffte in einer Reihe von Matches auf den Außenplätzen gegen Gegnerinnen aus aller Herren Länder das Comeback. Sie besiegte Carmen Ibarra aus Chile, Sandra Reynolds aus Südafrika, Edda Buding aus Deutschland, Christiane Mercelis aus Belgien und ein weiteres ungesetztes Fossil aus alten Zeiten, Margaret duPont, die zuletzt 1954 im Viertelfinale gestanden hatte. Dann pflügte Mortimer mit 6:0 und 6:1 über die Ungarin Körmöczy hinweg, die im Mai im Alter von zweiunddreißig Jahren die französischen Meisterschaften gewonnen hatte und das beste Tennis ihrer endlosen Karriere spielte, und stand wie aus dem Nichts plötzlich zum ersten Mal im Wimbledon-Finale.

Die Londoner Tageszeitungen feierten Mortimers Wiederauferstehung als Wunder – schon das zweite im britischen Tennis innerhalb weniger Wochen. Im vorausgegangenen Monat hatten alle gestaunt, als England endlich den Wightman Cup holte. Noch überraschender war, dass Althea, immerhin die beste Spielerin der Welt, für die Niederlage der USA verantwortlich gemacht wurde.

Als Althea am zweiten Nachmittag des Cups gegen Truman

antrat, stand es 2:2 nach Matches. Die Partie versprach sehr einseitig zu werden. Bisher hatte Althea Truman immer mühelos besiegt. Auch jetzt gewann sie den ersten Satz in nur neunzehn Minuten mit 6:2. Doch anders als bei ihren bisherigen Aufeinandertreffen ließ Truman sich dieses Mal nicht einschüchtern. Sie holte sich die ersten drei Spiele des zweiten Satzes, dann ein weiteres Break zur 5:1-Führung und schließlich auch den Satzausgleich, als Althea eine bogenförmige Vorhand ins Seitenaus schlug.

Der entscheidende Satz bot spektakuläres Tennis, und die Tatsache, dass es wirklich um etwas ging, machte es noch spannender. Beim Stand von 4:4 schaffte Truman durch eine Reihe von Cross-Court-Schlägen zunächst das vierte Break. Als sie im folgenden Aufschlagspiel mit 30:15 vorn lag, brachte ihr ein harter Vorhand-Winner zwei Matchbälle ein. Nach einem Doppelfehler atmete sie tief durch, verwickelte Althea in einen kurzen Ballwechsel und gewann das Spiel und das Match, weil Althea eine Rückhand ins Aus setzte.

Später verärgerte Althea die amerikanischen Tennisfunktionäre mit der Behauptung, sie habe bei den Wightman-Cup-Partien damit experimentiert, länger auf der Grundlinie zu bleiben, statt auf Angriff zu gehen, wie es normalerweise ihre Stärke war. Ob das nun stimmte oder nicht – die lange Dürreperiode der Engländerinnen war beendet. Und als Mortimer dann auch noch ins Einzelfinale von Wimbledon einzog, konnte man mit Fug und Recht sagen, dass England die Nachwirkungen des Zweiten Weltkriegs endlich verwunden und den Rückstand gegenüber den Amerikanerinnen aufgeholt hatte. Die beste Spielerin der Welt, Althea, stammte weiterhin aus den USA, doch die überwältigende Dominanz der amerikanischen Nachkriegsgeneration – Betz und Connolly, Brough und duPont, Hart und Fry – war gebrochen.

Dazu hatte auch Angela ihren Teil beigetragen, aber sie war ein oder zwei Jahre zu früh dran gewesen und zu schnell wieder von der Bühne verschwunden. Nun blieb ihr nichts anderes übrig, als von der Tribüne aus zuzusehen. Ihre Gefühle waren gemischter Natur, und das lag nicht nur an ihrer engen Freundschaft zu Althea. »Ich hatte immer das Gefühl, dass ich dem britischen Tennis nach dem Krieg die Türen geöffnet und es hindurchgeführt habe, doch das ist so nie anerkannt worden«, sagte sie viele Jahre später. Zumindest Letzteres stimmt. Seit 1951 zeichnete die Lawn Tennis Writers Association of Great Britain jährlich die Person aus, der die britische Tenniswelt in jenem Jahr am meisten zu verdanken hatte. Als Mortimer 1961 endlich das Einzel in Wimbledon gewann, ging die Auszeichnung an sie, und als Greg Rusedski den Titel 1997 verpasste, bekam er sie trotzdem. Doch 1956, als Angela als erste Britin seit dem Zweiten Weltkrieg ins Wimbledon-Finale einzog, wurde die Auszeichnung nicht vergeben, was in ihrer fünfzigjährigen Geschichte nur zweimal vorkam. Ob das auf Antisemitismus, eine Abneigung gegen Angelas Tendenz, mit den Konventionen zu brechen, oder einen harmloseren Umstand zurückzuführen war, ist unklar. Eine Erklärung erfolgte nie.

Im Wimbledon-Finale 1958 ging es für Althea darum, eine letzte offene Rechnung zu begleichen, ähnlich wie beim Sieg über Brough in Forest Hills im Jahr zuvor. Mortimer verkörperte nicht nur genau die Art von Gegnerin, die Althea in ihren unreiferen Zeiten einfach nicht hatte bezwingen können – Spielerinnen, die in Sachen Talent nicht mit Althea mithalten konnten, es aber aufgrund ihrer mentalen Stärke und Beständigkeit trotzdem schafften, gegen sie zu gewinnen –, sondern hatte Althea selbst mehrmals nacheinander besiegt. Mortimer hatte ihr in Mexiko, Schweden, Kairo und Alexandria eine Niederlage nach der anderen zugefügt und bei den französischen Meisterschaften bis zum bitteren Ende gekämpft. Ihr war bewusst, dass Althea als Spielerin seitdem fast nicht mehr wiederzuerkennen war. Die launischen Phasen, in denen sie in ein Loch gefallen war und ein Spiel nach dem anderen verloren hatte, waren längst Geschichte. Jetzt zählte Beständigkeit zu Altheas Stärken. Trotzdem hing Mortimer dem Glauben an, dass sie jede Gegnerin zermürben konnte. Je länger ein Satz dauerte, desto besser standen ihre Chancen, meinte sie.

Im Finale profitierte Mortimer von einem Fußfehlerproblem, das Althea bereits in der Vergangenheit geplagt hatte. Die Frage war, wie sehr die Linienrichter darauf achteten, wo sich Altheas Zehen beim Aufschlag befanden, und an diesem Nachmittag schauten sie besonders genau hin. Allein im ersten Satz verlor Althea durch Übertreten – was als Fehler gewertet wurde, egal, wo der Ball landete – elf Punkte. Beim Stand von 5:3 hatte Mortimer einen Satzball. Aber Althea rettete sich mit ihren Aufschlägen, glich erst zum 5:5 und später zum 6:6 aus, holte sich dann ein Break und nahm Mortimer den Satz schließlich mit 8:6 ab.

Dieses Mal war es Mortimer, die in ein Loch fiel. Sie hatte sich über einen langen Zeitraum hinweg durch Matches gekämpft, die sie eigentlich gar nicht hatte gewinnen können, und jetzt versuchte sie genau das in einem Wimbledon-Finale, unter dem gleichen Druck, der zwei Jahre zuvor auf der anderen Angela gelastet hatte. Das war zu viel. Im ersten Satz hatte sie ihre Chance gehabt, doch als sie ihn verlor, war die Partie für sie gelaufen. Althea gewann den zweiten Satz mühelos mit 6:2 und nahm aus den Händen der Duchess of Kent die Rosewater Dish entgegen. Später sicherte sie sich mit Bueno zusammen auch den Doppeltitel. Dann sang und tanzte sie, jetzt wieder mit Angela an ihrer Seite, bis spät in die Nacht hinein beim Wimbledon-Ball und in den Clubs von London. Langsam wurde es zur Gewohnheit.

Familie Silk

17

NEUE WEGE

Nach ihrem Triumph in Wimbledon im Juli 1958 verteidigte
Althea auch den Einzeltitel in Forest Hills durch Siege über
Truman, Fleitz und Hard, wobei Letzterer hart umkämpft war.
»[Hard] spielte extrem offensiv, auch bei den Aufschlägen und
Volleys ... sie versuchte alles, wollte mich überlisten und an die
Wand spielen«, erzählte Althea dem Journalisten Stan Hart 1985.
Trotzdem gewann sie das Match – und damit das Turnier – mit
3:6, 6:1 und 6:2; die Siegestrophäe überreichte ihr Außenminis-
ter John Foster Dulles. Direkt im Anschluss erklärte sie, ihre
Amateurkarriere beenden zu wollen.

Mit einunddreißig Jahren kam das nicht sonderlich überraschend. Sie wollte mit dem Tennisspielen Geld verdienen,
solange es noch ging. Da sie keinen Profivertrag in Aussicht
hatte, sprach sie zunächst von einer Pause, hegte aber keinerlei
Absicht, wieder in die Amateurtournee einzusteigen. Doch es
waren schwere Zeiten für Afroamerikaner. Eine Schwarze, die
quer durch das Land reisen wollte, um gegen Bezahlung Tennis
zu spielen, war nicht gerade heiß umworben. Am 20. September, wenige Wochen nach Altheas zweiter Konfettiparade durch
New York, die dieses Mal noch größer ausgefallen war, wurde
Martin Luther King während einer Signierstunde im Kaufhaus
Blumstein in Harlem mit einem Brieföffner angegriffen. Die

Fortschritte der Bürgerrechtsbewegung gingen ähnlich rasch vonstatten wie Altheas anfänglicher Aufstieg im Tennis – ein paar Schritte vor, dann ein paar zurück. Die Realität strafte alle Hoffnungen Lügen.

Althea wusste: Was sie brauchte, war eine *weiße* Profipartnerin. Als Fry später in jenem Jahr aus Australien heimkehrte, schlug Althea ihr vor, zusammen mit den Harlem Globetrotters auf Tour zu gehen. Sie würden vor jeder Show der Basketballer, die bereits für die besten Hallen im ganzen Land gebucht waren, einen Satz gegeneinander bestreiten. Aufgrund ihrer Erfolge gegen Althea war Fry eine der wenigen Gegnerinnen, die in jeder Stadt ein großes Publikum angezogen hätte, doch ihr Traum war es, einfach nur noch Mrs. Karl Irvin, Hausfrau in Connecticut, zu sein. Sie versuchte nun schon seit zwei Jahren, das Tennisspielen an den Nagel zu hängen, und jetzt, nachdem sie mehrere Grand-Slam-Turniere in Folge gewonnen hatte, war es ihr endlich gelungen. Sie hatte ein neues Leben und einen einjährigen Sohn. Kein Wunder, dass sie nicht bereit war, mit einem Koffer voller ordentlich gefalteter Tenniskleidung von einer amerikanischen Stadt in die nächste zu tingeln.

So verlor Althea mehr als ein Jahr, von Herbst 1958 bis Ende 1959. In dieser Zeit arbeitete sie als Sprecherin für Harry C. Lee, den Sportartikelhersteller, verdiente aber wenig Geld. Sie hatte eine Nebenrolle als Dienstmagd Lukey in *Der letzte Befehl*, einem Spielfilm von John Ford über den amerikanischen Bürgerkrieg, in dem auch John Wayne und William Holden mitspielten, doch es war nicht gerade so, dass der Film ihretwegen in Erinnerung blieb. (Sie war nicht einmal die berühmteste Gibson unter den Darstellern: Der Film war der letzte Auftritt des berühmten Stummfilmcowboys Hoot Gibson.) Das alles brachte ihr mehr Geld ein als zuvor als Amateurtennisspielerin, aber nicht viel. 1958 war das erste Jahr, in dem Althea eine Steuererklärung abgeben musste. Zuvor hatte sie nie so viel eingenommen, dass das nötig gewesen wäre.

Althea spürte, wie ihr Ruhm zu verblassen begann und ihr Marktwert nachließ. Schließlich überzeugte sie Karol Fageros, ins Profigeschäft einzusteigen und mit ihr und den Globetrotters zusammen auf Tour zu gehen. Die Ankündigung erfolgte am 19. Oktober 1959 bei einem offiziellen Mittagessen in Midtown, samt Tennisschlägern und Basketbällen. Althea unterschrieb einen mit »fast 100 000 Dollar« dotierten Vertrag über neunzig Matches. Das war der bei Weitem höchste Betrag, den je eine Sportlerin erhalten hatte, doch die konkrete Summe hing von der Anzahl der verkauften Eintrittskarten ab. Fageros, die man als »goldene Göttin« bewarb, wurden 30 000 Dollar zugesichert. Die gleichen Gründe, die schon das Außenministerium dazu bewogen hatten, den aus Florida stammenden Goldschopf und Althea zusammen das Land repräsentieren zu lassen, machten sie zu einer attraktiven Paarung für die Profitour, zumindest bis das jeweilige Match begann. Denn auf dem Tennisplatz hatte Fageros Althea nicht viel entgegenzusetzen – und Althea war zu aufrichtig, um zugunsten einer Pseudo-Rivalität zu verlieren.

So tourten die beiden ein Jahr lang, von Ende 1959 bis Ende 1960, mit den Harlem Globetrotters durch die USA und traten als Vorprogramm der Basketball-Show gegeneinander an. Billie Davis, Altheas alter Freund und Doppelpartner, begleitete sie, um das Netz aufzubauen und die Linien auf dem Parkett zu markieren. Althea verdiente letztendlich rund achthundert Dollar pro Partie – mehr als je zuvor in ihrem Leben – und schlug Fageros in 114 der 118 Matches. Als die Globetrotters beschlossen, Altheas Vertrag nicht zu verlängern, ersann sie zusammen mit Llewellyn den Plan, eine Gegentournee zu organisieren. Dieses

Mal wäre sie selbst die Hauptattraktion und das Basketballspiel das Rahmenprogramm.

So zogen sie und Fageros noch ein paar weitere Monate lang durch die Lande, doch da die Partien so einseitig und damit spannungsarm waren, blieb das Publikum zusehends aus. Althea hatte einen Großteil ihres Verdienstes aus den Auftritten mit den Globetrotters in diese zweite Tour gesteckt und stand am Ende wieder ziemlich mittellos da.

Angelas Name erfreute sich 1959 in London immer noch ziemlich großer Bekanntheit. Auch wenn Christine Truman sie als erfolgreichste britische Tennisspielerin jener Ära abgelöst hatte und die Bedeutung ihres Einzugs ins Wimbledon-Finale 1956 durch Mortimers emotionalen Durchmarsch 1958 geschmälert wurde, schaffte es die Nachricht ihrer Verlobung mit Donald Silk doch in die Wochenschau, und über die Hochzeit im Februar berichteten alle Zeitungen.

Im September hatte sie einen Vortrag gehalten und dort Silk kennengelernt. Er war der Sekretär der Zionistischen Vereinigung für Großbritannien und ein aufstrebender Politiker. Die beiden waren einander schon einmal vorgestellt worden, als Angela fünfzehn gewesen war, und hatten auf den ersten Blick nur Abneigung gegeneinander empfunden, doch die war jetzt in eine intensive Faszination umgeschlagen, die entweder in Abscheu oder Liebe enden konnte. Angelas Bruder Gordon erinnerte sich später daran, wie sie ihm abschätzig erzählt hatte, erneut Donald Silk begegnet zu sein. Dann fuhr Gordon in Urlaub. Als er wiederkam, besprachen die beiden zu seiner Überraschung ihre Verlobung.

Silk war sechs Jahre älter als Angela und sehr engagiert für die jüdische Sache. Er glaubte, dass Angelas Bekanntheit, besonders in der jüdischen Gemeinde, ihm nur zuträglich sein konnte. Er hatte am renommierten Magdalen College in Oxford studiert und galt als eine Art Wunderkind. Die Welt, aus der er stammte, war ganz anders als die von Angela. »Ich habe in meinem ganzen Leben noch nie Tennis gespielt«, sagte er. »Ungefähr das Einzige, was wir gemeinsam haben, ist, dass wir beide Cabrio fahren.« Das war natürlich ein Witz, stimmte aber auch irgendwie. Die beiden passten nicht so recht zusammen, das war sogar Angela klar. Vor der Hochzeit war sie eine Woche lang krank und verlor erneut die Stimme. In den Zeitungen erschien ein Foto, auf dem sie, die unglückselige Braut in spe, im Bett lag. Dadurch drohte die Hochzeit ins Wasser zu fallen, doch letztendlich reichten Angelas Kräfte, um zum Altar zu schreiten. Die beiden heirateten am Sonntag, dem 8. Februar 1959. Er war dreißig, sie vierundzwanzig.

Bis ihr neues Haus in Hampstead fertig war, lebten sie zusammen in der Wohnung am Rossmore Court. Als sie Anfang des folgenden Jahres umzogen, war der Haushalt auf koschere Essenszubereitung umgestellt worden. Während Angelas Zeit als Tennisspielerin hätte niemand vermutet, dass in dem Appartement eine Jüdin wohnte. Angela hatte säkular gelebt und ihre Religion in erster Linie als kulturelles Erbe betrachtet. Jetzt benutzte sie je ein eigenes Koch- und Essgeschirr für Milch- und Fleischprodukte. An den wichtigen Feiertagen besuchten die Silks gemeinsam die Synagoge – für Donald war es politisch von Vorteil, dort gesehen zu werden.

Beruflich konzentrierte sich Angela nun ganz auf das Entwerfen von Kleidung, doch das Tennis war noch nicht ganz aus ihrem Kopf verschwunden. Sie betätigte sich inoffiziell als Trainerin eines jungen Talents aus Nottinghamshire namens Carol Webb. Irgendwann kam ihr die Idee, Webb erste Wimbledon-Erfahrungen sammeln zu lassen, indem sie mit ihr zusammen im Doppel antrat. Allein hatte Webb kaum Chancen, ins Hauptfeld einzuziehen, aber Angela hatte in Wimbledon schon im Einzelfinale gestanden und das Doppel gewonnen. Das würde ausreichen, um eine Wildcard zu erhalten, vermutete sie. Die Sehnenscheidenentzündung war nicht mehr aufgetreten, und Angelas Ärzte hatte ihr geraten, das Handgelenk nicht wieder so stark zu belasten wie zuvor. Das interpretierte sie als Aufforderung, sich im Doppel statt im Einzel zu betätigen.

Althea hatte ihre Karriere beendet und trat 1959 nicht mehr in Wimbledon an. Wie so viele Spieler und Spielerinnen vor ihr schrieb sie stattdessen eine Zeitungskolumne, in diesem Fall für den *Evening Standard*. Das hieß, dass Angela spielte und Althea darüber berichtete! Die beiden hatten erneut elegant die Positionen getauscht, wie zwei Tänzerinnen beim Squaredance.

Doch zunächst einmal musste sich Angela qualifizieren. Sie war erstaunt gewesen, dass der Turnierdirektor ihr und Webb keine Ausnahme gewährte, aber Webb war noch jung, 1956 bereits drei Jahre her und Angelas Beziehung zur LTA nicht gerade freundschaftlich. Also nahmen sie an einem Qualifikationsturnier teil und schafften es, Angela noch eine letzte Teilnahme an Wimbledon zu erspielen. Dort gewannen sie ein Match und unterlagen dann Sheila Armstrong und Margaret O'Donnell. Parallel dazu trat Angela zusammen mit dem Südafrikaner John Maloney im gemischten Doppel an. Das Duo entschied die ersten beiden Partien glatt in zwei Sätzen für sich, verlor dann aber mit 7:5, 8:10 und 6:3 gegen Truman und ihren Bruder Humphrey. Einen Monat später erfuhr Angela, dass sie schwanger war, was jeden Gedanken an eine erneute Teilnahme 1960 unterband.

Althea war im folgenden Juni erneut im Auftrag des *Evening Standard* in Wimbledon dabei, trotz ihrer Globetrotters-Tour, die gerade auf Hochtouren lief. Sie brach wie ein Wirbelsturm über den Haushalt der Silks in Hampstead herein, voller Elan und guter Laune. Als Erstes kippte sie die Schmutzwäsche von schätzungsweise drei Wochen in den Flur und warf dann einen Blick in den Küchenschrank. »Sag Don, er soll mehr Whisky besorgen«, rief sie mit einem Funkeln in den Augen. »Ihr habt keinen mehr.«

Dieses Mal diente Richard Evans, der später einer der bekanntesten britischen Tennisjournalisten werden sollte, als ihr Ghostwriter. Er war eine Woche zuvor vom Militär zurückgekehrt und hatte keine Ahnung von Tennis. Sein Chefredakteur Charles Wintour, dessen Tochter Anna später jahrzehntelang als Chefredakteurin der *Vogue* die amerikanische Modewelt beherrschen sollte, schickte ihn zu einem Treffen mit Althea im Queen's Club. Dann verbrachten die beiden einen Nachmittag zusammen im Haus der Silks in Hampstead, bei dem auch der Modeschöpfer und Tennisfunktionär Teddy Tinling anwesend war. Evans war fasziniert von Althea, die ihm in einer Reihe von Gesprächen die Feinheiten des Tennisspiels darlegte. »In gewisser Weise ist sie dafür verantwortlich, dass ich zum Tennis kam«, sagte er viele Jahre später. »Sie war absolut kooperativ und brachte mir durch ihre Analyse der anderen Spieler eine Menge über Tennis bei.«

Althea lud den erstaunten Evans sogar dazu ein, sie zum Wimbledon-Ball zu begleiten, was er begeistert annahm. Er lebte bei seiner Mutter, nicht weit vom Grosvenor House entfernt, und hielt es nur für angemessen, Althea vorher zu einem Cocktail zu sich einzuladen. Das war eine bleibende Erfahrung für den Evans-Haushalt. »Meine Mutter hatte noch nie zuvor einen Schwarzen Menschen zu Besuch gehabt«, erzählte Evans später. »Die Etikette war damals viel strenger. Für normale Familien gab es eine strikte gesellschaftliche Hierarchie, und man hatte einfach keine Gelegenheit, so etwas zu tun. Die Generation meiner Mutter lud nicht einfach Schwarze auf einen Drink ein.«

Das Zusammentreffen war typisch für das, was Althea im Verlauf ihrer Karriere immer wieder erlebte – und sie brachte die Situation wie üblich souverän hinter sich. In den meisten Fällen war das Problem weniger offener Rassismus als fehlende Erfahrung. Sie hatte bei fast jedem Turnier, an dem sie teilnahm, eine Schranke eingerissen. Immer zog sie die Neugier auf sich, war das Gesprächsthema. Das war nicht das Gleiche, wie von Spielern des gegnerischen Teams aus reiner Provokation rassistisch beschimpft zu werden, wie es Jackie Robinson erlebt hatte, aber es nervte trotzdem. »Althea kam zu uns und war überaus charmant, was bei meiner Mutter Wirkung zeigte«, erzählte Evans. Dann fuhren die beiden zum Ball, wo Evans zum ersten Mal in seinem Leben mit einer Frau tanzte, die ihn überragte – eine weitere durchbrochene Schranke.

Abseits ihres Einsatzes für den *Evening Standard* versuchte Althea, die Werbetrommel für ihre Profitournee zu rühren. Die Tenniswelt war die einzige, in der ihr Name etwas wert war, und darauf war sie angewiesen. Doch sobald der beliebte Jaroslav Drobný, der 1954 das Herreneinzel gewonnen hatte, als Kolumnist verfügbar wurde, war es mit Altheas Karriere bei der Zeitung vorbei – und damit auch mit der Aufmerksamkeit. 1961 wurde Althea nicht wieder nach Wimbledon eingeladen, und es sollte zwei Jahrzehnte dauern, bis sie zurückkehrte.

Donald Silk war Anwalt, verbrachte aber einen Großteil seiner Zeit damit, für die Zionistische Vereinigung zu arbeiten. Das war sein Lebenswerk, auch wenn er später zwei Amtszeiten lang im Stadtrat von London saß und »eine epische Schlacht dafür ausfocht, den Wählern mehr Macht über die Geschicke der Londoner City zu verschaffen«, wie die *Times* in seinem Nachruf am 27. Juni 2002 schrieb. Angela war Hausfrau und betrieb einen kleinen Versandhandel für Umstandskleidung, die sie entworfen hatte. Das brachte etwas Geld ein und diente ihr als Ventil für ihre Kreativität.

1967 marschierte Ägypten in Israel ein und begann das, was als Sechs-Tage-Krieg bekannt wurde. Silk war mittlerweile zum Vorsitzenden der Zionistischen Vereinigung aufgestiegen. Bei einer Veranstaltung in der Royal Albert Hall, in der es um die Unterstützung Israels ging, verkündete er, dass er dorthin ziehen werde, um in einem Kibbuz zu arbeiten und mitzukämpfen. Angela war entsetzt. Sie hatte zwei kleine Söhne und eine wenige Monate alte Tochter. Sie würde nicht allein zurückbleiben, während ihr Mann in einem Konflikt auf einem anderen Kontinent mitmischte. Silk erklärte ihr, sie könne entweder in London warten oder eine Wohnung in Tel Aviv beziehen, weit weg vom Kibbuz. »Mir gefiel nichts von beidem«, erinnerte sie sich später. Sie stellte den Kleidungsversand vorübergehend ein, lagerte ihre Bestände ein und zog mit ihrem Mann und den drei Kindern in den Kibbuz. Dabei kam ihr nie der Gedanke, dass ihr Vater sie und ihre Mutter fast drei Jahrzehnte zuvor nach Südafrika geschickt hatte, bevor die Bomben auf London niedergingen, sie hingegen dem Krieg jetzt hinterherlief, mit ihren Kindern im Schlepptau. Sie waren eine Familie, und Familien blieben zusammen, meinte sie – obwohl sie auch das nicht von ihrem Vater gelernt hatte.

Zwei Au-pairs erklärten sich bereit, sie zu begleiten. Das wirkte seltsam, so als führe man in einem Cadillac auf den Campingplatz, aber das war Angela egal. Fünf Monate lang lebten sie in einem Kibbuz in der Nähe vom See Genezareth. Die Gefahr war allgegenwärtig. Hinter dem nächsten Hügel lag Syrien, und die Scharfschützen lauerten überall. Die Kibbuzbewohner ernteten Obst, wuschen Wäsche und kümmerten sich gemeinsam um die Kinder. Irgendwann brachte eine Zeitung in Erfahrung, dass unter ihnen eine jüdische Wimbledon-Siegerin war, und rief an, um Angela zu interviewen. Als man sie fragte, was sie am meisten vermisste, nannte sie ein heißes Bad, einen Friseurbesuch und eine Partie Tennis. Also besorgte man ihr ein Flugticket nach Tel Aviv und arrangierte all diese Annehmlichkeiten, auch ein Match gegen eine israelische Topspielerin namens Tovah Epstein. Das ärgerte Donald. Er erinnerte Angela daran, dass sie nicht zum Spaß dort seien.

Es ist nicht unwahrscheinlich, dass Althea von Angelas Umzug gar nichts mitbekommen hatte. Der Kontakt zwischen den beiden war zu jener Zeit ziemlich eingeschlafen. Nach dem Scheitern ihrer zweiten Tournee mit Fageros hatte Althea überlegt, welche Möglichkeiten ihr blieben. Die Bürgerrechtsbewegung hatte mittlerweile an Fahrt aufgenommen, der Kampf um die Gleichberechtigung aber noch nicht. Althea erkannte langsam, dass es weniger ihre Hautfarbe war, die sie einschränkte, als die Tatsache, dass sie eine Frau war. Sie war eine der besten Tennisspielerinnen überhaupt, doch es sollte noch mehrere Jahre dauern, bis die Sportart wirklich professionell wurde. Sie versuchte, einen Tennisclub zu eröffnen, hatte aber nicht das nötige Geld, um ihn zum Erfolg zu führen. Ein mit jährlich 25 000 Dollar dotierter Werbevertrag mit der Backwarenfirma Tip-Top Bread war nicht mehr als eine Notlösung. Sie brauchte einen neuen Beruf und hatte im Grunde nichts als ihre sportlichen Fähigkeiten zu bieten.

Anfang der Sechzigerjahre gab es nur eine Sportart, in der Frauen sich einen Lebensunterhalt verdienen konnten. Althea hatte während ihres Studiums in Tallahassee angefangen, Golf zu spielen; angeblich war sie gleich bei ihrer ersten Partie auf einem Achtzehn-Loch-Platz unter hundert Schlägen geblieben. Jetzt hatte sie vor, sich für die Tour der Ladies Professional Golf Association (PGA) zu qualifizieren, einem Verband, der im Zweiten Weltkrieg unter dem Namen Women's Professional Golf Association gegründet worden war. Er hatte in den zwei Jahrzehnten seit seiner Entstehung kein einziges Schwarzes Mitglied gehabt. (Die PGA-Tour der Männer hatte den ersten Schwarzen, Charlie Sitton, 1959 aufgenommen, aber er trat nur bei einem Teil der Turniere an und mied konsequent die Südstaaten.) Wie beim Tennis fanden auch die meisten LPGA-Turniere in Privatclubs statt, die oftmals keine Schwarzen einließen. Althea musste also nicht nur eine neue Sportart erlernen, sondern ein weiteres Mal die Rassentrennung überwinden.

Das Golfspiel brachte ihren ausgeprägten Ehrgeiz zurück, aber auch ihre Unsicherheit. 1962 nahm sie an den National Amateur Championships in Rochester, Minnesota teil. Dort hatten bereits in den Fünfzigerjahren ein oder zwei Schwarze mitgespielt, aber die Veranstalter hatten trotzdem Bedenken, dass ein unbändiger Mob auftauchen könnte, der Althea quer über das Grün folgte und den Spielablauf störte. Das war natürlich nicht der Fall. Im Lochspiel gegen die Frau des berühmten Golfplatzarchitekten Pete Dye lag Althea nach fünfzehn Löchern knapp in Führung. Dann schlug sie einen Ball nach links den Abhang hinab. »Ich gewann das Loch, und sie wurde furchtbar wütend auf sich selbst«, erinnerte sich Alice Dye Jahrzehnte später. »Ich war überrascht. Vor mir stand eine zweimalige Wimbledon-Siegerin und regte sich über ein Amateur-Golfturnier auf.« Doch auch wenn es ein Amateurturnier war, glaubte Althea, dass ihre gesamte Zukunft auf dem Spiel stand. Dye gewann die Partie, und Althea reichte ihr widerwillig die Hand. »Ich komme wieder«, sagte sie, als stände sie wieder in Forest Hills.

Mit der Zeit entwickelte sie sich zu einer hervorragenden Golferin. Sie erlangte die Profilizenz und trat ab 1963 bei LPGA-Veranstaltungen an. »Jeder bewunderte sie zutiefst«, meinte Dye später. »Sie hatte an der Spitze ihrer Sportart gestanden und fing nun im Golf wieder ganz von vorn an. Das stieß auf viel Anerkennung, und wir versuchten, ihr zu helfen, wo es ging.« Wenn Althea – und später Renee Powell, dem zweiten Schwarzen Mitglied der LPGA – der Zutritt zu einem Clubhaus oder einem anderen Teil des Veranstaltungsortes verwehrt wurde, weigerten sich die übrigen Spielerinnen, anzutreten. In dieser Hinsicht waren sie den Männern weit voraus. Trotzdem übernachtete Althea oft in anderen Hotels, zog sich ihre Golfschuhe im Auto oder auf dem Gehweg an und wurde hin und wieder gar nicht erst zu einem Turnier eingeladen.

Althea begann ihre LPGA-Karriere 1963 und beendete sie 1978, auch wenn sie innerhalb dieses Zeitraums vorübergehend als Sportberaterin für die Essex County Parks Commission und zwei Jahre lang als Sportbeauftragte von New Jersey tätig war. Sie gewann kein einziges Profiturnier, nahm aber an insgesamt 171 von ihnen teil. Ihr bestes Ergebnis war ein geteilter zweiter Platz beim Immke Buick Open 1970 in Columbus, Ohio, wo sie in einem Entscheidungsspiel mit drei Teilnehmerinnen gegen Mary Mills unterlag.

Mehrere Jahre zuvor hatte Mills ein geschlossenes Turnier in ihrem Heimatstaat Mississippi organisiert, bei dem ein Preisgeld von 15 000 Dollar lockte – eine gewaltige Summe. Um keine Probleme mit den Gesetzen zur Rassentrennung zu bekommen, die den Ablauf des Turniers wohl mindestens beeinträchtigt hätten, wurde Althea erst gar nicht eingeladen. »Ich war ein junges Mädchen Anfang zwanzig und keine politische Aktivistin«, sagte Mills viele Jahre später. »Ich hielt es für ungerecht, konnte aber nichts machen.«

Diese Sache verfolgte sie über Jahrzehnte hinweg – doch auf dem Golfplatz in Columbus schob sie das schlechte Gewissen beiseite und puttete, als ginge es um ihr Leben. »Es tat mir leid, dass Althea nicht gewonnen hatte, aber man kann nicht einfach alle viere von sich strecken und der Gegnerin den Sieg schenken.« Dennoch war Mills beeindruckt, wie souverän Althea mit dieser gewiss niederschmetternden Niederlage umging. Sie war seit sieben Jahren Profigolferin, ohne je ein Turnier gewonnen zu haben, und dies war ihre große Chance gewesen.

Althea verschenkte ihre herausragende Kraft durch eine schlechte Technik. Ihr Schwung war flach, Berichten zufolge ähnlich dem der ehemaligen Leichtathletik-Olympiasiegerin Babe Didrikson, die sich ebenfalls aufs Golfen verlegt hatte, was bei beiden darauf zurückzuführen war, dass sie bereits eine Vielzahl von Sportarten betrieben hatten. »Wir hatten noch mehr Mädchen, die aus anderen Bereichen zu uns wechselten – eine Rodeoreiterin und eine olympische Speerwerferin«, erinnerte sich Mills. »Sie alle wollten mit dem Golfen Geld verdienen, taten sich aber sehr schwer damit.«

Althea erreichte zweimal einen Jahresschnitt von weniger als sechsundsiebzig Schlägen pro Runde. Von 1964 bis 1969 war sie jedes Jahr zwischen siebzehn und fünfundzwanzig Wochen im Jahr auf Turnieren unterwegs, wobei ihre Ausgaben zum Teil von Freunden übernommen wurden, unter ihnen der zukünftige New Yorker Bürgermeister David Dinkins. In jedem dieser Jahre schaffte sie es auf die Top-Fünfzig-Liste der LPGA. Trotzdem nahm sie während ihrer Golfkarriere nur 24 437 Dollar ein – insgesamt. Das war weniger, als sie pro Jahr von Tip-Top Bread bekommen hatte. Golf war durchaus ein Sport, mit dem sich Geld verdienen ließ, aber eben nur als Spitzenspielerin.

In jenen Tagen kamen die Spielerinnen selbst für ihre Ausgaben auf, fuhren von Turnier zu Turnier und aßen unterwegs ein paar Sandwiches. Die Turnierveranstalter organisierten für die *weißen* Teilnehmerinnen oft Privatunterkünfte bei Clubmitgliedern – und für die Schwarzen auch, »wenn der Club nicht nur aus Fanatikern bestand«, sagte Powell, die zweite Schwarze Spielerin der LPGA, die 1967 zur Tour stieß. Powell hatte mit drei Jahren angefangen, Golf zu spielen, und war damit aufgewachsen; sie kannte die anderen Spielerinnen, und diese kannten sie. Althea war von außen in diese Welt vorgestoßen und hatte die Bürde des Ruhms und der Erwartungen mitgebracht. Ihre Fähigkeit, Gegnerinnen einzuschüchtern, die ihr im Tennis so gute Dienste geleistet hatte, half ihr beim Golfen nicht weiter. »Der Platz lässt sich nicht einschüchtern«, sagte Powell. »Man spielt gegen alle, nicht eins gegen eins, und weiß oft gar nicht, was die anderen Frauen dort draußen gerade so machen. Das ist etwas ganz anderes.« Trotzdem meinte Powell, dass Altheas mentale Stärke ihr größter Vorteil gewesen sei. Sie wusste mittlerweile, wie man Wettkämpfe bestritt. Auch wenn sie kein Turnier gewann, blamierte sie sich doch zumindest nicht.

Während der Golfsaison hatte Althea wenig Gelegenheit zum Tennisspielen, außer es ergab sich etwas in nächster Nähe. Immer wenn die LPGA-Tour in Phoenix Station machte, übernachtete Althea bei Flo Blanchard, die als Schiedsrichterin viele ihrer Matches geleitet hatte, und sie quartierte sich stets für ein paar Nächte bei den Darbens in New Jersey ein. Rosemary war wie eine Schwester für sie, und ihr Verhältnis zu Will schien zwischen Freundschaft und Liebesbeziehung zu schwanken. Irgendwann, nach mehreren Jahren Hin und Her, heirateten die beiden endlich.

Will Darben war in der Produktionsleitung des Flugzeugbauers Bendix Aviation tätig und arbeitete in dieser Funktion mit vielen Ingenieuren zusammen, obwohl er selbst nie studiert hatte. Er war zwei Jahre älter als Althea, ein bescheidener und sanftmütiger Mensch, der ihr treu ergeben war. »Ich habe mir immer ausgemalt, wie er Altheas Tennisschläger und -taschen trug, wohin sie auch ging«, erzählte Bill Hayling, ein Freund und ehemaliger Arzt der Familie. Will hatte Althea in ihrer Tenniskarriere unterstützt und tat jetzt das Gleiche während ihrer Golfkarriere. Sie konnte sich nicht entscheiden, ob er ihr Liebhaber war oder ein wunderbarer Freund. Vielleicht war das der Grund, warum die Beziehung zwischen Althea und Darben ziemlich turbulent verlief – oder es lag womöglich an einer gewissen Uneindeutigkeit ihrer sexuellen Orientierung, von der mehrere von Altheas Vertrauten aus der Tennisszene und darüber hinaus berichteten. 1958 löste Althea eine erste Verlobung mit Darben auf, weil sie zu viel um die Ohren habe, um eine Hochzeit zu organisieren. Die zweite zerbrach im Frühjahr 1961, dieses Mal ohne Angabe von Gründen.

Am 17. Oktober 1965 war es dann schließlich so weit: Die beiden heirateten im Haus von Arnold DeVoe, einem Zahnarzt aus Las Vegas. Althea hatte Angela eine Einladung geschickt, doch sie hatte mit den kleinen Kindern, dem Versandhandel und Donalds Unternehmungen so viel zu tun, dass sie nie ernsthaft in Erwägung zog, zu kommen. Die Freundinnen hatten sich seit fünf Jahren nicht mehr gesehen, und es sollten noch viele weitere vergehen, bis es wieder so weit war.

Nach der Hochzeit zogen Will und Althea in ein Haus am Pleasant Way in Montclair, New Jersey. Wenige Tage später stand Althea schon wieder auf dem Golfplatz. Die Ehe sollte zehn Jahre halten und dann nach beidseitigen Untreuevorwürfen geschieden werden. »Er hatte es kommen sehen«, meinte Rosemary, Wills Schwester. »Sie war ständig auf Reisen und hat Fehler gemacht. Er konnte mit ihr zusammen kein richtiges Zuhause schaffen. Ihr fehlte einfach die Ruhe dafür.«

Nach ihrer Rückkehr aus Israel nach England hielt Angela eine Reihe von Vorträgen über ihr Leben. Sie berichtete darüber, wie es war, direkt nach dem Sechs-Tage-Krieg in Israel zu leben, auf dem Centre Court in Wimbledon zu stehen oder Hollywood-Stars wie Katharine Hepburn und Walter Pidgeon zu treffen. Es lag ihr, einzelne Geschehnisse aus ihrer Vergangenheit zusammenzustellen und aufzubereiten. Heute könnte sie als Motivationsrednerin, die aus ihren eigenen Erfahrungen Ratschläge für Geschäftsleute ableitet, sicherlich viel Geld verdienen. Doch Mitte der Sechzigerjahre galt für das jugendorientierte London, dass »es schwang wie ein Pendel«, wie Roger Miller in seinem Song »England Swings« sang. Eine Hausfrau, die Jahre zuvor ein bisschen Tennis gespielt hatte, galt nicht gerade als Autorität in Sachen Lebensführung.

Um die Beziehung zwischen Angela und Donald stand es inzwischen nicht zum Besten. Sie hatten einen Eheberater aufgesucht, doch Donald war gedanklich nicht bei der Sache gewesen. Er hatte die Therapie nicht ernst genommen – derartige Hilfsangebote waren damals noch nicht so üblich wie heute. Außerdem fehlte Donald die Zeit, um sich mit diesen Dingen zu beschäftigen. Er musste sich um seine Arbeit kümmern.

Als Reaktion auf sein mangelndes Interesse hatte Angela sich wieder stärker dem Tennis zugewandt. Sie wollte Trainerin werden und bereitete sich auf die Prüfung für die offizielle Lizenz vor. Das Gleiche galt für Pat Hird, und so taten sich die alten Doppelpartnerinnen wieder zusammen. Für diese Aufgabe war Hird genau die Richtige. Sie erinnerte sich später daran, wie sie sich mit Angela ein Zimmer im Lilleshall Sports Centre in Shropshire geteilt hatte, wo sie die Prüfung absolvierten. Dort saßen die beiden ehemals erfolgreichen Tennisspielerinnen, die ein ganzes Album voller Wimbledon-Erinnerungen teilten, um zwei Uhr morgens hellwach zusammen und lernten die Maße eines Tennisplatzes auswendig. »Wir hatten unser ganzes Leben lang Tennis gespielt«, meinte Hird, die später jahrelang als Trainerin auf der Isle of Wight tätig war. »Jetzt mussten wir plötzlich die Höhe des Netzes wissen, auf die wir nie geachtet hatten. Es war unheimlich lustig. Wir hatten eine tolle Zeit.«

Kurze Zeit später besuchte Angela, deren Ehe mit Donald weiterhin in kritischem Zustand war, zusammen mit ihren beiden Söhnen die British Junior Indoor Championships im Queen's Club. Dort traf sie zufällig Jimmy Jones. Da sie sich zwischenzeitlich ganz auf das Familienleben mit Donald konzentriert hatte, war der Kontakt zu Jones eingeschlafen, ebenso wie der zu Althea. Das war verständlich. Sie kamen aus verschiedenen Generationen und verkehrten in unterschiedlichen gesellschaftlichen Kreisen. Jetzt wollte Jones wissen, wie es ihr in den letzten zehn Jahren ergangen war, doch die Zuschauertribüne bei einem Tennismatch war nicht der richtige Ort für das Gespräch. Also lud er sie direkt auf einen Tee ein, und sie willigte ein. Er setzte sich ihr gegenüber und schaute sie an. Als er fragte: »Nun, wie geht es dir, Angela?«, brach sie in Tränen aus. Da ihre Söhne Benjamin und Joseph dabei waren, konnte sie ihm nicht im Detail erzählen, wo die Probleme lagen, aber Jones hatte genug Zeit mit ihr verbracht, um zu wissen, was los war.

Er war die Schulter, an der sie sich ausweinen konnte. Es war, als würde sie mit ihrem Vater reden. Der siebenundfünfzigjährige Jones war seit mehr als einem Vierteljahrhundert mit seiner Frau Heather verheiratet. Seine Karriere als Journalist hatte er beendet und war nach Suffolk gezogen, wo er ein Haus für seine Familie und dazu einen nahegelegenen Bungalow gekauft hatte, in dem er an seinen Zeitschriften arbeitete. Er hatte drei Kinder und führte von außen betrachtet ein ruhiges Leben.

Andererseits galt das auch für Angela. Doch hinter der Fassade eines glücklichen Lebens als Frau eines Politikers und Aktivisten war sie furchtbar unzufrieden, wie sie Jones schließlich erzählte. Silks Träume waren nicht ihre Träume. Er wollte eine politische Dynastie begründen und war auf das äußere Erscheinungsbild fixiert. »Mach es so, so machen es die Kennedys auch«, wies er sie oft an. Angela gab sich Mühe, aber sie war einfach nicht der Typ für ein angepasstes Leben, geschweige denn für eines wie das der Kennedys. Zudem ließ Silks Arbeit kaum Zeit für die kleinen Momente, die eine Ehe lebendig halten. Sein emotionaler Speicher war immer leer. Er kam freitagabends völlig erschöpft nach Hause und ging direkt schlafen, nahm seine Mahlzeiten samstags und sonntags im Bett ein und war montagmorgens schon wieder ganz in seine Arbeit vertieft. Angela verstand nicht, was das Ganze sollte.

Silk war ungefähr in ihrem Alter und gehörte der gleichen Religion an, aber Jones sprach ihre Sprache und dachte wie sie. In gewisser Weise war er immer schon in sie verliebt gewesen. Er hatte sich vor anderthalb Jahrzehnten eine Liebesbeziehung zu ihr gewünscht, aber Angela hatte ihn unterbewusst abgewiesen, weil sie sich nicht hatte eingestehen wollen, was für Signale er aussendete. Damals war ihr der Gedanke an eine Beziehung mit ihm absurd vorgekommen. Zum einen war er verheiratet. Er war weder Jude noch – anders als etwa Barney Goodman oder Donald Silk – der aufstrebende Geschäftsmann oder Anwalt, den ihr Vater sich für sie vorstellte. Außerdem war der vierzigjährige Mann der Siebzehnjährigen nicht gerade attraktiv erschienen.

Mehr als fünfzehn Jahre später war die Situation anders. Angela hatte seit der Zeit, in der sie ihn kennengelernt hatte, fast ein ganzes Leben durchlaufen und viel darüber gelernt, was sie wollte. Sie bemerkte, dass Jones ihre Besonderheiten zu schät-

zen wusste, wie schon viele Jahre zuvor. Sie war eine Außenseiterin, er war ein Außenseiter. Er gab ihr das Gefühl, dass ihre
unkonventionelle Herangehensweise an das Leben, sei es der
zielstrebige Marsch durch die Hotellobby in Indien, um in der
gleißenden Hitze ein paar Bälle zu schlagen, oder die Ableh-
nung des aufstiegsorientierten Verhaltens ihres Mannes, absolut in Ordnung sei. Er verurteilte sie nicht. Seine Zuneigung war
bedingungslos. »Du bist gut, so wie du bist«, sagte er ihr wort-
wörtlich, aber vor allem dadurch, wie er sich ihr gegenüber verhielt. »Du bist sogar mehr als das.«

Anfang 1970 zog Donald Silk auf Angelas Drängen hin aus
dem Haus in Hampstead aus. Mittlerweile verbrachte Jones einen Großteil seiner Zeit in London. Das Ehepaar Jones hatte
ein viertes Kind adoptiert, wie Heather es sich gewünscht
hatte, ein sechsjähriges Mädchen namens Melanie, und plötzlich reichte das Geld, das er durch seine gelegentlichen Zeit-
schriftenartikel und Vorträge verdiente, nicht mehr aus. Also
fing er an, wieder regelmäßig für Zeitungen zu schreiben. Dafür hatte er ein Zimmer in Bayswater gemietet, in dem er von
montags bis freitags lebte und arbeitete. Er ging mehrmals pro
Woche mit Angela essen und rief sie jeden Tag an. »Er machte
sich große Sorgen um mich«, erinnerte sich Angela, und wie
auch nicht? Sie hatte kein Einkommen und abgesehen von gelegentlichen Tennisstunden keine Möglichkeit, sich eines zu
verschaffen.

Jones konnte ihr kein Geld geben, aber er konnte ihr helfen,
welches zu verdienen. Er verfügte über die nötigen Verbindungen und Ideen. Von nun an arbeiteten die beiden zusammen, reisten quer durch das Land, hielten Vorträge in Rotary
Clubs und bei Konferenzen und verfassten gemeinsam Artikel.
»Tausend verschiedene Sachen«, meinte Angela Jahrzehnte später. »Er war sehr erfinderisch.« Irgendwann ergab es sich, dass

sie einander nicht mehr nur als Reisegefährten betrachteten. Schließlich erkannte auch Heather Jones, was los war, und entführte ihren Mann schnell in den Urlaub. Jones hatte mit seinen Gefühlen noch nie hinter dem Berg gehalten und konnte nur schwer verbergen, wie sehr er sich nach Angela sehnte. Er hatte sich in eine Zwickmühle gebracht und wusste nicht, wie er die Situation auf anständige Weise lösen sollte.

Als er am Ostersonntag 1971 aus dem Urlaub zurückgekehrt war, meldete er sich aus seinem Bungalow heraus bei Angela. Seine Stimme verhieß Schlimmes, und er sprach davon, seinen Qualen durch Selbstmord ein Ende zu setzen. Angela rief umgehend bei Heather an und sagte ihr, sie solle die Polizei zum Bungalow schicken, um die Tür aufzubrechen. Der Selbstmordversuch wurde vereitelt, und Jones blieb noch mehrere Monate bei Heather, bis er endlich den Mut aufbrachte, sie zu verlassen und zu Angela zu ziehen.

Doch der Plan ging nicht auf. Angela organisierte gerade die Bar-Mizwas ihrer beiden Söhne, und Silk hatte einen Privatdetektiv angeheuert, der die Anweisung hatte, morgens um drei ins Haus zu platzen und ganz allgemein so viel Unruhe zu stiften wie möglich. »So kann es nicht weitergehen«, erklärte Angela Jones. Also zog er wieder aus – kehrte aber zu ihrer Überraschung nicht zu seiner Familie zurück. Er mietete ein Haus für sich allein, in dem er ganz zurückgezogen lebte und sich fast ausschließlich der Arbeit widmete. Irgendwann fand Angela ein Zimmer für ihn, das nur fünfzehn Minuten Fußweg von ihrem Haus in Hampstead entfernt war. Das war ein annehmbarer Kompromiss. Er kam ein- oder zweimal in der Woche zum Abendessen zu ihr, und wenn die Kinder am Wochenende bei Silk waren, blieb er über Nacht.

Später, als alle Kinder aus dem Haus waren (das letzte, Rebecca, machte sich über Nacht aus dem Staub), zog Jones wieder bei Angela ein. Er blieb fünf Jahre dort, bis zu seinem Tod 1986. Bei seiner Beerdigung trat Jones' Tochter an Angela heran und sagte etwas Bemerkenswertes zu ihr: »Ich will meiner Mutter gegenüber nicht illoyal sein, aber die fünf Jahre, die er mit Ihnen verbracht hat, waren die glücklichsten seines Lebens.«

18

WIEDER VEREINT

Im Juli 1968 organisierten Billie Jean King und ihr Mann Larry ein zweitägiges Profitennisturnier in der Oakland Coliseum Arena. Das Preisgeld betrug insgesamt jämmerliche fünftausend Dollar, doch was zählte, war die Idee hinter der Veranstaltung. Althea steckte gerade mitten in ihrer Golfkarriere und war nur einen Monat von ihrem einundvierzigsten Geburtstag entfernt, aber King hielt es trotzdem für absolut richtig, sie einzuladen, ebenso wie aktuelle Spitzenspieler und -spielerinnen wie Rosie Casals, Françoise Dürr, Pancho Gonzalez, Andrés Gimeno, Roy Emerson und Rod Laver. Wenn sie befürchte, sich zu blamieren, sagte King zu Althea, solle sie sich nicht zu einer Teilnahme verpflichtet fühlen. Althea schnaubte nur. Sie war wie immer der Meinung, allen anderen Tennisspielerinnen ebenbürtig oder überlegen zu sein, obwohl ihr seit Jahren die Zeit fehlte, um zu trainieren. Im Endeffekt gewann sie kein einziges Match, was sie aber nicht weiter entmutigte. Sollte die Veranstaltung wiederholt werden, wolle sie gern wieder dabei sein, ließ sie verlauten.

Im Jahr 1972 war es King, Evonne Goolagong und Margaret Court so langsam gelungen, mit Tennis beträchtliche Summen zu verdienen. Althea las die Schlagzeilen, hörte, welche Beträge im Spiel waren, und erwog ein Comeback. Im Golf schaffte sie

es einfach nicht, Turniere zu gewinnen – und selbst mit vier-
undvierzig Jahren hielt sie sich immer noch für besser als alle
anderen Tennisspielerinnen. Sie musste nur in Form kommen.
»Ich hoffe, in diesem Jahr noch ein paar Turniere bestreiten zu
können«, erzählte sie der Zeitschrift *Sporting News* auf einem
LPGA-Turnier in Sutton, Massachusetts. Eventuell wolle sie mit
ihrem alten Partner Gar Mulloy zusammen beim gemischten
Doppel in Forest Hills antreten. »Das könnte mein Sprungbrett
sein.«

Das war der erste von mehreren Comeback-Versuchen, die
die mittleren Jahre ihres Lebens prägten. Althea kam einfach
nicht darüber hinweg, dass sie die beste Sportlerin ihrer Ära
gewesen war, materiell aber so wenig davon profitiert hatte.
Sie hatte eine Stelle als Trainingskoordinatorin des Valley View
Racquet Club in Northvale, New Jersey, angetreten, sie kurz
darauf jedoch wieder aufgegeben. Ihr fehlte das Rampenlicht.
»Ich wäre gern wieder in der Sportart tätig, die mich bekannt
gemacht hat«, sagte sie damals. Das hielt auch Sydney Llewellyn
für das Beste. Auch das Geld sei weiterhin ein Thema, gab sie
zu. »Heute sind die Möglichkeiten im Tennis größer als je zuvor.
Die Mädels spielen um große Summen … Jetzt bietet das Geld
im Tennis einer Spielerin die Chance, durch ihren Sport gut zu
verdienen. Wenn ich mich darauf konzentriere, könnte ich vielleicht ein Stück davon abbekommen.«

Bei den US Open 1972 trat sie als Althea Gibson Darben an
der Seite des anscheinend ewig jungen Mulloy im gemischten
Doppel an. Die beiden schieden in der ersten Runde gegen Gene
Scott und Ceci Martinez aus, gewannen aber immerhin den
ersten Satz des Matches. Ein Jahr später hieß sie wieder Althea
Gibson und war erneut in Forest Hills dabei. Sie und Arthur
Ashe bildeten ein historisches Paar im Doppel – zusammen wa-
ren sie die Gewinner aller vier Einzeltitel, die je in Forest Hills

an Schwarze Menschen gegangen waren. Aber Althea war der Fünfzig näher als der Vierzig, und das konnte selbst der überragende Ashe nicht ausgleichen. Sie verloren in der ersten Runde mit 6:2 und 6:2 gegen Marita Redondo und Jean Chanfreau. Außerdem hatte sich Althea erneut mit Darlene Hard zusammengetan, um im Damendoppel anzutreten, doch auch hier war nach einer Dreisatzniederlage gegen ein japanisches Team Schluss – das Match zählte sicherlich zu den ungewöhnlicheren Anblicken im West Side Tennis Club in jenem Jahr.

Althea hatte sich immer als eine Allround-Athletin gesehen, doch als die Jahre vergingen, ohne dass sie bedeutende Erfolge auf dem Golfplatz verzeichnen konnte, wirkte das, was sie im Tennis geschafft hatte, immer gewaltiger. Es war ihr ganzer Stolz – egal, was sie sonst noch erreichte oder nicht, niemand konnte bestreiten, dass sie mindestens zwei Jahre lang die beste Tennisspielerin der Welt gewesen war.

Im folgenden Jahr, 1974, wurde sie zu einer Feierstunde zu Ehren früherer Tennisstars bei einem Sandplatzturnier in Fort Lauderdale eingeladen. Im Profiwettbewerb zogen Chris Evert und Kerry Melville ins Finale ein, aber dann schlug Melville sich einen Zeh an und musste absagen. Damit die Fans am Finaltag trotzdem etwas zu sehen bekamen, fragte der Organisator George Liddy Althea, ob sie einen Satz gegen die junge Evert spielen wolle, die, noch keine zwanzig, erst vor Kurzem in den Profisport gewechselt war. Trotzdem galt sie neben Goolagong und King bereits als eine der besten Spielerinnen der Welt. In jenem Jahr sollte sie zum ersten Mal auf Platz eins der US-Rangliste landen und diese Position fünf Jahre lang halten – das hatte seit Alice Marble niemand mehr geschafft. Althea war siebenundvierzig, ein Name aus der Vergangenheit. Sie sagte sofort zu, warnte Liddy aber, dass es kein Schauduell werden würde. Sie wollte gewinnen.

Evert war noch eine Teenagerin, wusste die Situation aber mit Würde zu handhaben. Sie war daran gewöhnt, mit Spielerinnen auf dem Platz zu stehen, die ihr deutlich unterlegen waren, denn das waren zu der Zeit fast alle. Gegen Althea schlug sie einen Ball nach dem anderen in die Mitte des Feldes, um ihrer Gegnerin die Chance zu geben, gut dazustehen. Selbst wenn sich ihr die Möglichkeit bot, einen Gewinnschlag anzubringen, setzte sie den Ballwechsel oft ungerührt fort, weil sie wusste, dass die Fans genau das sehen wollten. Sie spielte keine Stoppbälle und schlug keine langen Bälle in die Ecken. Trotzdem gewann sie mühelos und gab nicht mehr als ein Spiel ab.

Althea empfand das nicht als Demütigung. Sie war so von sich überzeugt, dass es schon fast wahnhaft war, wie Nancy Chaffee, die ebenfalls bei dem Turnier geehrt wurde, sich später erinnerte. »Ich weiß, dass ich sie schlagen kann«, flüsterte Althea ihr nach dem Verlassen des Platzes zu. »So gut ist sie gar nicht. Auf meinem angestammten Untergrund, auf einem Hartplatz, könnte ich sie bestimmt schlagen.« Sie hatte sich in all den Jahren nicht verändert und gab niemals zu, dass irgendetwas für sie nicht zu schaffen war. Diese Einstellung ließ viele Leute in Fort Lauderdale die Augen verdrehen, wie schon so häufig zuvor. Doch sie hatte sie zum ganz großen Erfolg geführt.

1975 wurde King gefragt, ob sie am ersten »Superstars«-Wettbewerb für Frauen teilnehmen wolle, einem Fernsehevent des Senders ABC, das auf einer Idee des ehemaligen Eiskunstläufers Dick Button basierte. Bei den Männern waren schon seit 1973 die besten Sportler der Welt gegeneinander angetreten, und jetzt sollte es einen Ableger für die weiblichen Stars geben, mit zehn Disziplinen, darunter Tennis, Rudern, Bowling, Korbwerfen, Weitwurf und ein Hindernislauf. King, die zwei Jahre zuvor im »Battle of the Sexes« gegen Bobby Riggs gewonnen hatte, stimmte der Teilnahme zu – die Veranstaltung war ohne sie kaum denkbar –, aber nur, wenn auch Althea zu einem späteren Zeitpunkt einmal eingeladen würde. King setzte sich immer für das ein, was sie für wichtig hielt, und ihrer Meinung nach war Althea eine Heldin, die im Nebel der Geschichte untergegangen war. Daher gab sie sich große Mühe, Althea wieder bekannt zu machen und ihr die Möglichkeit zu verschaffen, etwas Geld zu verdienen.

Im folgenden Jahr – King war mittlerweile als Fernsehkommentatorin dabei – war Althea eine von zwei Dutzend Frauen, die ABC nach Rotunda, Florida, flog, damit sie um das Preisgeld von insgesamt fast 70 000 Dollar wetteiferten. Unter diesen Frauen waren Martina Navratilova, damals noch ein aufstrebendes Tennistalent, die Golferinnen Jane Blalock und Amy Alcott, die Rennfahrerin Shirley Muldowney, die Turmspringerin Micki King, die Langstreckenschwimmerin Diana Nyad, die Surferin Laura Ching, die Eisschnellläuferin Anne Henning, die Skifahrerin Kiki Cutter und die Sprinterin Wyomia Tyus. Althea war mit neunundvierzig zwanzig Jahre älter als die meisten anderen, konnte sich aber durchaus behaupten. Vor einem Fernsehpublikum, das größer war, als es während ihrer Tenniskarriere je der Fall gewesen war, gewann sie den Vorausscheid im Bowling und im Korbwerfen und schaffte es als eine von fünfen aus ihrer Gruppe in die Endrunde der letzten Zehn, die in der nächsten Woche ausgestrahlt werden sollte. In diesem Finale kämpfte sie sich mit breitrandiger Sonnenbrille durch den Sechzig-Meter-Sprint und den Hindernislauf, wurde aber Zweite im Bowling und im Basketball. Dafür bekam sie 4200 Dollar – deutlich weniger als die 30 000, die Gewinnerin Henning einstrich, aber trotzdem eine beträchtliche Summe. Althea würdigte es nie, dass King ihr die Einladung zu dieser Veranstaltung verschafft hatte. Aber sie genoss das Ganze und schnitt gut ab, vor allem im Bowling. All die langen Nächte mit Gloria Nightingale hatten sich letztendlich im Fernsehen bezahlt gemacht.

Kurz vor ihrem einundfünfzigsten Geburtstag 1978 stand sie wieder auf dem Golfplatz. Sie hatte in Wimbledon und Forest Hills triumphiert, doch es wurmte sie, dass sie kein einziges Turnier der LPGA-Tour gewonnen hatte. »Ich bin näher dran, als die meisten Leute glauben«, sagte sie, nachdem sie die Qualifikation für die dritte und vierte Runde der LPGA Championships in Mason, Ohio, verpasst hatte, doch das stimmte nicht. Das Turnier in Mason war das dreizehnte in Folge, bei dem sie den Cut nicht überstanden hatte. Kurz darauf gab sie das Golfspielen erneut auf.

Auf der anderen Seite des Atlantiks stand Angela erneut im Rampenlicht. Ende der Siebzigerjahre betrieben sie und Jones eine florierende Tennisakademie im Londoner Stadtteil Hampstead Garden Suburb. Das »Angela Buxton Centre« hatte viertausend Tennisschüler verschiedenen Alters, von kleinen Kindern bis hin zu älteren Damen. Die Akademie hatte von März bis Oktober an sieben Tagen die Woche von Sonnenaufgang bis Sonnenuntergang geöffnet. Angela leitete sie von zu Hause aus, während Jones seine Zeitschriften herausgab und Artikel über Tennis (für den *Daily Mirror*), über Tennis und Rasenbowling (für den *Sunday Telegraph*) und andere Auftragsarbeiten (für jede Zeitung, die anfragte) verfasste. Die Rechnungen und Eingangsquittungen der Tennisakademie lieferte Angela per Fahrrad aus, eine One-Woman-Show auf zwei Rädern.

Jones' Ideen hatten über die Jahre Verbreitung gefunden. In Sachen Fitness und Ernährung folgte die Welt mittlerweile seinen Vorstellungen. Das Aufkommen des Profitennis bedeutete, dass zumindest einige Spieler und Spielerinnen ihre Sportart genauso ernsthaft betreiben konnten wie jeden anderen Beruf. Das geschah nicht über Nacht – nur ausgesprochen wenige konnten vom Tennisspielen leben, und die alten Gewohnheiten hielten sich zäh –, doch Ende der Siebziger galt die Anwendung wissenschaftlicher Prinzipien auf den Sport nicht mehr als so exotisch wie zuvor. Jones bemerkte es kaum. Er war zu sehr damit beschäftigt, Ideen zu verbreiten, Experimente zur Reaktionszeit und Flexibilität durchzuführen, Aufschlagzeiten mit einem einfachen Handmessgerät zu stoppen, Tennisstunden zu geben und Tennisbücher zu schreiben.

Jedes Jahr verbrachten Angela und er mehrere Wochen in Israel, um dort eine Konferenz des Wingate-Instituts zu leiten. Ihr Ziel war es, jedem Kind im Land das Tennisspielen beizubringen. Außerdem trafen sie sich mit Paulina Peisachov, einer israelischen Tennisspielerin, die in London zu Besuch war. Sie hatte Talent und war auf dem Weg in die Top Zwanzig, als sie in die israelische Armee einberufen wurde. In jenen Tagen gab es für eine Frau drei Möglichkeiten, sich dem verpflichtenden Militärdienst zu entziehen: Ehe, Schwangerschaft oder Desertion. Peisachov entschied sich für die Schwangerschaft, was man als Hinweis darauf hätte verstehen können, wie ernst es ihr mit ihrer Tenniskarriere war, aber Angela überredete sie, stattdessen zu heiraten. Gefördert von Angela und Jones stieg sie als Paulina Peled zur Nummer neunzehn der Welt auf. Sie gewann ein Match bei den US Open 1974 und schien eine große Zukunft vor sich zu haben. Dann wechselte sie von Jones und Angela zu einem anderen Trainer, Alex Olmedo, dem gefeierten Wimbledon-Sieger von 1959, der den bekannteren Namen und hochgesteckte Ziele hatte. Jones kritisierte diese Entscheidung scharf. Er sagte Peleds Niedergang voraus und erklärte ihr, sie brauche nicht angekrochen zu kommen, wenn es mit Olmedo nicht klappte. Als alles fast genauso ablief, wie er es prophezeit hatte, waren Peled und vor allem Angela beeindruckt. Sie erkannte, dass Jones auch ein Vierteljahrhundert nachdem sein Mustertennis sie ins Wimbledon-Finale gebracht hatte, immer noch enorm viel von dem Sport verstand.

Die Liebesbeziehung zwischen den beiden war mittlerweile öffentlich bekannt. Niemand wunderte sich darüber; viele fragten sich eher, warum es so lange gedauert hatte. Im September 1980 beschlossen die beiden, sich für ein verlängertes Wochenende nach New York davonzustehlen und sich ein paar US-Open-Matches auf der neuen Anlage in Flushing Meadows anzuschauen. Das Gleiche hatte eine Schülerin von Angela einige Jahre zuvor getan, und es hatte so wunderbar dekadent geklungen. Also schufen Angela und Jones etwas Freiraum in ihren Terminkalendern – einige Tennisstunden konnten sie verschieben, für andere meldeten sie sich krank. Sie taten, was nötig war, um Zeit zu haben, und fühlten sich dabei wie schwänzende Schüler.

Auf Jones' Vorschlag hin riefen sie Althea an. Sie war überglücklich, von ihnen zu hören, und wollte sofort wissen, wo sie waren, was sie gerade machten und wann sie sich treffen könnten. Angela und Althea beschlossen, dass das Wiedersehen am USTA-Stand in Flushing Meadows stattfinden sollte. Angela traf etwas zu früh ein, wie sie es oft tat; Althea kam zu spät, wie es ihre Art war. Die zwei begrüßten einander wie die verloren geglaubten Freundinnen, die sie waren, während Jones danebenstand und zuschaute. Beide hatten in den letzten Jahren die Partner gewechselt und viele Enttäuschungen und Rückschläge erlebt, aber nicht mehr, als im Leben normal ist. Sie wirkten gesund, auch wenn sie sich seit dem letzten Treffen anderthalb Jahrzehnte zuvor deutlich verändert hatten. Nun nahmen sie ein Mittagessen in einem nur für Mitglieder zugänglichen Restaurant auf der Tennisanlage ein und tauschten sich bei Roastbeef und Kartoffeln über ihr Leben aus. Dann zogen sie los, um gemeinsam Tennis zu schauen.

Zu der Zeit platzierten die Veranstalter ehemalige Turniersieger gern direkt am Court, damit die Kamera sie auf jeden Fall einfing. Dafür standen an jeder Ecke sechs Stühle bereit. So kam es, dass die Hälfte der tennisspielenden Bewohner von Hampstead Angela neben Althea sitzen sah. Einige ihrer Schüler, die glaubten, sie sei krank, waren deshalb verärgert, aber diejenigen, für die die Ereignisse von 1956 kaum mehr als ein Gerücht gewesen waren, waren enorm beeindruckt. Dort saß ihre Tennislehrerin direkt neben der großen Althea Gibson und nur wenige Meter von Chris Evert und Björn Borg entfernt.

In den folgenden Jahren flogen Angela und Jones fast jedes Jahr für mindestens eine Woche zu den US Open in New York. Und immer trafen sie sich mit Althea. Angela rief sie vorab an und teilte ihr mit, an welchem Tag sie in New York ankamen, und Althea war jedes Mal wieder hocherfreut. Manchmal gingen sie in einem einfachen Restaurant in East Orange Mittag essen, manchmal besuchte Angela Althea zu Hause, gelegentlich schauten sie sich zusammen ein Tennismatch an.

Seit ihrer Scheidung von Will Darben hatte Althea mehr und mehr Zeit mit Llewellyn verbracht. Auch nach all den Jahren waren sich selbst Altheas beste Freunde nicht sicher, was seine Motive anging. Llewellyn bat Althea immer wieder um Geld für seine Pläne und Erfindungen, und er brüstete sich mit seiner Verbindung zu ihr. Anders als Jones, im Grunde sein Gegenstück in Angelas Leben, hatte Llewellyn abgesehen von seiner Tätigkeit als Altheas Trainer und Manager nie viel erreicht. Es hatte, soweit man wusste, nie eine Liebesbeziehung zwischen den beiden gegeben, und er war fast zwanzig Jahre älter als sie. Doch eines Tages im Jahr 1984 schockierte Althea ihre Freunde mit der Ankündigung, dass sie Llewellyn heiraten werde.

Llewellyn war Jamaikaner, der seit Jahrzehnten in New York lebte; ein Freund ging davon aus, dass die Absicht der Hochzeit darin bestand, ihm die amerikanische Staatsbürgerschaft zu verschaffen. »Es war eine Zweckehe«, sagte er. Außerdem ging es offenbar darum, Llewellyns jahrelange Unterstützung zu honorieren. In jenem Jahr hatten die Veranstalter von Wimbledon alle früheren Siegerinnen und ihre Ehemänner eingeladen, um den hundertsten Geburtstag des Damenwettkampfs zu feiern. Der All England Club zahlte ihnen die Anreise und ein Zimmer in einem noblen Hotel in Kensington. Althea und Llewellyn lebten nach ihrer Hochzeit nicht zusammen und hatten auch nicht vor, daran etwas zu ändern. Trotzdem nahm sie ihn mit nach England. Zudem hatte man sie zu den Feierlichkeiten rund um die Olympischen Spiele 1984 in Los Angeles eingeladen, was ebenfalls mit einem zweiwöchigen Aufenthalt in einem schicken Hotel einherging, und Althea wusste, dass sie ihren Mann auch dorthin mitbringen könnte. Insgesamt ergab das einen Monat Luxusleben für Llewellyn, der im Verlauf der Jahre sehr wenig Luxus erlebt hatte.

Als die Einladung aus Wimbledon eingetroffen war, hatte Althea Angela angerufen und ihr hocherfreut mitgeteilt, dass in diesem Jahr sie diejenige wäre, die über den Atlantik geflogen käme. Am Samstagabend fand ein feierliches Abendessen in London statt, aber Angela musste sich um die Tennisakademie kümmern und konnte nicht teilnehmen. Es war die arbeitsreichste Zeit des Jahres, mit Hunderten Schülern jeden Tag. Louise Brough erinnerte sich später daran, dass Althea wie eine Königin im Hotel eintraf, nach all den Jahren immer noch extrem selbstbewusst. Sie gab ihre Wäsche in die Wäscherei, ging zum Friseur und nahm mit, was ging. »Sie ließ alles auf die Rechnung des All England Club setzen, aber damit kam sie nicht durch«, meinte Brough lachend. Die anderen ehemaligen

Titelträgerinnen wussten nicht, ob sie angesichts dieses unverschämten Auftretens peinlich berührt oder stolz sein sollten, aber sie waren sich einig, dass es typisch Althea war.

Am Dienstagvormittag um zehn Uhr gab Angela gerade die erste von vier aufeinanderfolgenden Tennisstunden für eine Reihe von Hausfrauen, als sie ein Rascheln im Gebüsch hinter dem Platz hörte. Es waren Althea und Llewellyn, die sich einen Weg bahnten. Sie hatten den verborgenen Pfad gefunden, der von einer Nebenstraße aus zum Haupteingang der Akademie führte. Sie war nicht leicht zu finden – Angela musste neuen Schülern immer eine Wegbeschreibung schicken, damit sie sich nicht im Labyrinth der Vorortstraßen verirrten –, aber Althea hatte sich einfach von einer Wimbledon-Limousine herbringen lassen. Angela war völlig entgeistert. Da stand sie mit einem Dutzend Vororthausfrauen, mit denen sie seit zehn Minuten die Grundlagen des Tennisspiels durchging, und plötzlich kamen Althea Gibson, ihr frischgebackener Ehemann und ein Wimbledon-Chauffeur aus dem Dornengebüsch gekrabbelt. »Ich wollte dich überraschen, Angie«, erklärte Althea ganz nüchtern.

Von da an übernahmen Althea und Llewellyn das Training. Sie gaben ein paar technische Hinweise und bezogen dann Stellung am Netz, wo sie alle Fragen beantworteten, die den Anwesenden einfielen. Die Damen wollten gar nicht gehen. Als die nächste Gruppe eintraf, wiederholten Althea und Llewellyn das Gleiche auch mit ihr. Das war Althea von ihrer besten Seite, sie gab ihr Wissen weiter, zeigte Interesse und brachte den Tag durch ihr Charisma zum Leuchten. Das machte Eindruck. Zwei Jahrzehnte später erhielt Angela immer noch Weihnachtskarten von einigen der Frauen, die nie vergessen hatten, wie Althea Gibson unangekündigt über einen Trampelpfad auf ihren versteckten Tennisplatz getreten war und ihnen eine Trainingsstunde gegeben hatte.

In den Monaten nach ihrem Wimbledon-Erfolg 1956 hatten die wenigen Freunde, die Angela in der britischen Tennisszene hatte, ihr geraten, sich für eine Mitgliedschaft im All England Club zu bewerben. Schmiede das Eisen, solange es heiß ist, hatten sie gesagt, denn so eine Chance kommt vielleicht nie wieder. Die Sieger und Siegerinnen des Einzelwettbewerbs erhielten automatisch eine Mitgliedschaft, doch den deutlich zahlreicheren Gewinnern der Doppel (Damen, Herren und gemischt) wurde diese Ehre nicht zuteil. Sie mussten wie alle anderen einen offiziellen Antrag stellen.

Das tat Angela, aber sie erhielt nie eine Antwort. Obwohl sie im Verlauf der Jahre noch ab und zu daran dachte, war es ihr doch irgendwie egal. Schließlich hatte sie nicht vor, die Fahrt bis nach Wimbledon auf sich zu nehmen, nur um eine Partie im All England Club zu spielen. Doch seit sie als Trainerin tätig war, machte es sich durchaus bemerkbar, dass sie kein Mitglied war. Deshalb fragte sie nun doch einmal nach und bekam zu hören, dass sie weiterhin auf der Warteliste stände. Das war ziemlich peinlich, wenn man sich vor Augen führt, welch eine wichtige Figur sie mittlerweile wieder im britischen Tennis war. Sie hatte im Einzelfinale gestanden und das Doppel gewonnen, was seit dem Zweiten Weltkrieg außer ihr nur eine weitere Britin, nämlich Mortimer, geschafft hatte. Jetzt unterrichtete sie Tausende Schüler in ihrer Akademie, darunter viele Nachwuchstalente, die die nächste Generation von Tennisspielern bilden würden. Trotzdem blieb die Anlage in Wimbledon ihr verschlossen. Irgendwann fragte ein Reporter, was der Grund dafür sein könnte. »Ich vermute, es liegt daran, dass ich Jüdin bin«, platzte Angela heraus und lieferte damit eine Schlagzeile. Der Vorsitzende des All England Club druckste in einem Fernsehinterview dazu herum – er müsse sich die Sache erst anschauen und könne ohne weitere Informationen nichts dazu sagen.

Der Tennisclub von Wimbledon hatte damals eine Handvoll jüdischer Mitglieder, von denen allerdings keines so unverblümt auftrat wie Angela. Wenig später wurde ihr mitgeteilt, dass ihr die Mitgliedschaft wohl angeboten worden sei, sie aber offensichtlich abgelehnt habe. Nun müsse sie sich wieder am Ende der Warteliste einreihen. »Kein Problem, ich warte ja erst seit dreißig Jahren«, erklärte sie dem Bürokraten am Telefon.

Kurz darauf verließ sie London für immer. Am 22. März 1986 starb Jones im Alter von dreiundsiebzig Jahren an einem Gehirntumor. Einen Monat zuvor hatte man versucht, ihn zu operieren, aber die Ärzte hatten nichts ausrichten können und ihm noch maximal sechs Monate gegeben. Letztendlich waren es nur sechs Wochen. Damit verlosch ein Licht in Angelas Leben. Nicht einmal ein Jahr später hatte sie die Tennisakademie verkauft. Es war einfach zu schwierig – und zu schmerzhaft –, sie ohne ihn zu betreiben. Ein weiteres Jahr später kam ihr Sohn Joseph völlig aufgewühlt die Treppe zu ihrem Büro heraufgelaufen. Er habe zum ersten Mal mit jemandem geschlafen, erklärte er, doch das Kondom sei gerissen, und nun sei er HIV-positiv. »So viel Pech kann man doch gar nicht haben«, rief er. Er wollte seine Mutter glauben lassen, dass der Sex mit einer Frau stattgefunden hatte, doch Angela wusste, dass er homosexuell war. Die Anzeichen waren seit Jahren zu erkennen gewesen. Doch das gestand er bis zur letzten Woche nicht ein. Joseph starb im August 1995 mit vierunddreißig Jahren. Jetzt hatte Angela ihren Lebenspartner und ihren Sohn verloren, nachdem kurz zuvor schon ihre Mutter gestorben war.

Sie verkaufte das Haus in Hampstead, in dem sie seit 1960 gewohnt hatte, und orientierte sich Richtung Norden, wo ihr Bruder, der seine Frau verlassen hatte, jetzt allein in Cheshire nahe Manchester lebte. Seit Mitte der Achtzigerjahre besaß sie eine Eigentumswohnung in Florida, und nun erstand sie zusätzlich noch ein ansehnliches Reihenhaus und lagerte das, was sich in mehr als drei Jahrzehnten angesammelt hatte, in der neuen Garage ein. Doch selbst das konnte ihren Kummer nicht mindern. Sie lebte nur eine fünfminütige Autofahrt von ihrem zweiten Sohn Benjamin, einem Risikokapitalgeber, seiner Frau Chris und den beiden Töchtern Kelly und Tara entfernt, sah sie aber nur selten. Seit den Jahren mit Silk hatte sie sich angewöhnt, am Sabbat ein Festessen abzuhalten, hin und wieder in die Synagoge zu gehen und das Geschehen in Israel mit regem Interesse zu verfolgen. Das hielt ihr Sohn offenbar für unschicklich. »In meinem Haus ist kein Platz für diesen jüdischen Kram«, sagte er ihr.

»Nach Jimmys Tod ging alles den Bach runter«, meinte Angela Mitte der Zweitausender. Dennoch führte sie weiterhin ein interessantes Leben, schrieb für nationale und internationale Medien über Tennis und machte in ihrer eleganten Kleidung, die erahnen ließ, wie glamourös sie als junge Frau gewesen war, eine gute Figur in Interviewräumen von Key Biscayne bis Wimbledon. Sie hatte kein Problem damit, einem Spieler ein Dutzend Mal die gleiche Frage zu stellen, bis sie die gewünschte Information erhielt. Andere Journalisten lächelten darüber, griffen aber selbst die Antworten auf, die sie auf diese Weise hervorlockte. Außerdem unterstützte sie ausländische Spieler, die am Orange Bowl und anderen Juniorenturnieren in Südflorida teilnehmen wollten, und engagierte sich sehr im gesellschaftlichen Leben ihres Wohnkomplexes dort. Sie verbrachte viel Zeit mit einem männlichen Bekannten und spielte so viel Golf, wie sie konnte.

Ende der Achtziger kam es während eines ihrer Besuche in Orange sogar zu einer Partie gegen Althea. Die beiden fuhren zu einer öffentlichen Anlage, auf der Althea regelmäßig zu Gast war. Mittlerweile zogen beide das Golfspiel dem Tennis vor, wenn sie sich sportlich betätigen und amüsieren wollten. Angela hatte sich zu einer guten Spielerin entwickelt, auch wenn sie niemals Altheas Niveau erreichte. Dennoch, sie war neun Jahre jünger und ziemlich fit.

Über achtzehn Löcher hinweg erlebte Angela, wie es sich für Daphne Seeney, Darlene Hard und viele andere im Verlauf der Jahre angefühlt haben musste, gegen Althea anzutreten. Bei den wenigen Duellen der beiden in den Fünfzigerjahren hatte Angela verloren, aber sie war nicht in Grund und Boden gespielt worden. Sie war vorbereitet gewesen und hatte gewusst, was sie zu tun hatte, und so war es nur Altheas überlegenes Talent gewesen, das die Matches entschied. Jetzt, bei dieser freundschaftlichen Golfpartie, bei der niemand zusah, bekam Angela es mit der Angst zu tun. Das lag an Altheas Blick, ihrem Kopfschütteln, wenn einer von Angelas Schlägen danebenging, als wolle sie sagen: »Oh Mann, aber besser kannst du es wohl einfach nicht. Das wird nicht weiter schwierig für mich.«

Noch Jahre später erinnerte sich Angela daran, wie sie mit einem Siebener-Eisen am Abschlag stand und so nervös war, dass sie den Ball nicht einmal aus der Abschlagzone hinausbekam. »Ich dachte: ›Was zum Teufel ist denn los?‹«, erzählte sie. So war es schon zahllosen Gegnerinnen von Althea vor ihr ergangen.

Es dauerte nicht lange, bis Althea und Llewellyn sich scheiden ließen und sie sich erneut mit Will Darben traf. Er war die Liebe ihres Lebens und brachte ihr beim zweiten Mal genauso viel Respekt und Bewunderung entgegen wie beim ersten. Doch dieses Mal beruhte es auf Gegenseitigkeit. »Sie hatte festgestellt, dass sie ihn wirklich liebte«, meinte seine Schwester Rosemary. Das Paar traf sich in einem einfachen Restaurant in der Nähe der Seniorenresidenz, in der er wohnte, und saß dort stundenlang zusammen. Will litt an Diabetes und erlag schließlich den

Komplikationen dieser Erkrankung. Er starb 1997, noch bevor er richtig alt wurde.

Althea hatte 1990, mit dreiundsechzig Jahren, ein weiteres Comeback versucht, dieses Mal im Golf, doch sie schaffte es nicht, sich eine Tourkarte der LPGA zu sichern. So endete ihre lange Sportkarriere schließlich. Kurze Zeit später fiel ihre Stelle als Mitglied der Kommission für körperliche Fitness, die vom Gouverneur von New Jersey ins Leben gerufen worden war, Haushaltskürzungen zum Opfer. Ohne Ersparnisse und noch nicht bereit, in Rente zu gehen, stand sie plötzlich ohne Arbeit da. Dann erlitt sie einen Schlaganfall. Ihr ehemaliger Frauenarzt, der in einen anderen Bundesstaat umgezogen war, erfuhr von den behandelnden Ärzten, dass der Schlaganfall die Spätfolge einer Geschlechtskrankheit war, die sie die ganzen Jahre über in sich getragen hatte. »Was nun zutage trat, war die unheilbare dritte Stufe der Erkrankung«, sagte er. Die Krankheit an sich war wohl durch eine Penicillinbehandlung kuriert worden, doch der Schaden war angerichtet. Danach war Althea nie wieder dieselbe.

1995 reichte es ihr. Mit ihrer Gesundheit ging es immer weiter bergab. Die Tage ihres Ruhms waren vorbei. Sie hatte viel geleistet, aber nie die Anerkennung erhalten, die sie ihrer Meinung nach verdient hatte. Ihr Leben war eine bunte Mischung aus Erfolgen und Misserfolgen gewesen, und sie hatte in so mancher Hinsicht mehr erreicht als die meisten anderen Menschen. Aber sie war daran gewöhnt, mehr zu wollen, und wusste nicht, wie man aufhörte. Also rief sie Angela an, die zu der Jahreszeit in ihrer Wohnung in Florida war, und überbrachte ihr die bittere Nachricht, dass sie bereit sei zu sterben.

Mit Rosemary und Will Darben hatte Althea zwei enge Freunde, die nur eine kurze Autofahrt entfernt lebten. Mit Billie Jean King hatte sie eine Freundin, die im Handumdrehen eine Menge Unterstützung auf die Beine stellen konnte. Warum rief Althea Angela an, eine Vertraute aus alten Zeiten, die sie in den letzten dreißig Jahren nicht einmal ein Dutzend Mal gesehen hatte? Vielleicht hatte Althea sich daran erinnert, dass Angela damals vor so vielen Jahren in Paris trotz aller Konkurrenz instinktiv das Bedürfnis gehabt hatte, sie in ihrer Notlage zu beschützen, obwohl ihr das einen Wettbewerbsnachteil einbrachte. Wenn es hart auf hart kam, konnte sie sich auf Angela verlassen. Außerdem war Angela organisiert, wohlhabend und erfinderisch, und Althea wusste, dass sie sie aufrichtig mochte. Sie hatte schon auf ihrer Seite gestanden, lange bevor sich die Siegestrophäen in Altheas New Yorker Wohnung stapelten.

Sie rufe an, um sich zu verabschieden, sagte Althea. Aber Angela verstand das Gespräch als Hilferuf, und das war Althea sicherlich klar.

Es ist leicht zu erkennen, wie gerade Angelas Organisationseifer Althea rettete. Angela konzentrierte alle ihre Kräfte darauf, Geld für Althea aufzutreiben, so wie sie damals alles darangesetzt hatte, die Tennismuster zu erlernen. Sie hatte kein Problem damit, anderen auf die Nerven zu gehen – sie war eine *nudzh*, wie es ihr Ex-Schwiegervater Bobby Silk auf Jiddisch ausgedrückt hatte –, und brachte Althea und ihre Probleme immer und überall zur Sprache. Als die erste Runde an Spenden im bürokratischen Durcheinander von zu vielen Organisationen verloren ging, kontaktierte Angela alte Freunde und fand neue, während sie Althea in der Zwischenzeit weiter unterstützte. Nachdem Paul Fein seinen Aufruf in der *Tennis Week* veröffentlicht hatte, trafen weitere Schecks bei Althea ein. Da ihr Name nun wieder in den Nachrichten war, hörte die aktuelle Spielergeneration von ihren Leistungen, und das zu einem Zeitpunkt, zu dem die Williams-Schwestern sich anschickten, in ihre

Fußstapfen zu treten. Etwas von Altheas neuem Glanz strahlte auch auf ihre Wohltäterin und Fürsprecherin Angela ab. Das siegreiche Wimbledon-Doppel hatte zum ersten Mal seit 1956 wieder gemeinsam gekämpft und erneut gewonnen.

***

Zu Zeiten von Altheas Anruf verbrachte Angela jeweils die Hälfte des Jahres in Florida. Durch einen Kontakt hatte sie eine Einladung von Richard Williams nach Palm Beach Gardens erhalten, wo seine Tochter Venus, damals noch ein junger Teenager, als aufstrebendes Tennistalent galt. Also fuhren Angela und Sandy Baruch, ein Tennistrainer und Teilzeitjournalist aus Connecticut, zusammen von Pompano Beach zum Haus der Williams. Sie sahen zu, wie Venus und Serena sich ein paar Bälle zuschlugen, und waren erstaunt über deren Fähigkeiten. Richard war bis über die Knie mit Schlamm beschmiert, weil er gerade einen Sandplatz baute. Seine Frau Oracene brachte ihnen in regelmäßigen Abständen kalte Getränke.

Richard war fasziniert von Angelas Verbindung zu Althea, die er als eine Art Vorbild für seine Töchter betrachtete. Angela stand zu der Zeit regelmäßig mit Althea in Kontakt und bot an, sie direkt vom Garten der Williams aus über ihr Handy anzurufen. Venus reagierte verlegen, aber Richard konnte sehen, dass sie die Vorstellung, sich mit der einzigen Schwarzen zu unterhalten, die jemals in Wimbledon oder Forest Hills gewonnen hatte, aufregend fand. (Serena, die Althea später als Thema eines Schulprojekts wählte und ihr in diesem Zusammenhang sogar eine Liste von Fragen faxte, saß an jenem Tag im Hintergrund und spielte mit der Familienkatze.) Angela wählte die Nummer und sprach zunächst auf den Anrufbeantworter. Aber dann ging Althea doch dran. »Hi, Angie«, sagte sie.

Nachdem Angela Althea erklärte hatte, wo sie war und wer Venus war, reichte sie das Telefon an Venus weiter – der erste Kontakt zwischen der ehemaligen und der zukünftigen Wimbledon-Siegerin. Angela hielt das Ereignis in einem Exklusivbericht für das *Tennis Magazine* fest. Dann feierten Sandy und sie ihren Erfolg mit einer Hühnersuppe am Strand von Pompano Beach. Es war der Neujahrstag 1997.

Acht Monate später unterhielten sich Venus und Althea erneut, am Vorabend von Venus' beeindruckendem Durchmarsch bis ins Finale der US Open. Mittlerweile hatte Althea viel von der jungen Afroamerikanerin gehört. Sie dachte zurück an ihr eigenes Debüt in Forest Hills und an das Match gegen Brough und daran, wie sie das skeptische *weiße* Publikum mit einem furchtlosen Auftritt auf ihre Seite gezogen hatte. Ihr gefiel der Gedanke, dass das Phänomen Venus Williams ohne ihre Vorarbeit undenkbar gewesen wäre, und vielleicht stimmte das auch. »Sei du selbst und lass deinen Schläger sprechen«, riet Althea Venus. »Die Menge wird dich lieben.«

Sie wollte, dass diese Vertreterin einer neuen Generation es leichter hätte als sie selbst damals. In dieser Hinsicht ließ sich nicht leugnen, was sie erreicht hatte. Durch ihr Vordringen in eine zuvor rein *weiße* Country-Club-Sportart hatte Althea eine holprige, von Schlaglöchern durchzogene Straße asphaltiert. Mit genügend Beharrlichkeit und ein wenig Glück hätte die junge Venus Williams nun freie Fahrt.

Epilog

ALTHEA

Im Juni 2003, als der Frühling langsam in den Sommer über-
geht, klingelt in Altheas Wohnung in East Orange das Telefon
und will gar nicht mehr aufhören. Sie lässt den Anrufbeantworter rangehen und wartet ab, wer etwas von ihr will. Die letzten Monate ihres Lebens verbringt sie äußerst zurückgezogen.
Wenn sie das Haus verlässt, dann fast nur für Arztbesuche. Sie
hat einen Achtundvierzig-Zoll-Fernseher und studiert jeden
Sonntag das Wochenprogramm in der Zeitung. So weiß sie genau, wann was läuft, und kann ihren Tagesablauf entsprechend
ausrichten, nicht nur nach den Tennis- und Golfübertragungen,
sondern auch nach Baseball- und Basketballspielen.

Sie hat vieles von dem vergessen, was sie erreicht hat; einmal
sagt sie, sie habe keine klaren Erinnerungen mehr an ihre Tenniskarriere. Auch deshalb gibt sie keine Interviews mehr. Selbst
wenn eine Veranstaltung ihr zu Ehren stattfindet, geht sie so gut
wie nie hin. »Ich will, dass mich die Öffentlichkeit so in Erinnerung behält, wie ich war«, hat sie vor Jahren in einem Internet-
forum geschrieben. »Stark, sportlich, klug und gesund. Heute
erinnere ich mich nicht mehr an alles, was ich getan habe; ich
weiß nicht mehr, wann und wie es passiert ist … Ich will nicht,
dass die Leute Mitleid mit mir haben, wenn sie mich sehen.
›Oh, schau mal, wie dünn sie geworden ist‹ oder so etwas. Nein.

Behaltet mich als stark und zäh und schnell in Erinnerung, als leichtfüßig und unermüdlich.«

Im Sommer wiegt sie laut einem Bericht nur noch fünfundvierzig Kilogramm und sagt, sie leide an einer unheilbaren Krankheit. »Ich bin der einzige Mensch, den sie noch reinlässt«, brüstet sich Rosemary Darben, und auch wenn das übertrieben sein mag, ist es doch nicht weit von der Wahrheit entfernt. In ihren letzten Tagen wird Althea von ihrer Freundin Fran Gray begleitet, der Leiterin der Althea Gibson Foundation. Als sie am 28. September 2003 nach einem fast acht Jahrzehnte umfassenden Leben mit sechsundsiebzig Jahren stirbt, hat Angela sie seit fünf Jahren nicht mehr gesehen.

In jener Zeit ist Althea von Gray und anderen zu einer Soldatin im Kampf um die Bürgerrechte stilisiert worden, zu einer Mischung aus Rosa Parks und Arthur Ashe, bis sie als amerikanische Volksheldin gilt. Nach ihrem Tod werden ihre Leistungen in allen Zeitungen gefeiert; viele bringen den Nachruf auf der Titelseite. Altheas Kampf um Anerkennung, der in ihren Siegen in Wimbledon und Forest Hills gipfelte, wird als simples Moralstück präsentiert, hinter dem die deutlich differenziertere Geschichte einer Frau, die trotz ihrer Fehler schließlich triumphierte, verblasst.

Zum Zeitpunkt ihres Todes haben die Erfolge der Williams-Schwestern Althea wieder ins Rampenlicht gerückt. Nach all den Jahren hatten die Leistungen der beiden eine Art Besitzerstolz bei ihr ausgelöst. Vor dem Dameneinzelfinale von Wimbledon im Jahr 2000 hatte sie Zina Garrison angerufen (die zweite Schwarze, die es 1990 ins Wimbledon-Finale geschafft hatte), um ihr Ratschläge für Venus an die Hand zu geben. Es ging um technische Hinweise – wie Venus die Füße bewegen und die Knie beugen sollte –, die Garrison bis nach Williams'

Sieg für sich behielt, doch der Anruf stärkte die bestehende Verbindung zwischen den beiden Wimbledon-Siegerinnen. Laut L. Jon Wertheim von *Sports Illustrated* stellte Althea den Fernseher laut, als Venus die Venus Rosewater Dish überreicht bekam, und erhob zur Feier des Tages ein Glas Ginger Ale.

Gut ein Jahr später verfolgte sie, wie Venus ihre Schwester Serena glatt in zwei Sätzen besiegte und damit die US Open gewann. Das war das erste Mal, dass zwei Schwarze im Finale eines Grand-Slam-Turniers standen, und der Abschluss dessen, was Althea begonnen hatte. Obwohl sie immer behauptet hatte, nur für sich zu spielen, nicht als Vertreterin »der Schwarzen«, hatte sich die Tür, die sie ein halbes Jahrhundert zuvor einen Spaltbreit aufgestoßen hatte, endlich weit geöffnet.

Trotzdem wäre es falsch, mehr als nur eine sehr oberflächliche Verbindung zwischen den Williams-Schwestern und Althea herzustellen. Altheas Bedeutung liegt nicht in dem, was sie anderen ermöglicht hat, sondern lässt sich daran ablesen, wie lange ihre Erfolge schon her waren, als dieser Weg erneut beschritten wurde. Sie war ihrer Zeit um Jahrzehnte voraus, so sehr, dass das, was sie erreicht hatte, 1990, als Garrison Martina Navratilova im Wimbledon-Finale nur fünf Spiele abnehmen konnte, schon fast vergessen war. Es ist hauptsächlich Angela zu verdanken, dass sie durch ihre Bemühungen, Altheas Leben zu retten, auch ihre Leistungen wieder ins Gedächtnis zurückrief. Für Althea war das ein zweischneidiges Schwert – einerseits wusste sie die Hilfe natürlich zu schätzen, doch andererseits hasste sie es, überhaupt Hilfe zu benötigen. Und als Angela ihren Fall bekanntmachte, hatte sie diese Bedürftigkeit in die ganze Welt hinausposaunt.

Am Ende hatte Althea ihre jahrelange Bitterkeit überwunden. Wer sich ein Bild von ihr machen will, stelle sich am besten die kleine Wohnung in East Orange vor, in der eine zerbrechliche, aber hellwache alte Frau in einem bequemen Sessel sitzt. Die Sonne scheint, doch das nimmt sie nicht wahr. Das Telefon klingelt, doch sie lässt den Anrufbeantworter anspringen. Vielleicht ist es Angela, die an diesem Junivormittag anruft, um alte Erinnerungen wiederaufleben zu lassen. Wenn ja, bleibt Althea ungerührt. Sie hat die Zeit und die Energie, um nach vorn zu schauen, aber nicht zurück. Der einzige Jubel, den sie wahrnimmt, kommt aus dem Fernseher. Auf dem Bildschirm läuft wieder einmal eine Live-Übertragung aus Wimbledon.

Es ist fast ein halbes Jahrhundert vergangen, seit sie dort 1956 zum ersten Mal einen Doppeltitel holte. Hätte es in ihrer Hand gelegen, hätte Althea die Geschichte der folgenden Jahre sicherlich ganz anders geschrieben, als sie sich letztendlich abspielte. Doch von dort aus, wo sie nun sitzt, in ihrem gemütlichen Fernsehsessel, erscheint das Leben durchaus angenehm. Das Turnier in Wimbledon hat gerade erst begonnen, im Fernsehen laufen die ersten Matches. Althea hat vor, sich jedes einzelne anzuschauen.

DANK

Dieses Buch wäre deutlich weniger informativ, interessant oder historisch korrekt ausgefallen ohne die Unterstützung folgender Personen: Art Anderson, John Barrett, Flo Blanchard, Shirley (Bloomer) Brasher, Louise Brough, Maria Bueno, Angela Buxton, Gordon Buxton, Bud Collins, Rosemary Darben, Billie Davis, David Dinkins, Joel Drucker, Margaret duPont, Derek Dutton, Alice Dye, Kirk Ellerson, Richard Evans, Daphne (Seeney) Fancutt, Beverly Fleitz, Steve Flink, Allen Fox, Shirley Fry, Adeline (Matthews) Gittens, Ralph Gonzalez, Doris Hart, Dr. William Hayling, Jeff Heckelman, Pat Hird, Lawrence Howard, Bob Johnson, Simon Jones, Robert Kelleher, Billie Jean King, Peggy (Lebair) Mann, Desmond Margetson, Alastair Martin, Edwina Martin, Carrie Meek, Mary Mills, Angela Mortimer, Fay Muller, Gardnar Mulloy, Robert Mungen, Gordon Parks, Jack Phelps, Renee Powell, Betty (Rosenquest) Pratt, Hamilton Richardson, Bob Ryland, Dick Savitt, Ted Schroeder, Eugene Scott, Vic Seixas, Audrey Snell, Randy Walker, Nancy (Chaffee) Whitaker, Dino Woodard, Pat Yeomans und Mark Young.

Von unschätzbarem Wert waren die damaligen Artikel und Informationen aus der *New York Times*, den *New York Amsterdam News*, dem *World-Tennis*-Magazin und einer Reihe anderer Zeitschriften, dem englischen *Dunlop-Jahrbuch* und der Tennisberichterstattung in den Londoner Zeitungen. Darüber hinaus sind mehrere Bücher zu nennen: in erster Linie Althea Gibsons Autobiografie *I Always Wanted to Be Somebody*, die heute leider vergriffen ist, und die vierte Ausgabe von Bud Collins' *Tennis Encyclopedia*, die heute nicht mehr aktuell ist, aber auch die Autobiografien von Alice Marble, Angela Mortimer und Hubert Eaton.

Ich bedanke mich beim überaus fähigen Team von Amistad/HarperCollins, vor allem bei Dawn Davis, Darah Smith, Nicole Revere, Amy Hill und Rhoda Dunn, die bewiesen haben, dass Verlagsmitarbeiter Menschen mit Herz und Seele sind. Außerdem danke ich Andrew Blauner, dessen unermüdliche Bemühungen dieses Projekt möglich gemacht haben.

Mein besonderer Dank gilt Scott Price, der ein wunderbarer Autor und Lektor und ein noch besserer Freund ist.

BILDNACHWEIS

Der Abdruck der Fotos für Kapitel 1 sowie 4 bis 8 erfolgte mit freundlicher Genehmigung des International Hall of Fame & Museum in Newport, Rhode Island: tennisfame.com

Der Abdruck der Fotos 4 und 16 erfolgte mit freundlicher Genehmigung der ITA Women's Tennis Hall of Fame in Williamsburg Virgina: itahalloffame.org.

Alle anderen Bilder stammen aus dem Privatbesitz von Angela Buxton und wurden der Verlagsgruppe HarperCollins mit freundlicher Genehmigung zur Verfügung gestellt.

DER AUTOR

BRUCE SCHOENFELD ist Reporter, Reise- und Sportjournalist.
Er schreibt u. a. für Sports *Illustrated, Travel & Leisure* und das
New York Times Magazine. Zudem ist er Autor des Buchs »The
Last Serious Thing. A Season at the Bullfights« – eine Geschichte
über die spanischen Stierkämpfe und ihre berühmtesten Mata-
dore wie Juan Antonio Ruiz (»Espartaco«) oder Francisco Rivera
Pérez (»Paquirri«).